헤겔 이후

AFTER HEGEL

헤겔 이후

독일 철학 1840-1900

프레더릭 바이저 | 이신철 옮김

도서출판 b

|차 례|

제1장 철학의 정체성 위기

제2장 유물론 논쟁

제5장   페시미즘 논쟁

서문

[ix]독일의 19세기 후반부는 근대 철학의 가장 창조적이고 혁명적인 시기들 가운데 하나였다. 하지만 이 시기는 독일어로는 거의 연구되지 않았으며, 영어로는 더 말할 것도 없다. 이 책의 목적은 영어 사용 독자들에게 이 시기의 철학을 소개하는 것이다. 넓은 역사적 범위를 확보하고 철학적 초점을 유지하기 위해 이 책은 주제나 사상가들보다는 논쟁들에 따라 조직되어 있다.

이 책은 완전성을 주장하지 않는다. 나는 다만 영어 사용 독자들에게 이 시기의 다섯 개의 주요 논쟁을 소개했다고 주장할 뿐이다. 이 논쟁들의 어느 것이든 그것을 논의하는 데서는 훨씬 더 많은 것이 말해질 수 있었다. 그러나 공간상의 이유로 인해서 나는 어떤 자료가 가장 중요하고 흥미로운지를 두고서 선택해야 했다. 이 시기에는 또 다른 주요한 논쟁들이 있었다. 그러나 그 논쟁들의 주요 장면들을 적절히 다루는 것마저도 나의 말의 한계나 나의 시간 틀을 넘어섰을 것이다. "역사주의의 위기"나 논리주의와 심리주의 사이의 논쟁을 적절히 논의하자면 아마도 나는 20세기까지 나아가야 했을 것이다.

종결점을 정하는 데서 엄격했던 데 반해, 나는 출발점에 관해서는 좀 더 자유주의적이었다. 몇몇 경우들에서 논쟁의 완전한 이해를 위해서는 1840년 이전의 그 기원을 다룰 필요가 있었으며, 그 경우들에서 나는 그렇게 쉽게 나 자신을 제한할 수 없었다.

독일어로부터의 모든 번역은 나 자신의 것이다. 이 책에서 인용된 저작들 거의 모두가 번역되어 있지 않기 때문에, 모든 제목들은 원래의 독일어로 나타난다. 일관성을 위해 번역된 저작들도 원래 그대로 남겨 두었다.

이 책을 쓰게 되는 자극을 위해 나는 프린스턴 대학 출판부의 철학 편집자인 로브 템피오^{Rob Tempio}에게 매우 많은 빚을 지고 있다. 그는 2013년 봄에 내게 짧은 19세기 철학사라는 아이디어를 제안했다. 이 책과 다른 책들을 쓰도록 격려해 준 데 대해 내 친구 마이클 모건^{Michael Morgan}에게 특별히 감사드린다. 그에게 이 책을 바친다.

시러큐스, 뉴욕
2013년 11월

서론

1. 혁명적 반세기

[1]이 책은 1840년부터 1900년까지의 독일 철학에 관한 것이다. 모든 시대 구분은 인위적이며, 이것도 예외가 아니다. 그럼에도 불구하고 이렇게 연도를 선택하기 위한 훌륭한 이유들이 존재한다. 1900년은 새로운 세기, 즉 그에 선행하는 어떠한 세기보다도 더 복잡하고 더 비극적이며 더 근대적인 세기의 시작이다. 1840년이 의미 있는 까닭은 그것이 하나의 끝과 하나의 시작을 모두 나타내기 때문이다. 그것은 헤겔주의의 고전적 단계의 끝이다. 헤겔주의의 행운은 프로이센 개혁 운동에 결부되어 있었는데, 그 운동은 1840년에 프리드리히 빌헬름 3세와 그의 개혁적인 장관 폰 알텐슈타인 남작의 죽음과 더불어 종결되었다.[1] 1840년은 또한 독일

철학에서 새로운 시대의 시작이기도 하다. 그해에 아돌프 트렌델렌부르크는 『논리연구』를 출판했으며, 헤르만 로체는 『형이상학』을 마무리했다.[2] 이 두 저작은 헤겔적 유산과 철저히 단절했으며, 형이상학을 새로운 방향으로 밀고 나갔다. 그 직후인 1843년에 루트비히 포이어바흐는 『미래철학의 근본 명제들』을 출판했는데,[3] 이 책은 헤겔주의에 대한 그의 설명을 정리하고 철학에서의 새로운 유물론-휴머니즘 전통을 개시하고 있다.

그러므로 이 책의 주요 초점은 19세기 후반부의 독일 철학이다. 이것은 유별난 주제인데, 왜냐하면 19세기의 독일 철학을 다루는 대부분의 책들은 그 세기의 전반부에 집중하기 때문이다. 물론 여기에는 훌륭한 이유가 존재한다. 이 세기의 처음 30년은 근대 철학의 가장 창조적인 시기들의 일부였다. [2]그 30년은 근대의 가장 영향력 있는 지적 운동들 가운데 두 가지인 관념론 전통의 형성과 강화 그리고 낭만주의의 성장 및 확산과 일치한다. 그에 반해 그 세기의 후반부는 덜 창조적이고 덜 중요해 보인다. 관념론은 퇴조로 빠져들었으며, 낭만주의는 빠르게 희미해지는 기억이었다. 비교될 만한 위상을 지닌 어떠한 지적 운동도 그것들을 대체할 만큼 성장하지는 못했다.

1. 헤겔주의 운동에 대한 이 연도의 의의에 대해서는 나의 *Hegel* (London: Routledge, 2005), pp. 311-13을 참조. 헤겔주의와 프로이센 개혁 운동 간의 중요한 결부 관계에 대해서는 John Toews, *Hegelianism: The Path toward Dialectical Humanism, 1805-1841* (Cambridge: Cambridge University Press, 1980), pp. 95-140을 참조.
2. Adolf Trendelenburg, *Logische Untersuchungen* (Berlin: Bethge, 1840); 그리고 Hermann Lotze, *Metaphysik* (Leipzig: Hirzel, 1841). 로체는 그의 책을 1840년 5월부터 12월까지 썼다. 그것은 1841년 초에 출간되었다. 이 두 저작에 대한 분석을 위해서는 나의 *Late German Idealism* (Oxford: Oxford University Press, 2013), pp. 28-68, 153-64 를 참조.
3. Ludwig Feuerbach, *Grundsätze der Philosophie der Zukunft* (Winterthur: Fröbel, 1843).

19세기 후반부의 독일 철학에 대한 공통의 견해는 독일의 동시대인들 사이에서조차[4] 그때가 퇴조와 정체의 시기라는 것이었다. 위대하고 창조적인 "관념론의 시대"는 헤겔의 죽음과 더불어 지나갔으며, 다만 철학보다는 경험 과학과 기술적 진보에 좀 더 관심을 기울이는 "실재론의 시대"로 계승되었을 뿐인 것으로 보였다. 이 시기에 행해진 작은 철학——그렇게 말해졌다——은 독창적이지 않은 관념론적 후계자들에 의해서나 실제로는 전혀 철학자가 아닌 유물론자들에 의해 수행되었다.

이 모든 것은 우리에게 물음을 안겨준다. 도대체 왜 그 세기의 후반부에 관해 쓰는가? 지금 이 책과 같은 연구서에서 다루어질 만한 어떤 철학적 의의를 지닌 것이 이 반세기에 발생했는가? 이 물음에 대한 짧고 단순한 대답은 공통의 의견이란 바로 거짓일 뿐이라는 것과, 그 세기의 후반부는 비록 그에 관해 훨씬 더 적게 쓰였을지라도 철학적으로 전반부보다 더 중요하고 흥미롭다고 하는 것이다. 사정이 왜 이러한지에 대해서는 여러 이유가 존재한다.

19세기 후반부가 위기와 논쟁들에 의해 지배된 시기였던 데 반해, 전반부는 강화와 합의의 시기였다. 관념론 전통과 낭만주의 전통은 이미 19세기 처음 몇 년 사이에 자신들의 명성을 얻었으며, 문제는 다만 그들 자신을 대학과 공공 의식 안에 확립하는 것일 뿐이었다. 하지만 1840년대에 관념론 전통과 낭만주의 전통의 퇴조는 [3]무질서와 혼란 그리고 동요의 시기

4. 예를 들어 Friedrich Albert Lange, *Geschichte des Materialismus*, Zweite Ausgabe (Iserlohn: Baedeker, 1875), II, 64-65; Eduard Zeller, "Ueber die gegenwärtige Stellung und Aufgabe der deutschen Philosophie," in *Vorträge und Abhandlungen* (Leipzig: Fues, 1877), II, 467-78; 그리고 Rudolf Haym, *Hegel und seine Zeit* (Berlin: Gaertner, 1857), pp. 5-6을 참조.

로 이어졌다. 이 무질서와 혼란은 또한 창조성과 재탄생의 자궁, 철학의 새로운 시대의 출발이기도 했다.

철학에서의 정상 시기들은 철학에 대한 안정되고 동의가 이루어진 정의가 존재하고, 철학자들이 그들 분과의 본성과 그것이 포함하는 과제들에 관해 일반적인 합의를 지니는 시기들이다. 혁명 시기들은 그러한 정의가 존재하지 않고, 철학에 대한 다수의 서로 갈등하는 개념들이 존재하는 시기들이다. 이러한 정의에 따르면 18세기 말, 19세기 초 그리고 20세기 말은 정상 시기들이었다. 하지만 19세기 후반부는 혁명적이었다. 왜냐하면 이때는 철학에 대한 안정되거나 동의가 이루어진 정의가 존재하지 않고 그 분과에 대한 다수의 서로 갈등하는 개념들이 존재하는 시기였기 때문이다. 철학자들은 스스로 자신들의 분과에 관한 가장 기본적인 물음들을 물었다. 철학이란 무엇인가? 철학은 경험 과학과 어떻게 다른가? 왜 우리는 철학을 해야 하는가? 우리는 제1장에서 이 물음들에 대한 대답들 몇 가지를 검토할 기회를 가질 것이다.

19세기 후반부는 또 다른 이유로, 즉 역사주의의 부상으로 혁명적이었다. 역사주의가 독일의 삶과 학문에서 자기의식적인 지적 운동으로서 인정을 받게 된 것은 이 시기를 통해서였다. 물론 "역사주의"는 많은 의미를 지닌다.[5] 그러나 그것들 가운데 빼놓을 수 없는 것은 바로 역사란 예술과 철학 그리고 자연 과학들로부터 독립적으로 그 자신의 독자적인 권리를 지니는 학문이라는 테제다. 이 테제는 19세기의 새로운 발전이자 그 세기

----

5. 역사주의라는 용어의 많은 의미에 대해서나 그 주제에 대한 일반적 입문을 위해서는 나의 *The German Historicist Tradition* (Oxford: Oxford University Press, 2011)을 참조

의 특징적인 교설들 가운데 하나였다. 수천 년 동안 역사는 학문이라기보다는 예술로서, 규율을 갖춘 분과라기보다는 오락으로서 간주되어 왔다. 왜냐하면 학문의 패러다임은 엄밀하게 수학적이었기 때문이다. 오직 수학만이 학문에 대해 요구되는 보편성과 필연성 그리고 확실성을 성취할 수 있는 것으로 보였다. 그러나 만약 사정이 그러하다면, 그와 관련해 아무것도 확실하지 않은 과거의 특수하고 우연적인 사건들에 관심을 기울이는 역사가 어떻게 학문일 수 있단 말인가? 전에는 결코 이 물음이 19세기 후반부에서처럼 그렇게 명시적으로 제기된 적이 없었으며, 전에는 결코 그러한 깊이와 솜씨를 가지고서 다루어진 적이 없었다. 다름 아닌 바로 그 이유 때문에 19세기 후반부는 [4]"역사의 시대"로서 알려지게 되었다. 우리는 제4장에서 역사의 학문적 지위를 둘러싼 중심적 논쟁들 가운데 몇 가지를 살펴보게 될 것이다.

19세기 후반부는 또 다른 이유에서 혁명적이다. 요컨대 그 시기는 유대-그리스도교 유산과의 지금까지 가장 커다란 단절을 나타낸다. 그 시기는 지난 이천 년 동안 가장 세속적인 시대였다. 잘 알려져 있듯이 니체가 1880년대에 신은 죽었다고 선언했을 때, 그는 다만 그 이전 몇십 년 사이에 진부해진 태도를 표현하고 있을 뿐이었다. 이 시대의 가장 유명한 철학자들 가운데 몇 사람—포이어바흐, 슈티르너, 뷔히너, 맑스, 쇼펜하우어 그리고 니체—이 무신론자였다는 것은 확실히 무언가를 말해주고 있다. 하지만 그 세기의 전반부는 훨씬 덜 세속적이었다. 그 시기는 여전히 종교의 잔존물들에 매달렸다. 유신론과 이신론이 18세기 말경에 퇴조한 반면, 그것들은 범신론으로 대체되었다. 19세기의 처음 몇십 년 동안, 범신론은 르네상스를 누렸다. 그것은 다시 태어났는데, 왜냐하면 그것은 이성과 신앙 사이의 최근의 갈등, 즉 1780년대에 야코비와 멘델스존 사이에서 있었던 유명한 "범신론 논쟁" 동안에 모습을 드러낸 갈등에 대한 가장 생존 가능한 해결책으로 보였기 때문이다.[6] 스피노자의 유명한 관용구 "신 즉 자연*deus sive natura*,"은 자연을 신격화하는 동시에 신적인 것을 자연화하는 것을 가능하게 했다. 그 언명에 따르자면, 가장 철저한 자연주의를 공언하는 과학자도 여전히 종교적일 수 있었고, 신에 대한 가장 깊은 인격적 신앙을 고백하는 목사도 여전히 자연주의자일 수 있었다. 그리하여 범신론은 괴테 시대와 포어메르츠기*Vormärz*[3월 혁명 이전 시기]의 대중적이고 비공식적인 종교가 되었다.

19세기 후반부가 전반부 동안 견지된 이성과 신앙의 범신론적 종합에 의문을 제기한 것은 그 시기의 좀 더 커다란 세속화의 징표다. 우리가 제2장에서 검토하게 될 1850년대의 유물론 논쟁은 범신론이라는 오랜 가운뎃길을 공격했다. 이 논쟁은 다시 한 번 이성과 신앙 사이의 오래된 갈등을 가장 극적인 방식으로 제기했다. 그러나 그것은 이전보다 더 철저하고 비타협적인 방식으로, 즉 어떠한 종교적 해결책도, 심지어는 범신론도 금지하는 방식으로 그렇게 했다. 이제 딜레마는 완전한 유물론이냐 아니면 신앙의 비이성적인 도약이냐 사이에 존재하며, [5]거기서는 유신론과 이신론뿐만 아니라 심지어는 범신론도 신앙의 형식으로서 간주된다. 포이어바흐가 언젠가 표현한 대로 하자면, "범신론은 신학적 무신론이다……. 그러나 그것은 신학의 입장에서의 신학의 부정이다."[7] 이제는 흔들리고 막 붕괴하려고 하고 있는 신학의 입장 너머로 밀고 나갈 때였다.

● ●
6. 그 논쟁에 대해서는 나의 *The Fate of Reason: German Philosophy between Kant and Fichte* (Cambridge, MA: Harvard University Press, 1986), pp. 44-126을 참조.
7. Feuerbach, *Grundsätze*, §15.

이성주의는 더 이상 단지 완전한 자연주의만을 의미하는 것이 아니라 또한 신적인 것에 대한 어떠한 믿음에서도 나타나는, 그리고 심지어는 범신론에서도 나타나는 모든 형식의 실체화hypostasis에 대한 비판을 의미하기도 했다. 19세기 중반의 유물론자들과 급진주의자들에게 있어 범신론은 다만 종교적 실체화의 또 다른 형식, 인간적 힘들의 신적인 것으로의 소외alienation 내지 양도일 뿐이었다. 따라서 이성화의 과정, 비판의 정점은 완전한 휴머니즘과 무신론이었다.

우리는 세속화를 향한 근대의 운동에서 독일이 근대 유럽의 바로 최전선에 있었다는 것을 상기해야 한다. 이를 위한 한 가지 이유는 1830년대와 1840년대의 근대적 성서 비판의 부상이다. 빌헬름 바트케Wilhelm Vatke (1806-82)에 의한 구약 성서 비판 그리고 다비드 프리드리히 슈트라우스 David Friedrich Strauss(1808-74)와 브루노 바우어Bruno Bauer(1808-82)에 의한 신약 성서 비판은 이전보다 더 그리스도교적 계시의 원천으로서의 성서의 권위를 약화시켰다. 독일의 지도적 위치를 위한 또 다른 이유는 토착적인 유물론적 전통의 급속한 부상인데, 이 전통은 1850년대에 시작되는 지적인 논쟁들에서 두드러지고도 극적인 역할을 수행했다.[8] 독일의 지도적 위치를 위한 마지막 이유는 다윈주의의 급속한 부상이었다.[9] 다윈이 비록

---

8. 이 전통에 대해서는 Frederick Gregory, *Scientific Materialism in Nineteenth Century Germany* (Dordrecht: Reidel, 1977); 그리고 Annette Wittkau-Horgby, *Materialismus* (Göttingen: Vandenhoeck & Ruprecht, 1998)를 참조.

9. 독일에서의 다윈 수용에 대해서는 Alfred Kelly, *The Descent of Darwin: The Popularization of Darwinism in Germany, 1860-1914* (Chapel Hill: University of North Carolina Press, 1981); Eve-Marie Engels & Thomas Glick, eds., *The Reception of Charles Darwin in Europe* (London: Continuum, 2008); 그리고 Robert Richards, *The Tragic Sense of Life: Ernst Haeckel and the Struggle over Evolutionary Thought*

영국산 수입품이었을지라도, 그의 교설은 영국과 미국에서보다 독일에서 훨씬 더 빠르고 친숙한 수용을 발견했다. 이것은 한편으로는 독일 유물론 자들에 의해 다윈을 위한 토양이 준비되어 있었기 때문이고, 다른 한편으로는 [6]독일에서의 생리학과 생물학 연구의 진보된 상태 때문이었다.[10]

19세기 후반부에 이루어진 독일의 급속하고도 철저한 세속화는 물론 심원한 철학적 결과들을 지녔다. 그것은 가장 중요한 철학적 물음들 가운데 몇몇에게 이제 처음으로 완전히 세속적인 의미가 주어진다는 것을 의미했다. 수천 년 동안 철학과 신학을 지배했던 악의 물음과 삶의 의미 물음은 섭리에 대한 유대-그리스도교적인 믿음을 반영했다. 악의 존재가 문제였던 까닭은 그것이 지혜롭고 자비로운 신의 존재에 모순되는 것으로 보였기 때문이다. 그리고 삶의 의미가 수수께끼였던 까닭은 그것이 불가사의한 신적 계획에 의해, 즉 섭리적인 질서에서 차지하는 한 사람의 위치에 의해 결정되었기 때문이다. 그 세기의 전반부에 이 오래된 물음들은 여전히 범신론적인 의미에서 해석되었다. 하지만 후반부에 그 물음들은 완전히 세속적인 용어들로 재해석되고, 그리하여 이제 그것들은 신의 존재와 섭리 그리고 불사성에 관한 어떠한 가정으로부터도 자유로웠다. 삶에 의미와 가치를 부여하는 어떠한 신적인 섭리도 존재하지 않기 때문에, 삶이 도대체 과연 어떤 의미나 가치를 지니는가 하는 물음이 생겨났다. 언제나처럼 악과 고통은 실재적이고 편재했다. 그러나 그것들의 존재는 더 이상 언젠가 모든 악과 고통을 만회할 신적인 섭리에 의해 설명될

· ·
(Chicago: University of Chicago Press, 2008)를 참조.

10. 19세기 독일에서 과학 연구의 진보된 상태에 대해서는 John Merz, *A History of European Thought in the Nineteenth Century* (Edinburgh: Blackwood & Sons, 1904-12), I, 157-225를 참조.

수 없었다. 그래서 다음의 물음이 불가피하게 생겨났다. "삶은 악과 고통에도 불구하고 살 만한 가치가 있는가?" 1860년대부터 그 세기말까지 독일의 철학자들뿐만 아니라 교육받은 일반 대중도 이 물음에 사로잡히게 되었다. 우리는 제5장에서 이 물음에 대한 부정적 대답, 즉 페시미즘을 둘러싼 논쟁을 검토할 것이다.

따라서 그에 대한 평판과는 반대로 19세기 후반부보다 철학을 위해 더 풍부하고 혁명적인 시대를 상상하기는 어렵다. 철학이란 무엇인가? 과학은 불가피하게 유물론을 향해 나아가고 있는가? 과학적 설명의 한계는 무엇인가? 무엇이 역사를 하나의 학문으로 만드는가? 그리고, 마지막이지만 마찬가지로 중요한 것으로, 무엇이 삶을 살 만한 가치가 있는 것으로 만드는가? 이것들은 19세기 말에 철학자들에 의해 논의된 장대한 물음들 가운데 몇 가지였다. [7] 그들이 이 물음들을 정말 세부적으로 너무도 섬세하고 세련되게 논의하면서도 결코 그 물음들 밑에 놓여 있는 근본적인 문제에 대한 시각을 상실하지 않은 것은 그들의 커다란 공적이었다. 피히테적이고 헤겔적인 전문 용어로부터 스스로 벗어난 그 시대는 필요 없는 전문성의 커다란 폐해 및 명확성과 상식의 커다란 가치를 너무나도 잘 깨달았다.

2. 표준적 이야기들

그토록 알차고 혁명적인 시대였기 때문에, 19세기 말은 역사가에게 커다란 도전을 제기한다. 주요 문제는 그토록 많은 중요한 발전들을 정당하게 평가하는 것이다. 공정하게 말하자면, 이 반세기와 사실상 19세기 전체를 다루는 학문적 연구는 이러한 도전에 부응하지 못했다. 이렇게 된 까닭은 주로 이 학문적 연구가 19세기의 어떤 사상가들이 검토를 받을 만한가에 관해 엄격한 규준을 부과한 두 가지 이야기에 사로잡혀 있었기 때문이다. 우리가 이 규준으로부터 벗어나지 못한다면, 19세기 독일 철학에 대한 우리의 이해는 역사적으로 부정확하고 철학적으로 빈곤할 것이다.

그 뿌리가 칼 뢰비트의 큰 영향력을 지닌 『헤겔에서 니체로』[11]로까지 추적될 수 있는 하나의 이야기에 따르면, 19세기의 독일 철학은 본질적으로 청년 헤겔주의자들, 맑스, 키르케고르 그리고 니체에 의한 헤겔 철학의 혁명적 변형에 관한 이야기다. 이 변형은 두 개의 주요한 철학적 전통, 즉 맑스주의와 실존주의를 낳았는데, 그것들은 19세기 철학의 주된 지적 유산으로서 간주된다.

오늘날 거의 읽히고 있지 않지만, 뢰비트의 이야기는 엄청난 영향력을 지녀 왔다. 그것은 영어권 세계에서 수많은 대중적 철학사를 위한 주요 원천이 되어 왔으며,[12] 영어권 대학들에서 19세기 철학을 다루는 셀 수 없이 많은 강좌들을 위한 교수요목을 형성해 왔다. [8]19세기 철학에 관한 표준 강좌는, 뢰비트가 그렇게 했을 것이듯이, 헤겔과 맑스 키르케고르와 니체를 포함한다. 그것을 이끄는 가정은 이 사상가들이 가장 중요한 사상

11. Karl Löwith, *Von Hegel zu Nietzsche. Der revolutionäre Bruch im Denken des 19. Jahrhunderts*, Zweite Auflage (Vienna: Europa Verlag, 1949).

12. 예를 들면 Robert C. Solomon, *Continental Philosophy since 1750* (Oxford: Oxford University Press, 1988); 그리고 *The History of Continental Philosophy: Nineteenth Century Philosophy: Revolutionary Responses to the Existing Order*, ed. Alan Schrift and Daniel Conway (Chicago: University of Chicago Press, 2010)를 참조.

가들이며, 오로지 그들만을 읽음으로써 학생들은 19세기의 가장 중요한 철학에 관해 최소한 무언가를 알 수 있다고 하는 것이다.

눈부시게 구상되고 실행된 뢰비트의 역사는 그것이 받은 그 모든 갈채를 받을 만하다. 그것은 19세기 독일 철학의 가장 중요한 발전들 가운데 몇 가지, 즉 맑스주의와 실존주의를 포착하는 솜씨 좋은 이야기다. 뢰비트의 역사에서 문제는 그 자체보다는 그 수용에 놓여 있다. 그것은 19세기 독일 철학에 관한 단지 하나의 이야기일 뿐이다. 그러나 그것은 다른 많은 이야기들이 있을 수 있고 또 있어야 함에도 불구하고 권위적인 이야기, 유일하거나 주요한 이야기인 것처럼 다루어진다. 만약 뢰비트의 이야기를 유일하거나 가장 좋은 이야기로서 받아들인다면, 우리는 그 분야에 대해 매우 제한된 견해를 가지게 될 것이다.

우리는 무엇을 놓치고 있는 것일까? 뢰비트의 이야기와 그것을 따르는 표준적 역사들로부터는 무엇이 제외되어 있는가? 다음의 것들은 주요한 발전들의 오직 일부일 뿐이다.

1. 1860년부터 1914년까지 독일의 지배적인 철학 운동이었던 신칸트주의의 부상.

2. 19세기 후반부의 가장 중요한 지적인 논란들 가운데 하나인 유물론 논쟁.

3. 역사적 담론의 논리를 둘러싼 역사학적이 아닌 철학적인 운동으로 "서구 사상에서 가장 커다란 지적 혁명들 가운데 하나"[13]로서 기술

---

13. Friedrich Meinecke, *Die Entstehung des Historismus* (Munich: Oldenbourg, 1965), p. 1에서의 말이다.

되어 올 만큼 중요한 운동인 역사주의의 성장.

4. 1880년대 초에 프레게의 저작들과 더불어 시작되는 근대 논리학의
   뿌리들.

5. 1860년대의 페시미즘의 부상과, 니체는 다만 그것의 한 사람의
   대화 상대자일 뿐이었던 삶의 가치에 관한 격렬한 논의.

[9]19세기 철학에 대한 우리의 개념을 지배한 또 다른 이야기는 그 세기의 주요한 사상가들 가운데 한 사람, 즉 헤겔 자신으로부터 나왔다. 1833년부터 1836년까지 처음으로 출간된 그의 『철학사 강의』에서[14] 헤겔은 관념론적 전통을 칸트에서 시작되어 라인홀트와 피히테 그리고 셸링을 통과해 그 자신에서 정점에 이르는 운동으로서 기술했다. 헤겔은 그 자신의 체계를 철학적 가치를 지니는 아무것도 제외하지 않은 채 그에 선행하는 모든 것을 웅대하게 종합하는 것으로서 보았다. 스스로를 과장하는 이러한 변증법적 승리 이야기에서 낭만주의자들은 부차적인 역할을 수행했지만 ── 헤겔은 프리드리히 슐레겔과 노발리스에게 각각 한 쪽을 배당했다 ──, 그때 그들은 "피히테 철학과 연관된 주요 형식들"이라는 깔보는 듯한 제목의 절에 속했다.[15]

관념론적 전통에 대한 헤겔의 설명은 두드러진 영향력을 지녀 왔다. 비록 그것 역시 단지 하나의 이야기였을 뿐임에도 불구하고, 그것은 표준적 설명, 지배적 패러다임이 되었다. 이것은 부분적으로는 19세기 전반부

••

14. G. W. F. Hegel, *Vorlesungen über die Geschichte der Philosophie*, in Werke in zwanzig Bänden, ed. Karl Michel and Eva Moldenhauer (Frankfurt: Suhrkamp, 1971), XX, 341-462.
15. 같은 전집, XX, 415-19.

에 헤겔학파에 의해 행사된 엄청난 영향력 때문이다. 그러나 그것은 또한 헤겔의 역사가 19세기 후반에 두 사람의 주요한 철학사가들, 즉 요한 에르트만과 쿠노 피셔에 의해 다시 확인되었기 때문이기도 하다.[16] 그들 자신이 헤겔주의자들이었던 것은 우연이 아니었다. 그 다음으로 헤겔의 역사는 20세기에 또 다른 두 명의 주요한 철학사가들, 즉 리하르트 크로너와 프레더릭 코플스턴에 의해 되살아났다.[17] 그들은 헤겔주의자들이 아니었음에도 불구하고 기꺼이 에르트만과 쿠노 피셔의 선례를 뒤따랐다. 최근의 19세기 철학사들은 대체로 헤겔주의 전통을 따라 왔다.[18] 덧붙일 필요가 있는 것은 [10]헤겔을 관념론 전통의 정점으로서 보았던 뢰비트가 이 역사에 대해 결코 의문을 제기하지 않았다는 점이다.

비록 여전히 표준 모델이긴 하지만, 관념론 전통에 대한 헤겔의 설명은 매우 문제가 많은데, 그 까닭은 주로 그것의 중대한 누락들 때문이다. 헤겔은 자기의 철학적 발전을 이해하는 역사를 썼다. 그리고 그는 그 이야기에 필요하지 않은 모든 것을 빠뜨렸다. 자기의 모든 반대자들을 그는

16. 1834년에 처음 출판된 Johann Erdmann, *Die Entwicklung der deutschen Spekulation seit Kant*, Band V of *Versuch einer wissenschaftlichen Darstellung der Geschichte der Philosophie* (Stuttgart: Frommann, 1977); 그리고 Kuno Fischer, Band V of his *Geschichte der neueren Philosophie* (Heidelberg: Carl Winter, 1872-75).

17. Richard Kroner, *Von Kant bis Hegel* (Tübingen: Mohr, 1921); 그리고 Frederick Copleston, vol. 7 of *A History of Modern Philosophy: Fichte to Hegel* (New York: Doubleday, 1963).

18. 예를 들면 Hans Jörg Sandkühler, ed., *Handbuch Deutscher Idealismus* (Stuttgart: Metzler, 2005); Brian O'Connor and Georg Mohr, *German Idealism: An Anthology and Guide* (Edinburg: Edinburg University Press, 2006); 그리고 *The Age of German Idealism*, ed. Robert C. Solomon and Kathleen Higgins (London: Routledge, 1993)를 참조.

피상적으로 다루거나(예를 들면 낭만주의자들) 전적으로 무시했다(예를 들면 프리스, 헤르바르트, 베네케, 쇼펜하우어). 그것이 역사로서 진지하게 받아들여져서는 안 된다는 것은 명백하다. 그러나 바로 그런 일이 벌어졌던 것이다. 독일 관념론을 다루는 모든 역사들은, 바로 "고인der Verewigten[헤겔]"이 그렇게 원했을 것이듯이, 헤겔의 죽음과 함께 끝난다.

헤겔의 이야기는 뢰비트의 것에 못지않게 19세기 독일 철학에 대한 우리의 시야를 심각하게 제한한다. 그것은 세 개의 주요한 누락을 지닌다. 무엇보다도 우선, 비록 헤겔이 결코 그 점에 대해 알 수 없었다 할지라도, 관념론 전통은 그의 죽음 이후 오랫동안 계속되었다. 헤겔 이후에 관념론의 유산을 되살리는 것이 주된 지적인 목표였던 세 명의 주요한 사상가, 즉 아돌프 트렌델렌부르크(1802-72)와 헤르만 로체(1816-81) 그리고 에두아르트 폰 하르트만Eduard von Hartmann(1842-1906)이 있었다. 비록 트렌델렌부르크와 로체 그리고 하르트만이 관념론 전통의 형식이나 방법들, 즉 지적 직관과 변증법 그리고 선험적 구성에 대한 날카로운 비판자였다 할지라도, 그들은 그것의 내용이 새로운 경험 과학들의 결과에 토대하게 함으로써 그것을 옹호하는 데 매우 열심이었다. 그들의 주요 저작들의 자기의식적인 목표는 목적론적-생기론적인 형이상학 —— 트렌델렌부르크가 "세계에 대한 유기체적 견해"라고 불렀던 것 —— 을 유물론과 다원주의의 성장에 반대하여 옹호하는 것이었다. 이 사상가들을 마치 그들이 한갓된 후계자들, 즉 역사적 의의를 거의 지니지 못하는 부차적인 인물들인 것처럼 일축하는 것은 근거가 없을 것이다. 그들은 19세기 말의 가장 영향력이 있던 저술가와 선생들의 일부였다.

헤겔의 역사의 또 다른 주요한 누락은 그 자신의 것과 동시대의 것이자 그것의 주요 경쟁자였던 관념론의 전통 전체다. 이 전통은 세 명의 사상가,

즉 야콥 프리드리히 프리스$^{\text{Jakob Friedrich Fries}}$(1773-1843)와 요한 프리드리히 헤르바르트$^{\text{Johann Friedrich Herbart}}$(1776-1841) 그리고 프리드리히 베네케$^{\text{Friedrich Beneke}}$(1798-1854)로 이루어졌다. 이 전통이 너무도 망각되어 왔기 때문에, 우리는 그것을 "잃어버린 전통"이라고 부를 수도 있을 것이다. 그 구성원들은 [11]여러 측면에서 피히테-셸링-헤겔 전통에 대립되었다. (1) 그들은 칸트의 초월론적 관념론을 그것의 본래적 형식(즉, 현상과 사물 자체의 구별)에서 견지했다. (2) 그들은 지성과 감성, 형식과 내용, 개념과 직관, 본질과 존재 사이의 칸트의 이원론을 긍정했다. (3) 그들은 목적론에 대한 칸트의 규제적 제한을 유지했다. 그리고 (4) 그들은 피히테와 셸링 그리고 헤겔의 이성주의 방법론을 공격하고, 그 대신 자연 과학을 본뜬 경험적 방법론을 옹호했다.

비록 프리스와 헤르바르트 그리고 베네케가 자기의식적인 학파, 즉 자기의식적인 의제를 지닌 동맹을 형성하지 않았다 할지라도, 그들은 우리가 그들을 하나의 구별되는 전통으로서 다루는 것이 정당화될 정도로 많은 태도와 가치 그리고 믿음들을 공유했다. 그들은 초월론적 관념론에 대한 충성, 인식론을 심리학을 통해 개혁하기 위한 프로그램, 경험 과학의 방법들의 신뢰성에 대한 확고한 믿음, 윤리학과 미학의 밀접한 관련성에 관한 이론, 마지막이지만 마찬가지로 중요한 것으로 피히테와 셸링 그리고 헤겔의 사변적 관념론에 대한 깊은 반감을 공유했다. 프리스와 헤르바르트 그리고 베네케를 하나의 전통 안에 놓는 것은, 그들이 서로 서신을 주고받았고, 서로의 저작을 보통은 호의적으로 논평했으며, 베네케가 심지어 헤르바르트와의 협력을 제안하기까지 했다는 점에서, 단순히 사후의 $^{\text{post facto}}$ 지적 구성이 아니다.

헤겔의 역사의 마지막 누락은 기이하지만 주목할 만한 인물인 아르투르 쇼펜하우어다. 그는 헤겔의 이야기에서 전혀 언급되지 않는다. 쇼펜하우어가 분명히 관념론적 전통에 속함에도 불구하고, 헤겔은 너무도 기꺼이 그의 모든 경쟁자들 가운데 가장 목소리를 높였던 자를 배제했다. 후기 관념론자들이나 잃어버린 전통과는 달리, 쇼펜하우어는 현재 통용되는 규준에 언제나 마지못해서기는 하지만 어느 정도 수용되어 왔다. 그는 보통 니체의 선구자이자 선생으로서 논의되긴 하지만 관련 문헌에 포함된다. 뢰비트는 그를 전적으로 무시하는 것이 적절하다고 보았다. 쇼펜하우어는 언제나 표준적 역사에 자리를 차지하기에는 곤란한 인물이었는데, 왜냐하면 분명히 그는 피히테로부터 헤겔로 나아가는 진보에 부드럽게 들어맞지 않기 때문이다. 그는 기이하고 독불장군이며 홀로 있길 좋아하는 사람으로 취급되었다── 이러한 이미지에 대해서는 쇼펜하우어 자신에게 많은 책임이 있다. 그러나 쇼펜하우어를 경시하거나 그를 19세기 철학의 주변에 자리매김하는 것에는 심각한 문제가 존재한다. 그는 전면과 중심이어야 한다. [12]이유는 다음과 같다. 즉, 1860년의 죽음 이후 쇼펜하우어는 제1차 세계 대전이 시작되기까지 독일에서 가장 중요하고 영향력 있는 바로 그 철학자가 되었던 것이다. 그는 19세기 후반부 독일 철학의 주요한 문제──삶의 가치 물음──를 정립했을 뿐만 아니라 또한 그 문제에 대한 가장 논쟁적인 해결책──페시미즘──을 진술했다. 우리는 쇼펜하우어의 영향력을 단지 긍정적으로 그의 영향을 받은 자들──토마스 만, 루트비히 비트겐슈타인, 에두아르트 폰 하르트만, 리하르트 바그너 그리고 프리드리히 니체──에 의해서만 측정할 수 없다. 우리는 또한 그에게 깊이 대립했던 자들도 고려해야 한다. 신칸트주의자들과 실증주의자들은 쇼펜하우어의 전기와 그에게 반대하는 논박을 썼을 뿐만 아니라 또한 쇼펜하우어 때문에 자신들의 철학 개념을 변화시켰다. 신칸트주의와 실증주의가 "과학들의 논리"에 대한 분석에 지나지 않는 것에 바쳐진 스콜라 철학적인 운동으로 타락하지 않은 것은 쇼펜하우어 덕분이었다.

일단 우리가 뢰비트와 헤겔의 유산과 단절하게 되면, 19세기 독일 철학에 대한 우리의 그림은 현저하게 달리 보이기 시작한다. 우리는 더 이상 1831년에서의 관념론 전통의 종언에 대해 이야기할 수 없으며, 오히려 그것을 그 세기말까지 확대해야 한다. 우리는 더 이상 하나의 관념론 전통에 대해 쓸 수 없으며, 오히려 제2의 경쟁하는 전통을 고려해야 한다. 우리는 더 이상 맑스주의와 실존주의가 그 세기 후반부의 주요 지적 운동들이라고 가정할 수 없다. 우리는 또한 다른 많은 운동들, 즉 후기 관념론, 역사주의, 유물론, 신칸트주의 그리고 페시미즘을 포함해야 한다. 마지막이지만 마찬가지로 중요한 것으로 우리는 더 이상 쇼펜하우어를 독불장군처럼 취급할 수 없으며, 그를 19세기 후반부의 가장 영향력 있는 철학자로서 인정하기 시작해야 한다. 이것은 우리가 일군의 사상가들에 대한 그의 영향을 고려해야 한다는 것을 의미하는데, 니체는 단지 그 사상가들 가운데 하나의 예일 뿐이다.

우리가 이러한 좀 더 폭넓은 관점을 취하게 되면, 우리의 19세기 독일 철학사는 더 풍부해지지만, 또한 좀 더 복잡해지기도 한다. 그것은 하나의 이야기의 주제이기를 그치고 많은 이야기들의 주제가 되는 것이다. 그 시기의 등장인물들은 크게 증가하고, 동일한 케케묵은 규준적인 인물들, 거듭해서 다시 쓰이는 낡은 이야기들에 제한되기를 그친다. 우리는 [13]여전히 우리의 관심을 끄는 논쟁들에의 주요한 참여자들이었음에도 불구하고 지금은 우리에게 생소한 많은 "부차적인" 사상가들을 읽어야 한다는 것을 발견한다. 그러나 이 가운데 어느 것도 우리 자신을 괴롭히고 부담스럽게 하는 따분한 일로 다루어져서는 안 된다. 오히려 그것은 우리 자신을 풍부하게 하고 넓히는 기회로서 받아들여져야 한다. 19세기 독일 철학이 지금껏 연구되어 온 것만큼이나, 거기에는 젊고 호기심이 강하며 모험적인 자들을 기다리는 탐사되지 않은 영역의 여전히 넓은 지대가 존재한다.

3. 방법

철학의 역사가 철학적 동기 부여와 가치를 결여한다는 오랜 불평이 존재한다. 철학자들이 과거에 무엇을 생각했는지 알게 되는 것이 반드시 우리로 하여금 현재의 철학적 문제들을 해결할 수 있도록 도와주는 것은 아니며, 그것은 쉽사리 골동품 연구, 즉 연구 자체를 위한 역사 연구로 타락한다. 이런 이유 때문에 몇몇 철학사가들은 과거를 우리의 현대적인 관심과 문제들에 따라 다시 쓰는 경향이 있다. 하지만 이러한 접근법은 시대착오라는, 요컨대 우리가 과거를 그것의 관심사보다는 우리의 관심사에 비추어 읽는다는 이의제기를 불러일으킨다. 그래서 철학의 역사는 골동품 연구 아니면 시대착오로 향하는 경향이 있다.

이 책에서 취한 접근법은 이러한 딜레마를 벗어나고자 시도한다. 그것은 철학의 역사를 사상가들이나 주제들이 아니라 논쟁들에 따라 조직한다. 이 논쟁들은 오늘날에도 여전히 흥미로운 쟁점들에 관한 것이며, 따라서 골동품 연구의 위험을 회피한다. 그러나 그것들은 또한 동시대인 그 자신들에게도 중요했으며, 따라서 시대착오라는 난점을 벗어난다. 이 접근법은 또한 우리의 시야를 표준적인 사상가들과 주제들 너머로 확대하는 장점을 지닌다. 이 논쟁들에 공헌한 자들 대부분이 잘 알려져 있지 않거나 완전히 잊혔기 때문에, 우리는 표준적 레퍼토리를 넘어서서 새로운 사상가들에 대해 배운다. 우리는, 비록 잘 알려져 있지 않고 잊혀 있다 할지라도, 이 사상가들이 여전히 그 자체로 흥미롭다는 것을 볼 수 있다. 그들은 종종 논쟁에 중요한 기여를 수행했으며, 여전히 우리의 관심거리인 근본적인 문제들에 관해 흥미롭거나 이해를 돕는 의견을 표명했다.

철학사에서 가장 나쁜 잘못들 가운데 하나는 표준적 커리큘럼에 존재하는 것이나 주요한 사상가들의 규준으로 받아들여지는 것이 [14]철학적 가치를 지닌 과거의 모든 것을 남김없이 다 드러낸다고 상정하는 것이다. 우리는 학문적 연구 전통을 물려받으며, 그것이 우리에게 흥미롭고 장점을 지닌 과거의 모든 것을 가져다주었다고 충실하게 상정한다. 우리는 "주요한 사상가들"이 우리가 연구하는 이들이며, 그 밖의 모두는 마땅히 잊혔거나 단지 "과도적 인물"일 뿐인 "부차적 사상가"라고 생각한다. 이러한 방식으로 우리는 편견을 기른다. "농부는 자기가 모르는 것을 먹지 않는다 _Was ein Bauer nicht kennt, frißt er nicht_." 농부와 마찬가지로 학자들도 자기가 모르는 것을 먹지 않는다.

이렇게 상정하는 학자들은 탐험가에게 미지의 지역의 얼마간의 보물을 가져다주는 황야로 결코 깊이 들어가려고 하지 않는 여행자와 마찬가지다. 그들은 내적인 황야에 묻혀 있는 풍부한 보물을 결코 스스로 보지 못한다. 그들은 자신들을 위해 그것을 탐험한 다른 이들에 의지할 뿐이다. 모든 철학사가는 탐험가가 되어야 한다. 과거의 더 커다란 지역과 더 깊숙이 놓인 곳으로 스스로 들어가고자 할 때에만 그들은 자신들을 기다리는 수많은 보물을 볼 것이다.

제1장 철학의 정체성 위기

1. 위기의 원천들

[15]헤겔의 죽음 이후 10년이 지난 1840년대가 시작되자 철학자들은 심각한 "정체성 위기"를 겪기 시작했다.[1] 그들은 더 이상 자신들의 분과를 19세기 처음 몇십 년 동안 널리 받아들여진 전통적인 용어들로 정의할 수 없었다. 그래서 그들은 몇 가지 매우 어려운 물음들을 스스로 묻기 시작했다. 철학이란 무엇인가? 철학의 목적은 무엇인가? 그리고 철학은 경험 과학들과 어떻게 다른가?

1840년대 이전에 철학자들은 그러한 기본적 물음들을 제기할 필요를 느끼지 못했다. 사변적 관념론 전통은 그 물음들에 명확하고 설득력 있는 대답들을 제공한 것으로 보였다. 라인홀트에서 헤겔에 이르는 그 전통은 철학의 목적과 방법들, 경험 과학들에 대한 철학의 관계에 대해 매우 확고한 개념을 지니고 있었다. 그 개념에 따르면 철학의 목적은 모든 학문을 위한 기초, 즉 학문들을 회의주의로부터 지키는 토대를 제공하는 것이다. 비록 그 전통 내부에 그러한 기초를 창출하는 특정한 방법에 관해 다양한 견해 —— 자명한 원리들로부터의 추론, 지적 직관, 선험적

---

1. "정체성 위기"라는 용어는 헤르바르트 슈내델바흐Herbart Schnädelbach에 의해 주조되었다. 그의 *Philosophy in Germany, 1831-1933* (Cambridge: Cambridge University Press, 1984), pp. 5, 67을 참조.

구성, 변증법 ——가 존재하긴 했지만, 그 방법이 선험적이고 연역적이어야 한다는 데 대해서는 일반적으로 동의했다. 그 방법이 무엇이든, 철학자는 그것을 학문들의 완전한 체계, 즉 각각의 학문에게 지식의 일반적 조직 내에서의 특수한 자리를 배정하는 백과전서를 구성하기 위해 사용할 것이다. 따라서 철학은 "학문들의 수호자", 학문들의 정초자이자 체계자다. 이러한 것이 라인홀트가 기초 철학*Elementarphilosophie*에서 처음으로 제안하고, 피히테가 [16]학문론*Wissenschaftslehre*에서 뒤따르며, 셸링이 『전체 철학의 체계』에서 적용하고, 그 다음으로 헤겔이 세 권으로 이루어진 그의 방대한 『철학적 학문들의 엔치클로페디』에서 실현한 철학 개념이었다.

하지만 1840년대에 이러한 철학 개념은 완전히 불신 받게 되었다. 대부분의 지식인들은 더 이상 철학이 선험적 수단들이나 이성적으로 생각해내는 것만으로 학문들을 위한 기초를 제공하는 것이 가능하다고 믿지 않았다. 자명한 첫 번째 원리들, 지적 직관, 선험적 구성 또는 심지어 변증법에 대한 신뢰는 존재하지 않았다. 기초주의 프로그램은 여러 진영으로부터, 즉 "물리주의자들"(유스투스 리비히*Justus Liebig*, 에밀 뒤 부아-레몽*Emil Du Bois-Reymond*, 헤르만 헬름홀츠*Hermann Helmholtz*)과 초기 신칸트주의자들(프리스, 헤르바르트, 베네케) 그리고 후기 관념론자들(로체, 트렌델렌부르크 그리고 하르트만)로부터 중대한 비판에 처하게 되었다. 모두는 하나의 중심점, 즉 일반적 원리와 선험적 추론이 그 자체로 구체적인 결과를 제공할 수 없다는 점에 동의하는 것으로 보였다. 우리는 형식적 원리로부터 실질적 결론을, 무규정적 전제로부터 규정적 결과를 끌어낼수 없다. 모든 내용, 존재에 대한 모든 지식은 오로지 경험으로부터만 나와야 한다. 사변적 관념론의 기초주의 프로그램은 칸트 이전 이성주의의 나쁜 낡은 방식으로 되돌아가는 것으로 규탄되었다.

기초주의 프로그램에 대한 이러한 비판은 철학의 미래에 대한 진지한 물음을 제기했다. 철학은 그 자신의 믿을 만한 방법을 지니지 못하는 것으로 보였다. 오직 두 개의 선택지만이, 즉 보편자로부터 시작하여 특수자로 내려가는 사변적 전통의 "종합적 방법" 아니면 특수자로부터 시작하여 보편자로 올라가는 경험 과학들의 "분석적 방법"만이 존재하는 것 같았다. 종합적 방법은 이제 불신 받게 되었다. 그러나 분석적 방법은 경험 과학들에게 좀 더 특유했다. 그렇다면 철학의 방법은 무엇이어야 하며 또는 무엇일 수 있는가?

　철학의 정체성 위기는 기초주의 프로그램의 붕괴로부터뿐만 아니라 또 다른 원천, 즉 그 세기 전반부의 경험 과학들의 극적인 부상으로부터도 발생했다. 과학들은 이제 지적 세계$^{globus\ intellectualis}$ 전체를 포함하는 것으로 보였으며, 그래서 철학을 위한 특수한 주제는 없어 보였다. 그 세기 전반부에서의 실험 생리학과 심리학의 성장은 생명과 정신을 이제 [17]경험 과학 분야의 부분으로 만드는 것으로 보였다. 단지 과학들이 우주의 모든 측면을 떠안은 것만이 아니다. 그들은 또한 완전히 자율적인 것으로, 즉 철학의 치맛바람 없이 그들 스스로 타당한 결과들을 성취할 수 있는 것으로 보였다. 그래서 비록 철학이 과학들을 위한 기초를 제공할 수 있을지라도, 그들은 실제로는 결코 그러한 기초를 필요로 하거나 원하지 않았다. 관찰과 실험이라는 과학들의 방법은 그들 스스로 믿을 만한 지식을 제공하기에 충분했다. 철학이 한때 과학들의 어머니였긴 하지만, 그녀의 자식들은 이제 나이가 들었고 자기들의 둥지를 떠나길 원했다. 철학에 대한 과학들의 이러한 새로운 태도는 신칸트주의자인 위르겐 보나 마이어에 의해 다음과 같이 포착되었다. "딸들은 이제 자기들의 공동의 어머니로부터의 독립을 요구하며, 감시받고 지적받을 때 그것을 기쁘게 감수하지 않는다. 그녀들은 자기들의 늙고 까다로운 어머니가 무덤에서 쉬기 위해 눕는 것을 더 좋아할 것이다.”[2]

기초주의 프로그램에 대한 비판과 경험 과학들의 부상은 함께 정체성 위기를 완전하고도 불가피하게 만들었다. 그 비판은 철학이 그 자신의 특유한 **방법**을 지니지 않는다는 것을 의미했다. 그리고 경험 과학들의 부상은 철학이 그 자신의 독특한 주제를 지니지 못한다는 것을 의미했다. 형식(방법)에서든 내용(주제)에서든 철학은 존재할 자격이 없었다. 적절한 방법(관찰과 실험)과 모든 가능한 주제는 경험 과학들의 특권이자 전유물로 보였다. 철학은 이제 노후화한 것으로, 즉 경험 과학들에 의해 대체될 위험에 처한 낡은 분과로 보이기 시작했다. 그렇다면 신칸트주의자인 쿠노 피셔가 1860년대 초의 저술에서 “철학의 **사활** 문제*Lebensfrage der Philosophie*”를 언급한 것은 거의 놀랄 만한 일이 아닌데, 그것으로 그가 의미한 것은 철학의 삶 또는 죽음의 물음이었다.[3]

피셔는 괴로워할 훌륭한 이유를 가지고 있었다. 왜냐하면 이미 1840년대에 유물론자들과 실증주의자들은 철학의 죽음을 축하하고 있었기 때문이다. 그들은 철학을 사멸한 기초주의 프로그램이나 사변적 관념론의 형이상학과 동일시했다. 그리고 이제 이것들이 파산했음이 판명되었기 때문에, 철학 그 자체는 과거의 것인 것으로 보였다. [18]실증주의자들과 유물론자들은 모든 정당한 지적인 물음이 경험 과학들에 의해 해결될 수 있으며, 따라서 철학을 위한 자리는 단적으로 더 이상 존재하지 않는다고

. .

2. Jürgen Bona Meyer, *Philosophische Zeitfragen* (Bonn: Adolph Marcus, 1870), p. 1.

3. Kuno Fischer, *Kant's Leben und die Grundlagen seiner Lehre* (Mannheim: Bassermann, 1860), p. 95.

믿었다. 루트비히 포이어바흐는 철학에 대한 이러한 새로운 태도를 의미심장하지만 역설적인 명제로 표현했다. "참된 철학은 철학의 부정이다. 그것은 실제로는 전혀 철학이 아니다."[4]

　중요한 것은 철학의 정체성 위기 배후에 제도적 맥락이 존재했다는 점을 인식하는 것이다. 위기는 단지 정신적이거나 지적인 문제가 아니라 "먹고사는" 문제였다. 대부분의 철학자들은 오직 대학 안에서만, 즉 대학 학부의 교수 요원으로서만 생존할 수 있었다. 극히 소수만이 책 인세와 강의료로 살아갈 수 있었다. 하지만 봉급을 위해 그들은 정부의 재정 지원에 의존했는데, 왜냐하면 독일에서 대학들은 공공 기관들이었기 때문이다. 재정 지원을 받기 위해 학부는 자기 분과가 정당하다는 것, 즉 스스로가 그 자신의 "과학적" 방법을 지니며, 자기가 학문적 분업에서 필연적인 위치를 차지한다는 것을 증명해야 했다. 그러나 만약 철학자들이 자기 자신을 확신하지 못한다면, 즉 자기 자신의 방법들과 주제를 인식하지 못한다면, 그들이 어떻게 정부의 재정 지원을 주장할 수 있겠는가? 그 쟁점은 긴급했는데, 왜냐하면 정부 재정은 제한되어 있었고, 그것을 둘러싼 학부들 사이의 커다란 경쟁이 존재했기 때문이다. 그 세기의 마지막 몇십 년 사이에 철학과 심리학 사이의 경쟁은 특히 격렬해졌다. 심리학은 철학을 쓸모없게 만들고 있는 것으로 보였다. 왜냐하면 심리학은 정신—철학의 오랜 전유물—을 관찰과 실험의 방법에 따라 다룰 수 있었기 때문이다. 많은 철학자들은 심리학 직위가 때때로 철학적 직위보다 우선하는 상황에서 자신들의 분과가 심리학에 동화되는 것에 분개했다.

• •
4. Ludwig Feuerbach, "Vorwort" to *Sämmtliche Werke* (Leipzig: Wigand, 1846), IV, 158.

정체성 위기 배후의 긴급성과 이해관계를 고려하면, 그리고 사변적 관념론의 붕괴 이후 남겨진 공백을 고려하면, 19세기 후반부에 철학을 정의하고자 하는 많은 시도가 존재했다는 것은 놀랄 일이 아니다. 철학은 너무도 다양한 방식으로, 즉 과학들의 논리, 비판, 형이상학, 인식론, 학문들의 일반적 체계, 규범성의 학문 그리고 세계관으로 정의되었다. 이 정의들 모두는 나름의 강점과 약점을 가지고 있었다. 그 가운데 어느 것도 [19]지적인 무대를 지배하는 데서 전적으로 성공적이지는 못했다. 이제 이 정의들을 그것들이 지닌 장점 및 문제들과 그것들이 어떻게 정체성 위기를 해결하고자 했는지를 끊임없이 염두에 두면서 살펴보도록 하자.

2. 트렌델렌부르크의 필로소피아 페레니스

정체성 위기에 응답하고, 새롭고 독창적인 철학 개념을 제공하고자 한 최초의 철학자들 가운데 한 사람이 1833년부터 1870년까지 베를린의 철학 교수였던 아돌프 트렌델렌부르크(1802-72)였다. 트렌델렌부르크는 1833년 초 원외 교수 취임 강의에서 그 위기를 다뤘다.[5] 그러나 그의 가장 지속적이고 실질적인 노력은 1840년에 처음 출판된 그의 『논리연구』에서

5. 이 강의는 출판되지 않았고 그 제목도 알려져 있지 않다. 우리는 그 내용의 요약을 그의 제자인 에른스트 브라투셰크Ernst Bratuscheck의 저작 *Adolf Trendelenburg* (Berlin: Hensehel, 1873), pp. 77-78에서 갖고 있다.

나타난다.[6] 어느 누구도 트렌델렌부르크보다 더 많이 새로운 과학 시대에서의 철학의 지위와 생존에 대해 걱정하지 않았다. 철학의 미래는 철학이 아닐 것이라는 포이어바흐의 선언은 그를 도발하고 그에게 도전을 안겨주었다.[7] 고전적인 학자로서 트렌델렌부르크는 필로소피아 페레니스*philoso-phia perennis*[영원한 철학], 즉 시대를 관통하여 그리고 역사의 모든 변화에도 불구하고 단 하나의 타당한 철학이 존재해 왔다는 테제에 대한 확고한 신봉자였다. 트렌델렌부르크는 이 철학을 그가 플라톤과 아리스토텔레스의 저작들에서 발견한 것과 동일시했다. 그는 그것을 "유기체적 세계관", 즉 전체 우주가 단일한 살아 있는 유기체를 형성한다는 교설이라고 불렀다. 이러한 세계관이 전혀 노후화한 것이 아니라는 것은 트렌델렌부르크의 확신이었다. 오히려 그것의 주요 원리들은 타당하고 타당했으며 앞으로도 영원히 타당할 것이고, 수천 년 전에 참이었던 것과 마찬가지로 오늘날에도 참이라는 것이다. 하지만 트렌델렌부르크는 고전적 유산을 살아 있게 할 수 있으려면 철학의 점증하는 정체성 위기에 응답해야 한다는 것을 너무도 잘 알고 있었다. 어떻게 하든 그는 플라톤과 아리스토텔레스의 "유기체적 세계관"이 근대의 과학 시대에도 여전히 유의미하다는 것을 보여주어야 했다. 이것은 그의 『논리연구』의 중심 과제들 가운데 하나였다.

[20]트렌델렌부르크는 사변적 관념론 전통에서의 철학 개념에 이의를 제기하는 것으로 『논리연구』를 시작한다.[8] 새로운 경험 과학들의 자율성

• •

6. Friedrich Adolf Trendelenburg, *Logische Untersuchungen* (Berlin: Bethge Verlag, 1840).

7. 『논리연구』 제2판(Leipzig: Hirzel, 1862)에 붙인 서문, I, ix에서의 포이어바흐에 대한 트렌델렌부르크의 언급을 참조.

을 자신의 출발점으로 받아들이는 트렌델렌부르크는 사변적 관념론의 기초주의 프로그램에 대한 필요가 존재하지 않는다고 논증했다. 그는 철학이 경험 과학들을 위한 기초를 제공할 수 없는데, 왜냐하면 사유 그자체는 공허하며 그 내용을 오직 경험으로부터만 획득하기 때문이라고 논증했다. 과학들을 위한 토대를 제공하려고 하는 대신 철학은 "과학의 사실"을 인정해야 하거니와, 다시 말하면 과학들이 자율적이라는 것, 과학들이 그들 자신의 성공을 입증했다는 것, 그리고 과학들에 관한 회의주의에 어떠한 중요한 요점도 없다는 것을 인정해야 한다.[9] 하지만 이러한 기초주의적인 열망을 포기하는 것이 철학을 위한 과제나 자리가 전혀 존재하지 않는다는 것을 의미하는 것은 아니라고 트렌델렌부르크는 주장했다. 반대로 철학은 이제 "과학론"(*Wissenschaftstheorie*), 즉 그 특수한 과제가 "과학들의 논리"를 탐구하는 것인 분과가 되어야 한다. 그는 철학에 대한 필요가 여전히 존재한다고 강조했는데, 왜냐하면 특수한 과학들은 자기들의 방법을 탐구하는 것보다는 그것을 적용하는 데 좀 더 관심을 기울이기 때문이다. 특수한 과학들은 자기의 가장 기본적인 개념들과 전제들에 대해 반성하지 않기 때문에, 그러한 반성은 철학자의 특수한 과제가 되어야 한다. 그렇다면 철학자는 이차적인 과학자, 즉 "특수한 과학들의 방법들"을 자기의 특수한 관심사로 지니는 논리학자가 되어야 한다고 트렌델렌부르크는 권고했다.

트렌델렌부르크가 철학의 방향을 과학들의 논리로 전환한 것은 매우 전략적이었다. 그것은 단칼에 기초주의 프로그램을 철폐했을 뿐만 아니라

8. *Logische Untersuchungen* (1862), I, 1-129.
9. 같은 책, I, 130-31.

또한 철학에게 학문적 분업에서의 필요한 자리를 보장했다. 과학들의 논리학자로서 철학자는 과학자들 자신이 수행할 수 없는 귀중한 과제를 수행했다. 트렌델렌부르크의 전략은 영향력 있는 것으로, 즉 그의 재능 있는 제자들 가운데 몇몇, 특히 프란츠 브렌타노^{Franz Brentano}와 헤르만 코헨^{Hermann Cohen} 그리고 오이겐 뒤링^{Eugen Dühring}을 위한 선례로 입증될 것이다.

비록 트렌델렌부르크 철학 개념의 몇 가지 측면이 새롭고 근대적이었을 지라도, 다른 측면들은 좀 더 오래되고 좀 더 전통적이었다. [21]트렌델렌부르크는 나중에 신칸트주의자들이 그렇게 했듯이 결코 철학을 인식론으로 환원하지 않았다. 그에 대한 고전적 전통의 영향은 그가 계속해서 형이상학, 즉 전체로서의 우주에 대한 지식의 지속적인 중요성을 강조하는 그런 것이었다.[10] 그는 학문들의 일반적 체계를 구축하려고 시도함으로써 그러한 지식을 제공하는 것이 철학의 과제라고 주장했다. 눈에 띄는 플라톤적인 정식화에서 트렌델렌부르크는 철학이란 "이념의 학문"(*Wissenschaft der Idee*)이라고 진술하는데, 거기서 "이념"은 자기의 부분들 내의 전체, 특수자 내의 보편자를 규정한다. 최고의 이념, 즉 철학의 가장 중요한 목표는 전체로서의 우주다. 하지만 트렌델렌부르크는 조심스럽게 그러한 형이상학에 규제적 제한을 두었다. 그는 이념이 단지 하나의 이상, 즉 비록 우리가 획득할 수 없을지라도 접근하기 위해 노력해야 하는 목표일 뿐이라고 주장했다. 그는 또한 이 이념이 체계 형성의 출발점이 아니라 결과여야 한다고 강조했다. 형이상학은 전체로부터 부분들로 나아가기보다는 부분들로부터 전체로 나아가는 분석적 방법을 따라야 했다. 그리고

10. 같은 책, I, 5.

형이상학은 자기의 모든 자료를 제공하는 경험 과학들을 지도하는 것이 아니라 그것들의 뒤를 따라야 했다.[11]

트렌델렌부르크는 자신이 플라톤과 아리스토텔레스의 형이상학을 복권시킬 수 있었던 것은 이러한 좀 더 신중한 분석적 접근에 의해서라고 믿었다. 그는 그들의 "유기체적 세계관"이 최신의 생리학과 물리학의 모든 결과들에 의해 틀림없이 정당화될 수 있다고 생각했다. 사변적 관념론의 방법론과 같은 선험적 방법론에 의해 증명될 수 없긴 하지만, 그것은 관찰과 실험의 후험적 방법들에서 토대를 발견할 수 있었다. 따라서 근대 과학들은 **필로소피아 페레니스**를 낡게 만드는 것이 아니라 그 정당성을 입증할 것이다.

하지만 이것은 위험한 전략임이 입증되었다. 트렌델렌부르크가 1840년 대에 처음 『논리연구』를 썼을 때, 생리학에서의 지배적인 견해는 목적론적이고 유기체적인 개념들의 유지에 여전히 호의적이었다. 프리드리히 블루멘바흐Friedrich Blumenbach(1752-1840)와 칼 프리드리히 킬마이어Carl Friedrich Kielmeyer(1765-1844) 그리고 요한 크리스티안 라일Johann Christian Reill(1759-1813)의 이른바 "생기적 유물론" 또는 "목적 기계론teleomechanical,, 전통은 성장을 목적론적이고 전체론적인 용어들로 이해하는 것의 중요성에 대해 논의했다.[12] [22]이 전통은 요한네스 뮐러Johannes Müller(1801-58)와 칼 에른스트 폰 바에르Karl Ernst von Baer(1792-1876)의 발생학적 연구에서 1830년대에 이르기까지 계속되었다. 하지만 1840년대 말에 새로운 "물리

● ●
11. 같은 책, II, 454.
12. 이 전통에 대해서는 Timothy Lenoir, *The Strategy of Life, Teleology and Mechanics in Nineteenth Century German Biology* (Chicago: University of Chicago Press, 1989) 를 참조.

주의 프로그램"이 발생했는데, 이것은 칼 루트비히^{Carl Ludwig}(1816-95)와 에른스트 브뤼케^{Ernst Brücke}(1819-92)에 의해 주도되고, 나중에 밀러의 반항적인 제자들 가운데 몇몇, 즉 로베르트 레마크^{Robert Remak}(1815-65), 루돌프 피르호^{Rudolf Virchow}(1821-1902), 에밀 뒤 부아-레몽(1818-98), 헤르만 폰 헬름홀츠(1821-94) 그리고 에른스트 헤켈^{Ernst Haeckel}(1834-1919)에 의해 지지받았다.[13] 이 모든 사상가들은 성공적으로, 즉 엄밀하고도 정력적으로 생물학과 생리학에서의 기계론적 설명 프로그램을 추구하여 유기체적 세계관에 대한 트렌델렌부르크의 옹호를 노후화한 것으로 보이게 만들었다. 트렌델렌부르크에 대한 도전은 1860년대에 헤켈과 물리주의자들에 의해 정력적으로 주창된 다윈주의의 부상과 더불어 훨씬 더 커졌다. 그것은 필로소피아 페레니스가 더 이상 그렇게 전혀 영원해 보이지 않는 시대의 혁명적 반란의 신호였다.

3. 비판으로서의 철학

트렌델렌부르크의『논리연구』출판 직후인 1840년대 초에 또 다른 매우 상이한 철학 개념이 할레와 베를린의 일군의 젊은 지식인들, 이른바 "청년 헤겔학파" 내지 "좌익 헤겔주의자들"에 의해 벼려지고 있었다. 이

---

13. 밀러의 제자들에 대해서는 Laura Otis, *Müller's Lab* (Oxford: Oxford University Press, 2007)을 참조.

집단의 주요 선수들은 루트비히 포이어바흐(1804-72), 다비드 프리드리히 슈트라우스(1808-74), 막스 슈티르너^Max Stirner(1806-56), 아르놀트 루게 ^Arnold Ruge(1802-80), 프리드리히 피셔^Friedrich Vischer(1807-87), 브루노 바우어(1808-82) 그리고 칼 맑스(1818-83)였다. 젊은 철학자들의 이 다양한 집단을 함께 묶어준 것은 그들의 급진적인 정치적 의제 및 헤겔적 기원과 더불어 그들의 철학 개념이었다. 청년 헤겔주의자들에게 있어 철학은 무엇보다도 우선 "비판"이었던바, 다시 말하면 그것이 형이상학적인 것이든 종교적인 것이든 아니면 정치적인 것이든 모든 믿음을 철저히 검토하여 그 기원을 규정하고 그것의 타당성 주장을 평가하는 것이었다. [23]이 비판은 근본적이기를 의도했는데, 다시 말하면 하나의 믿음은 종교와 도덕 또는 국가에 대한 그 결과들과는 상관없이 엄격하게 그것을 위한 증거의 정도에 따라서 받아들여지거나 거부되어야 했던 것이다. 따라서 청년 헤겔주의자들은, 젊은 맑스가 표현한 대로 하자면, "현존하는 모든 것에 대한 가차 없는 비판"을 나타냈다.[14]

그러한 프로그램은 최소한 초기에 파악된 대로는 정체성 위기에 대한 청년 헤겔주의의 해결책이었다. 비판은 기초주의 프로그램의 붕괴와 사변적 관념론 전통의 종언 이후에 철학에게 남겨진 모든 것으로 보였다. 비판적 철학자는 사변적 형이상학을 추방했을 뿐만 아니라 또한 학문들을 위한 기초를 제공하려고 시도하지도 않았다. 하지만 비판은 오직 철학자만이 수행할 수 있는 과제였으며, 따라서 철학은 경험 과학들로부터 노후화될 위험에 처해 있지 않았다. 비록 청년 헤겔주의자들이 전통 철학에

··
14. 1843년 9월에 아르놀트 루게에게 보낸 칼 맑스의 편지, "Ein Briefwechsel von 1843," *Deutsch-Französische Jahrbücher* I (1844), 37에서.

대한 냉혹한 비판자들이었다 할지라도, 그들은 여전히 비판으로서의 철학이 스스로 수행해야 할 가치 있는 역할을 지닌다고 여겼다. 인류가 자기를 노예로 만든 깊은 환상으로부터 자기 자신을 해방시킬 수 있는 것은 오직 "비판의 순화시키는 불"에 의해서일 뿐이었다. 철학에 대한 이러한 정의 배후에는 고귀한 전통이 존재했다. 18세기 초 이래로 비판은 철학에 필수적이었으며, 사실상 계몽 그 자체의 특징이었다. 그렇다면 비판을 주창함에 있어 청년 헤겔주의자들은 계몽의 깃발을 휘날리고 있었으며 그들 자신의 신성화된 전통을 따르고 있었다.

좌파 헤겔주의의 비판 프로그램은 신학에서, 좀 더 특수하게는 성서에 대한 비판과 더불어 시작되었다. 1835년에 처음으로 출간된 슈트라우스의 『예수의 생애』[15]와 1841년에 출판된 바우어의 『공관 복음서 이야기 비판』[16]은 논쟁의 불기둥을 촉발했다. 스피노자를 따르는 슈트라우스와 바우어는 성서를 신의 영감을 받은 말씀으로서가 아니라 어떤 역사적 문서처럼, 그래서 그것이 특정한 시간과 장소의 인간들의 산물인 것처럼 취급했다. 그들은 기적의 주장을 위한 어떤 믿을 만한 증거가 있는지 의심했고, [24]복음서 이야기들을 신화(슈트라우스)나 시가詩歌(바우어)로서 해석했다. 이러한 종교 비판의 정점은 1841년에 루트비히 포이어바흐의 『그리스도교의 본질』[17]과 함께 이루어졌는데, 그것도 엄청나게 격렬한 반응을 불러일으켰다. 포이어바흐는 종교적 의식을 인간의 힘의 물화re-

15. David Friedrich Strauss, *Das Leben Jesu, kritisch bearbeitet* (Tübingen: C. F. Osiander, 1835), 2 vols.

16. Bruno Bauer, *Kritik der evangelischen Geschichte der Synoptiker* (Leipzig: Wigand, 1841), 3 vols.

17. Ludwig Feuerbach, *Das Wesen des Christentums* (Leipzig: Wigand, 1841).

제1장 철학의 정체성 위기 47

ification나 실체화라는 측면에서 분석했다. 포이어바흐는 인간을 지배하는 것으로 나타난 신들과 혼령들이 실제로는 다만 그 자신의 무의식적인 창조물, 즉 자신의 힘을 자기 바깥의 세계로 투사한 것일 뿐이라고 논의했다. 인간이 그 자신의 창조물에게 스스로를 노예화하는 이 과정에 대해 포이어바흐는 헤겔의 여러 면면을 상기시키는 단어인 "소외"(*Entfremdung*)를 사용했다.

신학에서 시작되었긴 하지만, 신헤겔주의의 비판은 곧바로 다른 영역들로 확대되었다. 그것이 사회든 경제든 국가든 또는 교회든 그 모든 소굴에서의 소외를 폭로하는 것이 비판의 과제였다. 신에 대한 신앙 이외에도 자기 노예화는 많은 형식들, 즉 신에 의해 임명된 군주에 대한 믿음, 절대 정신의 교설, 자연적 경제 법칙들에 대한 믿음, 절대적 명령의 윤리와 같은 형식들을 취했다. 신헤겔주의자들은 사람들이 그들 자신의 창조물에 노예화되기를 그치고 자신들의 삶을 통제하기 시작할 수 있도록 소외가 발생한 곳에서는 어디서나 그것을 폭로하는 것을 스스로의 과업으로 삼았다. 법과 국가 그리고 경제는 인간을 지배하는 상상적인 힘이기보다는 인간의 자기의식적인 창조물이어야 한다. 소외보다 권력자에게 더 편리한 것은 아무것도 없었는데, 소외는 교회와 국가 그리고 경제에 대한 형이상학적 승인을 제공하는 것으로 보였다. 신헤겔주의자들은 그러한 소외 배후의 자기기만을 드러내 보이면, 이 권력들이 사라질 거라고 믿었다.

좌파 헤겔주의 프로그램의 기원들은 그 목적과 의미에 많은 빛을 던져준다. 하나의 원천은 1830년대에 튀빙겐 신학교에서 비롯된 이른바 "튀빙겐학파" 또는 "비판적 신학학파"였다. 이 학파는 여러 청년 헤겔주의자들, 특히 슈트라우스와 프리드리히 피셔를 위한 유아원이었다. 그 학파에 대한 가장 훌륭한 설명들 가운데 하나가 거기서 교육받은 또 다른 청년

헤겔주의자인 에두아르트 첼러(1814-1908)에 의해 제공되었다.[18] 첼러는
그 학파에게 근본적이고도 특징적인 것은 [25]그것의 비판적 방법, 요컨대
신성시되는 텍스트를 엄격하게 역사적인 문서로서, 즉 특수한 사회적이고
역사적인 상황 하에서 인간에 의해 생산된 저술로서 다루는 그 태도라고
설명했다. 이것은 성서가 초자연적인 영감의 산물이라는 전통적인 정통적
가정을 제쳐놓는다는 것을 의미했다. 첼러가 기술하는 대로의 역사학파의
방법은 순수하고 단순한 역사적 비판의 그것이었다. 그러한 비판은 역사
적 텍스트의 저자와 정확성을 규정하기 위해 그 텍스트 배후의 증거를
엄밀하게 검사하는 데 존재하며, 그리하여 우리는 하나의 텍스트가 과거
에 관해 진술하는 것을 엄격하게 그에 찬성하거나 반대하는 증거의 정도
에 따라서 받아들이거나 거부할 수 있다. 첼러의 이야기에 따르면, 이러한
방법론의 기원은 1800년대 초에 바르톨트 니부어(1776-1831)와 레오폴트
랑케(1795-1886)에 의해 형성된 새로운 비판적 역사에 놓여 있었다. 니부
어는 『로마사』에서 그 방법을 로마의 역사에 적용했으며,[19] 랑케는 같은
것을 『게르만과 로마 민족의 역사』에서 초기 근대 역사에 대해 행했다.[20]
우리가 듣고 있는 대로 하자면, 튀빙겐학파의 프로그램은 다만 랑케와
니부어의 방법을 성스러운 역사로 확대하는 것일 뿐이었다. 따라서 첼러

• •
18. Eduard Zeller, "Die Tübinger historische Schule," *Historische Zeitschrift* IV (1860),
   90-173.
19. Barthold Georg Niebuhr, *Römische Geschichte* (Berlin: Realschulbuchhandlung,
   1811-12).
20. Leopold Ranke, *Geschichte der germanischen und romanischen Völker von 1494
   bis 1535* (Leipzig: Reimer, 1824). 랑케의 방법론에 대해 결정적인 글은 이 저작에
   붙인 그의 부록 *Zur Kritik neuerer Geschichtsschreiber. Eine Beylage zu desselben
   romanischen und germanischen Geschichten* (Leipzig: Reimer, 1824)이다.

는 다음과 같이 썼다. "그것의 지배적인 원리들은 다만 니부어와 랑케 이래로 신학 바깥에서 독일의 모든 역사 저술을 지배한 것들과 동일한 것일 뿐이다."[21]

신헤겔주의 프로그램의 기원은 단지 역사적 비판에만 놓여 있지 않았다. 또 다른 원천은 칸트의 비판 철학에 놓여 있었다. 좌파 헤겔주의자들은 비판의 목표에 대한 칸트의 파악, 즉 자유의 자기의식, 인간의 자율성에 대한 자기인식, 다시 말하면 자기 자신의 법칙들에 따라 창조하고 살아가는 힘에 매우 많은 것을 빚지고 있었다. 그들은 또한 그러한 자기의식의 도정에 놓여 있는 주요 장애물, 즉 우리 자신의 이념들을 우리를 지배하는 힘들로 실체화하고 물화하는 것에 대한 칸트의 분석에 매우 많은 영향을 받았다. 그들의 탈실체화 또는 탈신화화 프로그램은 칸트의 『순수이성비판』의 초월론적 변증론에서 시작되었는데, [26]거기서 칸트는 순수 이성의 이념들의 실체화가 전통 형이상학의 오류들의 주된 원천이라고 가르쳤다. 하지만 칸트가 형이상학에서의 오류로서 보았던 것을 청년 헤겔주의자들은 인류의 원죄, 즉 인류의 자기 노예화의 원천으로서 간주했다. 실체화는 사실 루소의 유명한 역설에 대한 그들의 해결책이었다. "인간은 자유롭게 태어났다. 그는 어디서나 사슬에 매여 있다."[22] 자기 노예화가 발생한 것은 사람들이 그들 자신의 창조물들을 물화하고 그것들을 자기 자신을 지배하는 객관적 법칙과 실체들로 믿었기 때문이다. 좌파 헤겔주의자들은 비판을 통해 이러한 환상을 폭로하면, 인간이 자기 자신의 힘을 자기의식하게

· ·
21. Zeller, "Die Tübinger historische Schule," p. 173.
22. J. J. Rousseau, *Du contract social* in *Œuvres complètes*, ed. Bernard Gagnebin and Marcel Raymond (Paris: Gallimard, 1964), III, 351.

되고 자기의 삶을 통제하기 시작할 것이라고 확신했다. 한때 천상에서 탕진한 부를 인간은 이제 지상에서 더 좋은 집을 짓기 위해 사용할 것이다.

신헤겔주의 프로그램의 또 다른 원천은 놀랄 것도 없이 바로 헤겔 자신이었다. 비록 청년 헤겔주의자들이 헤겔의 변증법적 방법에 대해, 특히 그가 그로부터 끌어낸 형이상학에 대해 비판적이었을지라도, 그들은 여전히 그것의 여러 측면들, 특히 그것의 이른바 "내재적 비판"을 받아들였다. 『정신현상학』에서의 헤겔의 방법은 철학자가 자기의 기준과 이상을 괄호 치는 것, 즉 그가 하나의 의식 형식을 엄격하게 그것 자신의 기준과 이상에 따라 비판하는 것이었다. 철학자의 과제는 하나의 의식 형식 내에서 내적 모순을 지적하는 것, 즉 그 의식 형식의 이상과 실재 사이의 불일치를 보여주는 것이었다. 새로운 원리나 이상은 오직 낡은 것의 결과들을 보여줌으로써만, 즉 어떻게 오로지 새로운 것만이 낡은 것의 긴장이나 모순을 해결하는지를 보여줌으로써만 모습을 드러낼 수 있었다. 청년 헤겔주의자들은 그러한 내적 비판을 실천하기 위해 노력했다. 맑스는 다음과 같이 쓰고 있다. "우리는 세계를 위한 새로운 원리들을 세계 그 자체의 원리들로부터 전개한다."[23] 바우어는 그것을 좀 더 생생하게 제시한다. "하나의 원리는 우리가 그것의 결과들을 보여줄 때 전복되지 않는가? …… 어떤 것이 오직 그것에 낯선 어떤 것에 의해서만, 즉 블록을 그 머리를 향해 던짐으로써만 극복되어야 하는가? 천둥과 번개에 의해서만?"[24] 내적 비판에 대한 이러한 요구에 동기를 부여하는 것은 [27]비판의 영원하고 보편적

23. "Ein Briefwechsel von 1843," p. 39.
24. Bruno Bauer, *Die gute Sache der Freiheit und meine eigene Angelegenheit* (Zurich: Verlag des literarischen Comptoirs, 1842), p. 119.

제1장 철학의 정체성 위기 51

인 기준을 소유하고 있다는 철학자의 주장에 대한 역사주의적 회의주의였다. 믿음들의 역사적 기원과 맥락을 드러내는 것이 비판의 과제였기 때문에, 비판은 그 믿음들의 의미와 타당성이 어떻게 이러한 기원과 맥락에 의해 규정되는지를 보여줄 것이다. 그러므로 영원하고 보편적인 기준에 대한 주장은 의심스러우며, 그 자신의 시대를 넘어서서 믿음과 실천을 보편화하는 것의 결과다.

그것의 풍부한 유산과 역사적 성취들에도 불구하고, 여전히 신헤겔주의 프로그램에 걸려 있는 심각한 물음들이 존재했다. 그러한 물음들 가운데 하나는 철학의 미래에 관한 것이었다. 만약 비판의 과제가 오직 부정적일 뿐이라면, 즉 비판의 목적이 단지 소외 배후의 환상들을 파괴하는 것일 뿐이라면, 그 과제가 완성되었을 때 철학에게는 무슨 일이 일어날 것인가? 몇몇의 신헤겔주의자들이 믿었듯이, 철학도 교회 및 국가와 마찬가지로 천천히 사라져버려야 하지 않겠는가? 포이어바흐와 바우어 그리고 맑스가 결국 철학의 미래에 대해 믿기를 그치고 철학이 결국 인간학(포이어바흐)과 역사(바우어) 또는 정치경제학(맑스)으로 사라져야 한다고 주장한 것은 놀라운 일이 아니었다. 또 다른 물음은 신헤겔주의자들의 역사 이론에 관한 것이었다. 비록 그들이 그들에게는 단지 소외의 또 다른 형식일 뿐인 것으로 보였던 헤겔의 형이상학에 대해 매우 비판적이었을지라도, 그들은 역사적 의식의 낡은 형식들이 역사적 진보와 더불어 필연적으로 사라질 운명에 있다고 보는 헤겔의 역사에서의 이성 교설에 대해 믿기를 결코 그치지 않았다. 그러나 진보와 역사 법칙들에 대한 이러한 믿음은 단지 실체화의 또 다른 형식일 뿐이지 않았던가? 인간은 그 자신의 정부와 종교를 만든 것과 마찬가지로 자기의 역사를 만들지 않았던가? 마지막으로, 비판적 철학자를 위한 경력의 전망은 무엇이었는가? 좌파 헤겔주의의 철학 개념이 교회와 국가에 대한 비판에 바쳐져 있었기 때문에, 그것은 누군가에게 대학에서의 존경할 만한 자리를 가져 다줄 것 같지 않았다. 그것은 극도로 보헤미안적인 철학 개념이었다. 그 개념의 실천자들은 스스로에게 아웃사이더 지위의 운명을 부여했으며, 포이어바흐, 슈트라우스, 맑스, 바우어, 루게 그리고 첼러가 정부 박해의 희생자들이었던 것은 놀라운 일이 아니다. 급진적인 비타협적 비판은 영 광스러운 동시에 비참했다. 영광스러운 까닭은 그것이 박해에도 불구하고 변함없이 이상을 나타냈기 때문이다. 비참한 까닭은 그것이 어떤 사회나 국가에서도 결코 오랫동안 지속될 수 없었기 때문이다. 신헤겔주의 철학 개념은 그 시대의 자식, 즉 1848년 혁명 배후의 [28]정치적 희망과 야망의 표현이었다. 혁명이 실패했을 때 급진적 비판도 그와 더불어 사라졌으며, 그것은 프랑스에서 1920년대가 되어서야 비로소 다시 떠올랐다.[25]

4. 쇼펜하우어의 형이상학 재생

1840년대 초의 언젠가, 청년 헤겔주의자들이 자신들을 조직화하고 있 던 그 몇 해 동안, 또 다른 철학자가 철학의 목적과 본성에 관한 자신의 생각을 명확히 하느라 분주했다. 그도 역시 정체성 위기를 고심하고 있었

25. 급진적 비판의 부활에 대해서는 Martin Jay, *The Dialectical Imagination* (London: Heinemann, 1973), pp. 40-85를 참조.

고, 철학에게 사변적 관념론의 오류들을 회피하면서도 경험 과학들과는 구별되는 목적과 정체성을 부여하고자 하고 있었다. 그의 견해는 청년 헤겔주의자들의 목적과 가정에 대해 그보다 더 많이 반정립적일 수 없었는데, 그는 그들의 정치적 의제를 공유하지 않았고 또한 헤겔에 대한 그들의 애착에 대해서는 개탄했다. 이 철학자는 다름 아닌 프랑크푸르트의 바로 그 늙은 스크루지, 아르투르 쇼펜하우어(1788-1860)였다. 1840년대 초에 쇼펜하우어는 공적인 주목에서 멀리 떨어져 고독하고 고립된 삶을 살고 있었다. 그는 자신의 상처를 달래고 있었고, 20여 년 전인 1818년 12월에 출간된 자신의 걸작 『의지와 표상으로서의 세계』를 무시한 데 대해 학문적이고 문학적인 기득권층에 대해 원한을 품고 있었다.[26] 쇼펜하우어는 그의 모든 지혜 및 그의 모든 열과 성을 그 책에 쏟아 부었지만, 판매 부족으로 인해 원래 인쇄 부수의 절반이 재생지 재료가 되어야 하는 것을 지켜볼 수밖에 없었다. 그럼에도 불구하고 그는 희망을 버리지 않았다. 인정이 여전히 닥쳐올 수 있을 거라고 확신하며 그는 매우 위험하고 의심스러운 기획, 즉 그의 걸작의 증보 제2판에 착수했다. 대중은 자신이 이미 원하지 않았던 바로 그것의 훨씬 더 많은 것을 실제로 원할 수 있을까? 그러나 쇼펜하우어는 집요하게 그의 첫 권을 보완하는 또 다른 권 전체를 썼다. 증보된 두 권짜리 판이 1844년 3월에 출간되었다.[27] 놀랍

••
26. Arthur Schopenhauer, *Die Welt als Wille und Vorstellung* (Leipzig: Brockhaus, 1819).
27. Arthur Schopenhauer, *Die Welt als Wille und Vorstellung, Um den ganzen zweiten Teil vermehrte und durchweg ergänzte Auflage* (Leipzig: Brockhaus, 1844). 쇼펜하우어의 저작들에 대한 모든 참조는 *Sämtliche Werke*, ed. Wolfgang Freiherr von Löhneeysen (Stuttgart: Insel, 1968)을 지시한다. 『의지와 표상으로서의 세계』에 대한 지시는 WWV로 약칭되며, 거기서 "I"과 "II"는 제1권과 제2권을 지시한다. "P"는 E. F. J. Payne에 의한 이 저작의 영어 번역 *The World as Will and Representation*

게도 [29]쇼펜하우어의 도박은 성공했다. 『의지와 표상으로서의 세계』는 19세기 후반부에 가장 널리 읽힌 철학 저작들 가운데 하나가 되었다.[28] 그리고 이러한 명백히 실패의 운명을 지닌 것으로 보였던 기획으로부터 무언가 매우 흥미롭고 중요한 철학이 나왔다. 그 제2권의 풍요로움 가운데 쇼펜하우어 철학 개념의 개요를 보여주는 몇몇 에세이가 있었는데,[29] 그 철학 개념은 마침내 그 세기 후반부의 가장 영향력 있는 것들 가운데 하나로 입증되었다.

그 시대의 흐름과는 정반대로 쇼펜하우어의 철학 개념은 분명히 형이상학적이었다. 쇼펜하우어는 트렌델렌부르크가 그랬던 것과는 달리 필로소피아 페레니스, 즉 그리스인들 이래의 단일한 영원한 철학을 믿지 않았다. 그러나 그는 철학이 형이상학, 즉 존재의 제1원리들에 대한 연구라고 하는 그것의 전통적인 사명에로 되돌아가야 한다고 생각했다. 형이상학에 대한 충성과 관련하여 그는 아무런 의심도 남기지 않았다. "우리는 모든 정의롭고 선한 자들의 필연적인 신조로서 선언할 수 있다. '나는 형이상학을 믿는다.'"(II, 227; P 175) 이러한 신조에 충실하게 쇼펜하우어는 철학이 형이상학의 가장 근본적인 물음에로, 즉 그가 "현존재의 수수께끼"(*das*

<hr />

(New York: Dover, 1969)을 가리킨다.

28. 1877년과 1911년 사이에 쇼펜하우어 저작들의 최소한 다섯 개의 판본이 있었다. 1938년에 쇼펜하우어 학자 한스 친트Hans Zint는 레클람 출판사에게 1892년에 처음 출간된 그들의 대중판이 얼마나 팔렸는지 문의했다. 대답은 믿기 어려운 75만~80만부였다! 그의 *Schopenhauer als Erlebnis* (Munich: Ernst Reinhardt Verlag, 1954), pp. 188-89를 참조.

29. 특히 17장, "형이상학적 욕구에 대하여Über das metaphysische Bedürfnis," WWV II, 206-43 과 18장, "사물 자체의 인식 가능성에 대하여Von der Erkennbarkeit des Dinges an sich," WWV II, 247-58 (P II, 196-200)을 참조.

Rätsel des Daseins)라고 부른 것에로 되돌아가야 한다고 굳게 믿었다. 쇼펜하우어가 이 수수께끼로 의미하는 것은 왜 아무것도 없기보다는 무언가가 존재하는가라는 고전적인 난제다. 그는 현존재가 우연적이라고, 즉 우주가 존재하는 것에 못지않게 존재하지 않는 것도 논리적으로 가능하며, 이것은 도대체 왜 무언가가 존재하는가라는 물음을 제기한다고 생각한다. 그러나 중요한 것은 그가 이 물음으로 더 많은 것, 요컨대 도대체 왜 우리 인간은 존재하는가라는 것을 의미했다는 점을 파악하는 것이다. 삶의 가치는 무엇인가? 삶은 도대체 살 만한 가치가 있는가? 그렇다면 궁극적으로 쇼펜하우어의 물음은 형이상학적인 만큼이나 [30]윤리학적이었다. 그의 현존재의 수수께끼는 우리가 "햄릿의 물음"이라고 부를 수 있는 바로 그것이다. "살 것인가 죽을 것인가?To be or not to be?,,

이 물음은 우리가 인간의 삶의 두 가지 근본적인 사실, 즉 악의 존재와 고통의 편재를 반성할 때마다 자연스럽고도 필연적으로 생겨난다고 쇼펜하우어는 생각한다. 아주 많은 악과 아주 많은 고통이 존재하는 까닭에 때때로는 우리가 존재하지 않은 것이 더 나아 보이기까지 한다. 이따금은 무가 존재보다 더 좋아 보인다. 바로 그것이 물음을 불러일으킨다. 도대체 왜 존재하는가?

그리스인들만큼이나 오래된 고전적 문제이긴 하지만, 쇼펜하우어의 문제는 수천 년간 철학자들을 성가시게 해 온 매우 비슷한 문제, 요컨대 삶의 의미 또는 목적은 무엇인가? 라는 물음과 중요한 측면에서 다르다. 또는, 그 물음에 좀 더 근대적인 프로테스탄트 정식화를 부여하자면, 그것은 인간의 사명은 무엇인가? 라는 물음이 될 것이다. 이 물음은 18세기에 J. J. 슈팔딩에 의해 그의 유명한 책 『인간의 사명』에서, 즉 1748년에 처음 출판되어 13판 이상을 거듭한 책에서 새롭게 제기되었다.[30] 슈팔딩의 물음은 많은 논의를 촉발했으며, 1760년대에는 그것을 둘러싼 유명한 논쟁이 있었는데, 토마스 압트Thomas Abbt와 모제스 멘델스존 그리고 요한 고트프리트 헤르더Johann Gottfried Herder는 모두 그 논쟁의 참여자들이었다.[31] 하지만 슈팔딩의 물음은 전혀 새로운 것이 아니라 다만 유대-그리스도교 전통의 영원한 문제를 신선하게 진술한 것일 뿐이었다. 그것은 계획이나 설계에 따라 자연과 인간을 창조하는 신이 존재하며, 각 개인에게는 그 계획 내에서의 적절한 역할이나 자리가 배정되어 있다고 가정한다. 삶의 의미, 실존의 목적, 인간의 사명은 이 계획 내에서 자신의 역할을 성취하는 것, 자신의 할당된 역할을 수행하는 것, 그리하여 우리를 창조함에 있어서의 신의 목적을 충족시키는 것이다.

이러한 좀 더 오래되고 전통적인 물음과 비교하여 쇼펜하우어의 물음이 새롭고 매우 근대적인 까닭은 주로 그것이 그리스도교적인 물음의 목적론적이고 신학적인 전제들을 부인하기 때문이다. [31]쇼펜하우어는 나중에 니체가 말했듯이 "우리의 최초의 공식적으로 무신론적인 철학자"였다. 그는 유신론을 부인할 뿐만 아니라 18세기 형이상학 배후의 목적론도 논박한다. 악과 고통의 바로 그 존재는 신의 존재와 그의 섭리적인 질서에 반대하는 강력한 증거다──물론 우리를 괴롭히는 것이 신의 목적

• •
30. Johann Joachim Spalding, *Betrachtung über die Bestimmung des Menschen* (Greifswald: Struck, 1748). 현대적 판본인 *Die Bestimmung des Menschen*, ed. Wolfgang Müller (Waltrop: Harmut Spenner, 1997)를 참조. 이 판본은 1748년의 최초판과 1794년의 최종판을 담고 있다.
31. 이 논쟁에 대해서는 나의 논문 "Mendelssohn versus Herder on the Vocation of Man"과 George di Giovanni, "The Year 1786 and *Die Bestimmung des Menschen*, or *Popularphilosophie* in Crisis," in *Moses Mendelssohn's Metaphysics and Aesthetics*, ed. Reinier Munk (Dordrecht: Springer, 2011), pp. 217-45를 참조.

이라고 가정하지 않는다면 말이다. 그래서 삶의 가치의 물음을 제기할 때, 쇼펜하우어는 19세기에 특징적인 새로운 세속적인 틀로부터 그렇게 한다. 만약 고통을 구원할 신이 존재하지 않는다면, 그리고 만약 우주를 설계하는 신이 존재하지 않는다면, 존재의 문제는 새롭게 제기된다. 만약 삶이 기쁨보다 더 많은 고통을, 선보다 더 많은 악을 포함한다면, 그리고 만약 삶이 지금에서나 다가올 어떤 삶에서 어떠한 보상이나 구원도 약속하지 못한다면, 왜 삶이 살 만한 가치가 있는 것일까?

철학을 아주 오래된 이 물음으로 되돌리고 그것을 좀 더 세속적인 시대에 되살려낸 것은 쇼펜하우어의 커다란 공적이었다. 그는 우리가 그 문제의 전통적 정식화 배후에 있는 신학과 목적론을 거부하더라도 그 문제가 없어지지 않을 것이라는 점을 명확히 파악했다. 사실 눈에 띄는 것은 쇼펜하우어가 악의 문제 배후의 오랜 유신론적 가정들을 거부할 때에도 그 문제를 어떻게 다시 진술하는가 하는 점이다. 유대-그리스도교 전통의 신학자들에 못지않게 쇼펜하우어에게 있어서도 악의 문제는 철학에 중심적이며, 그는 심지어 철학의 기원이 악의 존재에 대한 사색에 놓여 있다고 말하는 데까지 나아간다. 하지만 그에게 있어 그것이 문제인 까닭은 그것이 신의 존재에 의문을 제기하기 때문이 아니라 그것이 존재 그 자체에 의문을 제기하기 때문이다. 악과 고통은 쇼펜하우어에게 있어 존재 그 자체에 대한 커다란 오점이다— 비록 그 존재가 신에 의해 창조되지 않았을지라도 말이다.

형이상학의 기본 문제에 대해서는 이 정도쯤 하기로 하자. 그러나 그 문제를 되살려내는 것과 그것을 해결할 길이 있다고 믿는 것은 전혀 다른 것이었다. 결국 칸트는 스스로가 대답할 수 없는 물음들을 제기하는 것이 인간 이성의 슬픈 운명이라고 선언했었다.[32] 쇼펜하우어의 철학 개념이 그 나름의 독특한 노후화 위기로 치닫는 것은 바로 여기인 것으로 보였다. 왜냐하면 그 개념은 형이상학을 복권시키고자 하는 시도 위에 근거하기 때문이다. 그리고 칸트는 형이상학이 가능하지 않다는 것을 보여주지 않았던가? 쇼펜하우어의 형이상학은 지식의 한계에 관한 가장 기본적인 칸트의 가르침을 주제넘게 [32]침해하는 것으로 보인다. 쇼펜하우어는 우리가 사물 자체, 즉 자연과 자아 그리고 심지어는 플라톤적인 이념의 내적 본질을 알 수 있다고 가정한다. 하나의 형이상학이 이보다 더 뻔뻔스럽고 방자할 수 있을까? 신칸트주의자들에게 형이상학의 재생에 대한 쇼펜하우어의 요구는 하나의 뒷걸음질, 즉 최근에는 더 이상 현존하지 않고 수치스러운 피히테와 셸링 그리고 헤겔의 형이상학으로 되돌아가라는 요구였다. 그들이 보기에 그것은 결코 철학의 미래를 위해 실행 가능한 선택지가 아니었다.

어느 누구도 칸트의 도전을 쇼펜하우어 자신보다 더 많이 의식하고 있지 못했다. 『의지와 표상으로서의 세계』 제2판에서 그는 그 도전에 대답하기 위해 크게 고심했다. 쇼펜하우어는 자신이 형이상학을 위한 새로운 믿을 만한 방법, 즉 "이전의 교조주의^{dogmatism}의 전지^{全知}와 칸트적 비판의 절망 사이의 **가운뎃길**"로 나아갈 수 있는 방법을 지니고 있다고 확신했다(WWV I, 578; P 428). 이 방법은 정확하게는 무엇인가? 그것은 볼프의 형이상학에서처럼 삼단논법적인 추론의 연쇄로 이루어진 선험적 논증에 존재하지 않는다. 더더군다나 그것은 지적 직관, 즉 피히테와 셸링 그리고 젊은 헤겔이 선호한 기관을 포함하지 않는다. 그리고 무엇보다도 우선 그것은 성숙한 헤겔 변증법의 "마술적 주문^{Hokus-Pokus}"에 존재하지

32. Kant, KrV, A vii.

않는다. 쇼펜하우어는 이 모든 방법이 내용을 오로지 사유로부터만 끌어내고자 하기 때문에 허울만 그럴듯하다고 비난한다. 내용은 감각 경험에서 우리에게 주어져야 하며, 어떠한 형식의 순수 사유에 의해서도 창조될수 없다고 쇼펜하우어는 주장한다. 그는 모든 추상적 사상이 의미와 인식적 가치를 지니는 것은 오직 그것이 자기의 내용을 경험으로부터 얻을때뿐이라고 강조한다. 따라서 철학은 주어진 것의 직관에서 시작해야만하며, 그 자신을 오로지 그것에 대한 해석과 이해로만 제한해야만 한다(WWV I, 609-10; P 452-53). 철학의 과제는 경험에 놓여 있는 것의 의미를해석하는 것인바, 철학은 결코 그것의 궁극적 원인들에 대해 사유하기위해 그것을 벗어나서는 안 된다. 따라서 형이상학의 일은 "경험의 올바른이해"이며, 그것의 방법은 "경험의 의미와 내용의 해석"에 존재한다(WWV II, 238; P 184). 이러한 근거들 위에서 쇼펜하우어는 자신의 철학이엄격하게 내재적이며, 가능한 경험의 한계들 내부에 머무른다고 강조한다(WWV I, 375-79; P 271-74). 칸트의 회의주의와 교조적인 이성주의 사이의 가운뎃길이라는 것은 해석적 분과로서의 이러한 내재적인 형이상학개념이었다.

[33]형이상학이 내재적이어야만 한다고 강조함에 있어 쇼펜하우어는물론 그것을 칸트의 지식 기준, 즉 가능한 경험에 의해 정당화하고자하고 있을 뿐이었다. 지칠 줄 모르고 칸트는 첫 번째 『비판』에서 지식의한계가 일상적 경험의 한계라고 주장했다. 그러나 이러한 이유로 인해그는 형이상학의 가능성을 부인하는 데로 나아갔는데, 왜냐하면 무제약자를 알고자 하는 탐구에서 형이상학은 필연적으로 경험의 한계를 넘어서기때문이다. 그러한 초월적 형이상학이 불가능하다는 점에서 칸트에게 동의하고 있긴 하지만, 쇼펜하우어는 형이상학이 무엇보다도 우선 반드시 초

월적일 필요는 없다고 생각한다. 그에게 있어 형이상학은 경험을 넘어서는 무제약자에 대한 탐구가 아니라 다만 경험에 주어진 것이나 현재하는 것을 해석하고자 하는 시도일 뿐이다.

쇼펜하우어는 또한 칸트가 형이상학의 방법이 반드시 선험적이어야만 한다고, 다시 말하면 그것이 오로지 개념의 분석과 추상적 추론에만 토대해야만 한다고 가정하는 데서 잘못을 범했다고 논의한다(WWV I, 577; P 427). 그것은 형이상학이 경험적 지침을 따르는 것을 불가능해 보이게 만들었다. 그러나 이렇게 가정함에 있어 칸트는 다만 자신이 얼마나 여전히 18세기 이성주의의 패러다임에 빠져 있는지 드러내 보일 뿐이라고 쇼펜하우어는 논증한다. 그러한 방법이 형이상학에서 쓸모없다고 하는 데서 칸트에게 진심으로 동의하고 있음에도 불구하고, 쇼펜하우어는 형이상학이 반드시 그것을 따라야만 할 이유는 없다고 주장한다.

하지만 지금까지 형이상학의 문제와 방법에 대해 쇼펜하우어가 고쳐 진술한 것은 기본적인 선결 문제 요구의 오류를 범하는 것으로 보인다. 만약 형이상학이 단지 경험에서 주어지는 것의 해석일 뿐이라면, 그것은 어떻게 현상 이상의 것을 아는 것인가? 그것은 어떻게 우리에게 실재 그 자체에 대한 지식을 주는 것인가? 만약 우리가 경험 내에 머물러야만 한다면, 우리는 어떻게 사물 자체를 아는 것인가? 칸트의 전제에서 이것은 원의 사각형화인 것으로 보일 것이다. 이 문제에 대한 쇼펜하우어의 해결책을 이해하기 위해 우리는 칸트의 골치 아프고 악명 높은 개념, 즉 사물 자체에 대한 그의 설명을 고찰해 볼 필요가 있다.

형이상학을 정당화하고자 하는 쇼펜하우어의 시도는 결정적으로 이 개념에 대한 재해석에 놓여 있다. 그는 사물 자체란 현상 배후에 놓여 있는 초월적 존재자, 즉 그런 의미에서는 쇼펜하우어가 기꺼이 사물 자체를 한갓된 추상이나 비존재자로서 일축하는 세계 바깥의 존재자^{ens extra} *mundanum*가 아니라고 주장한다. 그는 『의지와 표상으로서의 세계』의 제1부에서 표상도 의지도 아닌 대상이란 ^[34]"꿈꾸어진 무", "철학에서의 환상"이라고 쓰고 있다(I, 33; P 4). 사물 자체란 현상들 너머에 놓여 있는 어떤 것이 아니라 "현상들에서 현상하는 것"(*das in ihr* [*die Erscheinung*] *Erscheinende*)이라고 쇼펜하우어는 설명한다.³³ 또는, 그의 정식화들 가운데 또 다른 것을 이용하자면, 사물 자체란 어떻게와 언제 그리고 어디에 대립되는 것으로서 나타나는 무엇이다.³⁴ 따라서 사물 자체란 적절히 파악되면 다만 현상들의 내용 또는 본질일 뿐이다. 그것은 현상들 너머에 놓여 있는 초자연적인 대상이 아니라 현상들 자체의 내적 본질 또는 고유한 본성이다.³⁵

이러한 제안에 뒤이어 쇼펜하우어는 사물 자체와 현상 간의 구별이 경험의 형식과 내용 간의 구별의 관점에서 수정되어야 한다고 권고한다.³⁶ 현상은 형식이며, 내용은 사물 자체다. 경험의 형식은 사물들 사이의 관계들에 그 본질이 있으며, 그 모든 것은 수학적이거나 인과적인 용어들로 표현될 수 있다. 하지만 경험의 내용은 현상들의 내적 본성, 질 또는 본질에, 즉 사물들 간의 관계들 안에 있는 것에 존재한다. 우리는 이러한 내용과 내적 본성을 단지 그것의 관계들만을 통해서는 파악할 수 없다고 쇼펜

---

33. WWV I, 379, §53 (P 274)과 WWV II, 237, Kap. 17 (P 183)을 참조.
34. WWV I, 185, 187, 24 (P 121-22); 257, §34 (P 178); 그리고 379, §53 (P 274)을 참조.
35. 쇼펜하우어는 이러한 해석을 특히 1852년 8월에 율리우스 프라우엔슈테트^{Julius} Frauenstädt에게 보낸 편지, August 1852, *Gesammelte Briefe*, ed. Arthur Hübscher (Bonn: Bouvier, 1978), p. 291에서 명확히 했다.
36. WWV I, 184, 185, 187, §24 (P 121-22, 123)를 참조.

하우어는 주장한다. 관계들에 대한 지식이 아무리 멀리까지 확대된다 할지라도, 언제나 어떤 나머지, 즉 단순한 관계들에 대한 분석에 저항하는 어떤 것, 이러한 관계들 안에 있는 것이 존재할 것이다.[37]

우리가 쇼펜하우어 형이상학의 또 다른 측면, 즉 원상과 모상을 나누는 플라톤적인 구별에 대한 그의 전유를 이해해야만 하는 것은 바로 이러한 맥락에서다. 그의 철학의 어떠한 부분도 『의지와 표상으로서의 세계』의 제3편에서 그가 이러한 플라톤적인 교설을 재도입하는 것보다 더 방자하고도 뻔뻔스럽게 형이상학적인 것으로, 즉 더 무모하고도 대담하게 사변적인 것으로 보이지 않는다. 하지만 쇼펜하우어는 원상과 모상 간의 플라톤적인 구별이 칸트의 사물 자체와 현상 간의 구별을 [35]잘 보여준다고 논증한다(WWV I, 246-47; P 170-71). 그러한 융합에 대해 학문적인 근거들에서 생각되는 것이 무엇이든 간에, 그것은 쇼펜하우어가 플라톤적인 교설을 어떻게 이해했는지를 보여준다. 왜냐하면 그가 사물 자체와 현상 간의 구별을 경험의 내용과 형식의 관점에서 이해했던 것과 마찬가지로, 그는 원상과 모상 간의 구별도 유사한 관점에서 이해했기 때문이다. 원상이 경험의 내용, 즉 사물들의 "무엇임", 본질 또는 고유한 본성인 데 반해, 모상은 경험의 형식, 즉 하나의 사물이 다른 것들에 대해 어떤 관계에서 있는가 하는 것이다.[38] 형식과 내용 간의 구별로서 이해되면, 이제 그 구별은 덜 지나치게 형이상학적인 것으로 보이며, 두 세계 사이의 구별이라기보다는 경험 그 자체의 두 측면으로 보인다. 사물 자체와 마찬가지로 원상도 쇼펜하우어에게 있어서는 초월적인 초자연적 존재자가 아니라

----

37. 같은 책, I, 188, §24 (P 124).
38. 같은 책, I, 257, §34 (P 178)와 I, 270, §36 (P 189)을 참조.

경험 그 자체의 대상의 고유한 본성이다.

하지만 우리는 사물들의 내적 본질을 어떻게 아는가? 그것이야말로 쇼펜하우어의 형이상학을 위한 결정적인 방법 물음이다. 하지만 불행하게도 바로 여기서 쇼펜하우어는 우리에게 암시와 제안에 지나지 않는 것들만을 남겨놓는다. 형이상학에 대한 그의 옹호의 핵심은 거의 탐구되거나 설명되지 않은 그의 주장, 즉 철학자의 과제가 현상들의 "해명"(*Deutung*)과 "해석"(*Auslegung*)에 놓여 있다는 주장에 있다(WWV II, 237; P 183). 형이상학자는 교조적 논증이나 삼단논법적인 추론의 연쇄, 더 나아가서는 일반 법칙에 따른 사물에 대한 인과적 설명에 관여하지 않는다. 오히려 형이상학자의 과제는, 쇼펜하우어가 제시하는 대로 하자면, 현상들이 텍스트인 것처럼, 또는 그것들이 우리에게 이야기하는 누군가인 것처럼 "현상들을 해독하는 것"이다.[39] 결국 형이상학자의 목표는 현상들을 지배하는 법칙들이 아니라 현상들의 "의미"(*die Bedeutung*)를 아는 것이다(WWV I, 151, 156; P 95, 98-99). 그렇다면 쇼펜하우어가 필요로 한 것은 해석학, 즉 해석의 논리에 대한 설명이자 해석이 논증이나 인과적 설명과 어떻게 다른지에 관한 이론이었다. 하지만 어디에서도 그는 그러한 설명을 제공하지 않는다. 그것은 뵈크^August Boeckh와 슐라이어마허, 즉 근대 해석학의 두 시조의 오랜 제자에게 있어서는 주목할 만한 결점이었다.

· ·

39. Schopenhauer, "Über Philosophie und ihre Methode," in *Parlipomena*, *Werke* V, 25를 참조.

5. 신칸트주의 이상의 부상과 몰락

[36]트렌델렌부르크와 쇼펜하우어 그리고 신헤겔주의자들이 자신들의 철학 개념을 전개한 지 약 20년 후인 1860년대 초에 또 다른 개념을 개진한 새로운 철학 운동, 즉 그 세기의 나머지 동안 독일 철학에 지속적인 충격을 주게 될 철학 운동이 지평 위에 나타났다. 이 운동은 신칸트주의였다. 우리는 그 기원을 18세기 말까지, 즉 야콥 프리드리히 프리스(1773-1843)와 요한 프리드리히 헤르바르트(1776-1841) 그리고 프리드리히 베네케(1798-1841)라고 하는, "잃어버린 전통"을 형성한 세 명의 사상가들에 의한 사변적 관념론 비판으로까지 거슬러 추적할 수 있다. 1840년대를 통해 신칸트주의적인 대변인들 —— 에른스트 미릅트^Ernst Mirbt(1799-1847)와 크리스티안 바이세^Christian Weiße(1801-66) 그리고 칼 포르틀라게^Carl Fortlage(1806-81) —— 이 존재했으며, 1850년대에 칸트 철학은 물리학자이자 생리학자인 헤르만 헬름홀츠(1821-94)에게서 주요한 주창자를 발견했다. 그러나 그 운동은 1860년대에 이르러서야, 즉 쿠노 피셔(1824-1906), 에두아르트 첼러(1814-1908), 오토 리프만^Otto Liebmann(1840-1912), 프리드리히 랑게(1828-75) 그리고 위르겐 보나 마이어(1829-97)에서야 비로소 자기의식적이게 되고 널리 퍼지게 되었다. 이 운동에 그 이유와 초점 그리고 에너지를 준 것은 명시적으로 정체성 위기에 대한 대답으로서 생각된 그것의 철학 개념이었다.

신칸트주의 철학 개념의 정체를 밝혀주는 결정적 기록은 1860년대 초에 행해진 두 개의 강연인데, 하나는 쿠노 피셔에 의해, 다른 하나는 에두아르트 첼러에 의해 행해졌다. 피셔의 강연 「철학의 첫 번째 물음으로서의 인간 인식의 문제^{Das Problem der menschlichen Erkenntniß als die erste Frage der} Philosophie」는 1860년 4월에 행해졌으며, 첼러의 강연「인식론의 의미와 과제에 대하여^{Ueber Bedeutung und Aufgabe der Erkenntnistheorie}」는 1862년 10월에 주어졌다.[40] 피셔와 첼러가 협력하지 않았고 그 당시에는 서로를 알지 못하기까지 했음에도 불구하고, 그들의 강연은 눈에 띄게 유사한 철학 개념을 드러냈다. 두 사람은 자신들의 개념을 유일한 전진의 길로, 즉 철학을 위한 미래를 보장할 수 있는 유일한 수단으로 바라보았다. 그들은 자신들의 개념만이 철학에게 경험 과학들과는 구별된 고유한 사명을 부여하며, [37]철학이 사변적 관념론의 나쁜 낡은 방식에로 되돌아가지 않도록 보장할 거라고 논증했다.

피셔와 첼러는 철학의 기본적인 과제를 한마디로 하자면 인식론 (*Erkenntnistheorie*), 즉 경험 과학들의 기본 개념과 방법 그리고 전제들에 대한 이차적인 반성으로 보았다. 인식론이 "초월론적" 기획이기 때문에, 그들은 칸트적인 노선을 따라서 인식론의 관심사가 지식의 대상들이 아닌 지식의 조건과 한계들에 있다고 설명했다. 하지만 자연 과학자의 특수한 관심은 그가 이 대상들에 대한 지식을 획득하는 방법과 전제들이 아니라 바로 이 대상들에 있다. 따라서 그러한 방법과 전제들에 대한 반성은 철학자의 독특한 과제라고 피셔와 첼러는 추론했다. 그렇다면 철학이 경험 과학들에 의해 노후화될 위험은 없는데, 왜냐하면 경험 과학들은 언제나 세계의 어떤 측면을 다루는 데 반해, 철학자는 그 세계에 관한 담론을

• •
40. 피셔의 강연은 그의 *Kant's Leben und die Grundlagen seiner Lehre* (Mannheim: Bassermann, 1860)의 제2부, pp. 89-115이었다. 첼러의 강연은 그의 *Vorträge und Abhandlungen* (Leipzig: Fues, 1877), II, 479-96에서 처음으로 출판되었다.

분석하기 때문이다. 철학자는 모든 과학자가 전제하지만 그들 스스로는 결코 설명할 수 없는 것, 즉 경험 과학의 가능성을 설명한다.

피셔와 첼러가 그들의 이전 시기에 신헤겔주의자였던 것은 우연이 아니다. 두 사람 다 1840년대에 신헤겔주의 잡지들을 위한 논문을 썼으며, 두 사람 다 신헤겔주의를 크게 고무시킨 성서 비판자인 다비드 프리드리히 슈트라우스의 친구였다. 처음에 그들은 신헤겔주의의 비판으로서의 철학 개념을 공유했다. 인식론으로서의 철학이라는 그들의 새로운 개념은 그러한 이전 개념의 유기적 발전이었다. 비판적 철학 개념이 주류가 될 때, 종교와 도덕 그리고 국가 대신에 과학들의 논리를 검토하게 되면 그것은 인식론이 된다. 피셔와 첼러 모두에게 있어 인식론은 1840년대와 1850년대의 그들의 정치적 참여로부터의 퇴각이었다. 두 사람 모두 정통 종교에 대한 그들의 이전의 비판으로 인해 정치적 박해를 겪었다. 피셔의 강의 자격$^{venia\ legendi}$, 즉 가르칠 수 있는 그의 권리는 1853년에 취소되었다. 그리고 1850년대를 통해 첼러는 튀빙겐과 베른의 종교 당국의 괴롭힘을 당했다. 하지만 이제 그들이 비판을 인식론으로 변형했기 때문에, 학문적 경력과 부르주아적 품위를 위한 길이 밝아지게 되었다.

그 정확한 기원들이 무엇이건 간에, 우리는 신칸트주의 인식론을 어떻게 해석해야 할지 조심스럽지 않을 수 없다. 그것은 마치 신칸트주의자들이 [38]자신들의 초월론적 입장으로부터 과학적 지식의 가능성을 규정함에 있어 어떻게든 그것을 위한 새로운 기초를 제공하기를 원했다는 듯이 일종의 기초주의로서 이해되어 왔다.[41] 하지만 중요한 것은 신칸트주의자

• •
41. Richard Rorty, *Philosophy and the Mirror of Nature* (Oxford: Blackwell, 1980), pp. 4, 131-32를 참조.

들 모두가 사변적 관념론 전통의 기초주의를 전적으로 거부했다는 점에 주목하는 것이다. 그들은 경험 과학들의 자율성을 그야말로 깊이 받아들였으며, 과학들이 철학으로부터 제공되는 기초를 필요로 하지 않는다고 굳게 믿었다. 철학의 목적은 경험 과학들을 근거짓는 것이 아니라 그것들의 논리를 설명하는 것이다. 그리하여 신칸트주의자들은 그야말로 많은 부분에서 트렌델렌부르크의 발걸음을 뒤따랐다. 그들도 역시 사변적 관념론 전통의 기초주의를 거부했다. 그들도 역시 "과학의 사실"을 전적으로 인정했다. 그리고 그들도 역시 "과학들의 논리"를 검토하는 철학을 원했다. 그들은 다만 형이상학에 대한 좀 더 커다란 회의주의와 철학의 인식론적 사명에 대한 좀 더 커다란 강조에서만 트렌델렌부르크로부터 벗어났다.

여러 가지 이유로 신칸트주의 철학 개념은 전략적이고 성공적인 것으로 입증되었다. 첫째, 그것은, 과학자들이 자기 자신의 분과의 논리에 대해 거의나 전혀 관심을 지니지 않는다는 점에서, 철학이 과학들에 의해 노후화되지 않도록 보장한다. 과학들의 과제는 특정한 방법과 원리들 자체를 탐구하는 것이 아니라 이러한 방법과 원리들에 따라 자연을 탐구하는 것이다. 둘째, 그것은, 과학들의 논리에 대한 반성이 엄밀하고 기술적인 전문 지식을 요구한다는 점에서, 철학을 과학에 접근하는 어떤 것으로, 즉 그 자신의 엄밀한 분과로 만들었다. 셋째, 그것은 과학들의 논리를 명확히 하는 것에 의해 그것들을 방조함으로써 철학이 과학들과 협력하게 만들었다. 그리하여 철학은 과학들의 영광과 명성의 얼마간을 빌려올 수 있었다. 비록 어떤 이들은 이러한 전략이 철학을 과학들의 한갓된 시녀로 만든다고 꺼려 할 수도 있겠지만, 과학들과의 동업자 관계는 과학 시대에 하나의 미덕이자 필연적인 것으로 보였다.

거의 20년 동안 이러한 철학 정의는 신칸트주의자들에게 잘 이바지했다. 그것은 1860년대와 1870년대에 그들 가운데 많은 이에 의해, 즉 오토 리프만(1840-1912), 프리드리히 랑게(1828-75), 빌헬름 빈델반트[Wilhelm Windelband](1848-1915), 프리드리히 파울젠[Friedrich Paulsen](1846-1908), 헤르만 코헨(1842-1918), 한스 파이힝거[Hans Vaihinger](1852-1933) 그리고 알로이스 릴[Alois Riehl](1844-1924)에 의해 채택되었다. 이 정의의 [39]그와 같은 성공으로 인해 1870년대 말에 신칸트주의는 그 정신에서 독일에서 싹트고 있는 실증주의 운동과 주목할 만하게 가까워지게 되었다. 여러 저명한 신칸트주의자들이 새로운 과학들의 인식론에 바쳐진 새로운 잡지 『과학적 철학 계간지』를 제작하는 데서 실증주의자들과 동맹을 형성했다.[42] 파울젠, 리프만, 빈델반트, 첼러 그리고 파이힝거는 잡지를 위해 논문을 썼으며, 릴은 편집을 도왔다.

그 미덕과 성공에도 불구하고 신칸트주의 철학 개념에는 심각한 문제들이 존재했다. 우선 하나는 초월론 철학의 담론과 주제에 관한 깊은 모호함이 존재했다는 점이다. 몇몇 신칸트주의자들 ─ 헬름홀츠, 보나 마이어, 첼러 그리고 랑게 ─ 은 초월론 철학을 심리학적 용어들로, 그래서 지식에 대한 탐구는 그 원인들을 규정하는 것으로 이해했다. 하지만 다른 신칸트주의자들 ─ 빈델반트, 코헨 그리고 릴 ─ 은 초월론 철학을 논리학적 용어들로, 그래서 지식에 대한 탐구는 판단의 진리 조건을 규정하는 것으로 이해했다. 또 다른 이들 ─ 쿠노 피셔와 리프만 ─ 은 그 쟁점에서

••
42. *Vierteljahrschrift für wissenschaftliche Philosophie*, ed. R. Avenarius (Leipzig: Fues, 1877-1901), 24 vols. 1902년에 그 잡지는 『과학적 철학과 사회학 계간지 *Vierteljahrschrift für wissenschaftliche Philosophie und Soziologie*』(ed. Paul Barth, Leipzig: Riesland, 1902-16, 15 vols.)라는 새로운 제목으로 출간되었다.

주저했으며, 그래서 초월론적 담론을 때로는 심리학적 용어들로, 때로는 논리학적 용어들로 파악했다. 그 모호함은 결국 1870년대 초에 논리학적 독해를 지지하는 쪽으로 결정되었다. 이러한 독해를 위한 하나의 논증, 즉 코헨과 빈델반트에 의해 강력하게 개진된 논증은 본질적으로 주석적이었다. 즉, 칸트는 자신의 초월론 철학이 사실 물음?$^{quid\ facti?}$── 지식의 원인들과 원천들은 무엇인가?── 보다는 오히려 권리 물음?$^{quid\ juris?}$── 지식의 정당화는 무엇인가?── 에 관한 것임을 분명히 했다는 것이다. 하지만 또 다른 논증은 오로지 이러한 독해만이 정체성 위기를 해결할 수 있다고 주장했다. 만약 초월론 철학이 본질적으로 심리학이라면, 무엇이 그것을 심리학이라는 성장하고 있는 경험 과학과 구별해 주는가? 초월론 철학에 대한 심리학적 독해는 그것을 너무도 손쉽게 경험 과학들에 포섭되도록 허락하며, 그래서 철학은 자기의 고유한 사명과 지위를 상실한다. 빈델반트와 피셔 그리고 리프만은 심리학이란 실제로는 [40]다만 또 다른 경험 과학일 뿐이며, 그래서 그것의 가능성과 방법들은 초월론 철학의 관할 아래 들어가야 한다는 점을 깨달았다.

하지만 신칸트주의 개념의 주요한 문제는 그것의 협소함이었다. 그것은 이론 철학을 정의하는 데서는 섬세했다. 그러나 그것은 실천 철학을 전적으로 무시했다. 다시 말하면 그것은 가치 영역에 아무런 자리도 부여하지 않았던 것이다. 최고선은 무엇인가? 도덕성의 기준은 무엇인가? 그리고 삶의 가치와 목적은 무엇인가? 고전 시대 이래로 이 물음들은 철학의 핵심이자 영혼이었다. 하지만 그것들은 전적으로 경험 과학들의 논리에 바쳐진 신칸트주의 패러다임 범위 밖에 있었다. 물론 칸트 자신은 이 물음들에 가장 커다란 중요성을 부여했다. 그러나 19세기 후반부에서의 경험 과학들의 명망과 힘 때문에, 신칸트주의자들은 자신들의 스승의 예를 본뜨는 데 실패했다.

하지만 신칸트주의자들은 그들의 교조적 선잠에 오랫동안 머물 수 없었다. 철학에 대한 그들의 협소한 정의는 학생들에게 인기가 없는 것으로 드러났고, 걱정스러운 숫자의 학생들이 그들의 강좌를 저버렸다. 신칸트주의자들은 이제 만약 자신들이 청중을 가질 수 있으려면 윤리학을 위한, 즉 삶의 가치와 의미에 관한 고전적 물음들을 위한 공간을 만들어야 할 것이라는 점을 깨달았다. 신칸트주의의 이러한 새롭고 좀 더 실천적인 방향은 1870년대 말과 1880년대 초의 여러 발전들로부터 분명히 드러난다. 첫째, 여러 저명한 신칸트주의자들, 즉 빈델반트와 리프만 그리고 파울젠은 실증주의적인 『계간지』를 버리고 떠났으며, 실증주의에 대해 매우 비판적이게 되었다.[43] 둘째, 1877년에 야심만만한 젊은 신칸트주의자인 칼 샤르슈미트는 『철학적 월간지』에 『계간지』의 영향력에 대항하기 위해 윤리적 의제를 부여함으로써 그것을 다시 시작했다.[44] 셋째, 1870년대 말부터 실천 철학의 주제들과 철학 일반의 본성에 대한 신칸트주의자들에 의해 주어진 강의 숫자가 [41]크게 증가했다.[45] 이러한 방향 전환은

• •

43. Wilhelm Windelband, "Immanuel Kant. Zur Säkularfeier seine Philosophie" (1881), in *Präludien*, Neunte Auflage (Tübingen: Mohr, 1924), I, 112-45, 특히 123; Friedrich Paulsen, "Idealismus und Positivismus," *Im neuen Reich* 10 (1880), 735-42; 그리고 Otto Liebmann, *Die Klimax der Theorieen. Eine Untersuchungen aus dem Bereich der allgemeinen Wissenschaftslehre* (Straßburg: Trübner, 1884)를 참조.

44. Carl Schaarschmidt, "Vom rechten und falschen Kriticismus," *Philosophische Monatshefte* 14 (1878), 1-12를 참조. 또한 요한네스 폴켈트 Johannes Volkelt가 쓴 새로운 편집 정책에 대한 논평, "Philosophsiche Monatsheften," *Jenaer Literaturzeitung* 5 (1878), 95-96을 참조.

45. 이러한 발전들은 Klaus Christian Köhnke, *Entstehung und Aufstieg des Neukantianismus* (Frankfurt: Suhrkamp, 1986), pp. 398-99, 404-5, 407, 601-9에

1880년대 초의 몇몇 저명한 신칸트주의자들의 저술들로부터도 마찬가지로 분명히 드러난다. 가령 1882년에 요한네스 폴켈트는 신칸트주의 운동에서 윤리학에 대한 관심의 부활을 요청하는 논문을 썼다.[46] 그리고 1883년에 알로이스 릴은 철학에 대해 그 분과를 서로 구별되는 두 가지로 나누는 강연을 행했다. 즉, 과학들의 논리를 관심사로 하는 이론적 또는 과학적 철학이 존재하지만, 또한 윤리학과 미학을 다루는 실천적 또는 비과학적 철학이 존재한다는 것이다.[47] 실천 철학을 "비과학적"이라고 부르는 것이 그것에 이론 철학보다 덜한 가치와 중요성을 부여하는 것으로 보이긴 하지만, 릴은 사태를 그런 식으로 바라보지 않았다. 왜냐하면 마치 자신의 이전의 실증주의적 방식들을 회개라도 하는 것처럼, 그는 이어서 자신의 삶의 나머지를 실천 철학에 봉헌했기 때문이다.

우리는 실천적인 것을 향한 이러한 신칸트주의의 전환을 어떻게 설명해야 하는가? 전환의 이유는 정치적 사건들로, 가령 1878년의 황제 빌헬름 1세에 대한 두 번의 암살 시도에 대한 히스테리적인 반응에로 돌려졌다.[48] 그러나 좀 더 그럴듯한 설명은 1860년대 이래로 신칸트주의자들의 운동의 뇌리를 떠나지 않은 아르투르 쇼펜하우어의 유령과 그들의 경쟁에 놓여 있다. 신칸트주의가 자기의식적이고 조직화되기 시작한 바로 그 10년은 쇼펜하우어가 독일에서 가장 유명한 철학자가 된 것과 동일한 10년이었

• •
    의해 완전하게 기록되었다.
46. Johannes Volkelt, "Wiedererweckung der kantischen Ethik," *Zeitschrift für Philosophie und philosophische Kritik* 81 (1882), 37-48.
47. Alois Riehl, *Ueber wissenschaftliche und Nichtwissenschaftliche Philosophie. Eine akademische Antrittsrede* (Tübingen: Mohr, 1883).
48. Köhnke, *Entstehung und Aufstieg*, pp. 421-27을 참조.

다. 신칸트주의자들에게 있어 쇼펜하우어의 명성은 그들 편에서는 다만 가시로서 다가올 수 있을 뿐이었다. 비록 쇼펜하우어가 신칸트주의자들이 독일 대학들에서 교수로서 자리 잡기 시작하기 직전인 1860년 9월에 사망했다 할지라도, 어느 누구도 그의 태도가 자신들의 성공에로 향한 것이었을 거라는 점과 관련해 착각할 수 없었다. 대학 철학자들은 쇼펜하우어의 혐오 대상$^{bête\ noire}$이었다. 그는 이미 몇몇 초기 신칸트주의자들, 즉 베네케, 포르틀라게, 프리스 그리고 헤르바르트에 대한 자신의 혐오를 잘 알려지게 한 바 있었다. 그래서 그가 그들의 후대에 대해 [42]어떻게 생각했을지는 손쉽게 추론될 수 있을 것이다. 신칸트주의자들에게 있어 쇼펜하우어의 명성이 지닌 가장 짜증나는 측면은 칸트의 유일한 참된 계승자라고 하는 그의 주장이었다. 칸트의 이름에 호소함으로써 자기 자신을 정당화하는 운동에게 있어 그러한 주장은 다름 아닌 도발이었다. 그래서 쇼펜하우어는 신칸트주의자들에게 있어 "위대한 사칭자"가 되었다.

그의 커다란 명성 때문에, 초기 신칸트주의자들에 대한 그의 반감 때문에, 그리고 칸트의 유일한 계승자라고 하는 그의 주장 때문에 신칸트주의자들은 "프랑크푸르트의 철학자 왕"에 사실상 사로잡히게 되었다. 그들이 쇼펜하우어에 집착한 것은 그에 관한 그들의 많은 저술들로부터 명백히 드러난다. 1860년대 중반부터 1900년대 초기까지 거의 모든 신칸트주의자가 쇼펜하우어에 관한 글을 썼다. 실제로 그들의 관심은 하임과 보나 마이어, 피셔 그리고 폴켈트가 그에 관한 최초의 단행본들 가운데 몇 가지를 저술할 정도였다.[49]

..
49. Rudolf Haym, *Arthur Schopenhauer* (Berlin: Reimer, 1864), Jürgen Bona Meyer, *Arthur Schopenhauer als Mensch und Denker* (Berlin: Carl Habel, 1872), Kuno

하지만 신칸트주의자들에 대한 쇼펜하우어의 주된 도전은 그의 대립적인 철학 개념에서 나왔다.[50] 신칸트주의 개념이 처음에는 이론적인 것이나 인식론에 제한되어 있었던 데 반해, 쇼펜하우어의 철학 개념은 철학의 윤리적이고 실존적인 관심을 전면과 중심에 놓았다. 궁극적으로 일반 대중에게 있어, 그리고 마침내는 신칸트주의자들 자신에게 있어 쇼펜하우어의 철학 개념은 정체성 위기에 대한 좀 더 매력적인 해결책으로 입증되었다. 쇼펜하우어의 개념은 철학을 노후화에 맞서 보장해 주었을 뿐만 아니라—경험 과학들은 삶의 가치와 의미에 관한 물음들에 대답할 수 없기 때문이다—그것은 또한 철학의 전통적 사명에 좀 더 충실하기도 했다. 더 나아가 쇼펜하우어의 개념은 삶의 가치가 모든 인간에게 직접적인 관심거리라는 점에서 철학에게 직접적인 타당성과 중요성을 부여했다. 신칸트주의의 개념이 철학을 전문적이고 비교秘教적인 학문적 분과로 만든 데 반해, [43]쇼펜하우어의 개념은 철학을 대중적이고 공교公教적인 관심사로 만들었다. 그렇다면 신칸트주의의 개념이 계속해서 대학들에 한정되었던 데 반해, 쇼펜하우어의 개념이 교양 있는 일반 대중들 사이에서 인기를 얻은 것은 전혀 놀랄 일이 아니다.

그리하여 쇼펜하우어 철학의 대중성과 도전을 고려하여 신칸트주의자들은 강의 과정을 전환하고 자신들의 프로그램의 의제를 넓혔다. 그렇게

Fischer, *Schopenhauers Leben, Werke und Lehre*, Zweite Auflage, Band IX of *Geschichte der neueren Philosophie* (Heidelberg: Carl Winter, 1898), 그리고 Johannes Volkelt, *Arthur Schopenhauer, Seine Persönlichkeit, seine Lehre, sein Glaube* (Stuttgart: Frommann, 1900).

50. 우리는 제5장에서 쇼펜하우어의 도전 역시 그의 페시미즘에서 비롯되었다는 것을 보게 될 것이다.

하는 데에 어떤 커다란 타협이나 양보가 포함되어 있었던 것은 아니다. 결국 위대한 칸트 그 자신이 언제나 윤리학과 미학에 커다란 중요성을 부여했던 것이다. 그래서 자신들의 프로그램을 확장함에 있어 신칸트주의 자들은 다만 자신들의 뿌리로 돌아가고 있을 뿐이라고 주장할 수 있었다. 실증주의자들과의 동맹은 이제 쑥스러운 일화로 여겨졌던바, 그것은 갑자기 종결되고 빠르게 잊혔다.

철학을 정의하고자 하는 신칸트주의적인 노력들의 정점은 그들의 운동에 대한 쇼펜하우어의 영향에 바로 뒤이어 다가왔다. 이러한 최후의 커다란 노력은 1880년대 초에 빌헬름 빈델반트에 의해 주어진 두 개의 강연, 즉 『순수이성비판』 출간 100주년을 기념해 그가 1881년에 행한 「임마누엘 칸트」와 1882년의 「철학이란 무엇인가?」에서 나타난다.[51] 이 강연들에서 빈델반트는 그 이전의 약 40년 동안 진행되어 온 철학의 위기에 대해 반성한다. 징치고 막 내린 다음의 깨달음의 혜택을 받아 그는 이전의 신칸트주의적인 정의들의 약점을 지적했다. 그것들은 인식론의 정확한 논리적 지위와 대상을 규정하는 데서 실패하기 때문에 결함이 있다고 그는 논증했다. 빈델반트는 철학이 본질적으로 인식론이라고 하는 점에서 그의 신칸트주의 선행자들에게 동의했다. 그러나 그는 그것이 어떤 **종류**의 인식론이어야 하는가 하는 결정적인 물음이 남아 있다고 주장했다. 몇몇 신칸트주의자들, 즉 헬름홀츠와 첼러는 인식론을 심리학적 용어들로 정의했으며, 심리학이 다만 그 방법과 전제들을 탐구할 필요가 있는 또

51. Windelband, "Immanuel Kant. Zur Säkularfeier seiner Philosophie," *Präludien* I, 112-46; "Was ist Philosophie," *Präludien* I, 1-54. 또한 그의 1882년 강연 "Normen und Naturgesetze," *Präludien* II, 59-98도 참조.

다른 일차적 분과라는 것을 파악하는 데 실패했다. 어찌됐든 빈델반트는 그들의 정의들이 실천 철학보다는 이론 철학에 제한되어 있기 때문에 너무 협소하다고 주장했다.

[44]이런 종류의 문제들을 피하기 위해 빈델반트는 철학에 대한 그 자신의 영향력 있는 정의를 제안한다. 철학이란 "규범들의 일반적 학문"이어야 한다고 빈델반트는 선언했다. 규범이란 정확히 무엇인가? 그 물음은 다가오는 여러 해 동안 빈델반트를 무척이나 괴롭힐 것이다. 그러나 그 기본적 의미는 충분히 명확했다. 빈델반트는 규범을 탐구를 안내하기 위한 규칙이나 절차로 이해했다. 그는 "규범" 또는 "규범성"의 개념을 창안하지 않았다. 그에 대해서는 로체와 헤르바르트의 저술들 안에 충분한 선례가 있었다. 하지만 빈델반트의 접근에 독창적이고 특징적인 것은 그가 그것을 철학 그 자체를 정의하기 위해 사용한다는 점이다. 철학은 이제 규범들의 학문이다. 철학의 과제는 그것이 사고든 감정이든 아니면 의지든 간에 인간의 모든 활동을 지배하는 기본적 규범들을 규정하는 것이다. 빈델반트는 과학뿐만 아니라 또한 도덕과 예술에도 기본적 규범들이 존재한다고 강조했다. 따라서 각 종류의 규범, 즉 과학적 규범과 윤리적 규범 그리고 미학적 규범을 위한 철학의 세 부분이 존재한다.

빈델반트의 정의에는 두 가지 전략적 이점이 존재한다. 첫째, 그것은 초월론 철학이 심리학적 기획이라기보다는 논리학적 기획이며, 따라서 심리학에 의해 노후화될 위험이 없다는 것을 명확히 해준다. 빈델반트는 규범들의 학문으로서의 철학이 본질적으로 지식의 기원이 아니라 그 정당화에, 그리고 믿음의 원인이 아니라 그 근거에 관계한다고 설명했다. 둘째, 그것은 단일한 개념 — 규범성 개념 — 을 가지고서 철학의 모든 관심사를 통일하며, 그래서 그것은 과학들을 다루는 만큼이나 윤리학과 미학도 다룬다. 그렇게 비판 철학의 의제를 넓힘으로써 빈델반트는 철학이 과학들의 논리에 관심을 갖는 철학적 전문가들뿐만 아니라 광범위한 청중에게도 호소력을 유지할 수 있도록 보장했다.

빈델반트의 철학 정의는 성공적이고 영향력 있는 것으로 입증되었다. 그것은 신칸트주의 서남학파의 이른바 "가치론"(*Werttheorie*)을 위한 토대였다. 규범성 개념은 신칸트주의와, 그 자신도 모르는 사이에 빈델반트의 중심적 관심사들 가운데 몇 가지를 물려받은 현대 철학 사이의 필수적인 연결고리들 가운데 하나로 남아 있다.[52]

6. 에두아르트 폰 하르트만의 과학들의 형이상학

[45]"과학들의 논리"라는 트렌델렌부르크의 철학 개념에 숨겨진 운명적인 해결되지 못한 모호함이 있었다. 그 관용구는 경험 과학들의 기본 개념들과 전제들에 대한 이차적 검토를 의미할 수 있었고, 따라서 철학은 과학들의 인식론이었다. 그러나 그것은 또한 과학들의 일차적 체계를 의미할 수도 있었으며, 따라서 철학은 차라리 과학들의 일반적 결과들에 토대한 과학들의 형이상학이었다. 전반적으로 신칸트주의자들은 전자의 해석을 취했다. 후자의 해석은 신칸트주의와 아무런 관계도 없는 독창적

----

52. 나의 논문 "Normativity in Neo-Kantianism: Its Rise and Fall," *International Journal of Philosophical Studies* 17 (2009), 9-27을 참조.

이고 영향력 있는 철학자, 에두아르트 폰 하르트만(1842-1906)에 의해 채택되었다. 1872년에 출판된 짧은 논문「자연 탐구와 철학」[53]에서 하르트만은 자연 과학들의 형이상학이라는 철학 개념을 내놓는다.

하르트만의 논문은 즉각적으로 그의 세대에게 그토록 도전적인 과제를 제기한 철학의 노후화 물음을 다룬다. 이 논문은 자연 과학자와 철학자 사이의 편지 교환으로서 구상되어 있는데, 거기서 자연 과학자는 철학의 은퇴 옹호론을 역설하며, 철학자는 자기 분과의 영원한 타당성과 중요성을 옹호한다. 자연 과학자는 사변적 관념론의 붕괴 이후 아주 일반적이게 된 철학에 대한 환멸을 표현한다. 그에게 있어 철학은 무미건조한 추상과 불모의 선험적 추리에 지나지 않으며, 관찰과 실험의 방법이 결과들을 확보하도록 이끌고 있기 때문에 철학을 추구하는 것에는 아무런 요점도 존재하지 않는다. 더 나아가 철학이 결실이 없는 까닭은 철학자들이 어떤 것에 관해서도 결코 동의하지 않았고, 그들의 방법이 결코 믿을 만한 어떠한 결론으로도, 더더군다나 인류를 위해 유용한 어떠한 발명으로도 이어지지 않았기 때문이기도 하다. 이러한 비판들에 응답하여 철학자는 사변적 관념론의 선험적 방법들이 척박하고 메마른 것이었다는 점에 동의한다. 그러나 그는 자연 과학자가 철학을 사변적 관념론과 융합시키는 것에는 동의하지 않는다. [46]철학은 일반적으로 노후화한 것이 아닌데, 왜냐하면 철학자가 반드시 사변적 구성 방법을 따라야 할 필연성은 존재하지 않기 때문이다. 대신에 철학자가 자연 과학자와 동일한 분석적 또는

• •
53. Eduard von Hartmann, "Naturforschung und Philosophie. Eine Unterhaltung in zwei Briefen," *Philosophische Monatshefte* 8 (1871), 49-58, 97-105, 이 논문은 *Gesammelte Philosophische Abhandlungen zur Philosophie des Unbewussten* (Berlin: Duncker, 1872), pp. 1-24에 다시 수록되어 있다.

귀납적 방법을 따르는 것이 가능하다. 철학자는 또한 자신의 모든 학설의 기초를 경험에 두어야 한다고 하르트만은 주장한다. 철학자는 가장 최근의 과학 연구의 모든 결과를 알아야 한다. 그리고 그는 결코 증거가 보증하는 것보다 더 넓은 결론을 끌어내서는 안 된다. 하나의 철학 이론이 경험 과학들의 어떤 결과에 모순된다면, 그것은 거부되어야 한다.

하르트만의 설명에 따르면 철학자를 자연 과학자와 구별시켜 주는 것은 그의 방법이나 더더군다나 그의 주제가 아니라 그의 목표나 관심들이다. 철학자의 목표는 과학들의 일반적 체계를 창조하는 것인데, 그러한 것은 그 모두가 실재의 특수한 측면에 바쳐져 있는 과학들 자체의 관심사가 아니다. 철학자의 관심은 지식의 대상이 아니라 그 형식에 있으며, 그 형식은 상이한 분과들 사이의 상호 연관에 존재한다. 경험 과학들 각각은 다만 너무도 전문화되어 있을 뿐이어서, 그것들은 자신의 특수한 부분을 넘어서서 볼 수 없다. 특수 과학들이 다만 흩어지고 분리된 부분들에서만 보는 것을 전체로서 보는 것이야말로 철학자의 과제다. 철학은 무엇보다도 우선 형이상학이어야 하지만, 그 형이상학은 다만 과학들의 체계일 뿐이라고 하르트만은 믿는다. 우리는 그러한 형이상학이 인류의 물질적 요구에 이바지할 것을 기대해서는 안 된다. 경험 과학들은 이러한 요구에 이바지할 수 있는 자신들의 힘에 의해 열매를 맺어 왔다. 그러나 철학은 다른 덜 물질적인 요구를 다루어야 한다. 쇼펜하우어의 관념을 응용하여 하르트만은 모든 인간 안에는 "형이상학에 대한 요구"가 존재하는바, 그것을 다루는 것이야말로 철학의 특수한 과제라고 주장한다.

어느 누구도 하르트만을 순전히 프로그램적일 뿐인 철학 개념을 지니고 있다고 비난할 수 없었다. 그는 이미 자신의 개념을 실현하고자 시도했었는데, 그것은 1869년에 처음 출간된 그의 방대한 『무의식의 철학』에서 형태를 갖추었다.[54] 이 두꺼운 책의 목적은 [47]경험 과학들의 최신의 결과들에 토대한 새로운 형이상학을 정식화하는 것이었다. 하르트만의 모토는 "귀납적-자연 과학적 방법에 따른 사변적 결과들!"이었다. 그의 형이상학은 트렌델렌부르크에 의해 정식화된 "세계에 대한 유기체적 견해"와 매우 유사했다. 비록 전자가 후자의 고전적 정취를 거부했을지라도 말이다. 그것은 쇼펜하우어의 주의주의와 헤겔의 절대적 관념론의 역설적인 종합이었다. 하르트만의 무의식은 비록 그것이 맹목적 충동이나 원초적 욕구는 아닐지라도 쇼펜하우어의 의지와 비슷했다. 그러나 그것은 헤겔의 정신과 좀 더 비슷했는데, 왜냐하면 그것은 합목적적으로 작용하고, 자기의식적이고 이성적이 되기를 추구하기 때문이다. 셸링과 헤겔에게서 발견되는 것과 같은 유기체적이고 목적론적인 자연 개념을 회복하는 것이 하르트만의 목표였다. 그는 이러한 고전적 교설을 인정하는 것만큼이나 그것을 그의 관념론적 선조들의 연역적 방법이 아니라 경험 과학들의 귀납적 방법 위에 정초할 것을 주장했다.

하르트만의 두꺼운 책은 그것이 보여주는 새로운 과학들에 대한 지식의 놀라운 깊이와 넓이로 인상적이다. 하지만 그 배후의 그 모든 학식에도 불구하고, 하르트만의 프로그램은 완강한 장애들에 직면했다. 무엇보다도 우선, 과연 경험 과학들이 하르트만이 그것들 위에 정립한 무거운 형이상학적 상부구조를 정당화하는지의 물음이 존재했다. 그는 이미 자신의 저작에 대한 서론에서 귀납적 방법이 최종적인 원리들이나 통합된

---

54. Eduard von Hartmann, *Philosophie des Unbewussten* (Berlin: Duncker, 1869). 여기서 모든 참조는 1870년의 조금 증보된 제2판을 가리킨다. 1869년부터 1904년까지 이 저작은 모두 합쳐 11개의 판이 있었다. 1875년의 제7판에 의해 이 저작은 두 권으로 확장되었다. 그리고 1890년의 제10판에 의해서는 세 권이 되었다.

체계로 이어지지 않는다고 인정했었다(10). 더 나쁜 것으로 하르트만은 트렌델렌부르크와 동일한 도전에 부딪쳤다. 그것은 다윈주의에 직면하여 유기체적 세계관을 어떻게 옹호할 것인가 하는 것이었다. 유기체적 세계관의 목적론은 종의 기원을 명백히 기계론적 과정으로서 설명할 수 있었던 다윈주의에 의해 약화되는 것으로 보였다. 하르트만은『무의식의 철학』의 여러 장에서,[55] 그리고 나중에는 여러 책에서[56] 그 도전에 응했지만, 그가 승산 없는 싸움을 하고 있다는 것은 명확하다. [48]생물학자 칼 네겔리에 의해 전개된 비판의 노선을 따라[57] 하르트만은 자연 선택설이 종 내부의 다양성과 변화의 기원을 설명하는 데서는 효과적이지만, 저급한 종으로부터 고급한 종의 기원을 설명할 수는 없으며, 그것은 오직 우주적인 무의식에 의해서만 창조된 과정이라고 주장했다(528, 533). 그러나 하르트만의 논증은 새로운 종이 실제로 다양한 변종들 내의 변화들의 축적으로부터 발생할 수 있다는 그의 양보에 직면하여 설득력이 없다(531). 비록 다윈이 말한 어느 것도 하르트만의 무의식 이론을 반박하지 않았다 할지

55. *Philosophie des Unbewussten* (1870), B. V, pp. 235-37; 그리고 C. VIII, pp. 489-536.

56. 하르트만은 *Das Unbewußte vom Standpunkt der Physiologie und Descendenztheorie. Eine kritische Beleuchtung des naturphilosophischen Teils der Philosophie des Unbewußten aus naturwissenschaftlichen Gesichtspunkten* (Berlin: Dunker, 1872)에서의 자기비판을 익명으로 출판했다. 이 책은 그 저자가 밝혀지기까지 하르트만의 입장에 대한 논박으로서 찬양받았다. 하르트만은 나중에 *Wahrheit und Irrtum im Darwinismus* (Berlin: Dunker, 1875)를 출판했다. 이것은 나중에『무의식의 철학』(Leipzig: Hermann Haacke, 1890)의 제10판과 제11판의 3권으로서 출간되었다.

57. Carl Nägeli, *Entstehen und Begriff der naturhistorischen Art* (Munich: Akademie der Wissenschaften, 1865). 다윈에 관한 논쟁에서의 네겔리의 역할에 대해서는 Robert Richards, *The Tragic Sense of Life: Ernst Haeckel and the Struggle over Evolutionary Thought* (Chicago: University of Chicago Press, 2008), pp. 315-18을 참조.

라도, 그것은 또한 그것을 확증하지도 않았다. 더 나쁜 것으로 그것은 그것을 불필요한 것으로 만들었다. 자연 선택설이 충분하다면, 어째서 종의 기원을 설명하기 위해 우주적인 무의식적 힘에 호소해야 한단 말인가?

7. 딜타이와 세계관들

정체성 위기로부터 출현한 마지막 철학 개념은 오늘날 그것이 일상 영어에 들어왔을 정도로 우리에게 친숙하다. 이 개념에 따르면 철학이란 "세계관^{worldview}" 또는 대개 영어 사전들에서도 나타나는 원래의 독일어로는 "**벨트안샤웅**^{Weltanschauung}"이다. 우리 모두는 세계관이 무엇을 의미하는지에 대한 대강의 관념을 가지고 있다. "삶에 대한 특수한 철학 또는 견해. 개인이나 집단에 의해 견지되는 세계의 개념."[58] 하지만 우리는 이러한 철학 개념이 어떻게 생겨났고 그것이 본래 무엇을 의미했는지에 대해서는 훨씬 덜 명확한 관념을 지니고 있다.

그 주요 원천은 빌헬름 딜타이였는데, 그는 그것을 정체성 위기에 대한 직접적 응답으로 정식화했다. 이 개념에 대한 그의 주된 설명은, 비록 그 정식화가 몇십 년 전으로 소급된다 할지라도, 1908년에 처음 출판된 그의 만년의 저작 『철학의 본질』에서 나타난다.[59] 1870년대의 딜타이의

..
58. *Oxford English Dictionary*, 2nd ed. (Oxford: Clarendon Press, 1989), p. 2295.

초기 수고들 가운데 몇몇은 [49]새로운 과학 시대에서의 철학의 사명에 대한 그의 커다란 관심을 보여준다.[60]

딜타이가 마침내『철학의 본질』에서 정식화한 바의 그의 세계관 개념은 쇼펜하우어에 대한 커다란 빚을 보여준다. 자신의 위대한 선조와 마찬가지로 딜타이도 철학이 무엇보다도 우선 윤리적 기능을 지니며, 철학의 주된 목적은 "세계의 수수께끼"를 다루는 것이라고 믿었다.[61] 궁극적 가치들을 규정하고, 삶을 살 만한 가치가 있게 만드는 것을 알아내는 것은 철학자의 과제였다. 세계관이란 무엇보다도 우선 이러한 궁극적 가치들에 대한 진술, 즉 삶을 살 만한 가치가 있게 만드는 이유들과 우리가 삶에서 추구해야 하는 주요 목표들에 대한 진술이었다. 물론 세계관은 형이상학, 즉 세계에 대한 일반적 견해와 좀 더 특수하게는 왜 무가 아니라 어떤 것이 존재하는지 그 이유들을 정식화하고자 하는 시도이기도 했다. 그러나 형이상학은 윤리학에 종속해 있는데, 왜냐하면 그것의 목적은 이러한 궁극적 가치들을 위한 존재론적이거나 우주적 토대를 정식화하는 것, 즉 사물들의 본성을 고려할 때 왜 그 가치들만이 문제가 되어야 하는지를 합리화하는 것이기 때문이다.

· ·
59. Wilhelm Dilthey, *Das Wesen der Philosophie*, in vol. 5 of *Gesammelte Schriften*, ed. Georg Misch (Göttingen: Vandenhoeck & Ruprecht, 1964), V, 339-412를 참조. 괄호 안의 모든 참조 표시는 이 판을 가리킨다. 이하의 각주에서의 참조는 "GS"로 약칭될 것이다.
60. 1875년의 논문 "Über das Studium der Geschichte der Wissenschaften vom Menschen, der Gesellschaft und dem Staat," GS V, 31-73, 특히 48; 그리고 "Frühe Entwürfe zur Erkenntnistheorie und Logik der Geisteswissenschaften," GS XIX, 1-57을 참조.
61. 쇼펜하우어에 대한 빚은 딜타이의 언어에서 특히 명백하게 드러난다. 그는 끊임없이 철학의 목적이란 "세계와 삶의 수수께끼*Welt-und Lebensrätsel*"를 다루는 것이라고 진술한다. V, 345, 365, 370, 375, 404를 참조.

근대의 과학 시대에서 노후화의 위험에 맞서 철학을 보장할 수 있는 것은 철학에 대한 이러한 윤리적 견해라고 딜타이는 믿었다. 과학들이 아무리 많이 진보했다 할지라도, 그리고 과학들이 아무리 많은 분과들을 인수했다 할지라도, 그것들은 여전히 가치 물음에 관심이 없었으며, 가치 물음은 철학의 배타적인 전유물이자 특권으로 남았다. 그러고 나서 딜타이는 계속해서 이러한 가치들을 분명히 표현함에 있어 철학이 중요한 사회적이고 문화적인 기능을 수행한다고 강조했다(371-72, 375-76). 철학은 궁극적 가치들을 단지 개인들을 위해서뿐만 아니라 전체 문화와 시대를 위해서도 규정했다. 이제 종교가 사라지고 있기 때문에, 철학은 더욱더 중요해지고 있다.

따라서 딜타이에게 철학의 노후화 위기에 대한 해결책을 제공한 것은 쇼펜하우어였다. 그러나 비록 그가 철학의 목적과 문제에 대한 쇼펜하우어의 견해를 바짝 뒤쫓고 있을지라도, [50]딜타이의 철학 개념은 여전히 그의 투덜거리기 좋아하는 선행자의 그것과는 뚜렷하게 다르다. 딜타이는 형이상학의 가능성에 대한 쇼펜하우어의 확신을 공유하지 않았으며, 더더군다나 어떤 것이 참된 또는 궁극적인 세계관인지를 규정할 수 있는 어떤 이론적 수단들이 있을 수 있다는 그의 전제를 나누어 갖지 않았다. 세계관들 사이의 충돌은 그에게 있어 이론적으로 결정 불가능하며, 따라서 그것들 사이에서의 선택은 궁극적으로 이성보다는 의지에 의존한다. 세기말에 저술하고 있던 딜타이는 엄격하게 이성적인 수단을 통해 자기의 문제들을 해결할 수 있는 형이상학의 힘에 대한 모든 믿음을 상실했다. 형이상학으로 하여금 학문에 이르는 확실한 길에 들어설 수 있게 할 어떠한 마술적 방법도 없었다. 그는 사변적 관념론자들의 종합적 방법뿐만 아니라 또한 트렌델렌부르크와 하르트만의 분석적 방법도 거부한다(355-56).

딜타이의 철학 개념을 프랑크푸르트의 현자의 그것과 구별시켜 주는 것은 무엇보다도 그 개념의 역사적 차원이다. 잘 알려져 있듯이 쇼펜하우어는 세계에 대한 역사적 견해를 거부했으며, 인간 본성과 이성은 역사적 흐름을 넘어선다고 주장했다. 그러나 여기서도 딜타이는 영원하고 보편적인 가치들의 영역에 대한 쇼펜하우어의 확신을 공유할 수 없었다. 딜타이는 『철학의 본질』에서 역사적 입장이 철학을 모든 특수한 철학적 입장들보다 위에 정립한다고 쓰고 있다(364). 이 입장들은 마치 자기들이 모든 문화와 시대에 대해 참인 것처럼 보편적 타당성을 주장한다. 그러나 역사적 입장은 우리에게 각각의 철학이 어떻게 그 자신의 역사적 맥락으로부터 발생하고 또 자기의 의미를 어떻게 그 내부에서 얻는지를 보여준다. 그러므로 역사적 입장은 모든 철학이 얼마나 상대적이고 역사적인지를 보여준다. 따라서 딜타이로 하여금 세계관들의 이성적 결정 가능성을 의심하도록 만든 것은 단순히 형이상학에 대한 회의주의가 아니었다. 그것은 또한 그의 뿌리 깊은 역사주의, 즉 각각의 철학이 얼마나 그 특정한 역사적 맥락에 의존하는지에 대한 그의 인식이기도 했다.

세계관들의 역사적 차원과 이론적 결정 불가능성을 강조함에 있어 딜타이는 보편타당성에 대한 철학의 전통적인 주장을 박탈당하는 것으로 보였다. 하지만 그것은 딜타이가 여전히 철학에게 필수적인 것으로서 바라보고 또 그가 가볍게 포기하지 않은 주장이었다. 그의 비판자들에게 딜타이는 철학이 학문일 수 있다는 주장을 포기하고 있는 것으로 보였다. "학문 대신에 세계관*Weltanschauung statt Wissenschaft*"은 그의 입장의 오류를 증명하는 귀류법을 표현하기 위해 사용되는 구호였다. 하지만 딜타이는 자신이 상대주의자라고 하는 제안에 발끈했으며, [51]철학이 보편적 가치들에 대한 탐구를 계속해서 유지하는 것이 얼마나 중요한지에 대해 강조했다. 하지만 그는 결국 자신이 보편성에 대한 철학의 주장과 그 역사적 뿌리 사이의 "이율배반"을 해결할 수 없다는 것을 인정했다. 이러한 해결 불가능한 문제를 해결하는 과제를 그는 미래 세대에게 물려주었다.[62]

❋

요컨대 이러한 것들이 1840년부터 1900년까지 철학에 대한 가장 두드러진 정의들이었다. 그것들 가운데 어느 것도 철학의 위기를 결정적으로 해결하지 못했는데, 왜냐하면 모두가 나름의 약점을 지녔기 때문이다. 그것들은 너무 협소하거나(신칸트주의), 노후화의 위험이 너무 많거나(트렌델렌부르크, 하르트만), 너무 자기 파괴적이거나(신헤겔주의), 그 방법론에서 너무 모호하거나(쇼펜하우어) 아니면 상대주의로 기울어지기가 너무 쉽거나(딜타이) 했다. 놀랄 것도 없이 그것들 가운데 어느 것도 20세기에 오래 살아남지 못했다. 신칸트주의는 우리 현대의 분석적 철학 개념에 가장 가까워 보인다. 그러나 그 유사성들은 단지 모호할 뿐이며, 본래의 신칸트주의적인 의미는 거의 남아 있지 않다. 1860년대의 신칸트주의자는 우리 현대의 분석 철학자와 매우 다른 존재였다.

19세기 후반부에 철학을 정의하고자 하는 많은 실패한 시도들은 그 기획 전체가 실패의 운명을 지니고 있었다는 것을 보여주는 것으로 보인다. 실패에 대한 진단은 명확하다. 즉, 우리는 철학이란 정의 불가능하다는 단순한 이유 때문에 철학을 정의할 수 없다는 것이다. 우리는 철학을 정의하려고 시도할 때마다 철학하며, 그것을 이 모든 상이한 방식들로

• •
62. 그의 "Rede zum 70 Geburtstag," GS V, 9를 참조.

정의할 수 있다. 그러나 바로 그 이유 때문에 철학은 그 모든 정의보다 더 커다라며, 그것을 정의하고자 하는 바로 그 노력을 빠져나간다.

하지만 다시 잘 생각해 보면 철학의 참된 정의를 위한 탐색이 완전히 헛된 것은 아니었다. 왜냐하면 이 탐구를 전체 ─ 철학의 의미를 둘러싼 몇십 년간에 걸친 논의 전체 ─ 로서 고찰하면, 우리는 그것이 그 위기를 부채질한 불안을 해결했다는 것을 발견하게 된다. 그 불안은 철학이 어떻게든 사라질 것이라는, 즉 그것이 그 세기 전반부를 넘어서서 결코 살아남지 못할 것이라는 두려움에 기초했다. 그러나 철학의 바로 그 정의 불가능성은 [52]그것이 또한 소멸될 수 없고 무궁무진하다는 것을 보여준다. 철학은 변화무쌍하다. 하나의 모습이 사라지자마자 다른 것이 나타난다. 따라서 철학은 언제나 그것의 무덤을 파는 자들보다 더 오래 살아남을 것이다. 그들은 철학을 매장하려고 할 것이다. 그러나 철학은 불사조처럼 변형되어 자기의 잿더미로부터 일어설 것이다.

제2장 유물론 논쟁

1. 맥락과 원인들

[53]비록 오늘날 대체로 잊히긴 했지만, 이른바 "유물론 논쟁"은 19세기 후반부의 가장 중요한 지적 논쟁들 가운데 하나였다. 논쟁은 1850년대에 시작되었고, 그 충격파는 세기말까지 반향을 불러일으켰다. 만약 이 논증에 의해 제기된 주요 쟁점들과 그것들에 대한 주요한 대답들을 알지 못한다면 우리는 19세기 후반부의 독일 철학에 대해 거의 이해하지 못한다.

유물론 논쟁에 의해 제기된 주된 물음은 그 권위와 명망이 이제 의문을 넘어서 있는 근대 자연 과학이 과연 필연적으로 유물론으로 이어지는가 하는 것이었다. 유물론은 일반적으로 오로지 물질만이 존재하고 자연의 모든 것은 오직 기계론적 법칙들만을 따른다고 하는 교설로 이해되었다. 그러한 교설이 참이라면, 신도 자유의지도 영혼도, 따라서 불사성도 존재할 수 없을 것으로 보였다. 하지만 이 믿음들은 도덕과 종교에 필수적인 것으로 보였다. 그리하여 논쟁은 극단적인 딜레마, 즉 과학적 유물론이냐 아니면 도덕적이고 종교적인 "신앙의 도약"이냐의 딜레마를 제기했다. 그것은 이성과 신앙의 오랜 갈등이 이제 이성의 역할이 자연 과학에 의해 수행되는 곳에서 나타난 최신 버전이었다.

유물론 논쟁은 약 70년 전에 벌어졌던 "범신론 논쟁"을 적지 않게 연상시키는 것이었다.[1] 1780년대 말에 프리드리히 하인리히 야코비Friedrich Heinrich Jacobi는 그 자신의 세대를 위해 매우 비슷한 딜레마를 제기한 바 있었다. 그는 [54]스피노자의 범신론 아니면 유신론과 불사성 그리고 자유의지로의 "목숨을 건 도약*salto mortale*" 사이에서 선택해야 한다고 주장했다. 스피노자의 범신론이 야코비에게 있어서는 그 결과가 숙명론과 무신론인 완전한 자연주의를 나타냈기 때문에, 그가 제기한 선택은 유물론 논쟁의 그것과 매우 유사했다. 범신론 논쟁이 18세기 말의 지적 정경을 지배했던 것처럼, 유물론 논쟁도 19세기 후반부에 대해 마찬가지로 그러했다.

19세기 중반에 이성과 신앙 사이의 오랜 갈등이 되풀이된 것은 헤겔주의 붕괴의 또 다른 결과였다. 헤겔 철학의 주요 목적은 범신론 논쟁의 딜레마를 해결하는 것, 즉 종교적 믿음의 형식은 아닐지라도 그 내용이 어떻게 철학을 통해 정당화될 수 있는지를 보여주는 것이었다. 그 화해를 위한 열쇠는 헤겔의 유명한 변증법, 즉 그에게는 이성성의 패러다임이었던 것에 놓여 있었다. 변증법은 먼저 유한한 사상 형식들이 어떻게 자기모순적인지를 드러낸 다음, 그 모순들이 오로지 절대자의 이념 속에서, 다시 말하면 모든 유한한 형식들이 단지 그 부분들일 뿐인 무한한 우주적 전체의 이념 속에서 어떻게 해결될 뿐인지를 보여주고자 한다. 절대자는 신에 대한 종교적 믿음을 위한 철학적 개념이었다. 하지만 1840년대 무렵에 변증법은 그 마법, 즉 젊은이의 넋을 빼앗는 그 힘을 상실했다. 헤겔의 논리적 이행들에 대한 트렌델렌부르크의 공들인 비판들은 헤겔주의적인 확신에 대한 하나의 타격이었다.[2] 또 다른 타격은 실정 종교에 대한 슈트라

<hr />

1. 범신론 논쟁에 대해서는 나의 *The Fate of Reason: German Philosophy between Kant and Fichte* (Cambridge, MA: Harvard University Press, 1987), pp. 44-126을 참조.
2. *Logische Untersuchungen*, Zweite Ergänzte Auflage (Leipzig: Hirzel, 1862), I, 36-129에서 헤겔에 대한 트렌델렌부르크의 비판을 참조.

우스와 바우어의 비판과 더불어 다가왔는데, 그 비판은 변증법에 의해 합리화된 종교적 믿음들에 의혹을 던졌다. 계시에 토대한다고 생각되었던 이 믿음들이 비판적 검토에 의해 단순한 역사적 사실들이 아니라 신화나 시가임이 입증되었던 것이다.[3] 변증법에 대한 최후의 일격은 포이어바흐와 바이세 그리고 로체의 비판과 더불어 다가왔는데,[4] 그들은 변증법이 [55]유한한 경험의 모순들을 오직 그 경험의 모든 특수성들과 우연성들을 추상함으로써만, 즉 사상과 경험 사이의 이원론을 남겨놓은 절차에 의해서만 극복할 수 있다고 주장했다. 이러한 비판들의 최종적 결과는 헤겔의 변증법이 레싱의 "넓고 추한 도랑", 즉 사상의 보편적 형식들과 역사의 특수한 사실들 사이의 극복 불가능한 간격에 다리를 놓을 수 없다는 것이었다.

헤겔적 변증법의 붕괴는 이성과 신앙 사이의 갈등이 되풀이되기 위한 단 하나의 조건일 뿐이었다. 또 다른 필요조건은 과학의 진보 그 자체였다. 이성성의 지배적 패러다임으로서의 헤겔 변증법을 대체한 관찰과 실험의 방법들이 이제 전보다 더 앞으로 밀어붙여지고 있었고, 그것들은 오랜 종교적이고 도덕적인 세계관을 약화시키는 결과로 이어지고 있었다. 그 세기 전반부에서의 생물학과 심리학 그리고 생리학의 성장은 기계론적 설명 패러다임을 생명과 정신으로 확장했고, 이제 그것들은 사과가 나무

· ·
3. David Friedrich Strauss, *Das Leben Jesu, kritisch bearbeitet* (Tübingen: C. F. Osiander, 1835); 그리고 Bruno Bauer, *Kritik der evangelischen Geschichte der Synoptiker* (Leipzig: Wigand, 1841).
4. Ludwig Feuerbach, *Grundsätze der Philosophie der Zukunft* (Winterthur: Fröbel, 1843); Hermann Christian Weiße, *Ueber den gegenwärtigen Standpunct der philosophischen Wissenschaft. In besondere Beziehung auf das System Hegels* (Leipzig: Barth, 1829); 그리고 Hermann Lotze, *Metaphysik* (Leipzig: Hirzel, 1841)을 참조.

에서 떨어지는 것만큼이나 자연의 하나의 현상으로 보였다. 1850년대에 뮐러의 반항적인 제자들의 물리주의 프로그램은 잘 진행되고 있었고, 그 것은 살아 있는 현상들을 기계론적 원리들에 따라 설명하는 데서 극적인 결과들을 획득했다. 슐라이덴과 슈반의 세포 이론, 뒤 부아-레몽의 동물 전기 이론, 헬름홀츠의 에너지 보존 원리 그리고 피르호의 질병 이론은 모두 유기체적 성장과 발전을 설명하는 데서 생명력 또는 레벤스크라프트 *Lebenskraft* 개념을 대체했다. 창조와 섭리라는 그리스도교적인 관념에 본질 적인 세계에 대한 오랜 목적론적 견해는 빠르게 노후화한 것이 되고 있었 다. 그리고 불사성 교의에 결정적인 영혼 개념은 생리학이 화학적 성질과 신경 그리고 뇌에 대한 정신의 의존을 드러내 보이면서 거의 옹호될 수 없는 것으로 입증되고 있었다. 1860년대에 독일에서 다윈주의의 급속한 부상은 종의 기원에 대한 자연적 설명을 제공함으로써 유물론적 대의에 무게와 가속도를 더하고 있었다.

대략적으로 말해서 유물론 논쟁에는 두 단계가 있었다. 1854년부터 1863년까지의 첫 번째 또는 고전적 단계는 주로 철학적이었으며, 관념론 자들과 유물론자들 사이의 투쟁으로 특징지어졌다. 1863년부터 그 세기 말까지의 두 번째 또는 다윈주의적인 단계는 다윈의 자연 선택설에 대한 논의를 중심으로 했다. 이 단계들 사이의 구분선은 1863년 9월에 슈테틴에 서 개최된 [56]독일 자연연구자와 의사 대회에서 행한 에른스트 헤켈의 유명한 강연 「다윈의 진화론에 대하여」에 의해 그어졌다.[5] 비록 다윈의

. .

5. Ernst Häckel, "Über die Entwicklungslehre Darwins," in *Gemeinverständliche Vorträge und Abhandlungen aus dem Gebiet der Entwicklungslehre*, Zweite Auflage (Bonn: Emil Strauß, 1902), I, 1-34를 참조. 헤켈 강연의 중요성에 대해서는 Robert Richards, *The Tragic Sense of Life: Ernst Haeckel and the Struggle over Evolutionary Thought*

『종의 기원』이 일찌감치 1860년에 번역되었긴 하지만,[6] 독일 지식인들이 그것을 완전히 이해하고 그 진가를 인정하는 데는 몇 년이 걸렸다. 헤켈의 강연은 다윈주의의 대중적 수용을 위한 돌파구를 나타내는데, 다윈주의는 곧바로 유물론에 관한 논의를 지배했다. 전체 논쟁을 온전히 다 다룰 수 없기 때문에 우리는 여기서 오직 고전적 단계에만 초점을 맞추고자 한다.

2. 논쟁이 시작되다: 바그너 대 포크트

우리는 유물론 논쟁의 시작을 위한 확실한 시간과 장소를 지정할 수 있다. 그것은 1854년 9월 18일, 괴팅겐에서 시작되었다. 괴팅겐 생리학 연구소의 소장인 루돌프 바그너(1805-64)가 제31회 독일 자연연구자와 의사 대회에서 개회 연설을 행한 것은 바로 그때 그곳에서였다. 「인간 창조와 영혼 실체」[7]라는 제목이 붙은 바그너의 연설은 대회 겨우 며칠

• •

(Chicago: University of Chicago Press, 2008), pp. 93-104를 참조.

6. 다윈의 책은 1859년에 영국에서 처음 출간되었다. Charles Darwin, *On the Origin of Species* (London: John Murray, 1859)를 참조. 그것은 하인리히 게오르크 브론 Heinrich Georg Bronn에 의해 *Über die Entstehung der Arten im Tier-und Pflanzenreich durch natürliche Züchtung* (Stuttgart: Schweizerbart, 1860)으로 번역되었다.

7. Rudolph Wagner, *Menschenschöpfung und Seelensubstanz. Ein anthropologischer Vortrag, gehalten in der ersten öffentlichen Sitzung der 31 Versammlung deutscher Naturforscher und Ärtze zu Göttingen am 18. Sept. 1854* (Göttingen: Wigand, 1854).

전에 대회의 몇몇 주도적 참여자들의 요청으로 그가 서둘러서 그리고 마지못해 작성한 즉석 작품이었다. 그들은 주최 측이 개회 연설을 행하는 것이 단적으로 적합하고 적절하다고 믿었다. 그들은 곧바로 자신들이 예상했던 것보다 훨씬 더 많은 것을 얻었다.

연설을 위해 바그너는 인간학으로부터 모든 이의 관심을 끌 것으로 희망한 주제, 즉 인간의 기원과 죽음 이후의 그의 운명을 선택했다. 그는 최신의 [57]과학 연구가 이러한 아주 오래된 물음들에 과연 무언가 빛을 던질 수 있었던가 하는 물음을 제기하길 원했다. 인간의 기원과 관련하여 그는 모든 인간이 기원의 단 하나의 쌍에서 유래했다는 성서적 교설을 최신의 연구가 증명하거나 논박할 수 없었다는 것이 자신의 개인적 견해라는 것을 공개적으로 고백했다. 인류의 다양성을 고려하여 상이한 기원적 쌍들, 즉 각 인종을 위한 아담과 이브가 있어야만 한다고 주장하는 몇몇 인류학자들이 있었다. 그러나 그들은 자신들의 견해를 위한 설득력 있는 증거를 발견할 수 없었다. 최신의 모든 연구는 여전히 성서적 교설과 일치했으며, 따라서 그 교설은 계속해서 존중되어야 한다. 죽음 이후의 인간의 운명과 관련하여 바그너는 최근의 과학 연구가 인간 영혼과 그 가능한 불사성에 대해 무엇을 말할 수 있는지 물었다. 그는 어떻게 정신이 성스럽기를 그쳤는지 그리고 그 대신에 그것이 어떻게 생리학과 심리학에서의 점점 더 성장하는 연구의 대상이 되었는지 개탄했다. 그리고 여기서 그는 자신이 그러한 연구의 방향에 관해 경고를 발해야 한다고 믿었다. 몇몇 생리학자들은 유물론으로 기울어졌으며, 그래서 그들은 영혼의 불사성과 자유의지를 그저 의심할 뿐만 아니라 부인했다. 바그너는 이러한 새로운 유물론의 문제는 그것이 도덕적이고 정치적인 질서를 위해 필연적인 믿음들을 약화시키는 것이라고 진지하게 말했다. 고결한 자는 보상받고 사악한 자는 벌을 받는다는 그리스도교의 섭리 교설은 불사성과 자유의지에 대한 믿음에 기초한다. 대중들 사이에서 도덕과 종교를 유지하길 원하는 자라면 누구나 다 어떠한 대가를 치르더라도 이 믿음들을 보호하려고 노력해야 한다. 그러고 나서 바그너는 격정적인 탄원으로 자신의 연설을 끝맺었다. 자연 과학자들이여, 당신의 연구가 어디를 향하고 있는지 성찰하라! 어떠한 대가를 치르더라도 도덕과 종교 그리고 국가에 해를 끼치는 확산되는 교설들을 삼가라!

　바그너의 연설은 강력한 관심과 뜨거운 논쟁을 불러일으켰다. 몇 주 안에 3000부 이상의 사본이 팔렸는데, 그것은 학문적 연설에 대한 활발한 판매고였다. 그러나 이것은 다만 유물론에 대항하는 바그너의 오랫동안 계획된 성전에서의 그의 첫 공격일 뿐이었다. 대회가 있은 지 겨우 몇 주 후에 그는 또 다른 소논문 「지식과 신앙에 대하여」[8]를 출판했는데, 그것은 이성 대 신앙의 기본 쟁점에 관한 그의 일반적 입장을 진술하고 있다. 바그너는 과학 연구의 최신의 결과들이 불사성에 대한 믿음에 반대하는 어떠한 증거도 주지 못한다는 자신의 테제를 재확인했다. [58]이 믿음을 위한 증거가 없긴 하지만, 또한 그에 반대하는 증거도 존재하지 않으며, 따라서 믿는 자는 과학이 자기에게 모순된다는 어떠한 두려움도 갖지 않고서 거리낌 없이 자기의 신앙을 유지할 수 있다. 그러고 나서 바그너는 이 주장을 위한 자기의 주된 이유, 즉 프로테스탄티즘의 이중 진리 교설을 개진한다. 그 교설에 따르면 신앙과 이성은 분리된 영역에서 작동한다. 각각이 자기의 경계 내부에 머무는 한 아무런 갈등도 일어나지 않는다.

· ·

8. Rudolph Wagner, *Ueber Wissen und Glauben. Fortsetzung der Betrachtungen über Menschenschöpfung und Seelensubstanz* (Göttingen: Wigand, 1854).

신앙은 우리가 오직 관찰과 실험에 의해서만 결정할 수 있는 과학의 문제들에 대해 의견을 표명해서는 안 된다. 그러나 또한 과학도 우리가 오직 신적 계시의 기록인 성서에 의해서만 알고 있는 신앙의 문제들에 대해 추정해서는 안 된다. 충실한 프로테스탄트와 마찬가지로 바그너는 신앙이란 단순히 믿음의 문제, 즉 추상적 명제에 대한 동의의 문제가 아니라 루터와 칼뱅이 가르쳤듯이 직접적 경험이라고 생각했다. 신앙은 이성이 자연적 사물들에 대해 행하는 것과 마찬가지로 우리에게 초자연적 사물들에 대한 지식을 제공한다. 그리고 눈먼 사람이 그가 볼 수 없는 것을 판단하려고 해서는 안 되는 것과 마찬가지로, 믿지 않는 자연 과학자도 그리스도교인이 "신앙의 눈"을 통해 보는 것을 감히 의심해서는 안 된다. 비록 바그너가 과학과 신앙을 그것들 각자의 영역에서 유지하는 것의 중요성을 강조했다 할지라도, 그는 그것들 사이에 "접촉점들"이 존재하며, 몇몇 경우에 갈등은 피할 수 없다는 점을 인정했다. 이 경우들은 사물들의 기원 또는 역사적 계시의 문제들에 관한 쟁점들에 관계되었다. 예를 들어 성서는 지구의 나이가 단지 수천 년이 되었을 뿐이라고 말한다. 그러나 지질학적이고 역사적인 증거는 지구가 훨씬 더 나이가 많다는 점을 보여준다. 그러한 경우들에서 우리는 누구를 믿어야 하는가? 과학인가 아니면 신앙인가? 바그너는 "이중 부기", 다시 말하면 겉보기에 모순적인 견해들을 서로 다른 장부에 할당할 것을 충고했다.

괴팅겐 대회의 행사 진행을 이탈리아에 망명 중인 젊은 저널리스트, 칼 포크트Carl Vogt(1817-95)가 멀리서 면밀히 주시하고 있었다. 사나운 기지를 지닌 뚱뚱하고 성난 젊은이인 포크트는 그의 세대의 가장 뛰어난 과학자들 가운데 한 사람이었다. 1830년대에 기센에서 유스투스 리비히에게서 화학을 공부한 포크트는 의학으로 박사 학위를 받고서는 점차로 저널리즘으로 이동했다. 그는 1840년대에 지질학과 생리학에 대한 몇 권의 대중적인 책을 출판함으로써 스스로 명성을 획득했다.[9] 이 작품들은 [59]완전한 자연주의에 대한 긍정과 무로부터의 창조에 대한 부정에서 유물론에 대한 점증하는 공감을 드러냈다.[10] 단호하게 좌익적인 정치적 견해를 지닌 인물인 포크트는 1840년대 초에 파리에서 바쿠닌 및 프루동과 함께 시간을 보냈으며, 1846년에는 베른에서 혁명 활동에 참여했다. 1848년에 그는 프랑크푸르트 의회의 의원으로 선출되었으며, 거기서 그는 의회의 극좌에 서 있었다. 예상할 수 있듯이 포크트의 급진적 견해는 그를 곤경에 빠트렸고, 혁명의 붕괴 이후 그는 기센에서의 직위로부터 해고되었다. 이탈리아에서의 망명 생활로부터 그는 독일의 기득권층, 특히 그 대학들에 대해 몹시 분노했다. 포크트의 담즙질적인 눈에는 어느 누구도 괴팅겐의 한 교수, 즉 루돌프 바그너보다 더 그러한 기득권의 가장 나쁜 면을 대표하지 않았다. 『동물 생활로부터의 이미지들』에서 포크트는 바그너를 독일 과학이 제공할 수 있었던 가장 나쁜 것, 즉 자기가 지닌 믿음이 연구에 한계를 정립한 미신적인 유신론자로 꼽았다.[11] 포크트의 논평은 사실 아무 이유가 없는 것이 아니라 포크트를 "터무니없는 유물론"을 이유로 심하게 비난한, 『알게마이네 차이퉁』에 실린 바그너의 한 논문에 대한 응답이었다.[12] 대회 개회 연설에서 바그너는 포크트의

• •

9. Carl Vogt, *Ocean und Mittelmeer. Reisebriefe* (Frankfurt am Main: Literarische Anstalt, 1848), 2 vols.; *Bilder aus dem Thierleben* (Frankfurt: Literarische Anstalt, 1852); 그리고 *Physiologische Briefe für Gebildete aller Stande. Zweite vermehrte und verbesserte Auflage* (Gießen: Ricker, 1853).

10. Vogt, *Ocean und Mittelmeer*, pp. 9-26을 참조.

11. Vogt, *Bilder aus dem Thierleben*, p. 367을 참조.

12. Rudolph Wagner, "Physiologie, Psychologie und christliche Weltanschauung,"

『생리학적 편지들』로부터 자유의지는 존재하지 않으며, 정신은 다름 아닌 두뇌 활동이고, 영혼의 불사성과 같은 것은 존재하지 않는다는 취지의 구절들을 인용했다.[13] 그는 특히 사상의 뇌수에 대한 관계가 오줌의 신장에 대한 관계와 같다고 하는 포크트의 도발적인 비유에 대해 이의를 제기했다.[14]

　바그너의 연설에 관해 들은 후, 포크트는 격분하게 되었다. 바그너는 뻔뻔하게도 포크트가 거기서 그 자신을 방어할 수 없을 때 공적인 연단을 이용하여 그를 공격했다. 비록 바그너가 [60]나중의 회의에서 영혼의 불사성에 대해 논의하기로 약속하긴 했지만, 그는 돌연 자기가 "갑작스러운 감기"로 고통을 겪고 있다고 주장하며 그것을 취소했다. 포크트에게 그것은 겁쟁이의 변명이었다. 그는 바그너가 그렇게 쉽게 빠져나가지 못하게 하기로 결심했다. 바그너가 도전장을 던졌기 때문에, 포크트는 그것을 받아들여 그를 가차 없이 추적하고자 했다. 그래서 1854년 가을의 뜨겁고도 고조된 몇 주 동안 포크트는 바그너에 대한 맹렬하고도 뛰어난 논박인 『맹신과 과학』을 저술했다. 그것은 1855년에 처음으로 출간되었다.[15]

　••
　Allgemeine Zeitung, Nr. 20, Dienstag, 20. Januar 1852 Beilage, pp. 313-15.

13. 같은 논문, p. 314; Wagner, *Menschenschöpfung und Seelensubstanz*, pp. 20-21. 어느 부분에서도 바그너는 포크트나 그의 저작을 이름을 들어 언급하지 않는다. 그가 인용하는 구절들은 Vogt, *Physiologische Briefe* (2nd edition), pp. 322-23, 626-27에 있다.

14. Vogt, *Physiologische Briefe* (2nd ed.), p. 323. 포크트의 언명은 그가 파리에서 함께 공부한 프랑스 유물론자 피에르 카바니Pierre Cabanis로 소급된다. Cabanis, *Rapports du Physique et du Moral de l'Homme*, in *Œuvres complètes* (Paris: Bossange, 1823), III, 19를 참조.

15. Carl Vogt, *Köhlerglaube und Wissenschaft: Eine Streitschrift gegen Hofrath Wagner in Göttingen* (Gießen: Ricker, 1855)을 참조.

포크트의 소책자의 첫 번째 부분은 바그너의 도덕적이고 지적인 통합성에 대한 사나운 개인적 공격이다. 그것은 바그너의 과학자로서의 엉성함, 자기의 개인적 믿음이 연구에 개입하는 것을 허락하는 것, 자기가 거의나 전혀 아무것도 하지 않은 출판물들의 공을 가로채는 데서의 그의 무모함을 기소한다. 두 번째 부분은 바그너에 의해 제기된 주요한 지적 쟁점들을 다룬다. 포크트는 바그너가 과학 영역과 신앙 영역을 구별하는 것이 극도로 인위적이고 자의적이라고 보았다. 바그너가 그토록 열심히 보호하고자 한 두 개의 믿음, 즉 모든 인류가 기원의 단 하나의 쌍에서 비롯되었다는 것과 비물질적인 영혼이 존재한다는 것에 반대하는 강력한 경험적 증거가 존재한다. 첫 번째 믿음과 관련하여 지리학과 해부학의 모든 증거는 인종들 사이에서 각각의 인종이 그 자신의 기원적 쌍을 가져야만 했던 그러한 차이들을 드러낸다고 포크트는 주장했다. 또한 지구의 나이가 성서에서 말해진 어떤 것보다 훨씬 더 많으며, 인간이 4천 년 전보다 훨씬 더 일찍 비롯되었다는 것도 지질학에서 명백하다. 따라서 성서적 교설들은 바그너가 선언했듯이 경험적 반증을 넘어서서 침범할 수 없는 것으로 존재하는 것이 아니라 단적으로 사실들에 반하며, 그 경우 우리가 그 교설들에 반대하여 과학 편에 서야 한다는 것은 명확하다. 비물질적 영혼에 대한 믿음과 관련하여 최신의 생리학적 연구는 뇌와 분리된 영혼의 존재를 위한 어떠한 증거도 전혀 제공하지 않는다고 포크트는 논의했다. 반대로 그 연구는 정신 활동이 얼마나 밀접하게 뇌 기능들과 결부되어 있는지 보여준다. 만약 뇌가 심각하게 손상되면, 정신 활동은 그칠 것이다. 그리고 특정한 정신적 기능을 위해 사용되는 뇌의 특정한 부분을 알아내는 것마저도 가능하다. 포크트가 두뇌 과정들이 어떻게 의식과 정신적 사건들을 발생시키는지 설명하기가 어렵다는 것을 인정했긴 하지만, [61]그는 모든 증거가 두뇌 과정에 대한 의식의 전적인 의존을 지시한다고 주장했다. 그러한 사실을 고려하면, 인간이 어쨌든 육체의 죽음 이후에도 살아남는 불사적인 영혼을 소유할 것 같지는 않다. 바그너의 모든 경고에 반대하여 포크트는 자기가 이 모든 사실들로부터 적절한 결론, 즉 이러한 종교적 믿음들이 단지 미신일 뿐이라는 결론을 끌어내는 데서 아무런 두려움도 지니지 않는다고 선언했다. 그러한 믿음들이 과학의 그 모든 명백한 증거에 반할 때 그것들을 옹호하는 것은 비이성적인 것으로 절망적으로 도약하는 것이다.

바그너에 대한 포크트의 반박의 표면 바로 아래에 놓여 있는 것은 그들의 충돌하는 정치였다. 포크트가 베른과 프랑크푸르트에서 민주주의를 위해 싸운 급진주의자였던 데 반해, 바그너는 군주 통치를 유지하는 것이야말로 그가 가장 애정을 느끼는 희망이었던 반동주의자였다. 사실 연설을 끝내면서 바그너가 지도적인 보수적 정치가이자 공법학자인 요제프 마리아 폰 라도비츠^{Joseph Maria von Radowitz}(1793-1853)의 정치적 유언을 인용하고 옹호할 것을 맹세한 것은 말해주는 바가 많았다. 포크트와 바그너의 정치는 그들의 철학적 입장을 위해 결정적이었다. 바그너는 군주제를 정당화하고 "비그리스도교화된 대중들"을 통제하기 위해 섭리와 불사성에 대한 믿음을 옹호하기를 원했다. 포크트가 이 믿음들을 약화시키길 의도한 까닭은 그것들이 민중을 통제하는 이데올로기적 무기, 즉 그들이 새로운 민주적 질서 속에서 자신들의 삶을 스스로 통제하지 못하게 막는 기만의 장막이었기 때문이다. 따라서 포크트와 바그너 사이의 논쟁은 철학적일 뿐만 아니라 정치적이기도 했다. 그것은 사실 두 개의 완전한 세계관 사이의 다툼, 즉 우파의 유신론에 대항한 좌파의 유물론의 생사를 건 투쟁이었다.

폭발적인 시작을 고려하면, 유물론 논쟁이 빠르게 확산된 것은 전혀 놀랄 일이 아니다. 포크트의 바그너와의 개인적 승강이는 다만 훨씬 더 길고 더 복잡한 논쟁, 즉 마침내 독일의 모든 주요 사상가들을 그 소용돌이 내로 끌어들이게 될 논쟁의 시작일 뿐이었다. 논쟁이 벌어졌을 때, 바그너의 경고는 역효과를 낳았다. 그것은 유물론자들을 겁먹게 하기보다는 도발했다. 그들은 자신들의 밀실로부터 나와 이제 고집스럽게 행진하고 깃발을 휘날리며 똘똘 뭉쳐 기득권에 도전했다. 포크트가『맹신과 과학』을 출판한 바로 그해인 1855년에는 또한 두 권의 장대한 유물론적인 저작, 즉 하인리히 촐베Heinrich Czolbe의『감각주의의 새로운 서술Neue Darstellung des Sensualismus』과 [62]루트비히 뷔히너Ludwig Büchner의『힘과 질료Kraft und Stoff』가 출간되기도 했다. 포크트가 논쟁적인 맥락에서 천명했던 것 — 자연 과학들이 불가피하게 유물론을 향해 나아가고 있다는 것 — 을 촐베와 뷔히너는 이제 좀 더 일반적이고 체계적인 방식으로 옹호하고자 했다. 이 저작들은 다름 아닌 바로 최신의 과학 연구에 토대한다고 주장하는 유물론적 세계관을 위한 기본 원리들을 펼쳐 보였다. 그리하여 바그너의 가장 나쁜 악몽이 현실이 되었다. 루크레티우스의 아이들이 이제 독일의 거리 위에서 춤추고 있었던 것이다!

3. 철학의 더벅머리 페터

바로 그 9월 어느 날 제31회 대회의 청중 가운데는 점점 커지는 우려를 지니고서 바그너의 연설에 귀 기울이고 있던 수줍어하고 과묵한 한 사람이 앉아 있었다. 바그너가 더 많이 이야기하면 할수록 그는 더욱더 자기 자리로 움츠러들었다. 그가 결코 원하지 않은 것은 논쟁에 휘말리는 것이었다. 그것은 그가 연구를 위해 필요로 하는 사생활과 고요함을 그에게서 빼앗아 갈 것이다! 그러나 연단 위에는 그를 유물론에 반대하는 자신의 십자군 전쟁에 끌어들이려고 하는 바그너가 있었다. 연설에서 바그너는 그의 최근 저작으로부터 하나의 긴 구절을 마치 그 내용이 어떠한 유물론자라도 겁을 주어 쫓아낼 수 있기라도 할 것처럼 인용하고 있었다.[16] 바그너가 언급하는 이 사람, 그의 반유물론 운동에 마지못해 참여하게 되는 이 신병은 괴팅겐의 전도유망한 철학 교수, 헤르만 로체(1817-81)였다. 그 당시에는 거의 알려져 있지 않았지만, 그는 결국 독일 지성사에 자기의 흔적을 아로새길 것이고, 19세기의 가장 유명한 철학자들 가운데 하나가 될 것이었다. 그의 성숙한 철학을 위한 도가니는 유물론 논쟁에서 비롯되었다.

로체는 바그너의 십자군 전쟁에서 뒤로 물러서야 할 훌륭한 이유를 지니고 있었다. 그는 바그너의 세계관, 즉 그 세계관의 그리스도교 근본주의, 영혼의 가분성에 대한 믿음, "이중 부기" 교설을 공유하지 않았다. 확실히 로체는 유물론의 비판자였다. 그러나 그는 결코 바그너 상표의 생기론적인 생리학의 투사는 아니었다. 유물론자들에 의해 많은 찬사를 받은 유명한 초기 논문에서[17] [63]그는 유기체의 성장이 비물질적 행위자에

．．
16. 바그너는 로체의 *Medicinische Psychologie* (Leipzig: Weidmann, 1852), sec. 18, p. 30으로부터 글자 그대로 인용한다. 바그너의 *Menschenschöpfung und Seelensubstanz*, pp. 19-20을 참조

17. Hermann Lotze, "Leben, Lebenskraft," in Rudolph Wagner, ed., *Handwörterbuch*

의해 안내된다고 하는 생기론적인 **생명력** 교설을 공격했다. 로체는 힘이란 대상들에 내재하는 특수한 성질이 아니라 다만 우리가 사물들 사이의 합법칙적 상호 작용에 대해 부여하는 일반 명칭의 실체화일 뿐이라고 논증했다. 하지만 바그너는 유물론에 반대하는 그의 곧 있을 투쟁에서의 동맹을 위한 필사적인 노력에서 로체의 이전 입장을 무시하기로 작정했다. 그것은 기민한 전략이었는데, 왜냐하면 실제로 그렇게 되었듯이 그날 연단에서의 로체에 대한 그의 호소는 성공적인 것으로 입증되었기 때문이다. 왜냐하면 유물론자들은 이제 로체를 자신들의 가장 만만찮은 적으로서, 사실상 바그너의 심복으로서 바라보았기 때문이다. 그가 결코 씻어내지 못할 한 비유에서 포크트는 로체를 "사변적 더벅머리 페터"[18], 즉 독일 아이들을 잘 다듬어진 습관으로 훈육하기 위해 사용되는, 걷잡을 수 없이 너무 자란 손톱과 터무니없이 긴 빨간 머리를 가진 버릇없는 아이라고 낙인찍었다.

그렇듯 자의반타의반으로 로체는 유물론 논쟁에 끌려 들어갔다. 바그너나 유물론자들에 의해 정형화되기를 원하지 않은 그는 싸움에 뛰어들어 그 자신의 입장을 명확히 하는 수밖에 달리 도리가 없었다. 그래서 로체는 자신의 경력의 다음 10년의 대부분 동안 시간과 에너지의 거의 대부분을 스스로 생기론과 유물론이라는 극단들 사이의 가운뎃길로 생각한 그 자신의 입장을 정식화하는 데 쓰고자 했다. 그의 노력의 정점은 『미크로코스모스』, 즉 1856년부터 1864에 걸쳐 출간된 방대한 세 권짜리 저작이었다.[19]

· ·

der Physiologie (Braunschweig: Vieweg, 1842), pp. ix-lvii.

18. Vogt, *Köhlerglaube und Wissenschaft* (4th ed.), p. 91, note.

19. Hermann Lotze, *Mikrokosmus. Ideen zur Naturgeschichte und Geschichte der Menschheit. Versuch einer Anthropologie* (Leipzig: Hirzel, 1856-64), 3 vols. 본문에서

『미크로코스모스』는 19세기 후반부에 가장 널리 읽힌 철학 저작들 가운데 하나가 되었다. 그것은 여섯 판을 거듭했으며, 같은 수만큼의 언어들로 번역되었다.

『미크로코스모스』는 유물론 논쟁을 거치면서 명백해진 과학과 신앙 간의 갈등을 해결하기 위한 로체의 원대한 시도였다.[20] 로체는 그 갈등을 "불필요한 고뇌"로 간주했는데, [64] 왜냐하면 그는 그것이 원리적으로 해결 가능하다고 믿었기 때문이다. 심원한 낙관주의자로서 그는 과학적 유물론과 신앙의 비합리적 도약 사이에 가운뎃길이 있을 수 있다고 확신했다. 이러한 가운뎃길은 새로운 형이상학, 즉 자연의 모든 것을 탐구한다는 과학의 주장을 완전히 인정하지만, 또한 도덕적, 종교적, 미학적 믿음들이 과거의 신화와 의인화로부터 해방되어 새로운 과학들의 방법들과 일관될 수 있도록 그것들을 위한 기초를 제공하는 그러한 형이상학일 것이다. 『미크로코스모스』의 과제는 이러한 새로운 형이상학을 상술하고 옹호하는 것이었다.

로체는 우리가 과학의 힘뿐만 아니라 한계도 인정하는 것이 이러한 갈등의 해결에 본질적이라고 주장했다. 과학은 최소한 원리적으로는 자연 세계의 모든 현상을 원인과 결과의 법칙에 따라 설명할 수 있는 힘을 지닌다. 이 힘은 비유기체적 영역에 대해서만큼 유기체적 영역에 대해서

<hr />

••
팔호 속의 모든 참조 표시는 1884년부터 1888년에 걸쳐 출간된 제4판을 가리킬 것이다. 권수는 로마숫자에 의해 지시된다. 『미크로코스모스』에서의 로체의 의도와 논증들에 대한 좀 더 완전한 설명을 위해서는 나의 *Late German Idealism* (Oxford: Oxford University Press, 2013), pp. 239-83을 참조.

20. 그 저작을 위한 로체의 자기광고인 *Göttingische gelehrte Anzeigen*, Stück 199 (1856), 1977-92를 참조.

도 유효하다. 우리는 생리학과 심리학에서 기계론적 설명을 추구해야 한다. 그리고 우리는 결코 도덕적이거나 종교적인 이유들을 위해 탐구에 인위적인 한계를 부과해서는 안 된다. 그럼에도 불구하고 로체는 또한 과학의 한계도 강조하여 그것의 기계론적 방법들이 궁극적으로 전체로서의 우주를 이해하는 데서 단지 작은 역할만을 수행한다고 주장했다. 그는 『미크로코스모스』의 맨 끝에서 기계론에 대한 자신의 입장을 다음과 같이 요약했다. "기계론의 타당성은 무제한적이지만, 그것의 의미는 모든 곳에서 다만 종속적일 뿐이다."(III, 618) 기계론은 무제한적인데, 왜냐하면 그것은 자연 세계의 모든 것을 설명할 수 있기 때문이다. 그러나 그것은 오직 그 세계에서만 타당하다. 그것은 우주 안의 모든 것을 이해할 수는 없는데, 왜냐하면 거기에는 우리가 그것 없이는 결코 사물들의 목적과 의미를 파악하지 못할 가치 영역도 존재하기 때문이다. 기계론은 오직 종속적인 의미만을 지니는데, 왜냐하면 원인과 결과의 영역 전체는 자연의 모든 것이 그것을 위해 존재하는 목적을 포괄하는 가치 영역에 종속해 있기 때문이다.

로체는 그 갈등에 대한 해결이 또한 신앙의 타당성과 한계를 인정하는 것도 포함한다고 강조했다. 과거의 낡은 인간 중심적인 형이상학에로의 복귀, 전통적 유신론의 낡은 신화적 개념들로의 후퇴란 있을 수 없었다. 오랜 종교와 형이상학은 과학적 탐구의 진보에 맞설 수 없으며, 따라서 그 일이 아무리 어렵다 할지라도 우리가 그것을 포기하는 것은 필연적이다. 로체는 우리의 도덕과 종교가 세계에 대한 과학적 견해와 최소한 일관되도록 그것을 다시 생각하는 것이 중요하다고 가르쳤다. [65]하지만 그 모든 약점에도 불구하고 세계에 대한 오랜 도덕적이고 종교적인 개념은 하나의 중요한 측면에서 심원하게 옳았다. 그것은 우리의 세계 이해를 위한 가치의 의의를 보았던 것이다. 가치가 없다면 존재의 모든 것은 목적도 의미도 지니지 못할 것이다.

이성과 신앙 사이의 갈등을 해결하기 위해 로체가 필요로 한 것들은 무리한 요구였으며, 사실상 명백히 모순적인 것으로 보였다. 한편으로 자연 영역과 가치 영역 사이에 명확한 구별이 있다는 것이야말로 그의 전략의 본질적 부분이었다. 과학이 자연 내의 모든 것을 설명할 수 있었지만, 그것은 여전히 존재의 의미와 목적을 이해하기 위해 필요한 가치의 차원을 해명할 수 없었다. 하지만 다른 한편으로 로체는 갈등의 완전한 해결이 우리를 이원론, 즉 전적으로 분리된 영역들 사이의 분열에 내맡겨서는 안 된다고 주장했다. 그는 바그너의 이중 부기 학설을 그것이 우리를 "지적인 정신 분열증"에 내맡길 것이라는 이유에서 거부했다. 그 대신 로체는 무엇보다도 우선 세계에 대한 일원론적 시각, 즉 그것에 따르면 자연 영역과 가치 영역이 통합적으로 통일되어 단일한 전체를 구성하는 단일한 통일적 개념을 지지했다. 그렇다면 어쨌든 갈등에 대한 해결은 명백히 불가능한 것으로 보이는 것을 수행해야 할 것이다. 즉, 그것은 자연 영역과 가치 영역을 구별하면서도 통일해야 할 거라는 것이다.

로체는 자신의 새로운 형이상학이 이러한 명백히 충돌하는 것으로 보이는 과제들을 수행할 수 있다고 확신했다. 그의 형이상학은 목적론적 일원론의 하나의 형식이었는데, 그는 그것을 처음에는 "목적론적 관념론"이라고 불렀지만 나중에는 "정신주의(유심론)^{spiritualism}"라 불렀다. 이 형이상학에 따르면 자연 영역 전체는 목적들에 의해 지배되는 단일한 불가분적인 전체를 형성하며, 따라서 모든 것은 목적을 위해 존재한다. 자연 안의 모든 것이 기계론적 법칙들에 따라 일어나며 따라서 기계론이 그것을 완전히 지배하는 데 반해, 이 법칙들은 다만 선과 아름다움의 실현이라는 목적들의 실현을 위한 수단일 뿐이다. 사물들의 기계론적 질서와 목적론적 질서 사이에는 아무런 충돌도 존재하지 않는데, 왜냐하면 목적들은 결코 기계론의 작동을 방해하거나 그에 개입하지 않기 때문이다. 이 목적들은 사실상 그것들의 실현을 위한 필연적 수단인 기계론을 필요로 한다. 따라서 로체는 목적들이 자연 외부에 존재하고 자연의 작동을 중단시키거나 그에 개입할 수 있다고 보는 오랜 종교적 목적론 개념을 거부했다. [66]그는 자기 자신의 목적론적 관념론이 자연 영역과 가치 영역을 통일하면서도 동시에 분리할 수 있다고 확신했다. 그것들을 통일할 수 있는 까닭은 기계론이 우주적 목적들의 도구이기 때문이다. 그리고 그것들을 분리할 수 있는 까닭은 가치가 목표 또는 목적의 형식에 있어 기계론으로 환원될 수 없기 때문이다.

그러한 관념론을 주창하는 데서 로체는 낭만주의 전통과 관념론 전통의 형이상학을 보존하려고 자기의식적으로 시도하고 있었다. 그는 우주를 유기체적인 살아 있는 전체로서, 아름다운 예술 작품으로서 바라보는 견해, 즉 셸링과 헤겔 그리고 낭만주의자들의 저작들에서 나타나는 일원론적 생기론 또는 생기론적 일원론을 옹호하길 원했다. 로체는 무엇보다도 우선 신낭만주의자 또는 후기 관념론자였다. 비록 낭만주의와 관념론이 역사 속으로 사라지고 있다는 것을 너무도 잘 알고 있었음에도 불구하고, 그는 유물론의 도래에 맞서 그것들의 유산을 보존하고 보호하는 것을 자기의 목표로서 바라보았다. 그럼에도 불구하고 충실한 포스트-헤겔주의자와 마찬가지로 로체는 그의 낭만주의적이고 관념론적인 선행자들의 방법론적 수칙들을 공유하지 않았다. 그는 세계를 인식하는 방법으로서의 지적 직관, 선험적 구성들 또는 변증법적 추론을 거부했다. 새로운 과학 시대에 세계에 대한 낭만주의적이고 관념론적인 시각은 새로운 기초, 즉 최신의 과학 연구, 과학들의 논리에 대한 가장 엄격한 순응 위에 놓여야 한다.

로체가 『미크로코스모스』에서 옹호하는 형이상학은 그것의 낭만주의적이고 관념론적인 선조들과는 여러 가지 측면에서, 일차적으로는 그것이 우주에서 기계론에 배정하는 좀 더 광범위한 위치에서 다르다. 생기론적 생리학에 대한 로체의 이전의 비판적 자세는 『미크로코스모스』에서 계속된다. 그는 기계론을 과학적 설명의 주요 형식으로서 간주하며, 그것이 생명이 없는 현상들뿐만 아니라 살아 있는 모든 것도 설명하기에 충분하다고 주장한다. 생명이 생명 없는 것과 구별되는 것은 구별되는 종류의 법칙에 순응함으로써나 더더군다나 특유한 종류의 힘의 소유에 의해서가 아니라 오직 특수한 형식의 조직화에 의해서일 뿐이다. 하지만 그것의 독특한 조직화 형식은 자연 안의 다른 모든 사건들과 꼭 마찬가지로 기계론적 법칙들에 따라서 설명될 수 있다(I, 58). 로체는 우리가 성장과 생식에 대해 그야말로 유기체의 부분들의 상호 작용만으로 해명할 수 있으며, 따라서 유기체 내에서 작용하는 어떤 힘이나 이념이 존재한다고 가정할 이유가 없다고 주장한다(I, 69, 72-74, 75, 78-79, 83). 『미크로코스모스』의 제1권은 기계론에 대한 단호한 긍정, 즉 로체가 기계론의 "첫째 계명"이라고 부르는 것과 더불어 끝난다. 요컨대 우리가 우리 앞에 하나의 신 이외에 다른 어떤 신도 가져서는 안 되는 것과 마찬가지로 [67]또한 우리는 우리 앞에 기계론 이외에 유한한 존재에 대한 설명의 다른 어떠한 형식도 가져서는 안 된다는 것이다(I, 451).

비록 로체가 자연 세계에 대한 기계론의 지배를 열심히 옹호하긴 했지만, 그는 기계론 역시 한계를 지닌다는 점을 주장하기를 결코 그치지 않았다. 전체로서의 우주에 대한 엄격하게 기계론적인 개념에는 두 가지 기본적인 문제가 존재한다. 첫째, 그것은 사물들이 애초에 왜 존재하는지를 설명할 수 없다. 과학자가 유기체의 생식과 성장을 기계론적 법칙들에 토대하여 설명할 수 있다 할지라도, 그는 왜 애초에 생명이 존재하는지를 설명할 수 없다. 둘째, 기계론이 자연 영역에 대해 전적으로 타당하다 할지라도, 그것은 사물들의 의미와 목적을 해명해 주는 유일한 것인 가치 차원을 설명할 수 없다.

로체는 또한 기계론에 대한 자신의 긍정을 유물론의 보증으로서 결코 보지 않았다. 무슨 이유로든 그는 모든 과학적 설명이 유물론으로 이어진다는 테제를 받아들이지 않았다. 어떤 것을 기계론적으로 설명하는 것은 그것이 물질적 사물, 다시 말하면 그 본질이 관성 또는 연장에 존재하는 어떤 것이어야 한다는 것을 의미하지 않는다고 그는 논증했다. 로체는 기계론을 사물의 본성에 관한 테제로서가 아니라 주로 설명의 형식에 관한 테제로서 바라보았다. 기계론자의 중심 테제는 우리가 모든 현상을 인과적 법칙들에 따라 설명할 수 있다는 것인바, 거기서 법칙들은 어떤 가설적-연역적 형식으로 정식화될 수 있으며, 원인은 시간에서 선행하는 사건들에 존재한다. 그러나 그의 주장에 따르면 기계론자는 경험의 자료들을 고수하며, 사물들의 내적 정체성에 관해서는, 즉 그것들이 그 자체에서 무엇일 수 있는지에 관해서는 완전히 중립적이다(II, 36, 37-38). 그러므로 기계론자가 사물의 궁극적 요소가 비물질적인 힘들이나 점들에 존재한다고 주장하는 것은 기계론과 완전히 일관된다고 로체는 주장한다(I, 37-41; II, 33).

유물론의 위협에 대한 로체의 대응은 물질에게서 그 기본적 실재성을 박탈하는 것이다(I, 397-405). 과학들의 논리에 대한 엄밀한 반성은 우리에게 물질이 기초적인 것이 아니라 좀 더 기본적인 실재들의 산물이라는 것을 보여준다고 그는 주장한다. 로체는 물질에는 두 측면, 즉 그 외적 측면과 내적 측면이 존재한다고 주장한다. 물질의 외적 측면은 그것의 공간적 속성들, 즉 그것이 우리의 감각들에 나타나는 바의 공간에서의 그것의 연장에 존재한다. 그러나 그것의 내적 측면은 그 자체가 공간적이지 않은 힘들에 존재한다. 물질은 로체가 한 곳에서 넌지시 언급하는(I, 406) 라이프니츠에게서서처럼 그에게서도 단순히 이차적인 또는 파생적인 실재, 즉 잘 정초된 현상*phaenomenon bene fundata*이다. [68]라이프니츠를 따라 로체는 공간이란 본질적으로 가분적이며, 특정한 공간은 그 자체가 힘들인 좀 더 단순한 단위들의 집합에서 발생한다고 주장한다. 일련의 그러한 단위들이 합해지고 서로 나란히 놓이게 될 때, 그 결과는 특정한 공간 또는 장소다. 공간은 하나의 물체가 왜 공간을 채우거나 장소를 차지하는지 묻는 것이 필연적이라는 단순한 이유로 인해 물질의 원초적이거나 기본적인 속성이 아니다. 그리고 그 이유는 저항의 힘, 즉 어떤 다른 물체가 그 장소를 차지하지 못하게 물리치는 힘을 소유하는 물체 안에 놓여 있다(I, 402-3). 그렇다면 전체로서의 공간은 서로서로 저항하고 끌어당기는 물체들의 체계로부터 발생한다. 그것은 물체들의 내적인 인력과 척력의 상호 작용의 산물이다(I, 403). 그렇다면 로체의 논증의 최종 결과는 공간이란 부수 현상, 즉 서로 상호 작용하는 특수한 사물들의 산물이라는 것이다. 그러나 공간이 부수 현상이라면, 그 본질적 속성들이 공간적인 물질적 대상들의 세계 전체도 마찬가지다.

낭만주의 전통과 관념론 전통에 대한 그의 충실함에도 불구하고 로체는 『미크로코스모스』에서 그 자신의 형이상학을 그것들로부터 구별하기 시작했다. 그는 단일한 보편적 실체 내의 개별적 사물들에 충분한 실재성을 돌리지 않는 관념론자의 동종적인 또는 미분화된 일원론을 찬성하지 않았다. 셸링과 헤겔이 받아들인 스피노자의 일원론은 라이프니츠의 개별성 원리로 보완되어야 한다고 로체는 믿었는데, 그 원리에 따르면 각각의 개별자는 그 자신의 고유한 관념 또는 실체적 형식을 지닌다. 그는 또한 우주를 차갑고 핏기 없는 법칙들에 따라 작동하는 하나의 비인격적이고 무관심한 사물로 만드는 관념론자의 비인격적인 절대자 개념을 싫어했다. 마지막으로 그는 관념론만으로는 우주를 설명하기에 충분할 수 없는데, 왜냐하면 관념들 그 자체는 자기들의 실현을 위한 힘이나 에너지를 결여하는 단순히 관성적이고 정태적인 구조들일 뿐이기 때문이라고 주장했다. 이러한 난점들을 피하기 위해서는 우리는 인격적이고 활동적이며 다원주의적이고 우주적 형식들의 풍부함을 허락하는 단일한 우주적 실체 개념을 필요로 한다고 로체는 논증했다. 그는 그러한 형이상학을 "정신주의(유심론)"라고 불렀는데, 왜냐하면 그것은 정신의 인격적이고 활동적이며 개별적인 질들을 강조하기 때문이다. 『미크로코스모스』의 끝 부분에서 로체는 그 자신의 개인적인 신조, 즉 우주 배후의 단일한 정신적 힘이 다름 아닌 사랑이라고 하는 믿음을 드러내 보였다. 그것은 두드러지게 낭만주의적인 [69]고백이지만—실러Schiller는 약 50년 전에 그러한 고백을 한 바 있었다[21]—, 또한 강인한 정신의 유물론자를 납득시킬 수 있을 것 같지 않은 대단히 개인적인 고백이기도 했다.

그러나 로체 형이상학의 취약성은 실제로는 그 저자의 개인적 고백에 있지 않았다. 그 신조는 비록 논증 불가능하다 할지라도 고귀하고 숭고했

21. 실러의 *Philosophische Briefe*, in *Werke*, *Nationalausgabe*, ed. Benno von Wiese (Weimar: Böhlaus Nachfolger, 1962), XX, 107-29에 실려 있는 그의 "Theosophie des jungen Julius", 특히 119-22를 참조.

다. 로체 형이상학의 약점은 오히려 그의 방법에, 즉 자신의 형이상학을 과학 위에 근거짓는다는 그의 주장에 놓여 있었다. 그의 후기 관념론적인 파트너들인 트렌델렌부르크와 하르트만과 마찬가지로 로체는 최신의 과학적 탐구들이 세계에 대한 그의 유기체적인 시각을 반박하기보다는 확증할 것이라고 가정했다. 그것은 로체가 1850년대 초에 『미크로코스모스』를 쓰기 시작했을 때에는 완전히 타당해 보이는 전략이었다. 그러나 1860년대에 그는 자신의 목적론적 세계관에 대한 커다란 도전이었던 다윈주의를 고려해야 했을 것이다. 바그너의 강력한 권고로 로체는 그의 책의 나중 판들에서 다윈을 고려하기 시작했다. 그러나 자신이 이미 그러한 자연주의를 반박했다고 주장함으로써 그의 노력은 그저 미온적인 것일 뿐이었다. 로체는 다윈에 의해 제시된 새로운 도전의 진가를 알아보는 데 실패했다고 말하지 않을 수 없다.

오늘날 로체의 목적론적이고 일원론적인 형이상학은 시대에 뒤진 것으로, 즉 그것이 그토록 용감하고도 그토록 필사적으로 보존하고자 시도한 관념론 전통과 낭만주의 전통에 못지않게 노후화한 것으로 나타난다. 그럼에도 불구하고 그의 철학의 한 가지 중요한 측면은 오늘날에 이르기까지도 남아 있다. 유물론에 대항하는 투쟁 과정에서 로체는 존재의 영역과, 가치와 타당성 또는 진리의 영역 사이에 중요한 구별을 행했다.[22] 그는 때때로 이 구별을 다음과 같은 두 종류의 물음에 의해 정식화했다. "무엇이 존재하는가?"(*Was ist?*) "무엇이 타당한가 또는 가치 있는가?"(*Was*

• •
22. 이 구별을 위한 표준 전거는 로체의 『논리학』의 제3권, 2-4장이다. *System der Philosophie: Erster Theil: Drei Bücher der Logik* (Leipzig: Hirzel, 1874), I, 465-97을 참조

gilt?) 그는 우리가 사물들의 존재와 그 타당성을 구별해야만 한다고 썼다. 표상의 내용들 사이의 관계는 비록 이 내용들이 존재하는 아무것도 지시하지 않는다 할지라도, 그리고 비록 어느 누구도 그것들에 대해 생각한 적이 없다 할지라도 타당하거나 참이다. 이 점은 특히 수학적 진리들에 잘 적용된다. 그러나 로체는 그것이 그에 못지않게 내용에 관한 모든 진리들로, [70]심지어는 경험적인 진리들로도 연장된다고 주장했다. 그는 그러한 명제들이 아무리 우리가 경우에 따라 그것들에 대해 생각한다 할지라도, 그리고 사실상 어느 누구도 그것들에 대해 생각하지 않는다 할지라도 참이라는 것을 관찰했다. 그렇다면 외부 세계의 존재에 의존하지 않는 객관적 진리의 영역이 존재하며, 따라서 그 세계에 관한 회의주의는 인식적으로 부적절하다는 것이 입증된다. 그러고 나서 로체는 계속해서 바로 이것이야말로 플라톤이 그의 형상들의 세계를 가지고서 지적하고자 한 요점이라고 논증했다. 플라톤은 실제로는 이 형상들이 그들 자신의 존재를 지닌다고 생각하지 않았으며, 그것들을 전혀 실체화하지 않았다. 그의 유일한 요점은 형상들의 타당성이 변화하는 존재의 영역에 의존하지 않는다는 것이었다. 새로운 세대에 대해 도취시키는 발견으로 입증된 것은 바로 이러한 플라톤적인 타당성 영역 —— 로체가 부르는 대로 하자면 "세계에서 가장 놀라운 사실" —— 이었다. 이것이야말로 젊은 브렌타노, 코헨, 후설, 빈델반트, 리케르트^{Rickert}, 라스크^{Lask} 그리고 프레게가 마시게 될 샘이었다. 이러한 새로운 세계의 발견에서 잔치를 벌이며 그들은 자신들이 늙은 로체의 계승자임을 감사하며 인정했다.

4. 유물론의 성서

로체의 『미크로코스모스』가 유물론 논쟁이 진행되는 동안의 관념론의 주요 진술이었다면, 루트비히 뷔히너의 『힘과 질료』는 유물론의 주된 선언문이었다.[23] "유물론의 성서"로서 알려지게 된 뷔히너의 저작은 로체의 것보다 훨씬 더 대중적임이 입증되었다. 논쟁이 시작되던 1855년에 처음 출판된 그 저작은 21판 이상을 거듭했으며, 17개의 언어로 번역되었다.

『힘과 질료』가 그토록 성공적이었던 까닭은 특히 그것의 단순하고 분명한 해설 때문이었다. 일반 대중을 목표로 하여 뷔히너는 기본 원리들에 초점을 맞추었고 논증적인 세부 사항들은 제쳐놓았다. 기술적인 세부 내용의 결여 때문에 많은 비판자들은 그를 형편없는 철학자로서 무시했다. 그러나 그들은 그의 의도를 이해하지 못했다. 뷔히너는 의도적으로 세부적인 내용을 멀리했는데, 그 까닭은 한편으로는 그의 독자 때문이었고, 다른 한편으로는 그가 추상적 추론에 대한 믿음을 지니지 않았기 때문이다. [71]철학적 논증은 뷔히너에게 있어 스콜라 철학의 유물, 즉 과학의 관찰과 실험으로 대체되어야 하는 낡은 방법론이었다.

모든 유물론자에게서와 마찬가지로 뷔히너에게 있어서도 세계는 오로지 운동하고 있는 물질로만 이루어진다. 그러나 물질^{matter}이란 무엇인가?

---

23. Ludwig Büchner, *Kraft und Stoff oder Grundzüge der Natürlichen Weltordnung*, 21st ed. (Leipzig: Theodore Thomas, 1904). 초판은 1855년에 프랑크푸르트의 마이딩거 출판사에서 출간되었다. 괄호 속의 모든 참조 표시는 1904년 판을 가리킨다.

그러한 진부한 물음과 정면으로 씨름하면서 뷔히너는 곧바로 그의 첫 번째 장에서 물질이란 두 개의 기본 개념, 즉 질료^{stuff}(*Stoff*)와 힘(*Kraft*)에 의해 이해되어야 한다고 선언한다(3-9). 이 개념들은 상호 의존적이라고 그는 주장한다. 우리는 힘을 지니지 않는 질료를 가질 수 없는데, 왜냐하면 질료는 힘에 그 본질이 있고 자기 자신을 힘으로서 나타내는바, 다시 말하면 질료의 다른 부분들을 끌어당기고 밀쳐내는 데 그 본질이 있기 때문이다. 만약 우리가 질료를 운동하고 작용하는 그것의 특수한 방식들로부터 분리할 수 있다면, 우리는 한갓된 추상을 물화할 것이다. 그러나 우리는 또한 질료 없는 힘을 가질 수 없는데, 왜냐하면 힘은 홀로 존재할 수 있는 것이 아니라 어떤 것 안에서 그리고 그것을 통해 작용해야만 하기 때문이다. 힘이 질료 없이 존재할 수 없는 것은 보는 것이 눈 없이 존재할 수 없는 것과 마찬가지라고 뷔히너는 말한다. 전기와 자기 그리고 열은 전형적인 힘들이다. 그러나 그것들은 따로 혼자서는 단지 추상들일 뿐인데, 왜냐하면 그것들은 물체가 작용하는 특정한 방식으로서만 규정적 의미를 지니기 때문이다. 질료와 힘이 상호 의존적이기 때문에, 뷔히너는 자신의 모토를 다음과 같이 내건다. "질료 없는 힘 없고—힘 없는 질료 없다$^{Keine\ Kraft\ ohne\ Stoff—kein\ Stoff\ ohne\ Kraft}$."

뷔히너는 그의 시대에도 여전히 검은 그림자를 드리우고 있는, 유물론의 뇌리를 떠나지 않는 낡은 데카르트주의의 구름을 떨쳐버리고 싶어한다. 데카르트주의 전통에 따르면, 물질은 오로지 연장에만 존재한다. 그리고 그것은 관성적이어서 오직 다른 물체가 그것에 대해 운동할 때만 운동한다. 따라서 모든 운동은 전적으로 기계적인바, 다시 말하면 또 다른 물체에 작용하는 한 물체의 산물이다. 그렇다면 우주 전체는 생명과 에너지를 결여한 광대한 기계일 뿐이다. 이러한 것이 괴테와 낭만주의자들에 의해 공유된 유물론에 대한 공통의 이미지였는데, 그것은 그 교설을 아주 음울하고 매력 없는 것으로 만들었다. 하지만 뷔히너는 우리가 시대에 뒤떨어지고 부정확한 그러한 고정 관념을 넘어설 것을 주장한다. 그의 유물론은 데카르트주의 전통이 아니라 한 세기 이상 동안 자유사상가들과 계몽 철학자들 사이에서 비밀스러운 존재를 지녔던 생기적 유물론 전통에서 나왔다.[24] 이 전통에 따르면 [72]힘과 운동은 물질에 본질적이며, 연장과 관성은 단지 파생적일 뿐인바, 반발력과 팽창력의 상호 작용의 결과다. 물질은 실제로 자기 조직적이며, 다양한 요소들을 통일된 전체로 형성하는 힘을 지닌다(75-80). 따라서 생명은 물질에 낯선 힘이 아니라 그것에 내재적이다.

형식과 운동이 물질에 내재적이라고 인정하는 것은 생명 그 자체의 기원을 설명하는 것으로 향한 결정적인 발걸음이라고 뷔히너는 주장한다. 생명과 물질의 이원론은 오직 우리가 관성적 연장이라는 오랜 데카르트의 물질 개념을 유지할 것을 고집할 때만 발생한다. 하지만 만약 우리가 그 개념을 거부한다면, 즉 우리가 형식과 운동을 물질 내에 함축적이고 잠재적인 것으로서 바라본다면, 그러한 이원론은 와해되며, 따라서 우리는 물질세계와 생명세계 사이의 **연속률**$^{lex\ continui}$을 회복할 수 있다. 뷔히너의 논증에 따르면, 생명은 비물질적인 힘에 존재하는 것도 자기의 특유한 법칙들을 지니는 것도 아니라, 화학적이고 물리학적인 힘들의 조합의 결과다(366). 유기체적 사물의 기본 질료는 비유기체적인 것과 동일한

24. 이 전통에 대해서는 John Yolton, *Thinking Matter: Materialism in Eighteenth-Century Britain* (Minneapolis: University of Minnesota Press, 1983); 그리고 Margaret C. Jacob, *The Radical Enlightenment: Pantheists, Freemasons and Republicans* (London: George, Allen & Unwin, 1987)를 참조.

것인데, 왜냐하면 그것들은 동일한 화학적 구성요소들을 지니기 때문이다. 만약 유기체적 존재가 비유기체적인 것과 다른 속성들을 지닌다면, 그 까닭은 다만 그것의 화학적 구조가 지니는 특수한 성격들 때문일 뿐이다(368). 생명의 물질적 토대를 강조하는 데서 뷔히너는 프랑스의 화학자 피에르 베르톨레$^{Pierre\ Bertholet}$(1827-1907)가 탄소와 수소를 결합함으로써 탄화수소, 즉 생명의 기본적인 구성요소를 어떻게 만들어냈는지 지적한다(374). 뷔히너는 베르톨레 작업의 최종 결론이 유기체와 비유기체 사이에 어떠한 근본적인 차이도 존재하지 않는다는 것이라고 믿는다. 그것들 사이의 모종의 차이는 실체나 종류의 차이가 아니라 복잡성이나 정도의 차이이다.

자신의 유물론을 개진하는 데서 뷔히너는 관념론적 세계관에 그토록 중심적이었던 목적론적 자연 개념을 겨냥하여 주의 깊게 비판했다. 목적론을 그는 우주에 대한 완전히 의인적인 개념으로서 거부한다. 관념론자들이 목적의 영역을 요청하는 유일한 이유는 그들이 데카르트의 물질 개념에 여전히 갇혀 있기 때문이라고 그는 논증한다. 그들은 인위적으로 물질을 그 형식으로부터 분리하는데, 왜냐하면 그들은 형식과 질서가 물질에 내재하는 힘들로부터 전개되는 역사적 과정을 무시하기 때문이다(181). 유물론에 대한 관념론자의 고전적인 반대는 유물론이 그것만으로는 사물들의 질서를 산출할 수 없는 우연에 너무나 커다란 역할을 돌린다는 것이다. 그러나 그러한 이의제기는 우리가 지금 우연이나 운이라고 부르는 것이 실제로는 [73]역사를 통해 작용하는 필연성의 산물, 즉 우리가 완전하게는 이해하지 못한 사건들과 상황들의 긴 연쇄의 결과라는 것을 보지 못하고 있다고 뷔히너는 주장한다(187). 목적론자는 자연사를 무시하기 때문에 설계인가 우연인가라는 거짓된 딜레마를 제기한다. 그러나 뷔히너는 그 사이의 어떤 것, 즉 사물들의 자연적 원인들에서 자연 선택과 생존 투쟁을 통한 질서의 점진적 발전이 존재한다고 주장한다.

생명을 뷔히너의 유물론적인 원리들로 설명하는 것이 그럴듯해 보였지만, 의식과 자기의식은 훨씬 더 커다란 난점들을 만들어냈다. 포크트와 마찬가지로 뷔히너는 정신 활동의 뇌에 대한 의존을 강조했다. 영혼이란 다만 뇌와 신경계의 상이한 모든 활동에 대한 집합 명사일 뿐이라고 그는 주장했다(250). 그렇긴 하지만 뷔히너는 포크트가 사상을 오줌과 등치시키는 데서 너무 멀리 나갔다고 인정했다(252). 그는 그 비교가 부적절한데, 왜냐하면 오줌과 사상 사이에는 아무런 유사점도 없기 때문이라고 인정했다. 오줌은 폐기물, 만질 수 있고 무게를 잴 수 있는 실체다. 그러나 사상은 폐기물이 아니다. 그것은 또한 만질 수도 무게를 잴 수도 없다. 그러한 당혹스러운 비유를 제쳐놓고 난 후, 뷔히너는 사상과 뇌의 관계에 관한 그 자신의 어느 정도 사변적인 이론을 충분히 개진할 수 있다고 확신했다. 사상의 비밀은 뇌 질료 그 자체가 아니라 뇌의 조직화와 목표를 성취하는 데서 그 기능의 특수한 방식에 놓여 있다고 그는 설명했다(253). 사고는 자연적 운동의 특수한 형식으로서, 좀 더 특수하게는 전기의 형식에 그 특징이 있는 중추 신경계의 운동으로서 간주되어야만 한다(257). 뷔히너는 심적 활동 일반이 실제로는 다만 "외부적 인상들에 의해 자극된 대뇌피질의 세포들 사이에서의 운동의 방출"일 뿐이라고 이론화했다(254). 그러고 나서 뷔히너는 이러한 사상 노선을 따라 의식과 자기의식에 대한 정의들을 제안한다. 의식은 "뇌의 특정 부분들이나 구조들의 활동의 실행, 수행 또는 표현"이다(267). 반면에 자기의식은 다름 아닌 "우리 감각들의 총계 또는 그것들의 집합, 기억 속에 축적된 상들의 연속"이다(259).

『힘과 질료』의 중심 목표는 그리스도교 세계관을 최종적으로 매장하는 것이었다. 따라서 많은 구절들이 신의 존재, 기적, 자유의지 그리고 개인적 불사성에 대한 비판에 바쳐져 있다. 비판은 [74]이 교의들을 위한 전통적 논증들을 검토하는 것에서가 아니라 그것이 어떻게 해서 자연 과학과 양립 불가능한지를 보여주는 데서 나온다. 이성과 신앙 사이의 거대한 투쟁에서 뷔히너는 신앙을 이성과 화해시키고자 하지 않는다. 오히려 신앙이, 최소한 그 신앙의 주요한 역사적 형식들이 이성의 이름으로 의도적으로 파괴된다. 뷔히너가 믿는 자들의 부드러운 양심에 대해 어느 정도 양해하는 것으로 보이는 구절들이 존재하는데, 거기서 그는 신앙과 이성 사이의 구별의 무언가를 허락하는 것으로 보이는 것이다(94). 그러나 이러한 양해는 실제라기보다는 오히려 그렇게 보이는 것인데, 왜냐하면 뷔히너는 이성이 끊임없이 신앙의 영역을 잠식하고 약화시키고 있다고 주장하기 때문이다. 믿음은 진리를 받아들일 수 없는 자들을 위한 것이다. 그러나 과학에서는 오직 진리만이 안내자다. 『힘과 질료』는 강인한 정신을 지닌 자들을 위한 사용 설명서이고자 했다.

　뷔히너의 논증에 따르면 유물론적 물질 개념은 **무로부터의 창조**에 대한 유신론자의 믿음을 금한다. 그러한 창조는 무로부터 물질을 창조하는, 물질로부터 독립적인 거대한 힘이 있을 수 있다고 전제한다. 그러나 힘은 물질 없이 존재할 수 없기 때문에, 어떠한 힘도 물질을 창조할 수 없다(9). 물질은 실로 영원하고 파괴 불가능하다(15). 뷔히너는 근대 화학이 우리에게 유기체적 형식들의 탄생과 죽음이 새로운 질료의 창조와 소멸에서 오는 것이 아니라는 것을 가르친다고 주장한다. 그 대신에 그 양과 구성이 영구히 동일한 것으로 남아 있는 동일한 기본 물질의 끊임없는 재순환이라는 것이다(16). 탄생과 죽음은 그 자체는 변화하지 않는 동일한 요소들의 재조직화를 포함한다. 원자들은 끊임없이 운동하고 있으며, 그것들은 다른 원자들과의 조합에 있어 항상적으로 변화한다. 그러나 그것들은 오직 그 조합에서만 변화하며, 각각은 자기의 기본적 본성을 유지한다(17-18). 에너지 보존에 관한 최근의 작업에 호소하여[25] 뷔히너는 힘이 물질 그 자체와 마찬가지로 영원하다고 논증한다. 힘 또는 에너지는 여러 상이한 형식을 취할 수 있지만, 그것이 증가되거나 감소될 수는 없으며, 오직 그 개별적 형식들만이 변화될 수 있다.

뷔히너의 설명에 따르면, 물질과 힘의 영원성은 개인적 불사성과 같은 어떤 것이 존재할 수 없다는 것을 의미한다. 죽을 수밖에 없는 육체와 죽지 않는 영혼에 대해 말하기보다 우리는 그 정반대를 이야기해야 한다(19). 단지 물질적 부분들의 조직화일 뿐인 것에 그 본질이 있는 [75]영혼 또는 정신은 그 조직화가 사라질 때 존재하길 그친다. 정신은 뇌 없이 존재할 수 없기 때문에, 그리고 뇌는 육체의 다른 어떤 부분과도 마찬가지로 죽고 부패하기 때문에, 우리는 정신이 육체적 죽음 이후에도 살아남는다고 생각할 아무런 이유도 지니지 않는다(342-43). 뷔히너는 개인적 불사성을 물질과 에너지의 보존에 토대하여 옹호하는 것은 무의미한 시도라고 주장하는데, 왜냐하면 자연의 전체 순환이 안정적이고 항상적이라 할지라도, 동일한 것이 그 안의 특수한 현상들에도 적용되는 것은 아니기 때문이다(344). 힘 그 자체는 파괴될 수 없지만, 물질과 힘의 일정한 조합의 산물로서의 영혼은 결국 사라진다(344-45). 뷔히너는 또한, 칸트가 언젠가 그랬듯이, 개인적 불사성을 오직 윤리적 근거들 위에서 옹호하는 것도 무의미하다고 생각한다. 자신의 에피쿠로스적인 뿌리에 충실하게 그는

· ·
25. Büchner, *Kraft und Stoff*, pp. 23-24. 뷔히너는 프리드리히 모어Friedrich Mohr, 로베르트 마이어Robert Mayer 그리고 제임스 줄James Joule의 작업을 참조한다.

소멸의 관념이 불사성의 그것보다 더 위안을 준다고 주장한다. 오직 소멸만이 영원한 평화의 전망을 준다는 것이다(349-50).

뷔히너의 유물론은 철저한 자연주의인바, 그에 따르면 존재하는 모든 것은 오로지 자연에만 속한다. 따라서 이 자연주의는 그 영역이 플라톤적인 형상들로 이루어지는 것이건 아니면 순수한 정신들로 이루어지는 것이건 자연 위와 자연 저편의 어떠한 영역의 존재도 금지한다(93). 자연 영역은 그 안에서 벌어지는 모든 것을 규정하는 법칙들에 의해 엄격하게 지배된다(84). 자연법칙은 마치 그것이 어떤 창조자에 의해 처방되었거나 하다는 듯이 자연 바깥이나 위에 존재하는 것이 아니라 오직 물질적 사물들의 활동 양식에 대한 표현일 뿐이다(82). 형식과 조직화가 물질에 내재적이기 때문에, 물질은 어떤 창조자가 그것 위에 부과한 법칙들이 아니라 그 자신의 법칙들에만 복종한다. 자연에서는 물질의 이러한 법칙들에 따른 것 이외에 아무것도 일어나지 않기 때문에, 모든 것은 필연적으로 발생하며, 달리 존재할 수 없다(84). 뷔히너의 논증에 따르면, 이것은 우리가 두 개의 오랜 종교적 교의, 즉 기적과 자유의지를 포기해야만 한다는 것을 의미한다. 뷔히너는 오직 우리 자신의 원망에 따라 행동하는 것으로서만 이해되는 제한된 형식의 자유의지를 기꺼이 허락하고자 한다. 그러나 그는 자발성, 즉 일련의 사건을 원인 없이 시작할 수 있는 힘이나 다르게 할 수 있는 힘을 함축하는 어떠한 형식의 자유의지도 금지한다(399-400). 우리가 마침내 그러한 자유에 대한 믿음을 포기한 후에, 우리는 범죄 재판을 사람들이 이제 마녀 재판을 지켜보듯이 지켜볼 것이라고 뷔히너는 결론을 내린다(402). 마담 드 스탈$^{Madame\ de\ Stael}$은 옳았다. 하나의 행위를 이해하는 것은 그것을 용서하는 것이다.

[76]뷔히너는 『힘과 질료』의 끝에 다다라서야 비로소 신의 관념을 논의

하는데, 거기서 그것은 간단하고 잔혹하게 취급된다. 신의 관념이 생득적이거나 자연적이라고 생각하는 것은 커다란 잘못이라고 뷔히너는 주장한다. 세계의 많은 민족들이 신에 대한 믿음 없이 위대한 문명들과 도덕적인 삶의 방식들을 창조했다고 하는 인류학적 증거는 압도적이다(324-25). 세계의 주요한 종교들 가운데 두 가지인 불교와 유교는 그러한 믿음을 포함하지 않지만, 그 추종자들에 대해 오직 가장 엄격한 도덕적 행위만을 요구한다(406). 뷔히너가 유신론을 미신에 불과한 것으로서 거부하긴 하지만, 그가 또한 범신론을 싫어하는 것도 주목할 만하다(340). 신을 세계 위에 놓아서는 안 된다면, 또한 우리는 그를 세계 안에 놓아서도 안 된다고 그는 말한다. 범신론에서의 문제는 유신론이 악의 문제를 극복할 수 없는 것과 마찬가지로 그것도 그 문제를 극복할 수 없다는 점이다. 사실 범신론은 악을 다름 아닌 신의 본성의 부분으로 만드는데, 이것은 신을 악의 원인으로 만드는 것보다 훨씬 더 나쁘다(341).

비록 뷔히너가 전통적인 그리스도교 윤리학이 그야말로 그에 기초하는 신과 자유 그리고 불사성의 관념들을 거부한다 할지라도, 그는 새로운 도덕을 위한 전사이고자 하지 않는다. 그가 바라보는 바의 그의 과제는 다만 비판적인 것, 즉 인류를 미신과 환상으로부터 해방시키는 것일 뿐이다. 그는 볼테르를 인용한다. "내가 당신을 호랑이로부터 해방시켰으므로, 당신은 내가 그 대신에 무엇인가를 놓길 원하는가?" 뷔히너가 도덕을 제정하기를 주저하는 것에 대한 적지 않은 이유는 그가 일반적이거나 절대적인 도덕 법칙들에 대해 회의적이라는 점이다. 생득 관념을 다루는 장에서 그는 자연적인 도덕 원리들이 존재한다는 테제를 공격하며, 그 대신에 완전한 도덕적 상대주의를 지지한다. 한 사회는 다만 자기 자신을 보존하기 위해서만 도덕 원리들을 채택한다. 그리고 한 사회가 자기 자신을 어떻게 보존할 것인가는 끊임없이 변화하는 역사적이고 자연적인 상황들에 달려 있기 때문에, 그에 따라 그 원리들도 변화한다(313). 모든 민족들에 대해 유효한 정의와 도덕의 보편적인 기준들은 존재하지 않으며, 역사를 관통하여 유지되어 온 그것들에 대한 상이한 개념들 사이에서 결정하는 것은 불가능하다고 뷔히너는 주장한다. 뷔히너는 칸트의 정언 명령, 즉 오로지 이성에 의해서만 행위의 보편적 준칙들을 발견하고자 하는 시도를 "동화의 나라"에 놓여야 하는 한갓된 희망적 사고로서 단적으로 일축한다(314n).

대강 요약하자면 이러한 것이 뷔히너의 『힘과 질료』의 주된 관념들이다. 확실히 그의 종교 비판들 가운데 많은 것은 조야하고 성급하며 허수아비를 향해 있으며, 정신적 삶에 대한 그의 설명들 가운데 많은 것은 대단히 사변적이다. 그러나 뷔히너의 커다란 [77]장점은 일관되고 생생한 방식으로 유물론적 세계관을 광범위한 대중에게 제시한 것이었다. 주의 깊은 독자라면 누구나 그로부터 폭넓은 범위의 쟁점들에 대한 유물론적 태도를 배울 수 있었다. 유물론의 궁극적 결함들이 무엇이든, 우리는 그 입장을 그토록 명확하고 단순하게 제시하는 데 대해 뷔히너에게 고마워할 수 있다. 우리는 그가 아마도 좋아했을 독일의 루크레티우스라는 칭호를 그에게 수여할 훌륭한 이유를 지닌다.

5. 쇼펜하우어가 싸움에 참여하다

쇼펜하우어는 1854년에 유물론 논쟁이 시작되었을 때 여전히 살아 있었고 건강했다. 처음에 그는 그 다툼을 위엄 있는 경멸과 무심함을 지니고서 바라보았다. 결국 그것은 세계가 부당하게도 그를 무시했다는 또 다른 증거일 뿐이었다. 만약 사람들이 그의 저작을 읽기만 했다면, 그들은 이미 오래전에 유물론이 실제로는 전혀 위협이 아니라는 것을 파악했을 것이다. 그는 『의지와 표상으로서의 세계』[26]에서 유물론이 스스로가 설명하려고 하는 것을 단적으로 전제한다고 논증했다. 그것은 주체를 객체에 대해 유효한 법칙들로부터 끌어내려고 한다. 그러나 그것은 이 법칙들이 주체 그 자신에게서 자기의 원천을 지닌다는 것을 보지 못한다. 그러나 명성에 대한 쇼펜하우어의 갈망으로 인해 그는 결국 논쟁을 하나의 기회로서 바라보기 시작했다.[27] 만약 사람들이 그의 철학이 논쟁 배후의 문제에 대한 해결책을 가지고 있다고 확신할 수 있다면, 그들은 결국 그의 중요성과 가치를 인정하기 시작할 것이다.

쇼펜하우어는 아마도 유물론 논쟁이 그의 충실한 신봉자인 율리우스 프라우엔슈테트[Julius Frauenstädt](1813-79)를 위한 것이 아니었더라면 그것을 그러한 빛 가운데서 보지 않았을 것이다. 쇼펜하우어와 유대를 맺기 전에 프라우엔슈테트는 독자적인 철학자로서 헤겔 사상에서의 문제들에 관한 세 권의 책을 저술했다.[28] 그는 [78]쇼펜하우어를 1836년에 처음으로

• •
26. *Die Welt als Wille und Vorstellung*, §7, Werke I, 62-3 (P 27-28).
27. *Gesammelte Briefe*, ed. Arthur Hübscher (Bonn: Bouvier, 1978), p. 362에 실려 있는, 율리우스 프라우엔슈테트에게 보낸 쇼펜하우어의 1855년 5월 2일자 편지를 참조.
28. J. Frauenstädt, *Die Freiheit des Menschen und die Persönlichkeit Gottes* (Berlin: Hirschwald, 1838); *Die Menschwerdung Gottes nach ihrer Möglichkeit, Wirklichkeit und Nothwendigkeit* (Berlin: Voß, 1839); 그리고 *Studien und Kritiken zur Theologie und Philosophie* (Berlin: Voß, 1840)를 참조. 이 저작들은 비록 헤겔 철학의 몇

126

읽었고, 그에게서 매우 깊은 감명을 받았다.[29] 그러나 그는 쇼펜하우어 철학을 이성과 신앙 사이의 갈등을 해결할 수 있는 유일하게 옹호 가능한 체계로서 보기 시작한 1848년에서야 비로소 전향자가 되었다.[30] 프라우엔슈테트는 쇼펜하우어 철학이 미신적인 유신론과 무감동한 유물론을 회피하는 것이야말로 그 철학의 커다란 장점이라고 논증했다. 그것은 신의 존재와 개인적 불사성에 대한 문제가 많은 믿음을 받아들이지 않고서도 종교의 본질적 요소들 — 죄와 구속 그리고 구원의 교설들 — 을 구제한다. 그것은 오로지 물질만이 존재한다는 교설을 받아들이지 않고서도 과학적 자연주의의 주된 원리들을 시인한다.

쇼펜하우어 철학을 위한 지칠 줄 모르는 전사인 프라우엔슈테트는 자신이 유물론 논쟁에 대한 그 철학의 공헌을 설명함으로써 그것의 지속적인 가치를 증명할 수 있다고 확신했다. 프라우엔슈테트는 라인홀트가 1790년대에 칸트 철학을 위해 행했던 것을 자기가 1850년대에 쇼펜하우어 철학을 위해 행할 수 있다고 믿었다.[31] 라인홀트는 칸트 철학이 범신론 논쟁에서 이성과 신앙 사이의 갈등에 대한 해결책임을 보여주었다. 이제 프라우엔슈테트는 쇼펜하우어 철학이 유물론 논쟁에서 동일한 갈등에

* *
　　가지 본질적 요소들을 유물론적 비판에 대항해 옹호하고자 하기는 하지만 헤겔에
　　대해 대단히 비판적이다.
29. Julius Frauenstädt, *Arthur Schopenhauer. Von ihm. Ueber ihn* (Berlin: Hayn, 1863), pp. 133-34를 참조.
30. J. Frauenstädt, *Ueber das wahre Verhältniß der Vernunft zur Offenbarung* (Darmstadt: Carl Wilhelm Leske, 1848)을 참조. 1840년대 후반에 쇼펜하우어 철학으로 전회한 것에 대한 프라우엔슈테트의 설명을 위해서는 pp. 89-90을 참조.
31. 쇼펜하우어 그 자신이 라인홀트의 선례에 주목했다. 1853년 9월 19일자의 프라우엔슈테트에게 보낸 쇼펜하우어의 편지, *Briefe*, p. 321을 참조.

대한 해결책임을 보여줄 것이다.

그리하여 프라우엔슈테트는 일에 착수했다. 1850년대 중반에 그는 유
물론 논쟁을 논의하고 거기서 쇼펜하우어의 역할을 옹호하는 두 권의
책을 저술했다. 그의 첫 책은 1855년에 출간된『자연 과학과 문학, 종교,
도덕, 철학에 대한 그 영향』이다.[32] 이 저작은 본질적으로 이성과 신앙에
대한 루돌프 바그너의 견해에 대한 비판이다. 1856년에 출간된 두 번째
저작『유물론』[33]은 뷔히너의『힘과 질료』에 대한 비판이다. 대체로 잊혔
긴 하지만, 이 저술들은 [79]유물론 논쟁에 대한 어떠한 기술에서도 무시되
어서는 안 된다. 그것들은 그 논쟁에 대한 주목할 만한 기여일 뿐만 아니라
또한 쇼펜하우어 철학의 수용에서 수행한 그 역할 때문에 역사적으로도
중요하다. 프라우엔슈테트의 또 다른 저작인『쇼펜하우어 철학에 관한
서한』[34]과 더불어 그것들은 쇼펜하우어를 19세기 후반부의 가장 대중적인
철학자로 만드는 데서 중요한 역할을 수행했다.

두 저작에서 프라우엔슈테트의 본질적 관심사는 유물론 논쟁의 중심에
놓여 있는 이성과 신앙 사이의 갈등을 다루는 것이다. 로체와 마찬가지로
프라우엔슈테트는 궁극적으로 이성과 신앙 사이에는 아무런 갈등도 존재
하지 않으며, 그것들을 화해시키는 것이 완전히 가능하다고 믿는다. 하지
만 그것들을 화해시키는 것은 오직 두 가지 조건, 즉 첫째, 우리가 뷔히너

..

32. Julius Frauenstädt, *Die Naturwissenschaft in ihrem Einfluß auf Poesie, Religion, Moral und Philosophie* (Leipzig: Brockhaus, 1855).
33. Julius Frauenstädt, *Der Materialismus. Seine Wahrheit und sein Irrthum. Eine Erwiderung auf Dr. Louis Büchner's "Kraft und Stoff"* (Leipzig: Brockhaus, 1856).
34. J. Frauenstädt, *Briefe über die Schopenhauer'sche Philosophie* (Leipzig: Brockhaus, 1854).

가 그렇게 하듯이 과학을 유물론과 동일시하지 않는 것과 둘째, 우리가 신앙을 낡은 그리스도교 정통, 다시 말하면 유신론과 개인적 불사성에 대한 믿음과 동일시하지 않는 조건 하에서만 가능하다. 프라우엔슈테트의 논증에 따르면, 과학을 유물론과 융합시키는 것은 잘못인데, 왜냐하면 유물론은 실제로는 단지 과학에 토대한다고 주장하는 하나의 철학일 뿐이기 때문이다. 우리는 관찰과 실험의 방법에 따라 자연을 탐구할 수 있으며, 자연의 모든 것이 법칙들에 따른다고 가정하면서도 (오직 물질만이 존재하며 모든 것이 기계론적으로 설명되어야 한다는) 유물론의 중심 교의를 받아들이지 않을 수 있다. 또한 신앙을 유신론 및 개인적 불사성과 동일시하는 것도 잘못인데, 왜냐하면 종교에서의 본질적 관심사는 구원, 즉 악과 삶의 고통 너머로의 영혼의 올라섬인바, 이를 위해 우리는 신이나 불사성에 대한 믿음을 필요로 하지 않기 때문이다. 불교는 우리가 이러한 믿음 없이도 종교의 모든 본질적 요소를 가질 수 있다는 것을 보여준다.

　그리스도교와 유물론 사이의 투쟁에서 프라우엔슈테트는 기꺼이 유물론자에게 많은 것을 양보하고자 한다. 그는 오랜 유신론적 믿음들 가운데 몇 가지 — 무로부터의 창조, 단일한 기원적 쌍으로부터의 인류의 유래, 육체의 죽음 이후에도 살아남는 불사적 영혼의 존재 — 가 최신의 생리학적 연구에 의해 반증되었다는 데 대해 포크트와 뷔히너에게 동의했다. 그는 인격적 신의 존재에 대한 믿음이 [80]자연 과학과 양립 가능하다고 생각하긴 했지만, 여전히 그것이 악의 문제를 해결할 수 없다는 이유에서 그것을 거부했다. 하지만 프라우엔슈테트는 다른 믿음들을 유물론에게 제물로 바치려고 하지 않았다. 그는 여전히 자연과 인간의 삶 그리고 행위에 대한 완전한 기계론적 설명을 받아들일 수 없었다. 그가 보기에 그러한 기계론은 두 개의 필수적인 도덕적이고 종교적인 믿음들, 즉 자유에 대한 믿음 및 자연과 역사의 합목적성에 대한 믿음과 양립할 수 없다. 우리는 우리의 행위에 대해 책임을 짊어지기 위해 자유에 대한 믿음을 필요로 한다. 그리고 우리는 우리의 행위가 가치와 의미를 지니기 위해 합목적성에 대한 믿음을 필요로 한다. 우리가 행한 그 어느 것도 세계에 차이를 만들어내지 못한다면, 우리는 선을 행하고 더 좋은 세계를 창조할 유인을 상실할 것이다. 쇼펜하우어 철학이 여전히 자연에 대한 목적론적 설명의 필연성을 인정한 것은 그 철학의 주요한 장점들 가운데 하나였다고 프라우엔슈테트는 논증했다. 「자연에서의 의지에 대하여$^{Über\ den\ Willen}$ $_{in\ der\ Natur}$」에서 쇼펜하우어는 최신의 과학 연구의 결과들이 의지가 자연의 모든 유기체적 현상의 궁극적 원인이라는 그의 이론의 정당성을 어떻게 입증하는지를 보여주었다.[35]

　　이러한 믿음들과 기계론의 양립 불가능성은 그럼에도 불구하고 과학과 신앙 사이의 갈등이 존재한다는 것을 함의하지 않는다고 프라우엔슈테트는 주장했다. 그는 자연 내의 모든 것이 기계론적 원인들에 따라 해명될 수 있으며, 우리는 그러한 설명에 어떠한 한계도 정립해서는 안 된다는 데 대해 기꺼이 유물론자에게 동의했다. 하지만 그는 기계론적 설명은 오직 현상적이거나 자연적 세계에서만 타당하지 그것을 넘어서는 그렇지 않다고 주장했다. 쇼펜하우어를 따라 프라우엔슈테트는 현상계와 예지계, 현상들과 사물들 자체 사이의 이원론을 옹호했으며, 그것을 과학의 영역과 도덕성 및 종교의 영역을 분리하기 위해 사용했다. 자유와 합목적

••
35. 하지만 쇼펜하우어는 목적론을 역사로 확대하지는 않았다. 그의 유명한 에세이 「역사에 대하여$^{Über\ Geschichte}$」, WWV II의 제38장, 563-73(P 439-46)을 참조. 이것은 쇼펜하우어와 프라우엔슈테트 사이의 많은 차이들 가운데 하나일 뿐이다.

성에 대한 믿음은 과학적 또는 자연주의적 설명이 접근할 수 없는 사물들 자체의 영역에 대해 유효하다.

유물론에 대한 그의 저항에도 불구하고 프라우엔슈테트는 여전히 이 세계관이 "형식적"인 동시에 "실질적"이기도 한 몇 가지 근본적인 강점을 지닌다고 믿는다. 유물론의 **형식적** 강점은 그것의 담론, 즉 철학을 행하는 그것의 방법 및 방식과 관련된다. 이 강점은 3중적인바, [81](1) 그것의 경험주의, 즉 이론들의 기초를 감각 경험의 증거 위에 둘 것에 대한 그것의 강조, (2) 일반 대중이 이해할 수 있고 접근할 수 있게 하는 그것의 명확하고 분명한 언어, 그리고 (3) 우리의 도덕적이고 종교적인 믿음들에 대한 결론과 상관없이 진리를 알고자 하는 그것의 결연함이 그 강점들이다. 프라우엔슈테트는 이 모든 형식적 강점들이 유물론에게 사변적 관념론 전통, 즉 피히테와 셸링 그리고 헤겔의 철학과 비교하여 커다란 장점을 부여한다고 주장했다. 유물론의 **실질적** 강점은 그 형이상학의 내용 또는 일반 원리들에 관련된다. 이 강점은 이중적인데, (1) 그것의 일원론,[36] 즉 세계 내의 모든 것을 단일한 원리에 따라 설명할 것에 대한 그것의 강조, 그리고 (2) 그것의 자연주의, 즉 자연 내의 모든 것을 초자연적인 것에 대한 어떠한 참조도 피하면서 자연 법칙들에 따라 설명할 것에 대한 그것의 요구가 그 강점들이다.

프라우엔슈테트는 유물론이 이러한 강점들에도 불구하고 몇 가지 매우

---

36. 이러한 일원론은 쇼펜하우어가 칸트의 사물 자체와 현상 간의 이원론을 받아들인 것과 조화되지 않는 것으로 보인다. 나중의 『쇼펜하우어 철학에 관한 새로운 서한 *Neue Briefe über die Schopenhauer'sche Philosophie*』 (Leipzig: Brockhaus, 1876)에서 프라우엔슈테트는 쇼펜하우어의 체계를 좀 더 일원론적으로 만듦으로써 그것을 바로잡고자 했다.

기본적인 결점에 시달리고 있다고 주장한다. 그는 『유물론』에서 이러한 결점들 가운데 가장 심각한 것이 그 실재론과 교조주의, 다시 말하면 외적 세계의 실재성에 대한 유물론의 소박한 수용이라고 논증한다(43-45). 유 물론자들은 마치 칸트의 비판 철학이 결코 존재한 적이 없었던 것처럼, 즉 인식 능력을 탐구할 필요가 없었던 것처럼 쓴다. 유물론은 일종의 소박한 또는 (칸트가 그것을 부르는 대로 하자면) "초월론적" 실재론인바, 다시 말하면 유물론은 우리가 우리의 감각들을 통해 지각하는 세계가 그에 대한 우리의 지각에서 떨어져서 그리고 그에 선행하여 그 자체로 존재하는 세계라고 가정한다. 물질의 실재성에 대한 유물론의 믿음은 이 러한 소박실재론에 토대하는데, 왜냐하면 그것은 우리의 일상적 경험의 공간적이고 시간적인 대상들이 사물들 자체이며, 그것들은 우리가 그것들 을 지각하지 않을 때도 계속해서 존재한다고 가정하기 때문이다. 하지만 이렇게 가정함에 있어 유물론은 인식을 위한 선험적 조건들에 관한 칸트 의 비판적 가르침, 즉 우리가 우리의 감각 경험에서 지각하는 대상이 다만 우리가 그것을 지각하는 조건을 이루는 것들에 의해 규정된 현상일 뿐이라는 가르침을 완전히 무시한다. 만약 우리가 이러한 가르침을 고려 한다면, 물질이 사물 자체, 즉 우리의 의식에서 독립하여 존재하는 실재가 아니라 실제로는 다만 의식에 대한 현상일 뿐이라는 것이 명확해진다. 그리고 나서 프라우엔슈테트는 [82]계속해서 이러한 비판적 가르침이 감 관 지각에 관한 최신의 경험적 연구에 의해, 즉 헤르만 헬름홀츠와 요한네 스 뮐러의 작업에 의해 정당한 것으로 입증되었다고 덧붙인다. 그들의 작업은 우리가 지각하는 것이 우리의 신경 조직과 지적 활동에 매우 많이 의존하며, 지각의 대상들이 아무런 변화도 없이 정신 안으로 그저 흘러들 어 올 뿐인 것은 아니라는 것을 보여주었다.

프라우엔슈테트는 유물론자의 기본적 오류를 다음과 같이 설명한다. 즉, 그들은 잘못되게도, 마치 물질의 실재성이 우리가 그것을 지각하기 전에 그 자체에서 완전하기나 하다는 듯이, 물질이 우리에게 주어지는 어떤 것이라고 가정한다는 것이다(64-70). 하지만 우리에게 감관 지각에서 주어지는 모든 것은 한갓된 감각들인바, 다시 말하면 상이한 질들의 집약적 크기들이다. 우리는 이러한 감각들에 공간 직관과 인과성 범주를 적용함으로써, 다시 말하면 우리에게 외적인 것이자 이 감각들의 원인인 어떤 것이 존재한다고 가정함으로써 그것들을 하나의 대상으로 만든다. 그러나 우리의 감각들을 야기하는 이러한 외적인 것으로 보이는 대상은 객관적 실체가 아니라 단지 정신의 구성, 즉 우리의 선험적인 공간 직관과 인과성 범주의 산물일 뿐이라고 프라우엔슈테트는 주장한다. 따라서 유물론자는 지각의 대상을 실체화하여 정신의 창조물을 마치 그것이 독립적 실체인 것처럼 다룬다.

프라우엔슈테트는 유물론의 또 다른 심각한 잘못이 자연법칙들의 영원성과 영구성에 대한 그 믿음이라고 주장한다. 유물론은 우리가 지금 보고 있는 물질의 조합과 그룹들이 영원히 동일한 것일 것이며 언제나 동일한 것이었는데, 왜냐하면 물질에 작용하는 법칙들은 영원하며 본질적으로 물질 그 자체와 하나이기 때문이라고 가정한다(94). 그러나 프라우엔슈테트는 이러한 가정이 지구의 초기 단계들에서 작용하는 상이한 법칙들과 힘들이 존재한다는 것을 보여주는 자연사와 조화를 이루지 못한다고 생각한다(92). 만약 우리가 물질의 영원성에 관한 유물론적인 견해를 받아들인다면, 우리는 자연의 변화와 발전을 설명할 수 없게 된다. 프라우엔슈테트는 유물론자들이 세계 전체가 그들 자신의 관습을 따라야 한다고 상정하는 소도시 거주자들과 같다고 말한다(82). 하지만 우리는 물질을 지배하는 법칙들이 이제 영원히 동일한 것일 거라거나 지구에서 효력이 있는 법칙들이 또한 다른 행성들에서도 동일한 것일 거라고 가정할 아무런 선험적 이유도 지니지 않는다. 하지만 프라우엔슈테트가 자신의 논증에 대해 상세히 해설하고 있듯이, 그것은 중대한 모호성을 겪고 있다. 요컨대 그것은 자연의 법칙들 자체가 변화하는 것인지 아니면 그 법칙들이 상이한 조건들 하에서, 즉 단지 조건들만이 변화하는 곳에서 상이하게 작용하는 것인지의 모호성을 보여주는 것이다.

[83] 『유물론』에서의 논증 대부분은 기계론, 즉 생명의 모든 현상을 작용인과 그 물질적 요소에 토대하여 해명하기 위한 유물론자 프로그램에 대한 비판이다. 프라우엔슈테트는 생명이 기계적이고 화학적인 힘들에 따라 설명되어야 한다는 데 대해 유물론자들에게 동의하지만, 그것이 오직 그것들만을 따라서는 완전하게 설명될 수 없다고 주장한다(95, 98-99). 이 힘들이 필요하긴 하지만, 그것들은 여전히 생명을 설명하기 위한 충분조건은 아니다. 또한 목적인과 형식을 부여하는 일정한 원리 또는 **형성충동**^{Bildungstrieb}에 호소하는 것도 필요하다(109, 115). 유물론의 문제는 그것이 무엇보다도 우선 어떻게 그리고 왜 유기체의 모든 요소들이 함께 나타나 결합하는지 보지 못한다는 점이다(111, 167-68). 유물론자는 사실상 설명의 적절한 질서를 뒤집는다. 유물론자는 다음과 같이 추론한다. 그렇고 그런 방식으로 결합된 물질이 있기 때문에 생명이 존재한다. 그러나 그 정반대가 사실이다. 즉, 생명에의 의지가 있기 때문에, 물질이 그렇고 그런 방식으로 결합되게 된다(152). 귀 없이 우리는 들을 수 없고, 눈 없이 우리는 볼 수 없다. 그러나 이로부터 우리가 듣는 것은 오직 귀를 가지기 때문이고, 우리가 보는 것은 오직 눈을 가지기 때문이라는 것이 따라 나오는 것은 아니다. 귀와 눈은 목적, 즉 자연 그 자체 내의

의지를 전제한다(153). 자연 내의 의지가 없다면, 보기도 듣기도 존재하지 않을 것이다(153). 보기와 듣기가 자연에서 혼자 힘으로 출현하지 않을 것은 집이나 배가 건축가와 설계자 없이 나타나지 않을 것과 마찬가지다.

이러한 것이 유물론 논쟁에 관한 프라우엔슈테트 저술들의 기본 논증들이었다. 그 논증들이 쇼펜하우어를 이 논쟁에서 주요한 목소리로 만드는 데서 성공하긴 했지만, 그것들은 또한 그것들이 쇼펜하우어에 관해 말하지 않은 것을 위해서도 주목할 만했다. 프라우엔슈테트는 쇼펜하우어 철학의 가장 문제적인 측면, 즉 그의 페시미즘에 대해 결코 논의하지 않았다. 쇼펜하우어 체계에 대한 그의 주요 해명인 그의 『서한』도 쇼펜하우어의 페시미즘에 대해 거의 언급하지 않는다. 그 교설은 너무도 어둡고 우울해서 쇼펜하우어에게 많은 지지자들을 가져다 줄 것 같지 않다는 것을 프라우엔슈테트는 깨달았다. 아니나 다를까, 프라우엔슈테트 그 자신이 결국 쇼펜하우어 철학의 이 측면과 관계를 끊었다.[37] 우리는 제5장에서 페시미즘이 어떻게 1870년대와 1880년대를 사로잡게 될 것인지 살펴보고자 한다.

6. 촐베의 감각주의

[84]뷔히너가 『힘과 질료』를 출판한 바로 그해인 1855년에 또 다른 논쟁

37. Frauenstädt, *Neue Briefe*, pp. 97-99, 265-70, 290-96을 참조.

적인 유물론적 저작이 출간되었는데, 그 저작의 논의는 유물론 논쟁에서의 또 다른 교훈적인 장면을 나타낸다. 이 책에는『감각주의의 새로운 서술』[38]이라는 제목이 붙어 있었으며, 그 저자는 젊은 군의관인 하인리히 촐베(1819-75)였다. 촐베의 책은 유물론을 위한 체계적인 기초, 즉 그 저자가 "감각주의"라고 부른 기초를 제공하고자 하는 자기의식적인 시도였다. 서문에서 촐베는 그의 동료 유물론자들 — 포이어바흐와 포크트 그리고 몰레스호트J. Moleschott(1822-93) — 의 작업이 너무나도 단편적이고 모호하며, 그 결과 물질 개념 그 자체가 불명확하게 남아 있었다고 불평한다. 그의 감각주의의 주된 목표는 "초감각적인 것을 배제하는 것", 다시 말하면 물질 개념으로부터 초감각적인 것의 모든 흔적을 제거하는 것인바, 여기서 초감각적인 것이란 정신 영역 또는 그것이 무엇이든 간에 감각들에 의해 지각될 수 없는 것을 나타낸다(1, 60). 그러한 목적을 위해 촐베는 모든 분과 — 심리학, 논리학, 생리학 그리고 물리학 — 를 샅샅이 뒤져 그것들로부터 초감각적인 것의 어떠한 기미도 제거하는 캠페인을 벌인다. 따라서 촐베에게 있어 유물론은 모든 의미와 지식이 감관 지각에서 비롯되고 그에 토대한다고 하는 철저한 경험주의의 하나의 형식을 포함한다. 그의 경험주의의 근본 원리는 그가 "직관성"(Anschaulichkeit)이라고 부르는 것, 즉 개념들에 정확한 경험적 의미를 주는 힘이다(2, 3). 촐베가 경험주의에 그러한 중요성을 부여하는 까닭은 관념론자의 주요 보루가 인식론에, 좀 더 특수하게는 우리가 전적으로 지적인 활동에서 유래하는 선험적 개념들을 지닌다는 테제에 놓여 있기 때문이다. 순수하게 지적인

· ·
38. Heinrich Czolbe, *Neue Darstellung des Sensualismus* (Leipzig: Costenoble, 1855). 이것이 유일한 판본으로, 그에 대한 참조는 괄호 안에서 제시된다.

기원을 지니는 이러한 선험적 개념들은 의미의 순수하게 초자연적이거나 예지적인 차원을 위한 증거를 제공하는 것으로 보인다. 그리하여 츌베는 논리학을 다루는 데서 개념, 판단, 추론을 감각 경험에서의 그것들의 기원으로까지 추적하고자 한다(52-65). 모순율마저도 그 타당성을 우리가 경험에서 함께 지각할 수 없는 것을 사상에서 통일할 수 없다는 사실에 빚지고 있다고 그는 주장한다(60). 모든 사고의 기원을 감관 지각으로까지 추적한 후, [85]츌베는 다음의 결정적인 발걸음을 내딛는다. 그는 감관 지각을 물질적 과정들에 의해 설명하는 것이다. 지각은 다름 아닌 신경과 뇌에서의 진동들에 그 본질이 존재한다(11-18). 판단과 추론이라는 좀 더 미묘하고 복잡한 과정들도 육체적 과정들에서 발생하며, 사실상 그 과정들로 이루어진다(52). 츌베의 주장에 따르면, 자기의식은 뇌가 그 자신에게로 향하게 되는 뇌에서의 순환적 활동에 그 본질이 존재한다. 대체로 츌베의 작업은 인식의 기원에 관한 상상적인 유물론적 사변들로 채워진 상당히 조야하고 소박한 경험론적 인식론이다. 그것의 주요 장점은 유물론이 인식론적 기초를 필요로 한다는 것을 인정하는 것에 놓여 있다.

『새로운 서술』은 아마도 그 서문에서의 어느 정도 부수적인 언명들이 없었더라면 망각되었을 것이다. 거기서 츌베는 자신이 스스로의 책을 로체의 견해들에 대한 "일종의 실증적 논박"으로 간주한다고 진술했다. 로체에게 유물론의 가장 훌륭한 비판자라는 찬사를 바치는 가운데 그는 깜짝 놀랄 만한 개인적 고백을 행했다. 바로 생명력에 대한 로체의 비판이야말로 그 자신의 유물론을 위한 영감이었다는 것이다! 츌베는 로체가 만약 그 자신의 비판이 세계관 전체로 확대된다 하더라도 그것을 잘못된 것으로 여기지 않을 것이 확실하다고 추론했다. 로체가 일관적이기만 하다면 그 역시 유물론자일 거라고 츌베는 암시했다. 결국 영혼이란 실체화된 또 다른 생명력 이외에 무엇이었겠는가?

　이러한 언명들은 로체로 하여금 또다시 지적 논쟁에 대한 불안감을 내던지도록 하기에 충분할 만큼 도발적이었다. 그것들을 읽은 후 그는 자신이 오해를 바로잡아야 할 것임을 알았다. 촐베의 책에 대한 비평이 불가피했고, 그것은 적절한 절차에 따라 같은 해에 『괴팅겐 학술잡지』에 실려 출간되었다.[39] 로체의 비평이 흥미로운 역사적 문서인 까닭은 그것이 유물론과 관념론을 가르는 쟁점들 가운데 많은 것을 드러내기 때문만이 아니라 또한 그것이 프레게의 나중의 주제들을 선취하고 있기 때문이기도 하다.[40]

　로체는 촐베가 사실상 유물론을 경험주의와 동일시하는 것을 이상하게 여기고 있다고 진술하는 것으로 비평을 시작한다. 결국 [86]유물론자, 다시 말하면 물질의 유일한 실재성을 믿는 누군가가 생득적인 원리와 이념들의 존재를 주장하는 일은 가능하다(240). 그는 또한 가장 명료한 지적 활동이 감각들에 의해 지각될 수 없다는 점을 고려하면, 촐베 편에는 지각 불가능하고 초감각적인 모든 것이 몽매주의적이라는 어떠한 증거도 없음을 깨닫는다(241). 로체는 주로 촐베의 경험주의, 특히 모든 지적 활동으로부터 초감각적인 것을 제거하고자 하는 그의 시도에 초점을 맞춘다. 촐베의 모든 노력은 완전히 실패할 운명이라고 로체는 주장하는데, 왜냐하면 모든 사고의 본질이란 직관의 자료에 초감각적인 어떤 것이 덧붙여지는데

* *

39. *Göttingische gelehrte Anzeigen* no. 153-55 (1855), 1521-38, 이는 Hermann Lotze, *Kleine Schriften* (Leipzig: Hirzel, 1891), III, 238-50에 다시 수록되었다. 모든 참조는 이 나중의 판본을 지시한다.

40. 프레게를 위한 이 비평의 중요성에 대해서는 Hans Sluga, *Frege* (London: Routledge, 1980), p. 32를 참조.

존재하기 때문이다(240). 감관들이 보여주는 모든 것은 감각들의 연속과 공존에 그 본질이 존재한다. 그러나 그것들은 감각들의 내적 연관에 대해서는 아무것도 드러내지 못하는바, 그것은 오로지 사고에 의해서만 제공된다. 흄과 촐베가 주장하듯이 어느 정도까지 우리는 경험으로부터, 즉 인상들의 항상적인 결합으로부터 인과성 원리를 끌어낼 수 있다. 그러나 잘 알려진 방식으로 칸트가 논증했듯이, 그러한 도출은 충분하지 않다. 인과성은 또한 감각들의 필연적 연관을 포함하는데, 그에 상응하는 감각은 존재하지 않는 것이다(241). 가장 단순한 개념들, 즉 사물의 개념마저도 정신의 활동으로부터, 즉 표상의 다양을 통일하는 것으로부터 발생하는바, 그러한 통일은 결코 감각의 자료에서 주어지지 않는다(241). 그렇다면 지금까지 로체의 논증은 기본적으로 유물론자들에게 있어 기본적인 철학적 요점을 때맞춰 상기하게 하는 자인 흄에 대한 칸트의 유명한 대답을 다시 진술하는 것이다. 요컨대 우리의 가장 근본적인 개념들의 보편적이고 필연적인 연관들은 경험에서 도출될 수 없다는 것이다.

촐베에게 그러한 내용을 가르치고 나서 로체는 또 다른 것을 가르치는 데로 나아갔다. 즉, 경험주의는 의식의 통일성을 설명할 수 없다는 것이다(242-43). 촐베가 사고를 물질적 용어들로 설명하려고 무던 애를 쓰고 그것을 연상 과정들로 환원하려고 시도했음에도 불구하고, 그는 다음과 같은 결정적 물음을 묻는 데 실패했다. 이 과정들은 누구에 대해 존재하는가?(243) 그는 자기의식이 각각의 표상에 포함되어야 한다는 것을 올바르게 인식했다. 그러나 그는 일련의 표상들을 관통하여 단일한 자기의식이 존재할 필요가 있다는 것을 고려하지 못했다. 따라서 칸트의 자아나 주체는 그렇게 쉽게 제거될 수 없다. 로체는 또한 촐베의 유물론적 심리주의, 즉 논리적 추론을 뇌 과정들의 누적적인 결과에 의해 설명하고자 하는

시도에 대해 이의를 제기했다. 로체의 설명에 따르면, 삼단논법의 의미는
[87]그러한 과정이 아니라 전제로부터 결론을 추론하는 것을 필연적이게
만드는 "법칙의 사상"에 놓여 있다(246). 촐베의 주요한 잘못은 그가 초감
각적인 것에 대한 매우 조야한 개념을 지닌다는 것, 즉 그가 멀리 떨어져
있는 대상들을 정신에 의해 움직이게 하는 힘인 염력과 같은 신비적 힘들
과 융합시키는 것으로 보이는 초감각적인 것의 개념을 지닌다는 것이라고
로체는 주장한다. 그러나 로체의 주장에 따르면, 만약 이러한 것이 촐베가
초감각적인 것으로 의미하는 것이라고 한다면, 그가 그에 반대하여 지니
는 것이 무엇인지 파악하기가 어려운데, 왜냐하면 그러한 힘은 쉽사리
감각적 용어들로 해명될 수 있기 때문이다. 우리는 그러한 힘이 얼마나
멀리서 그리고 얼마나 빠르게 대상들을 일정한 거리만큼 움직이게 하는지
봄으로써 그 힘을 측정할 수 있다. 촐베를 그렇듯 쉽게 때려눕힌 후, 로체
는 최후의 고귀한 몸짓을 취하는 것으로, 요컨대 이 비평이 촐베로 하여금
그 자신의 원리들에 관해 명확히 하는 것을 최소한 도와줄 것이라는 희망
으로 자기의 비평을 끝맺는다.

그 몸짓은 헛되지 않았다. 촐베는 하나의 논고, 즉 그의 『자기의식의
발생』을 온전히 로체의 비판에 대한 대답으로 작성함으로써 그에 대답했
다.[41] 대부분의 경우 촐베는 자신의 초기 저작에서 정립한 입장을 고수했
다. 그는 자기의식이 뇌의 자기에게로 되돌아가는 활동에 존재한다는 자

••
41. Heinrich Czolbe, *Entstehung des Selbstbewußtseins: Eine Antwort an Herrn Professor
Lotze* (Leipzig: Costenoble, 1856). 괄호 안의 모든 참조는 이 텍스트를 지시한다.
또한 자신의 입장에 대한 촐베의 방어인 "Die Elemente der Psychologie vom
Standpunkte des Materialismus," *Zeitschrift für Philosophie und philosophische Kritik*
26 (1855), 91-109도 참조.

신의 특유한 이론을 옹호했다. 로체는 순환 운동이 바퀴의 회전과 같은 순수하게 물리적인 현상들에서 발견될 수 있다는 점을 고려하면 그것이 자기 인식에 대한 충분한 분석일 수 없다는 이유에서 그 이론에 대해 이의를 제기했다. 하지만 촐베는 자기가 자기의식에 대한 충분한 분석을 제공한다고 결코 주장하지 않았으며, 어쨌든 자기의식의 활동은 화학적인 물리적 토대를 가져야만 한다고 고집했다(7). 자기의식의 통일에 관하여 촐베는 표상들의 다양을 관통하는 단일한 자기 인식을 인정하는 것이 필요하다는 로체의 요점을 받아들였다. 그러나 그는 이러한 자아가 하나의 추상 이상의 어떤 것일 필요가 있다는 것을 부정했으며, 또한 그것이 정신적이라고 가정할 필요는 존재하지 않는다고 주장했다(18). 비록 로체가 그 저작에 대한 나중의 비평에서[42] 촐베가 어떠한 중요한 양보도 하지 않았다고 불평하긴 했지만, 사실 촐베는 한 가지 중요한 점에서 매우 중요한 양보를 행했다. 이는 감관 지각의 분석에 관계되었다. [88]그 저작의 서론에서 촐베는 유물론을 찬성하는 논거 전체가 그에 달려 있음에도 불구하고 감관 지각을 충분히 검토하지 않았다고 유물론자를 꾸짖었다(1). 문제는 다음의 것이었다. 즉, 만약 감각의 자극과 내용 사이에 논리적 간격이 존재한다는 데서 로체가 옳았다면, 결국 관념론자가 옳바를 것이다! 우리의 표상들과 외부 세계 사이에 어떤 유사성을 추론하는 것은 가능하지 않을 것이며, 따라서 물질의 실재성에 대한 믿음을 위한 토대는 약화될 것이다. 그렇다면 현상들과 사물들 자체의 구별 — 칸트의 초월론적 관념론의 출발점 — 과 같은 어떤 것을 인정하는 것이 필요할 것이다.

42. Hermann Lotze, *Göttingische gelehrte Anzeigen* 32 (1857), 313-20, 이는 *Kleine Schriften* III, 315-20에 다시 수록되어 있다.

그러고 나서 촐베는 유물론자들이 이 간격을 극복하기 위해 아무것도 하지 않았다고 불평하는 데로 나아갔다.

비록 촐베가 이제 자신의 입장에 속하는 위험을 명확히 볼 수 있었음에도 불구하고, 그는 여전히 그것에 매달렸다. 그는 이제『새로운 서술』에서의 지각에 대한 자신의 분석 배후의 기본 전제를 매우 명확하게 진술했다. 즉, 감각적 성질들은 우리에게 온전히 현재적이고 완전하게 주어져 있는 외부 대상들의 본성을 드러낸다는 것이다(14). 다시 말하면, 그 문제에 대한 촐베의 응답은 일종의 소박실재론을 단언하는 것이었다. 비록 로체가 소박실재론은 경험을 구성하는 데서 주체의 인식적 활동의 역할을 인정할 수 없었기 때문에 그것을 "오랜 오류"로서 이미 일축했음에도 불구하고, 촐베는 그것을 더욱더 열정적으로 단언하는 데로 나아갔다. 그것을 위한 설득력 있는 증거를 제시할 수 없었지만, 그는 계속해서 그것의 장점들 가운데 하나를 강조했다. 즉, 그것은 우리가 자연이 가지고 있다고 지각하는 색깔들을 자연이 실제로 가지고 있다는 것을 함의하는 까닭에, 자연에 대해 미학적 차원을 허락한다는 것이다(16). 하지만 이렇게 말함에 있어 촐베는 자신의 유물론을 위한 아무런 증거도 갖고 있지 못하다는 것을 사실상 인정했다. 그의 유물론은 우리가 사물들을 그것들이 그 자체에서 존재하는 그대로 알 수 있다는 가정을 전제하지만 정당화할 수는 없는 것이다. 유물론과 관념론 사이에 놓여 있는 모든 것은 소박실재론에 의해 표시되는 가늘고 얇은 선인 것으로 보였다.

촐베는 얼마 동안이나 그러한 소박실재론을 지지할 수 있었을까? 물론 그 대답은 매우 오래는 아니라는 것이다. 아니나 다를까 나중의 저작『인간 인식의 한계와 원천』[43]에서 촐베는 자신의 유물론적 방식의 오류를 고백했다. 그는 이제 유물론이 의식의 실재성을 설명할 수 없으며, [89]사실상 지각의 자극들과 내용 사이에는 간격이 존재한다는 것을 깨달았다. 결국 관념론자들이 옳은 것으로 보였다. 역설적이게도 졸베의 지적 발견의 여정은 반유물론적 대의의 옹호인 것으로 입증되었다.

7. 프리드리히 랑게, 신칸트주의자이자 되다 만 유물론자

1866년, 즉 졸베와 로체의 논란이 애처로운 종결에 도달한 다음해는 유물론 논쟁의 역사에서 중요한 해다. 이 해는 19세기 독일 철학에서 가장 중요하고 영향력 있는 저작들 중의 하나인 프리드리히 랑게의 『유물론의 역사』[44]의 초판이 출판된 해였다. 랑게의 저작은 그 제목이 제시하듯이 단순히 유물론의 역사가 아니라 유물론과의 대결이자 세계관 전체의 진술이었다. 그 역사적이고 철학적인 중요성에서 랑게의 『유물론의 역사』는 로체의 『미크로코스모스』와 트렌델렌부르크의 『논리연구』에 필적하는 것이었다. 그 책은 출간되어 커다란 비판적 찬사를 받았으며, 그 심취자들 가운데는 한스 파이힝거, 헤르만 코헨, 파울 나토르프[Paul Natorp] 그리고 프리드리히 니체가 있었다. 책의 성공은 그것이 10판을 거듭해 출간될 정도의 것으로, 마지막 판은 1974년에 출간되었다. 두 개의 판은

• •
43. Heinrich Czolbe, *Die Grenzen und der Ursprung der menschlichen Erkenntniß im Gegensatze zu Kant und Hegel* (Leipzig: Costenoble, 1865), p. vi.
44. Friedrich Lange, *Geschichte des Materialismus und Kritik seiner Bedeutung in der Gegnwart* (Iserlohn: J. Baedeker, 1866).

랑게의 생전에 출간되었는데, 초판은 1866년에, 제2판은 1873년부터 1875년에 걸쳐 출간되었다.[45]

[90]그 책의 초판에 붙인 서문에서 랑게는 유물론 논쟁에 의해 제기된 몇 가지 쟁점에 대한 해결책을 제공하고자 하는 희망에서 책을 쓴다고 진술했다(iii). 그는 어떤 쟁점들인지를 명시하지 않았지만, 책의 내용은 그 쟁점들 가운데 주요한 것이 과학과 신앙 사이의 갈등이라는 것을 명확히 해준다. 그 갈등을 해결하기 위해 애쓰는 가운데 랑게는 이미 1860년대에 주목할 만하게 부활하고 있던 철학자, 즉 임마누엘 칸트를 자신의 본보기로 삼았다. 칸트에 대해 종종 매우 비판적이긴 했지만, 랑게는 여전히 그의 철학이 과학과 신앙 사이의 딜레마를 극복할 수 있는 올바른 일반적 전략을 제공한다고 생각했다. 칸트 철학은 과학의 현상계와 가치의 예지계를 구별하기 때문에 영혼 없는 유물론과 신앙의 비이성적 도약 사이의 가운뎃길을 제공한다. 기계론과 자연주의의 원리들이 현상계에서 예외 없이 유효하긴 하지만, 그것들은 맹목적 신앙이나 계시가 아닌 이성

45. Friedrich Lange, *Geschichte des Materialismus und Kritik seiner Bedeutung in der Gegenwart. Zweite, verbesserte und vermehrte Auflage* (Iserlohn: J. Baedeker, 1873-75). 독자는 그 두 판이 크게 다르다는 점을 알아야 한다. 초판은 557쪽의 단권이었다. 그러나 제2판은 두 권으로 나왔는데, 첫 권은 428쪽으로, 두 번째 권은 569쪽으로 이루어졌다. 따라서 그 책은 그 크기에서 거의 두 배로 되었던 것이다! 그러나 제2판이 초판을 단순히 확대한 것만은 아니었다. 매우 흥미로운 초판의 많은 자료가 제거되거나 다시 저술되었다. 제2판에는 의견과 관점에서 중요한 변화들이 존재한다. 그러나 또한 그 저작에 대한 랑게의 구상 전체에서도 중요한 변이가 존재한다. 초판에 대한 서문에서 그는 자기가 동시대인들의 계몽을 위해 저술하고 있으며 학문적인 책을 쓰기를 원하지 않는다고 말했다. 따라서 그는 각주라고 하는 학술적 도구를 제쳐놓았다. 그러나 제2판은 각 장 뒤에 매우 방대한 주석을 덧붙임으로써 결국 바로 그러한 학문적인 책이 되었다.

에 토대하는 예지계의 가치들을 침해하지 못한다. 칸트 철학이 도덕과 미학적 이상들의 자율성을 형이상학 없이 구제할 수 있고 기계론과 자연주의의 원리들을 이 이상들을 희생함이 없이 유지할 수 있는 것은 그 철학의 커다란 장점이었다.

칸트 철학을 과학과 신앙 사이의 가운뎃길로 보는 데서 랑게는 18세기의 위대한 선례, 즉 칼 레온하르트 라인홀트의 『칸트 철학에 관한 서한』을 뒤따르고 있었다.[46] 라인홀트는 칸트 철학의 실천적 신앙에 관한 교설이 스피노자주의적인 자연주의와 프로테스탄트 유신론 사이의 갈등에서 가운뎃길이라는 이유에서 그 철학을 옹호했다. 라인홀트와 랑게 사이의 명확한 유사성에도 불구하고, 그들 사이에 여전히 커다란 차이가 있다는 것을 파악하는 것은 중요하다. 실천적 신앙에 관한 칸트의 교설은 신과 섭리 그리고 불사성에 대한 믿음을 형이상학적이거나 이론적인 근거들에서, 즉 그것들의 진리에 대한 선험적 논증에 의해서가 아니라 도덕적이거나 실천적인 근거들에서, 즉 그것들이 도덕적 행위를 위한 필연적 수단이라는 것을 보여줌으로써 옹호한다. 랑게는 [91]이론적이 아닌 실천적인 근거들에서 가치 영역을 옹호하는 일반적 전략을 승인했음에도 불구하고, 실천적 신앙에 관한 칸트의 교설을 부인했는데, 그는 그것을 18세기 유신론의 유물로서 바라보았다. 그는 신과 섭리 그리고 불사성에 대한 믿음이 세계에 대한 과학적 견해와 양립할 수 없다는 유물론자의 비판을 받아들였다. 그럼에도 불구하고, 즉 유신론을 기꺼이 희생하려고 함에도 불구하

• •
46. Karl Leonhard Reinhold, *Briefe über die kantische Philosophie* (Leipzig: Göschen, 1790-92), 2 vols. 최초의 논고들은 *Der Teutsche Merkur* III (1786), 99-127, 127-41; I (1787), 3-39, 117-42; II (1787), 167-85; III (1787), 142-65, 247-78에서 일련의 논문들로 출간되었다.

고, 랑게는 가치 영역 일반의 자율성과 통합성을 포기하려고 하지 않았다. 반대로 그는 예지계와 현상계 사이의 칸트적인 구별을 예지계란 더 이상 초자연적 대상들로 채워진 존재론적 영역이 아니라 도덕적이고 미학적인 가치들을 포함하는 엄격하게 규범적인 영역인 것으로 재해석할 것을 주장했다. 이 가치들은 존재하는 사물들이 아니라 우리가 창조하고 그 자신의 보편적이고 필연적인 타당성을 지니는 것들이다. 그렇다면 랑게에게 있어 가치 영역은 인간을 기계로 환원할 우려가 있는 유물론에 맞서 우리가 영원히 보호해야만 하는 인간적 창조성의 성소를 나타낸다. 칸트의 구별을 이러한 노선을 따라 다시 파악할 필요를 강조하는 가운데, 랑게는 그 자신의 도정을 따라 로체의 존재 영역과 가치 영역 사이의 구별과 유사한 어떤 것을 산출해 냈다.

칸트에 대한 랑게의 빚은 자연 영역과 가치 영역 사이의 칸트의 일반적 이원론을 넘어선다. 랑게는 칸트 철학의 현실적 의의가 실천적 신앙 교설에 있는 것이 아니라 이론 이성과 형이상학에 대한 비판에 있다고 믿었다. 이 비판은 유물론에 대해 극도의 중요성을 지녔던바, 그것은 사실상 유물론에 대해 "종말의 시작, 비극의 재앙"을 나타내는 하나의 위기를 제기했다(241). 확실히 유물론자들은 칸트의 죽음 이후 반세기 이상이 지난 1850년대에 번창하고 있었다. 그러나 랑게의 생각에 따르면 그들이 번성하고 있는 까닭은 다만 그들이 칸트 철학의 근본적인 가르침들 가운데 몇 가지를 잊었기 때문일 뿐이다. 로체 및 프라우엔슈테트와 마찬가지로 랑게는 유물론자들로 하여금 이 가르침들을 상기하게 하고 칸트 철학이 유물론에 대한 극복할 수 없는 도전을 제기한다는 점을 보여주는 것을 자기의 과업으로 삼았다.

두 가지 기본적인 도전이 존재한다. 첫째, 칸트는 유물론의 소박실재론,

즉 물질적 사물이 지각의 직접적 대상이라는 그것의 믿음을 폭로했다. 그는 모든 감각적 성질들이 우리의 지각적이고 인지적인 조직에 어떻게 의존하는지를, 따라서 만약 우리가 상이한 조직을 지닌다면 세계가 상이 하게 나타날 것임을 보여주었다. 그에 이어 랑게는 이러한 칸트의 교설이 [92] 생리학과 심리학에서의 최신 연구에 의해 확증된다고 논증하는 데로 나아갔다. 예를 들어 요한네스 뮐러와 헤르만 헬름홀츠의 실험들은 외부 세계에 대한 우리의 지각을 형성하는 데서 우리의 감각 기관들과 신경들 이 수행하는 적극적 역할을 증명했다. 랑게의 주장에 따르면, 따라서 유물 론자는 그 자신의 무기들, 즉 과학적 결론에 대한 호소 및 관찰과 실험의 결과들에 의해 살해당한다. 둘째, 칸트는 인과적 필연성 개념이 경험에서 도출될 수 있는 것이 아니라 인식의 선험적 형식들에서 어떻게 비롯되는 지를 보여주었다. 따라서 모든 것이 필연적으로 발생하며 모든 사건이 규칙적 법칙들에 따른다는 유물론자의 믿음은 자연에서가 아니라 오직 우리의 인식적 구성에서만 그 근거를 지닌다.

고전적 유물론의 이 두 가지 문제는 칸트가 "교조주의"라고 불렀던 것의 예들이다. 칸트에게서 그 용어는 최소한 두 가지 것을 의미한다. 첫째, 믿음들을 비판적으로 철저히 검토함이 없이 받아들이는 것, 즉 믿음 들이 견고한 이유들에 토대하는지를 검사하지 않고서 그것들을 견지하는 것, 둘째, 우리의 믿음의 주관적 원천들에 대해 알지 못하거나 무반성적인 것, 즉 그것들이 실제로는 우리의 정신적 활동에서 무의식적으로 발생할 때 마치 세계 내의 사물들을 가리킨다는 듯이 그것들을 실체화하거나 물화하는 것. 칸트는 실체화가 교조주의의 특유한 오류, 즉 교조주의의 이율배반과 다의성 그리고 오류추리의 공동의 원천이라고 가르친다. 유물 론자는 둘 다의 의미에서의 교조주의에 대해 책임이 있다고 랑게는 암시했다. 우리의 표상들이 우리에게 주어진 그대로의 세계와 유사하다고 가정하는 데서, 그리고 필연적 연관들을 자연 그 자체 내에 정립하는 데서 유물론자는 인식 능력에 대한 충분한 비판적 검토에 참여하지 못했다. 그리고 그 결과 그는 인식의 주관적 원천들을 물화했다. 유물론의 두 가지 교조적 요소는 그것이 어찌할 수 없게 소박하다는 것을 보여준다. 그리하여 랑게는 또다시 유물론자들의 무기가 그들 자신에게로 향하도록 했다. 그들은 종교적 믿음 배후의 실체화를 폭로하길 좋아했다. 그러나 그들은 자신들의 표상 내용을 실체화함으로써 이러한 오류에 대해 그에 못지않게 책임이 있었다.

그러나 랑게의 책은 단순히 유물론 비판이 아니며, 더더군다나 단지 유물론의 역사일 뿐인 것도 아니다. 하나의 중요한 측면에서 그것은 또한 유물론의 옹호, 즉 유물론의 윤리적이고 지적인 가치들의 정당성을 입증하고자 하는 시도이기도 하다. 랑게는 유물론이 고대와 근대 모두의 비판자들에 의해 오해되고 저평가되어 왔다고 믿었을 뿐만 아니라 또한 유물론의 주된 교설들 가운데 몇 가지에 대한 애호가 자라나도록 보살피기도 했다. 그는 유물론의 기본적 이상 — 세계에 대한 완전한 [93]과학적 설명 — 을 존경했으며, 그것의 근본 교설들 가운데 몇 가지 — 경험주의와 유명론 그리고 기계론 — 를 받아들였다.

랑게가 유물론에 매혹된 적지 않은 이유는 그것의 윤리적 의제인 해방, 즉 개인을 자의적 권위와 종교적 미신으로부터 자유롭게 하는 것이었다. 랑게가 올바로 보았듯이 에피쿠로스로부터 포이어바흐에 이르는 유물론적인 종교 비판 배후에는 인간의 자율성이라는 유물론의 이상, 즉 개인이 그 자신의 법과 열망에 따라서 자신의 삶을 이끌어 나갈 수 있는 권리와 힘이 놓여 있었다. 유물론자는 이러한 자율성에 대한 커다란 위험이 종교와 함께 다가온다고 가르쳤는데, 왜냐하면 종교는 자기들의 법에 순종하지 않는 자들을 처벌하는 신들에 대한 두려움을 이끌어 들이기 때문이다. 그러한 두려움은 미신, 다시 말하면 자연적 사건들이 정신적이거나 초자연적인 원인을 가진다는 믿음에서 자라나왔다. 그러한 미신에 대한 유물론자의 해독제는 사물들의 참된 원인이 초자연적인 정신이 아니라 자연 안에 놓여 있다는 것을 보여주는 자연 과학이다. 랑게가 이러한 비판을 받아들인 까닭은 그것이 종교 그 자체를 약화시킬 것이기 때문이 아니라 그가 인간 억압의 가장 커다란 근원으로 본 것, 즉 교조적 신학과 교회의 권위를 위한 토대인 미신을 파괴할 수 있을 것이기 때문이었다.

『유물론의 역사』의 제1편, 즉 제2판의 첫 권 전체는 BC 5세기의 데모크리토스로부터 AD 18세기의 라메트리와 돌바크에 이르는 유물론의 역사다. 그것은 자연 과학이 어떻게 유물론에서 비롯되었는가 하는 것과 자연 과학의 진보가 고대 후기와 중세에 어떻게 교회의 헤게모니와 플라톤-아리스토텔레스 철학에 의해 방해받았는가 하는 것에 관한 이야기다. 랑게의 논의에 따르면, 초기 근대에서의 자연 과학의 탄생은 그 상당 부분이 유물론의 재발견, 즉 베이컨과 홉스, 가상디와 데카르트에 의한 유물론의 중심 교설들의 재확인 덕분이었다. 랑게에게 있어 계몽과 유물론은 거의 전적으로 동일한 것이다. 철학이 더 계몽되어 있으면 있을수록 그것은 유물론에 더 가까이 서 있다는 것이다.

만약 목표가 유물론에 대한, 특히 그 현대적 타당성에 대한 비판이라면 어째서 유물론의 전체 역사를 쓰는 것인가? 이것은 쓸데없는 에움길처럼 보인다. 하지만 랑게에게 있어 비판은 무엇보다도 우선 **역사적인바**, 그것은 탐구되는 철학과 종교 또는 예술의 기원과 발전에 대한 해명을 포함한다(II, 170, 171). 그러한 비판은 특히 유물론 논쟁에 대해 유의미하다고 랑게는 믿는데, 왜냐하면 유물론자들과 ^[94]그들의 비판자들은 모두 다 역사적 감각의 완전한 결여를 보여주기 때문이다(II, 68, 71, 90, 170). 유물론자들은 자신들의 유물론이 오로지 근대 과학의 결과라고 생각하며, 자신들의 주된 이념, 목표 그리고 문제들이 어떻게 기원전 5세기의 아테네인들에게로 거슬러 올라가는지 전혀 알지 못한다. 유물론의 비판자들은 마치 그것이 최신의 지적인 유행이라는 듯이, 그리고 마치 그것이 논의할 만한 가치가 없고 심지어 철학의 형식도 아니라는 듯이 그것을 일축한다. 그러나 만약 누군가가 유물론의 영광스러운 역사를 전해준다면, 그것은 유물론이 유행이 아닐 뿐만 아니라 또한 그것이 고귀한 철학적 전통이기도 하다는 것을 보여줄 것이다. 랑게의 역사의 배후에는 또한 정치적 의제, 즉 종교적이고 정치적인 비판의 전통을 회복하는 것이 놓여 있었다.

유물론 옹호에 바쳐진, 『유물론의 역사』 제1편의 특정한 장이나 부는 존재하지 않는다. 그에 대한 랑게의 공감은 종종 함축적이고 이질적이며, 텍스트의 여러 곳에 흩어져 있다. 하지만 랑게가 유물론의 아버지, 즉 데모크리토스를 존경하며, 그를 고대의 가장 위대한 사상가로 간주한다는 것은 명확해진다(I, 11). 그리고 그가 다음의 두 가지 기본적인 유물론적 원리들을 지지한다는 것도 마찬가지로 분명하다. 첫째, 그에 따르자면 모든 사건이 선행하는 사건들에 의해 설명되는 기계론적 설명의 원리와 둘째, 유명론, 즉 보편자들이란 단지 인간 정신 내에서의 추상들일 뿐이며, 자연 세계를 넘어서든(플라톤) 아니면 그 세계 내의 사물들 안에서든(아리스토텔레스) 그것들 혼자 힘으로는 존재하지 않는다는 테제. 이 두 측면에서 랑게는 유물론을 플라톤-아리스토텔레스 전통에 대립시키는데, 그는 그 전통을 유물론의 주된 적으로 간주한다. 랑게의 논의에 따르면, 플라톤-아리스토텔레스 전통이 근대 과학의 발전을 지체시킨 것은 한편으로는 그것이 근본적으로 인간 중심적인 목적론적 설명을 회복하고자 했기 때문이며, 다른 한편으로는 그것의 보편자 이론이 순수하게 언어적인 설명들을 제공하는 추상들을 물화했기 때문이다. 랑게에게 있어 근대 과학의 대성공은 그야말로 플라톤-아리스토텔레스 전통에 대한 유물론의 승리에 관한 이야기인바, 그 전통의 목적론과 실체화들은 참된 과학적 설명에 대한 장애물이었다.

유물론에 대한 공감에도 불구하고 랑게는 『유물론의 역사』 제1편에서 그것을 혹독하게 비판하기를 주저하지 않는다. 그는 두 가지의 근본적인 비판을 행한다. 첫째, 유물론은 감각 성질들, 즉 색깔, 소리, 맛 그리고 측정의 양적인 형식들로의 환원에 저항하는 경험의 질적 차원의 기원을 설명할 수 없다(I, 15-16, 18, 110-11, 232, 390). [95]둘째, 유물론은 관념들을 엄격하게 그것들의 이론적 가치에 따라서, 즉 그것들이 참인지 거짓인지에 따라서 평가하며, 그것들의 "시적인 가치", 즉 그것들이 인간으로서의 우리의 감정과 열망들에 초점을 맞추는지의 여부를 무시한다(I, 374, 376). 랑게는 우리가 도덕적이고 미학적인 관념들을 객관적 진리나 인지적 가치의 기준과는 매우 다른 기준에 따라 평가하며, 유물론자가 이론적 기준을 충족시키지 못한다는 이유로 그것들을 일축하는 데서 자신의 요점을 놓쳤다고 시사한다. 우리는 하나의 그림이 추하다고, 한 사람이 악하다고, 잘못이 범해졌다고 말할 때, 그것들이 거짓이라고 말하고 있는 것이 아니라 그것들이 이상이나 규범들에 합치하지 않는다고 말하고 있다.

요컨대 이러한 것이 랑게의 『유물론의 역사』의 요지다. 우리는 여기서 그것의 역사적 이야기의 풍부함이나 철학적 논증들의 세부 사항들을 충분히 다룰 수 없다. 그러나 랑게의 저작이 어떻게 해서 유물론자들로 하여금 방어적이게 하는 데서 성공했는가 하는 것과 왜 그것이 19세기 후반에 그토록 영향력 있었는가 하는 것은 충분히 명백해 보이지 않을 수 없을 것이다. 랑게의 책은 종교에 대한 유물론적 비판과 그것의 과학적 프로그램을 원하지만 또한 유물론의 소박한 형이상학과 기본적인 인간적 가치들을 해명하는 데서의 유물론의 실패를 승인할 수 없었던 모든 이에게 매력적이었다. 그 책이 니체와 신칸트주의자들에게 그토록 중요했던 것은 놀랄 일이 아니었다. 그것은 많은 이에게 유물론적 유산을 대함에 있어 최종적인 발언이었다.

✳

랑게의 『유물론의 역사』 제2판은 유물론 논쟁에서 하나의 단절, 즉 그 두 번째 단계의 시작이자 첫 번째 단계의 끝을 나타낸다. 제2판의 제2권에 덧붙여진 어느 정도 회고적인 구절들에서 랑게는 자기가 초판에서 다윈주의를 논의했을 때 그것은 참신한 주제였다고 언급한다. 그 당시 그의 주된 관심사는 뷔히너, 몰레스호트, 포크트 그리고 촐베의 작업을 논의하는 것이었다(II, 240). 하지만 제2판 무렵에는 다윈이 그 분야를 지배하며 오랜 유물론자들에게 그림자를 드리웠다. 랑게는 어느 누구도 더 이상 뷔히너의 『힘과 질료』의 최신판에 관심을 기울이지 않는다고 언명했다. 다윈주의에 대한 점증하는 관심 때문에, 랑게는 그에 대한 긴 논급을 제2판에 덧붙이는 것이 필요하다고 느꼈다. 그는 오로지 그런 방식으로만 [96]자신의 책이 유물론 논쟁에 관련된 자들의 관심을 계속해서 보유할 수 있을 거라고 생각했다.

1870년대 중반에 다윈주의는 독일에서 대성공을 거두었다고 평가되어 왔다.[47] 그때까지는 다윈을 위한 주요 대변인들──에른스트 헤켈과 칼 게겐바우어[Carl Gegenbauer]— 이 예나에서 교수가 되었으며, 그들은 두 개의 주요한 잡지인 『아우스란트[Ausland]』와 『코스모스[Kosmos]』를 통제했다. 좀 더 나이든 세대에 속하는 반-다윈주의자들의 구성원들은 이제 그 수와 활력에서 점점 더 줄어들고 있었다. 1875년에 다윈주의의 급속한 부상에 대해 논평하면서 신칸트주의자인 오토 리프만은 그 자신과 같은 소수의 완고한 종교적 견해의 소유자들과 괴짜들을 제외하고 독일에서 지적인 의견은 이제 다윈의 편에 있다고 생각했다.[48] 이제 그렇게 불려야 할 필요가 있었듯이 "찰스 경"은 명성이 아주 높아져서 독일에서 제도적인 인정을 받게 되었다. 1867년에 그는 프로이센의 훈장 "푸르 르 메리테[Pour le Mérite](공적을 위해)"를 받았으며, 1878년에 그는 베를린 과학 아카데미 회원으로 선출되었다.

다윈의 부상에도 불구하고 그의 성공이 유물론 그 자체의 정당화였다고 추론하는 것은 잘못일 것이다. 비록 다윈주의자들이 목적론의 오랜 지지자들을 수세로 몰아붙이는 데서 성공했다 할지라도, 그들은 유물론의 정당화에는 훨씬 못 미쳤다. 로체가 올바로 지적했듯이 기계론적 설명의 경계를 넓히기 위해 반드시 설명되는 존재자들이 유일하고도 엄격하게 물질적 대상들이라고 가정하는 유물론을 입증해야 하는 것은 아니다. 유물론의 주요 비판자들—로체와 프라우엔슈테트 그리고 랑게—은 유물론의 취약점, 즉 그것의 소박한 인식론과 그것의 가장 근본적인 믿음인 물질의 실재성을 정당화하는 데서의 실패를 드러내는 데 성공했다. 유물

· ·
47. Alfred Kelly, *The Descent of Darwin: The Popularization of Darwinism in Germany, 1860-1914* (Chapel Hill: University of North Carolina Press, 1981), p. 21.

48. Otto Liebmann, "Platonismus und Darwinismus," in *Analysis der Wirklichkeit*, 3rd ed. (Straßburg: Trübner, 1900), pp. 318-19.

론이 그렇듯 취약하게 남아 있는 한, 그것이 "찰스 경"의 뒤를 이어 승리를 거둘 수는 없었다. 로체와 프라우엔슈테트 그리고 랑게의 비판은 우리가 보았듯이 칸트의 비판 철학에 의해 고무되었다. 따라서 유물론이 아니라 신칸트주의가 19세기 후반부의 독일에서 지배적인 철학인 것으로 입증된 것은 놀랄 일이 아니었다.

제3장 이그노라비무스 논쟁

1. 뒤 부아-레몽의 연설: 내용과 맥락

[97]1872년 8월 14일에 베를린 대학 총장이자 그 시대의 가장 저명한 생리학자들 가운데 한 사람인 에밀 뒤 부아-레몽은 라이프치히에서 개최된 제45차 독일 자연연구자와 의사 대회에서 강연을 행했다. 그것은 강연을 위한 절호의 기회였다. 그러한 명망 있는 단체 앞에서 강연자는 자기의 견해를 시험하기 위한 가장 좋은 청중과 그 견해를 널리 알리기 위한 가장 좋은 기회를 가졌던 것이다. 『자연 인식의 한계에 대하여』[1]라는 제목이 붙은 뒤 부아-레몽의 강연은 그 시대의 자연 과학의 성취들, 즉 자연 과학이 얼마나 멀리까지 나아갔으며, 얼마나 멀리까지 나아갈 수 있고, 또 그 진보에 대한 어떤 장애물들이 있을 수 있는지를 살펴보고자 하는 시도였다. 뒤 부아-레몽은 근대 과학자를 승리의 행진에로 나아가기 전에 이제 자기의 영토를 조사하고 있는 세계 정복자에 비교했다.

한껏 치켜세우는 비유를 고려하면, 청중들은 과학의 미래에 대한 낙관주의적 예측을 기대할 만한 충분한 이유를 가지고 있었다. 그리고 뒤 부아-레몽의 명성을 고려하면, 그들은 또한 그가 과학의 한계보다는 그

..
1. Emil Du Bois-Reymond, *Über die Grenzen des Naturerkennens. Ein Vortrag in der zweiten öffentlichen Sitzung der 45. Versammlung Deutscher Naturforscher und Ärtze zu Leipzig am 14. August 1872* (Leipzig: Veit & Co., 1872).

힘을 강조할 거라고 가정할 만한 충분한 이유를 가지고 있기도 했다. 뒤 부아-레몽은 모든 생명이 엄격하게 기계론적인 토대 위에서 설명될 수 있다고 하는, 생리학에서의 물리주의 프로그램에서 차지하는 그의 지도적인 역할로 잘 알려져 있었다. 하지만 그날 청중은 충격에 빠졌다. 자연 과학의 힘을 찬미하기보다 뒤 부아-레몽은 그 한계를 강조했다. 청중들은 [98]생명력과 자연 철학의 모호성에 반대하여 설교하는 교조적인 기계론자의 이야기를 들을 것으로 기대했다. 하지만 그 대신에 그들은 지식의 한계에 대해 읊조리는 오랜 퓌론주의적인 회의주의자의 이야기를 듣고 있는 것 같았다. 뒤 부아-레몽은 모든 과학적 지식에 대해 극복할 수 없는 두 가지 한계, 즉 물질의 본성 그리고 의식과 뇌 사이의 연관이 존재한다고 선언했다. 모든 과학적 지식은 통행할 수 없는 경계 초소로서 이바지하는 이 두 가지 한계 — 물질과 정신 — 사이에서 동요했다. 뒤 부아-레몽은 이 두 가지 화제에 대해 우리가 영원히 무지한 채로 남아 있을 거라고 주장했다. 요점을 강조하기 위해 그는 자신의 연설을 엄숙하고 강조적인 라틴어, 즉 "우리는 알지 못할 것이다"를 뜻하는 "이그노라비무스*Ignorabimus*!"로 끝마쳤다.

뒤 부아-레몽의 강연에 대한 반응은 그 내용이 논쟁적이었던 만큼이나 떠들썩했다. 그것은 몇십 년 동안이나 지속될, 자연 과학의 한계에 관한 격렬한 논의를 위한 출발점이었다. 논의에 참여하게 될 이들은 19세기의 가장 위대한 정신들 가운데 몇 사람, 즉 에두아르트 폰 하르트만, 빌헬름 딜타이, 프리드리히 알베르트 랑게, 에른스트 헤켈, 다비드 프리드리히 슈트라우스 그리고 루트비히 뷔히너다. 20세기에 이르러서도 하인리히 리케르트Heinrich Rickert와 루트비히 비트겐슈타인 그리고 루돌프 카르납 Rudolf Carnap이 뒤 부아-레몽의 강연에 대해 이의를 제기하게 될 것이다.[2]

강연은 분열적이고 격앙된 극단적 반응들을 불러일으켰다. 어떤 이들은 뒤 부아-레몽의 강연을 과학의 대의에 대한 배신으로서 바라본 반면, 다른 이들은 그것을 과학의 한계에 대해 시의 적절하게 상기시키는 것으로서 찬양했다. 많은 신학자들에게는 물리주의 프로그램을 위한 주요 대변인들 가운데 한 사람이 솔직하게 과학의 한계를 인정하는 사실이야말로 인상적이었다. 여기서, 즉 악마의 입으로부터 내 탓이로소이다*mea culpa*라는 말이 나온 것이다. 하지만 그의 오랜 동료들에게 뒤 부아-레몽의 강연은 이제 적에게 도움과 위로를 준 배신자의 작품인 것으로 보였다.

도대체 8월의 그날 뒤 부아-레몽은 정확히 무어라고 말해서 그토록 많은 논쟁을 불러일으켰는가? 그 충격을 이해하기 위해 우리는 그 내용에 대해 좀 더 잘 알 필요가 있다.

[99]뒤 부아-레몽은 자기가 과학적 설명으로 의미하는 것이 무엇인지를 구체적으로 명시함으로써 강연을 시작한다. 과학적 지식의 한계를 규정하기 전에 우리는 먼저 그러한 지식의 본질이 무엇에 존재하는지 알아야 한다고 그는 충분히 합리적으로 말한다. 과학적 설명의 모델은 무엇인가? 뒤 부아-레몽은 감탄스러울 정도로 명확한 대답을 제공한다. 그것은 고전 역학의 법칙들에, 좀 더 특수하게는 물리적 세계의 모든 변화를 원자들의 운동으로 환원하는 데 존재한다는 것이다(2). 따라서 자연적 사건들을 설명하는 것이란 그것들을 "원자들의 역학" 아래 포섭하는 것이다. 그러

· ·
2. Heinrich Rickert, *Die Grenzen der naturwissenschaftlichen Begriffsbildung*, Fünfte Auflage (Tübingen: Mohr, 1929), pp. 207, 402, 461, 631; Ludwig Wittgenstein, *Tractatus logico-philosophicus* (London: Routledge & Kegan Paul, 1961), 4. 11, 6. 5와 "저자의 서문"; 그리고 Rudolf Carnap, *Der logische Aufbau der Welt* (Berlin-Schlachtensee: Weltkreisverlag, 1928), §§164-65를 참조.

한 역학의 법칙들이 수학적으로 정식화될 수 있는 까닭에, 그것들은 수학의 모든 확실성을 지닌다. 이러한 패러다임에 따르면, 지식의 이상은 우주에서 어떤 주어진 장소와 시간에서 일어나는 것을 우리가 완전히 정확하고 정밀하게 규정할 수 있게 해주는 미분 방정식들의 체계다(3). 만약 우리가 이 방정식들을 안다면, 그리고 만약 우리가 또한 우주의 한 순간에서의 모든 원자들의 위치와 속도 그리고 방향을 안다면, 우리는 과거든 미래든 다른 모든 순간에서의 그 원자들의 위치와 속도 그리고 방향을 완전히 정확하게 규정할 수 있다. 궁극적으로 우리는 이러한 방정식들의 체계를 위해 이러한 기계적 관계들의 전체를 표현하는 단일한 수학적 정식을 정식화할 수 있을 것이며, 그래서 세계 전체는, 달랑베르가 『백과사전』에 붙인 서론에서 말했듯이,[3] "단일한 사실과 하나의 위대한 진리"가 된다(5). 이것은 언젠가 프랑스의 물리학자 피에르 라플라스^{Pierre} ^{Laplace}(1749-1827)에 의해 정식화된 지식의 이상이었는데, 그는 역학의 법칙들을 아는 정신은 일정한 순간에서의 모든 행성과 원자의 운동으로부터 과거와 미래의 다른 모든 순간에서의 그것들의 모든 운동을 결정할 수 있다고 생각했다(3-4).[4] 뒤 부아-레몽은 비록 자연 과학자들이 이러한 라플라스의 이상을 성취하는 것으로부터는 여전히 멀다 할지라도 최소한 원리적으로는 그에 어떠한 장애도 없다고 강조했다. 그것을 성취하는 데서의 문제들은 그저 실제적인 것일 뿐이어서, 방정식들에 들어맞는 데이터를 수집하는 것에 관계될 뿐이라는 것이다(5, 7-8).

• •
3. 뒤 부아-레몽은 D'Alembert, *Discours préliminaire*를 *Encyclopédie*의 제1권(Paris: Briason, David l'aine, Le Breton, Durand, 1751), I, p. ix에서 인용한다.
4. 뒤 부아-레몽은 라플라스의 *Essai philosophique sur les probabilités*, 2nd ed. (Paris: Courcier, 1814), p. 3을 인용한다.

[100]라플라스의 이상이 "자연에 대한 우리 지식의 생각할 수 있는 최고의 단계"를 나타낸다는 것을 고려하면, 자연에 대한 우리의 지식의 한계를 규정하는 것이 가능하다고 뒤 부아-레몽은 주장한다(8). 이러한 이상에 따라서 우리가 알 수 없는 것은 수학적-기계론적 패러다임이 모든 지식의 가장 완전한 형식인 만큼 우리의 지식 일반의 한계를 표시할 것이다.[5]

뒤 부아-레몽의 논증에 따르면, 라플라스적인 정신이 그 자리에서 갑자기 딱 멈춰 더 이상 넘어설 수 없는 두 곳이 있다. 이들 가운데 하나는 물질 그 자체의 본성에 관계된다. 뒤 부아-레몽에게 있어 물질은 설명의 자명한 토대라기보다는 커다란 신비다. 원자론적 가설, 즉 세계가 더 이상 나눠질 수 없는 작은 입자들로 이루어진다는 가정은 결국 물질에 대한 만족스러운 해명을 제공하지 않는다. 이 입자들로 현상을 설명하는 것은 어느 정도까지 효력이 있는데, 왜냐하면 우리는 전체를 그 부분들에 의해 설명하기 때문이다. 하지만 우리는 더 앞으로 나아가 부분들 그 자체를 설명하기를 원한다. 그러나 그때 우리는 해결 불가능한 난점들에 사로잡힌 우리 자신을 발견한다고 뒤 부아-레몽은 주장한다. **물리학적 원자**는 실제로는 다만 수학적 물리학의 허구일 뿐이다. 오늘날 물리학자들은 원자들에 대해 이야기하기를 그쳤으며, 그 대신 주어진 체적의 가장 작은 원소들에 대해 언급한다(9).[6] **철학적 원자**, 즉 일정한 비활동적 기체인

---

5. 논쟁의 주요한 원천이 된 수학적-기계론적 패러다임의 일반화는 뒤 부아-레몽의 강연에서는 오직 함축적일 뿐이다. 그러나 나중의 저술에서는 좀 더 명시적이다. "기계론적 지식 이외에 우리를 위한 다른 지식은 존재하지 않는다. …… 따라서 단 하나의 참된 과학적 사상 형식, 즉 물리 수학적 형식만이 존재한다." *Darwin versus Galiani* (Berlin: Hirschwald, 1876), p. 26을 참조.

6. 여기서(p. 8) 뒤 부아-레몽은 헤르만 헬름홀츠의 강연 「구스타프 마그누스 기념 연설Gedächtnisrede auf Gustav Magnus」을 참조한다. Helmholtz, *Vorträge und Reden*

불가분적이고 관성적인 입자는 실제로는 "비존재자"인데, 왜냐하면 가분성이 일정한 지점에서 그쳐야 할 이유는 존재하지 않기 때문이다(10). 뒤 부아-레몽에게 있어 원자론적 가설은 실제로는 단지 상상일 뿐인데, 왜냐하면 우리는 우리가 그에 대해 실제로는 아무것도 알지 못하는 원자들에게로 우리 자신의 감각 경험으로부터 지니는 경험적 성질들을 투사하기 때문이다(11). 그렇다면 우리는 대우주적인 수준에서 설명해야 하는 모든 것 — 질량, 밀도, 불가입성과 같은 속성들 — 을 [101]소우주적인 수준에서 그저 전제할 뿐이며, 따라서 우리는 실제로는 전혀 아무것도 설명하지 못한 것이다.

우리 지식의 또 다른 궁극적 한계는 의식과 뇌 상태 사이의 관계에 관련된다. 뒤 부아-레몽은 그의 물리주의 프로그램에 충실하게 생명의 기원에 관해 신비로운 것은 아무것도 존재하지 않는다고 생각한다. 우리는 생명의 기원에 관해 초자연적인 어떤 것이 존재한다고 생각해서는 안 된다. 그것은 다름 아닌 어려운 기계론적 문제일 뿐이다(15). 비록 기원적 창조를 관찰할 수 없다 할지라도, 우리는 여전히 라플라스적인 방정식으로부터 무엇이 일어났는지를 추리할 수 있다(15).[7] 문제는 생명 수준에서가 아니라 의식 수준에서 시작되는데, 의식은 언제나 해명될 수 없는 것으로 남을 것이다(17). 왜 그러한가? 뒤 부아-레몽은 모든 이원론

• •

(Braunschweig: Vieweg und Sohn, 1896), II, 33-51, 특히 45-46을 참조. 하지만 원자가 허구라고 주장하는 데서 뒤 부아-레몽은 그 쟁점에 대해 불가지론적인 헬름홀츠보다 더 철저하다.

7. 뒤 부아-레몽은 이 강연에서 나타나는 것만큼 언제나 낙관주의적이고 단순하지는 않았다. *Darwin versus Galiani*, pp. 13-15에서 그는 발전의 유기체적 법칙들이 기껏해야 다소간의 개연성의 정도만을 지닌다고 강조한다.

적 전제, 즉 영혼이 육체와 상이한 실체라는 어떠한 가정도 거부한다. 이 전제들은 과거에 정신과 육체 사이의 상호 작용을 설명할 수 없게 만들었다. 그러나 뒤 부아-레몽의 논의에 따르면, 비록 이러한 오랜 선입견들을 버린다 할지라도, 우리는 의식의 기원을 설명하기가 불가능하다는 것을 발견한다. 문제는 일정한 순간의 입자들의 위치와 방향 그리고 속도로부터 어떤 다른 순간의 그것들의 위치와 방향 그리고 속도를 규정하는 우리의 본원적인 라플라스적 설명 패러다임에 놓여 있다. 그것은 설명항을 입자들의 위치와 방향 그리고 속도로 삼는다. 그러나 우리는 그러한 물리적 특성들을 의식 그 자체에 돌릴 수 없다. 따라서 그 패러다임은 오로지 물질만을 설명하는 데 제한된다(24-25). 우리는 아마도 신경과 조직들에서 작용하는 화학적 요소들로부터 우리의 감각과 사상들의 토대를 규정할 수 있을 완전한 뇌 과학을 가질 수 있을 것이다. 그리고 우리는 일정한 화학적 상호 작용들을 특수한 감각 및 사상들과 상호 관련시킬 수도 있을 것이다. 그러나 우리는 여전히 화학적인 것과 그러한 감각 및 사상들의 연관^{connection}을 이해하지 못할 것이다. 바로 탄소와 수소 그리고 산소의 조합이 어떻게 의식을 산출하는가 하는 것을 우리로서는 영원히 생각조차 할 수 없을 것이다(26).

본질적으로 이러한 것이 자연 과학의 한계에 대한 뒤 부아-레몽의 주요 논증들이었다. 언뜻 생각하기에는 [102]어째서 그것들이 그러한 열광을 불러일으켰는지 이해하기가 어렵다. 이들은 최소한 로크와 프랑스 유물론자들로까지 소급되는 역사를 지니는 낡고 케케묵은 논증들이었다. 그렇지만 뒤 부아-레몽 자신이 그것들을 발견했다거나 독창적인 것이라고는 결코 주장하지 않았다는 점은 주목할 만하다. 사실 그는 나중에 자신이 탁월한 청중들에게 그러한 "김빠진 맥주"를 건넨 것을 거의 치욕으로 생각한다고 고백하기도 했다.[8] 그렇다면 그 모든 소란스러움은 어째서인가? 격렬한 반응의 이유는 강연의 내용에 못지않게 맥락과 관계가 있었다.[9] 중요한 것은 뒤 부아-레몽이 그러한 중요한 인물—베를린 대학의 총장—이라는 점과 그가 그러한 중요한 기회에, 즉 명망 있는 회의의 공적인 회기에 발언한 점이었다. 뒤 부아-레몽이 신학자나 철학자가 아니라 유명한 과학자라는 것도 그에 못지않게 중요했다. 유물론 논쟁 동안에 과학의 한계를 대변하는 이들의 대부분은 관념론에 헌신적 태도를 보이는 철학자들이나 유신론적 확신을 지니는 신학자들이었다. 그런데 이제 뒤 부아-레몽에게 있어 과학의 한계라는 주제는 짐작컨대 편견을 덜 지니고 있고 자기 분과의 내적인 작동 방식을 확실히 알고 있는 과학자의 입에서 나오고 있었다. 이에 더하여 뒤 부아-레몽이 물리주의자였다는 사실로 인해 그의 증언은 훨씬 더한 무게를 지녔다. 마치 오랜 격언이 말해주는 그대로인 듯했다. 진리의 소리는 악마의 입에서 이야기될 때 가장 달콤하다.

결코 분명히 드러나지는 않았다 할지라도, 소동의 또 다른 원천은 이그노라비무스 논쟁*Ignorabimusstreit*[불가지론 논쟁]의 정치적 맥락에서 비롯되었다. 1872년에 논란이 시작된 것이 새로운 독일 제국의 최초의 주요한 정치적 갈등인 문화 투쟁*Kulturkampf*의 개시와 일치한 것은 우연이 아니다.

· ·
8. Emil Du Bois-Reymond, "Die Sieben Welträtsel. Nachtrag," *Monatsbericht der Königlich-Preussischen Akademie der Wissenschaften zu Berlin* (1880), 1045-72, 특히 1045.
9. 이 점에 대해서는 *Der Ignorabimus-Streit* (Hamburg: Meiner, 2012)에 대한 서론, pp. xxi-xxvi에서 쿠르트 바예르츠Kurt Bayertz, 미리안 게르하르트Myrian Gerhard 그리고 발터 예슈케Walter Jaeschke에 의해 잘 논의된 바 있다.

이 갈등은 이제 전통적으로 프로테스탄트적인 프로이센의 지배하에 있게 된 새로운 제국에서의 가톨릭교회의 권리에 관한 것이었다. 주된 문제는 새로운 제국에서 가톨릭교도들을 어떻게 통제하고 통합할 것인가 하는 것이었다. 그 문제가 특히 첨예했던 까닭은 교황이 1870년에 자기의 무오류성을 선언하고 자기 자신에게 최소한 이론에 있어 평신도와 심지어 국가에 대한 절대적 권력을 부여했기 때문이다. 교황과 자기의 새로운 가톨릭 시민들의 힘을 두려워한 [103]프로이센 국가는 교회에 대한 조처를 취했다. 프로이센 국가는 예수회를 추방했고 가톨릭 학교들을 폐쇄했으며 프로이센 문화부의 로마 가톨릭 국을 폐지했다. 1873년의 5월 입법 *Maigesetze*으로 프로이센 국가는 교회의 권력을 훨씬 더 제한하기를 시도하여 평신도 훈련 및 성직자 임명과 양성에 대한 제한을 부과했다. 교회는 반발했고, 법에 대한 복종을 거부했다. 이러한 정책들이 로마 가톨릭교도들을 새로운 제국 내로 통합하지 못할 것이며, 그들이 새로운 제국의 통일에 주요한 위험을 제기한다는 것이 마침내 비스마르크와 다른 이들에게 명확해졌다. 로마 가톨릭교도들을 더 혹독하게 탄압하기보다는 좀 더 회유적일 필요가 있었다.

베를린의 몇몇 과학자들이 과학의 자유를 위한 전망을 고민하게 된 것은 이러한 분위기에서였다. 로마 가톨릭 교회는 물리주의 프로그램과 다윈주의에 극도로 대립했고, 제국 내로의 통합을 위한 조건으로서 과학에 제한을 가할 것을 요구할 수 있었다. 만약 과학자들이 이러한 학설들을 학교 커리큘럼에 넣을 것을 주장한다면, 교회 편에서의 저항과 과학적 자유에 대한 탄압이 확실할 것이다. 이러한 위험은 베를린의 병리학 연구소 소장인 루돌프 피르호(1821-1902)에 의해, 그가 1877년에 제50차 독일 자연연구자와 의사 대회에서 행한 주목할 만한 강연인 「근대 국가에서의 과학의 자유」에서 지적되었다.[10] 피르호는 자연 과학자들에게 자제할 것을, 그리고 진화론적이고 유물론적인 이론들을 학교 커리큘럼에 도입하지 말 것을 간곡히 부탁했다. 그들은 사실과 이론을 구별해야 했으며, 커리큘럼에 놓여야 할 것은 오직 사실들뿐이었다. 이론을 가르칠 것을 고집한다면 자연 과학자들은 엄혹한 반작용과 학문적 자유의 잠재적 손실을 만나게 될 것이라고 그는 경고했다.

피르호의 연설에 대한 강력한 반격에서[11] 독일에서의 진화론의 주요 주창자인 에른스트 헤켈은 자기의 오랜 선생을 어둠의 세력에 굴복했다고 고발했다. [104]피르호의 연설 배후에는 베일로 가려진 위험이 존재했다. 진화와 유물론적인 교설을 설교하는 자들은 정부에 의해 그들의 직위로부터 해고될 거라는 것이었다. 헤켈의 응답의 정확한 내용이 지금 우리의 관심거리는 아닐지라도, 그가 뒤 부아-레몽의 이전의 연설을 피르호의 연설과 연관시킨 것은 인상적이었다.[12] 그는 두 강연을 하나의 보수적 운동에서의 일화들로서 바라보았다. 둘 다 보수적 반대를 가라앉히기 위해 자연 과학을 제한하고자 하는 시도들이었다. 둘 다 자기 제한을 학문적 자유를 보존하기 위해 필요한 수단이라고 설교했다.

많은 측면에서 이그노라비무스 논쟁은 다만 유물론 논쟁의 상이한 관점에서의 연속일 뿐이었다. 이제 초점은 좀 더 엄격하게 인식론적인바, 요컨

• •
10. Rudolf Virchow, *Die Freiheit der Wissenschaft im modernen Staat* (Berlin: Wiegandt, Hempel & Parey, 1877).
11. Ernst Haeckel, *Freie Wissenschaft und freie Lehre. Eine Entgegnung auf Rudolf Virchow's Münchener Rede* (Stuttgart: Schweizerbart'sche Verlagsbuchhandlung, 1878).
12. 같은 책, pp. 78-93.

대 과학의 한계였다. 과학의 발전 방향과 종교적이고 도덕적인 신앙에 대한 과학의 함축은, 비록 그것들이 결코 시야로부터 멀리 놓여 있지는 않았지만, 거의 강조되지 않았다. 다만 뒤 부아-레몽의 강연이 그 자체로 아주 많은 논쟁을 불러 일으켰기 때문에, 그것을 따로 다루는 것은 정당하고 유용하다.

여기서 이그노라비무스 논쟁에 기여한 수많은 것들을 충분히 다루기는 불가능하다. 우리는 오직 가장 중요한 것들만을 검토하고자 한다. 말할 필요도 없이 반응들은 매우 다양했다. 그러나 우리는 그 반응들에 대한 하나의 일반화를 허락할 수 있다. 뒤 부아-레몽의 강연에 대한 두 종류의 반대자들이 있었다. 한편의 사람들은 그의 수학적-기계론적 패러다임을 받아들였지만 그것을 제한하지 말 것을 요구했다(뷔히너, 헤켈, 네겔리). 다른 한편의 사람들은 다른 종류의 지식들에 대한 부당한 제한으로서의 그의 패러다임에 대해 의문을 제기했다(하르트만, 딜타이, 라테나우 Rathenau).

2. 하르트만의 형이상학 옹호

젊은 에두아르트 폰 하르트만은 뒤 부아-레몽의 강연을 1872년에 그것이 출판된 지 몇 달 후에 그야말로 크게 경악하면서 읽었다. 그것은 그가 여러 해 동안 이룩하기 위해 애써왔던 모든 것에 대한 위협이었다. 몇 년 전에 출간된 그의 『무의식의 철학』의 주요 목표는 자연 과학에 기초하여 형이상학을 회복하는 것이었다. 그러나 뒤 부아-레몽은 강연에서 [105] 자연 과학적 지식의 한계가 지식의 한계라고 가정했으며, 이 한계를 넘어서고자 하는 어떠한 시도도 모순으로 끝난다고 논의했다. 따라서 이 한계를 넘어서서 세계에 대한 통일된 그림을 제공하고자 시도한 형이상학은 불가능하다. 함축적으로 뒤 부아-레몽은 하르트만의 기획 전체의 가능성을 배제했다.

그러한 위협을 고려하면, 하르트만이 자신의 기획을 방어하고 뒤 부아-레몽의 강연을 검토하길 원할 것은 자명한 일이었다. 그는 1873년 2월에 출간된 『빈너 아벤트포스트』에 실린 한 논설에서 그렇게 했다.[13] 이 논설은 하르트만의 형이상학에 대한 옹호를 위해서뿐만 아니라 뒤 부아-레몽의 논증들에 대한 비판을 위해서도 흥미롭다.

하르트만은 뒤 부아-레몽의 강연을 그 역사적 맥락 안에, 즉 1870년대의 철학과 과학들의 상태 안에 자리매김함으로써 자신의 논설을 시작한다. 하르트만은 몇십 년간의 퇴조 이후 철학의 미래에서 희망을 위한 징후를 본다. 그 자신의 책을 염두에 두고서[14] 그는 이전 3년간의 책 판매 통계가 일반 대중 사이에서 형이상학에 대한 관심의 눈에 띄는 징후를

· ·

13. Eduard von Hartmann, "Anfänge naturwissenschaftlicher Selbsterkenntniss," *Wiener Abendpost*, Nr. 33 (10. Februar 1873), 260; Nr. 34 (11. Februar, 1873), 268-69; Nr. 35 (12. Februar 1873), 276. 이는 *Gesammelte Studien und Aufsätze gemeinverstandlichen Inhalts* (Berlin: Duncker, 1876), 445-59에 다시 수록되었다. 괄호 안의 모든 참조는 이 나중의 판본을 가리킨다.
14. 하르트만이 명시적으로 자신의 책을 언급하는 것은 아니지만, 그는 그것의 눈에 띄는 성공에서 철학적 관심의 부활을 정당하게 지적할 수 있었다. 본래 1869년에 출판된 『무의식의 철학』은 1903년까지 11판을 거쳐 갔다. 그 모든 판본들과 인쇄된 사본들에 대해서는 Carl Heymons, *Eduard von Hartmann, Erinnerungen aus den Jahren 1868-1881* (Berlin: Duncker, 1882), p. 60을 참조.

보여준다고 쓴다(447-48). 또한 자연 과학에서의 자기반성과 자기비판의 새로운 정신도 존재하는데, 뒤 부아-레몽의 강연은 그것의 훌륭한 예다 (448-49). 유물론자들 — 몰레스호트, 포크트, 뷔히너 — 이 자신들의 철학이 자연 과학의 정신을 대표한다고 주장할 수 있는 시대는 지나갔다. 오늘날 철학자들은 신칸트주의의 부상 덕분에 자연 과학과 그에 토대한 형이상학 사이의 차이를 인식하고 있다(448). 뒤 부아-레몽은 생명의 모든 수수께끼와 실존의 모든 문제가 자연 과학에 의해 해결될 수 있다는 환상을 파괴하도록 도와주었다. [106]그러한 순진함과 교조주의 대신에 그는 자연 과학의 한계에 대한 겸손하고도 건강한 감각을 촉진했다(449).

자연 과학의 한계를 규정하는 데 대해 뒤 부아-레몽을 칭찬하는 만큼이나 하르트만은 자연 과학이 지식 일반의 패러다임을 제공한다고 생각하는 데 대해 그를 비판한다. 자연 과학을 그러한 모델로 삼음으로써 그는 실제로는 과학의 한계를 멀리 넘어서며, 함축적으로는 과학적 교조주의를 지지한다(449). 그의 강연의 치명적 오류는 자연 과학의 방법이나 지식 이외에 다른 방법이나 다른 종류의 지식이 존재하지 않는다고 하는 것이다(451). 뒤 부아-레몽은 고전 역학의 패러다임에 의해 자연 과학의 방법을 정의하는 데서 완전히 올바르다. 그러나 그것은 다만 자연 과학 그 자체의 한계를 보여줄 뿐이다. 수들과 포괄적 법칙들로 규정될 수 없는 것은 자연 과학에 대해서는 존재하지 않는다(450-51). 인간 과학들은 차치하고 단지 자연 영역 내에서만 하더라도 바로 고전 역학보다 더 많은 것이 존재한다고 하르트만은 논증한다(449-51). 우리는 자연에 관한 지식의 세 개의 단계가 있다는 것을 인식해야 한다. 첫째, 자연적 대상과 사건들에 관한 사실들을 수집하고, 그것들을 비교적 관점에서 분류하며, 나아가 그것들을 하나의 체계로 정리하는 자연지(*Naturkunde*)가 있다. 둘째,

이 사실들과 자연을 지배하는 일반 법칙들 사이의 인과적 연관들을 규정하는 고유한 자연 과학(*Naturwissenschaft*)이 있다. 셋째, 자연 과학이 그것을 가지고 작업하는 원리들을 탐구하고 또 전체로서의 우주의 본성을 규정하는 자연 철학(*Naturphilosophie*)이 있다. 뒤 부아-레몽은 오직 두 번째 단계만을 고려하고 세 번째 단계의 가능성을 인정하기를 거부한다. 그가 자연 철학의 가능성을 부인한다는 것은 명확하다. 그는 칸트의 이율배반을 연상시키는 구절에서 고전 역학의 한계를 넘어서고자 하는 어떠한 시도도 결국 "해결될 수 없는 모순들"을 낳을 것이라고 주장한다(452).

하르트만은 자연 철학의 가능성을 인정하지 않는 것이 뒤 부아-레몽 편에서의 심각한 맹목성이라고 생각한다. 그가 보지 못하는 것은 자연 과학 그 자체가 어떠한 경험에도 토대할 수 없는 원리들, 예를 들면 인과성의 원리를 전제한다는 점이다(452). 이 원리들은 과학들 그 자체 내로 통합되어 온 이전의 자연 철학의 잔여물들이다. 그 원리들은 과학들에 의해 단순히 전제되며, 유용한 한에서 사용된다. 그러나 그것들은 [107]자연 과학들 그 자체에 의해 검사되지 않는다. 하르트만은 자연 과학 모두가 오직 이미 전제된 자연 철학의 기초 위에서만 가능하다고 선언한다. 과학들의 진보가 때때로 이러한 전제들의 결함을 보여준다는 것은 자명한 일이다. 그러나 이로부터 자연 과학의 철학적 기초가 불필요하다는 것이 따라 나오는 것은 아니다(453). 더 나아가 칸트의 이율배반은 미래의 자연 철학에 대한 위협이 아니라고 하르트만은 주장하는데, 왜냐하면 과학들의 진보는 동역학적 물질 이론과 원자론적 물질 이론의 수렴, 즉 그것들의 양립 가능성과 상호 의존을 보여주는 종합에 대한 필요를 보여주기 때문이다(453).[15]

하르트만의 논의에 따르면, 뒤 부아-레몽의 지식 개념이 지닌 옹호 불가능한 편협함은 특히 그것이 정신의 학문들 또는 정신과학들^{Geisteswissenschaften}에 이르게 될 때 명백히 드러난다(452, 456-57). 모든 지식이 고전 역학의 자연 과학적인 지식이라고 주장함으로써, 그리고 의식에 대한 지식은 그것의 범위 너머에 있다고 가르침으로써 뒤 부아-레몽은 의식의 영역 전체를 인식 불가능한 것의 영역으로 격하시킨다. 그러나 이것에는 대단히 역설적인 어떤 것이 존재한다는 것을 하르트만은 발견한다. 의식의 영역은 인식 불가능하기보다는 우리 외부에 존재하는 자연 세계보다 더 인식 가능하다. 우리의 자기의식이 명확하고 직접적인 데 반해, 자연에 대한 지식은 불명료하고 매개적이며, 우리 의식으로부터의 추론에 토대한다(452). 그러므로 만약 모든 의식이 인식될 수 없다면, 어떻게 우리가 자연 그 자체에 대한 지식을 가진다고 주장할 수 있겠는가? 따라서 그 지식의 방법과 기준이 자연 과학에 못지않게 과학적인 역사라고 하는 학문의 증대되는 진보와 위상을 인정하지 않는 뒤 부아-레몽의 시야는 제한되어 있다(447).

짧은 논설의 범위 내에서 하르트만은 형이상학의 가능성을 확립하기 위해 많은 것을 할 수 없었다. 그가 할 수 있었던 최대의 것은 형이상학의 가능성을 배제함에 있어 뒤 부아-레몽의 논증에 존재하는 구멍을 보여주는 것이다. 하르트만 그 자신은 단순히 형이상학에 대한 필요를 지적하는 데 만족했다. 형이상학의 커다란 가치는 한편으로는 자연 과학에 의해 전제되는 원리들과 개념들에 대한 비판적 검토에, [108]다른 한편으로는

15. 여기서 하르트만은 우리에게『무의식의 철학』C.V 장과 그의 논문 "Dynamismus und Atomismus," in *Gesammelte Philosophische Abhandlungen zur Philosophie des Unbewussten* (Berlin: Duncker, 1872), pp. 113-32에서의 논의를 참조하도록 한다.

세계에 대한 통일된 그림을 제공하고자 하는 시도, 즉 물리적 현상과 정신적 현상의 통일성을 드러내는 시도에 존재했다. 그는 통일되고 완결된 세계관에 대한 억누를 수 없는 요구가 존재하며, 그것의 불가능성을 선언하는 것은 철학과 인간 정신 그 자체에 대한 커다란 손실이라고 주장한다. 그러한 세계관의 불가능성을 선언하는 것 안에는 우리가 과학의 한계를 넘어간다는 것이 존재한다.

그 장점이 무엇이든, 새로운 형이상학에 대한 하르트만의 간청은 무시되지 않았다. 우리는 1890년대에 또 다른 불행한 정신에 의해 그것이 계속되었음을 곧이어 보게 될 것이다.[16]

3. 유물론적 입장

뒤 부아-레몽의 강연에 대한 유물론적 반응은 유물론적 대답의 표준구들인 루트비히 뷔히너의 저술들에서 가장 명확하고도 강력하게 나타난다. 이 저술들은 『힘과 질료』의 나중의 판들,[17] 그의 『생리학적 형상들』 제3판의 구절들,[18] 그리고 그의 모음집 『진리를 위하여』에 다시 수록된 두 개의

· ·
16. 7절을 참조

17. Ludwig Büchner, *Kraft und Stoff*, Einundzwanzigste durchgesehene Auflage (Leipzig: Theodore Thomas, 1904), pp. 2, 151, 267-69, 421-22.

18. Ludwig Büchner, *Physiologische Bilder*, Dritte Auflage (Leipzig: Theodore Thomas, 1886), I, 430ff and Band II, 179ff.

나중의 논문들[19]을 포함한다.

『힘과 질료』에서 뷔히너는 자신이 한때 유심론과 몽매주의에 대항한 투쟁에서 동맹자로서 간주했던 뒤 부아-레몽이 그러한 강연을 행할 수 있었다는 것을 거의 믿고 있지 않다. 그는 자신이 "유심론적인 바보들"과 "어둠의 사람들"에게 도움과 위로를 주었다는 것을 파악할 수 없었을까? 뷔히너는 특히 의식의 영역이 자연 과학의 방법에 의해 해명될 수 없다는 뒤 부아-레몽의 선언에 대해 이의를 제기한다(268). 이 사람이 실제로 생리학으로부터 생명력의 관념을 추방하고 생명의 기원이 기계론적 토대 위에서 설명될 수 있다고 주장한 바로 그 뒤 부아-레몽이란 말인가? 뷔히너는 예상대로 [109]기원적인 창조가 올바른 조건들 하에서 실험실에서 산출될 수 있다는 취지의 뒤 부아-레몽의 구절들을 인용했다(151). 만약 생명이 물질적 조건들에 토대하여 설명될 수 있다면, 어째서 의식 역시 그럴 수 없단 말인가? 뷔히너는 뒤 부아-레몽이 생명과 의식 사이에 인위적인 선을 긋고 있다고 생각했다. 이것은 우리가 의식을 결코 설명할 수 없을 것이라는 것과 같은 교조적 선언을 행하기에는 여전히 물질에 대해 너무 조금 알고 있다는 점을 고려하면 더욱더 부적절했다. 그 자신의 교조적 확신을 가지고서 뷔히너는 의식과 사고란 "뇌의 일정한 부분들이나 구조들의 활동의 조직과 수행 또는 표현"이라고 선언한다(267). 뷔히너는 의식이 정확히 어떻게 물질로부터 발생하는 것인지, 즉 그것이 분자들에 내포된 정신으로부터 나타나는지 아니면 특정한 조건들 하에서 분자들

19. Ludwig Büchner, "Über den Begriff der Materie und über Materialismus"와 "Das Unerkennbare," in *Im Dienste der Wahrheit* (Gießen: Emil Roth, 1900), pp. 16-22, 266-74.

의 조직으로부터 오는 것인지는 여전히 알려져 있지 않다고 인정한다. 그러나 그것은 문제가 아니라고 뷔히너는 주장한다. 일반적 요점은 그대로 남아 있다. 요컨대 의식에 현재하는 비물질적인 실체, 즉 기계론적 법칙들에 따른 설명을 방해하는 어떤 정신적인 것은 존재하지 않는다는 것이다(267). 뷔히너는 우리가 의식과 사고가 자연의 부분들이며 기계론적 인과성의 법칙들에 따라 해명될 수 있다고 보는 "일원론적 관점"을 떠날 아무런 이유도 없음을 우리에게 재확인한다(268). 『힘과 질료』의 마지막 단락은 뒤 부아-레몽과 인식 불가능한 것의 영역을 믿는 근대 과학의 모든 불가지론자에 대한 이별의 말로 끝난다(422). 뷔히너는 그 영역이 무지의 도피처 $^{Asylum\ ignorantiae}$, "다름 아닌 신학자들의 친애하는 오랜 신"이라고 선언한다.

나중의 논문 「인식 불가능한 것」[20]에서 뷔히너는 자신과 뒤 부아-레몽을 나누는 철학적 쟁점들을 좀 더 명확하고 일반적으로 진술한다. 여기서 그는 우주의 궁극적 원인에 관한 "불가지론"을 표현하는 그 모든 철학자와 과학자에게 이의를 제기한다. 그는 이러한 인식 불가능한 것의 주창자들에 스펜서와 헉슬리 그리고 다윈을 포함시킨다. 물론 그는 영국인들로 하여금 그들의 견해가 이미 몇 년 전에 뒤 부아-레몽에 의해 정식화되었다는 것에 주목하라고 충고한다. 뷔히너는 인식 불가능한 것에 대한 믿음이 주로 그것이 "초자연주의적일 뿐만 아니라 이원론적"인 까닭에 이의가 제기될 수 있다고 생각한다(270). 그것은 세계를 두 개의 구별되는 영역으로, 즉 자연적이고 인식 가능한 하나의 영역과 초자연적이고 [110]신비적인 또 다른 영역으로 나눈다. 그러나 뷔히너의 논증에 따르면, 우리는 그러한

••
20. Ludwig Büchner, "Das Unerkennbare," in *Im Dienste der Wahrheit*, pp. 266-74.

초자연적이고 신비적인 영역을 요청할 아무런 이유도 지니지 않는데, 왜냐하면 우리는 지금 알려져 있지 않은 것이 미래에도 인식 불가능할 것이라고 추정할 수 없기 때문이다(270). 인식 불가능한 것의 관념 전체는 과학의 현재 상태로부터 절대적 한계와 최종적 종결 지점을 만들어 내는 것에서 발생한다. 하지만 지금 우리는 과학이 우리를 어디로 데려갈 것인지 예견할 수 없으며, 그래서 우리가 넘어설 수 없는 한계가 존재한다고 추론하는 것은 어리석다. 과학이 진보하면 할수록 그것은 알려지지 않은 것의 영역을 더욱더 감소시키며, 그래서 우리는 알려지지 않은 것이 마침내 또는 최소한 원리적으로는 사라질 것이라고 생각할 이유를 지닌다. 우리가 해결하지 못한 많은 문제들이 존재하며, 우리가 여전히 아무것도 알지 못하는 많은 것들이 존재한다. 그러나 세계에는 원리적으로 해명될 수 없는 현상이란 존재하지 않는다(271). 불가지론자들의 이원론적 견해에 맞서 뷔히너는 그 자신의 일원론을 선언하는데, 그에 따르면 존재하는 모든 것은 자연 영역 내부에 속하며, 따라서 모든 것은 원리적으로 기계론적 법칙들에 따라서 해명될 수 있다. "자연은 그 자체로 전체이며, 그 현상들 모두는 인과율에 따라서 서로 연관되어 있다."(271) 자연이 단일한 전체이기 때문에, 그리고 그 내부의 모든 것이 사물들의 설명을 위한 원리인 인과성의 원리 하에 속하기 때문에, 자연은 완전히 이해될 수 있는 영역이라는 것이 따라 나온다. "자연이 우리에게 해결하라고 주는 문제들은 셀 수 없으며, 연구 분야는 무한하다. 그러나 자연 현상의 원인들이 연관되어 있는 한에서 모든 문제는 해결될 수 있다. 자연은 어떠한 인식 불가능한 것도 알지 못한다."(274)

너무 섣부른 한계 긋기에 관한 뷔히너의 요점은 또 다른 나중의 논문 「물질 개념과 유물론에 대하여」에서 더욱더 강력하고 명확하게 제시되었다.[21] 여기서 뷔히너는 그의 독자들로 하여금 지난 몇십 년 사이에 물질 개념이 얼마나 많이 변화했는지, 그리고 그것이 관성적 질량이라는 물질에 대한 우리의 상식적 관념으로부터 얼마나 멀리 멀어지게 되었는지 생각하게 한다. 우리는 이제 물질이 이전에는 그것으로부터 분리된 것으로서 간주되었던 화학적이고 전자기적인 속성들을 소유한다는 것을 알고 있다(18). 과학자들은 이전에는 전기와 열 그리고 빛을 물질과는 구별된 현상으로 간주했다. 그러나 이제 그것들은 물질에 내재적인 것으로 여겨진다. [111]뒤 부아-레몽과 같은 저자들이 의식이 물질적 토대 위에서 해명될 수 없다고 주장할 때, 그들은 과학에 의해 낡아져버린 오랜 상식적인 물질 관념을 염두에 두고 있다. 확실히 관성적 질량은 그 자체로 의식의 부상을 설명할 수 없다. 그러나 물질적-기계론적 설명의 전망은 우리가 물질이 전자기와 화학적 상호 작용과 같은 속성들을 포함한다는 것을 인정하자마자 매우 다르다(19). 만약 우리가 물질은 의식을 낳을 수 없다고 선언한다면, 우리는 다만 이러한 속성들을 추상하고 낡은 상식적 개념으로 빠져들고 있을 뿐이다(20, 21). 낡은 물질 개념을 사용하여 누가 번개의 섬광을 이해할 수 있었을까? 또는 누가 전선을 통한 메시지 전달을 이해할 수 있었을까? 이 현상들은 원시적이거나 야만적인 정신에게는 초자연적인 것으로 나타나지 않을 수 없다. 그러나 뒤 부아-레몽은 정신이 무언가 초자연적인 것이라고 가정하는 데서 동일한 원시적 습관에 빠져 있는 것은 아닌가 하고 뷔히너는 내비친다.

비록 뷔히너가 단지 원리적으로뿐만 아니라 마침내 의식에 대한 유물

• •
21. Ludwig Büchner, "Über den Begriff der Materie und über Materialismus," in *Im Dienste der Wahrheit*, pp. 16-22.

론적 설명이 존재할 수 있다고 확신한다 할지라도, 그는 그러한 설명이 의식과 사상 그 자체가 물질적이라고 하는 것을 의미하는 것은 아니라고 조심스럽게 말한다(20). 의식과 사상은 물질적 사물들이 아니라 물질의 활동의 속성들 또는 현현들이다. 전기와 자기 그리고 열이 물질의 활동의 형식들인 것과 꼭 마찬가지로 의식과 사상도 그러하다. 그것들은 물질이 그것인 바의 것$^{\text{what matter is}}$의 속성들이 아니라 그것이 **행하는 바의 것**$^{\text{what it does}}$의 속성들이다(21). 사람들이 보통 물질이라고 부르는 것과 그것이 산출할 수 있는 현상들 사이에는 커다란 차이가 존재하며, 따라서 우리는 생명과 의식 그리고 정신이 단지 물질이나 물질의 운동일 뿐이라고 말할 수 없다. 우리가 말할 수 있는 모든 것은 그 현상들이 물질의 입자들이 일정한 조건 하에서 일정한 방식으로 결합될 때 물질에 내재하는 힘들의 현상들이나 현현들이라고 하는 것이다(21-22).

그래서 뷔히너의 우주는 궁극적으로 단연코 이해될 수 있고 합리적인 장소다. 어떠한 신비나 수수께끼도 그 안에 자리 잡고 있지 않다. 우리는 사물들을 인과율 아래 포섭할 때 그것들을 이해한다. 그리고 자연 내의 모든 것은 그 원리에 따른다. 따라서 우리가 알 수 있는 것에는 최소한 원리적으로는 어떠한 한계도 존재하지 않는다. 뷔히너는 뒤 부아-레몽의 과학적 설명 패러다임에 대해 이의를 제기하지 않는다. 더더군다나 그는 딜타이가 그랬듯이 학문의 영역을 확장하기 위해 또 다른 또는 부가적인 패러다임을 들먹이지 않았다. [112]사실 그는 자신이 뒤 부아-레몽과 과학적 설명에 대한 동일한 기계론적 해명을 공유한다는 점에 주목했다.[22] 두 기계론자들 사이의 유일한 차이는 궁극적으로 그들의 설명항, 즉 물질

<hr/>

22. Büchner, *Kraft und Stoff*, p. 268.

그 자체의 본성에 관계되었다. 뷔히너는 그가 올바르게 불평했듯이 여전히 낡은 데카르트주의적인 패러다임에 붙박여 있는 뒤 부아-레몽이 생각하는 것보다 물질이 훨씬 더 풍부한 개념이라고 생각했다.[23]

하지만 이해될 수 없고 신비적인 것에 대한 뷔히너의 경멸에도 불구하고 그 자신이 그것을 전적으로 피할 수는 없었다. 「인식 불가능한 것」에서 그는 우리가 아는 모든 것이 자연 영역 내에 존재하지만 우리는 자연 그 자체의 궁극적 원인을 알 수 없다고 진술했다(273). 사람들이 결코 골치 썩히기를 그치지 않을 존재의 마지막 수수께끼는 영원한 물음인 "왜?", 즉 존재의 목적은 무엇인가 또는 왜 무가 아니라 무언가가 존재하는가 하는 물음이다(274). 우리는 "인식 불가능"이라는 명칭을 신학적인 목적을 위해 잘못 사용하지 않는 한에서 그 단어를 가지고서 그 물음을 지칭할 수 있었다. 그러나 뷔히너는 다만 골대를 계단의 또 다른 단으로 물려 놓았을 뿐이다. 인식 불가능한 것이 자연 — 물질이든 의식이든 — 안의 어디에도 존재하지 않는다 할지라도, 그것은 여전히 자연 너머에 놓여 있다. 그러나 그것은 신학자와 유심론자 그리고 몽매주의자들에게 그들이 계속해서 갈망해올 수 있었던 단적인 놀이터를 부여한다.

---

23. 뒤 부아-레몽은 「일곱 개의 세계 수수께끼Die sieben Weltraetsel」, p. 1054에서 데카르트주의적인 패러다임과 완전히 일치하게 운동이 물질에 우연적인 어떤 것이라고 썼다. 바로 이러한 이유 때문에 운동의 기원은 우주의 일곱 가지 신비들 가운데 하나였다.

4. 랑게의 뒤 부아-레몽 옹호

이그노라비무스 논쟁에 참여한 모든 이들 가운데 어느 누구도 프리드리히 알베르트 랑게보다 더 뒤 부아-레몽의 입장에 가까이 다가서지 않았다. 1875년에 출간된 『유물론의 역사』 제2판에서 그는 뒤 부아-레몽의 강연을 논의하는 두 개의 새로운 장을 도입했다.[24] 이 장들 가운데 첫 번째는 [113]뒤 부아-레몽의 많은 비판자들에 맞서 그를 옹호하는 것이다. 뒤 부아-레몽의 논증들을 자신의 유물론 비판에 합체시켜 랑게는 그것들을 칸트주의적으로 전환시켰다. 그 논증들은 우리가 사물 자체들에 대한 지식을 가질 수 없으며, 모든 지식은 현상들에 제한된다는 것을 증명했다는 것이다. 그러나 이러한 전환을 뒤 부아-레몽은 싫어했다. 그는 칸트의 철학이 비교秘教적이고 스콜라 철학적이라고, 요컨대 거기서 근대 과학의 정신에 거스르는 성질들을 보았다.[25]

랑게는 뒤 부아-레몽의 강연을 1866년에 출판된 『유물론의 역사』[26]의

• •

24. Friedrich Albert Lange, *Geschichte des Materialismus und Kritik seiner Bedeutung in der Gegenwart*, Zweite, Verbesserte und Vermehrte Auflage (Iserlohn: Baedeker, 1875), Buch II, Zweiter Abschnitt, "Die Naturwissenschaften": Kap. I, "Der Materialismus und die exacte Forschung," 139-81과 Kap. II, "Kraft und Stoff," 181-220.

25. 「일곱 개의 세계 수수께끼」, p. 1046에서의 그의 논평을 참조. 뒤 부아-레몽이 랑게에 대해 논평하고 있는지 여부는 명확하지 않다. 하르트만은 지식의 한계에 대한 뒤 부아-레몽의 이론과 칸트의 이론의 유사성에 관해 비슷한 언명을 행한 바 있다.

26. Friedrich Albert Lange, *Geschichte des Materialismus und Kritik seiner Bedeutung in der Gegenwart* (Iserlohn: Baedeker, 1866).

초판에 나타난 바의, 지식의 방법과 한계에 대한 그 자신의 설명의 정당성을 입증하는 것으로서 바라보지 않을 수 없었다. 랑게는 뒤 부아-레몽과 동일한 기계론적-원자론적 지식 패러다임을 지지했다. 『유물론의 역사』의 첫 번째 권은 플라톤-아리스토텔레스 전통의 유기체론적이고 목적론적인 세계관에 대한 비판이자 데모크리토스와 루크레티우스의 기계론적이고 원자론적인 세계관에 대한 옹호다. 뒤 부아-레몽에 못지않게 랑게도 기계론적-원자론적 방법의 적용이 유물론으로 귀결된다고 생각하는 것이 잘못이라고 논증했다. 유물론은, 비록 그것이 엄격하게 자연과학에 토대한다고 주장한다 할지라도, 감각의 증거를 넘어서서 궁극적 실재의 본성에 관해 추론을 행하는 교조적 형이상학이다. 기계론적-원자론적 패러다임의 한계에 대한 랑게의 설명도 역시 뒤 부아-레몽을 선취했다. 랑게는 유물론이 물질의 운동으로부터 감각의 성질들을 설명할 수 없었던 것이야말로 그것의 고전적 문제들 가운데 하나였음을 강조했다.[27] 우리가 의식 안에서 경험하는 대로의 세계와 수학으로 정식화되어 있는 세계 사이에는 간격이 있는 것으로 보였다. 그는 또한 물질의 궁극적 이해 가능성에 놓여 있는 동일한 문제들 가운데 몇 가지를 발견했다.[28]

[114]랑게가 자신의 견해에 대해 발견한 확증을 고려하면, 그가 『유물론의 역사』 제2판에서 뒤 부아-레몽에 대해 논의하고 옹호하고자 할 것은 당연했다. II부의 I장이 지식에 대한 뒤 부아-레몽의 첫 번째 한계를 검토하는 데 반해, II장은 계속해서 그의 두 번째 한계를 고찰한다. 랑게는 뒤 부아-레몽에 대립한 유물론자들과 그를 긍정하고 찬양한 유심론자들

27. 같은 책, pp. 216, 228.
28. 같은 책, pp. 371-81.

모두 그를 오해했다고 주장한다. 둘 다 뒤 부아-레몽이 정신적 영역을 초자연적이고 과학적 설명이 접근할 수 없는 어떤 것으로 만들었다고 생각한다. 그러나 뒤 부아-레몽은 결코 그러한 입장을 취하지 않았다. 애초부터 그는 최소한 원리적으로는 인간 정신의 과학이 있을 수 있으며, 라플라스적인 천재Laplacian genius가 인간의 감정, 생각, 욕구, 행위를 인간의 뇌와 신경 상태 안의 원자들의 운동으로부터 완전히 정확하게 예측할수 있다고 가정했다(156-57). 뒤 부아-레몽이 정신적 삶의 설명에서 선을 그은 곳은 정신적 상태와 뇌의 상태 사이의 인과적 관계에 관한 것이었다. 그것들이 하나가 다른 하나와 함께 변화하도록 법칙들의 체계 내에서 상호 관계될 수 있다 할지라도, 그것들은 아주 이질적인 까닭에, 어떻게 하나가 다른 것의 원인이나 결과일 수 있는지를 이해하는 것은 불가능하다(160). 랑게의 제안에 따르면, 과학의 한계에 대한 뒤 부아-레몽의 이론을 이해하는 가장 좋은 방법은 궁극적으로 동일한 두 세계, 요컨대 하나는 그것에서 아무것도 생각되고 감각되거나 느껴지지 않는 기계의 운동에 그 본질이 존재하고, 다른 하나는 내적 경험에 존재하는 두 세계가 존재한다고 가정하는 것이다. 두 세계를 위한 정식은 비록 그들의 특성이 이질적이라 하더라도 동일한 것일 것이다(156). 그러한 해석은 분명히 라이프니츠주의적인 것으로, 즉 라이프니츠의 예정조화처럼 들린다. 그러나 랑게는 나중에 좀 더 스피노자주의적인 해석을 제안한다. 요컨대 우리는 두세계가 상이한 방식이나 관점에서 파악된 하나의 동일한 것인 것처럼, 그 두 세계를 단일한 실체의 속성들로서 파악한다는 것이다(163).

랑게는 물질에 관한 과학적 지식의 한계에 대한 뒤 부아-레몽의 설명이 의식에 관한 것에 못지않게 올바르다고 생각한다. 그는 원자론에 대해 뒤 부아-레몽과 동일한 회의주의와 유보를 보여준다. 랑게의 논의에 따르면, 원자론이 증명되었다고 말해질 수 있는 경우는 다만 원자론이라고 하는 것으로 의미하는 것이 자연적 설명은 공간 속에서 운동하는 분리된 입자들이 존재한다는 것을 전제한다는 것인 한에서다. 그러나 이러한 정식화는 물질의 궁극적 구성에 관한 물음들을 [115]해결하는 것이 아니라 다만 미해결인 채로 전제할 뿐이다(208). 원자론의 유일한 덕은 그것이 직관적이라는 점이지만 ─ 공간 속에서 움직이는 작은 공들을 상상해 보라 ─, 물리학의 진보는 이 그림을 쓸모없게 만들고 있다. 공간을 점유하는 작은 고체로서의 물질 개념은 이제 힘의 장소로서의 물질 관념으로 대체되고 있으며, 여기서 힘은 초감각적인 어떤 것이다(192). 뒤 부아-레몽과 마찬가지로 랑게도 원자 개념이 실제로는 우리가 자연으로 읽어 들인 허구이며, 대우주로부터의 우리의 일상적 직관들을 소우주로 투사하는 것으로부터 발생한다고 생각한다. 그렇다면 그가 원자의 실재성이 지금은 확인된 사실이라는 뷔히너의 주장에 대해 이의를 제기하는 것은 놀랄 일이 아니다(181). 그 안에 힘들이 자리 잡고 있는 고체로서 이해된 원자는 실제로는 다만 하나의 실체화, 즉 그 안에 힘들이 내재하는 어떤 기체가 존재해야만 한다는 가정에서 발생하는 물화다(205). 랑게는 힘의 관념조차도, 만약 우리가 그것을 사물들을 밀어붙이는 낯선 힘으로서 상상한다면, 그에 못지않게 실체화라고 생각한다(205-6). 힘은 운동의 원인이 아니며, 물질은 힘의 원인이 아니다. 오로지 운동만이 존재하며, 힘은 운동의 기능으로서 이해되어야 한다(206). 랑게는 과학적 지식이란 사물들을 관계들로 분석하는 데 존재하며, 거기서 사물 자체, 즉 관계들의 주체는 점점 더 사라진다고 주장할 때 나중의 마르부르크학파의 과학철학을 선취한다(207).

랑게와 뒤 부아-레몽 사이의 친연성에도 불구하고 그들 사이에는 중요한 차이들이 남아 있었다. 둘 다 유물론에 반대하긴 했지만, 그들은 그 유물론에서 잘못된 것에 관해 동의하지 않았다. 랑게가 유물론에 반대한 까닭은 무엇보다도 우선 그것의 초월론적 실재론, 즉 물질의 독립적 존재에 대한 그것의 소박한 믿음과 우리 경험의 일차적 성질들이 그것들에 대한 우리의 지각에서 독립하여 존재한다는 그것의 가정 때문이었다. 그러나 뒤 부아-레몽은 결코 초월론적 관념론을 향한 랑게의 발걸음을 결코 받아들이지 않았다. 유물론에 반대하는 그의 논증들은 여전히 초월론적 실재론과 양립할 수 있다. 그리고 비록 그가 원자 개념이 허구라고 논증함에도 불구하고, 그에게 있어 이것은 우리의 일상적 경험의 대상들이 우리의 의식에 의존하고 있다는 것을 의미하지 않는다. 의식의 상태에 관한 그의 믿음들이 어떤 것이든 간에, 뒤 부아-레몽은 물질 그 자체의 존재를 완전히 만족하며 믿는 것으로 보였다. 그는 [116]궁극적 실재에 관한 초월론적 관념론의 주장들을 탐구하는 데 거의 관심이나 의향을 지니지 않는 것으로 보였다.

비록 자신의 논증들에 대한 랑게의 칸트적인 번역을 승인하진 않았지만, 뒤 부아-레몽은 자신의 논증들에 대한 랑게의 공감적이고도 복잡한 해석에 대해 특히 고마워했다. 그는 1875년에, 즉 『유물론의 역사』 제2판이 출간된 바로 그해에 사망한 랑게에게 다정한 찬사를 바쳤다. 그는 랑게가 이원론을 재확립하는 것이 결코 자기의 목적이 아니라는 것을 이해한 소수의 사람들 가운데 하나였다고 썼다. 그는 자기의 모든 비판자들에게 가치 있는 교훈을 주었다. "나를 이해하지 못한 자는 누구나 다 더 잘 읽기를 배워야 한다."[29]

---

29. Du Bois-Reymond, "Die sieben Weltraetsel," p. 1048을 참조.

5. 네겔리의 방법론적 유물론

1876년 6월에 스위스의 식물학자 칼 폰 네겔리$^{Carl\ von\ Nägeli}$(1817-1891)
는 식물과 꽃의 표본을 수집하기 위해 알프스로의 여행을 준비하고 있었
다. 그는 독일 자연연구자와 의사 대회로부터 다가올 9월 회의를 위한
총회 강연을 행해 달라는 요청을 받고서 놀랐다. 계획된 연사는 뮌헨에
올 수 없었고, 그래서 대체할 강연자가 긴급히 필요하게 되었다. 촉박한
통보와 커다란 애로에도 불구하고 네겔리는 요청을 정중하게 받아들였고
서둘러 강연을 준비했다. 그는 나중에 알프스 원정 중에 생각을 정리하고
철학적으로 사유하기가 어려웠다는 그럴듯한 이유로 강연이 잘 다듬어지
지 못한 데 대해 변명했다. 하지만 네겔리의 애로는 우리의 이득이 되어
왔다. 그 작성의 도전적인 조건들에도 불구하고 그의 강연은 이그노라비
무스 논쟁에 대한 가장 훌륭한 기여들 가운데 하나였다.^{30} 강연의 종종
예리한 추론은 저자의 철학적 성향과 훈련을 드러낸다.^{31}

[117]네겔리는 청중들에게 5년 전의 대회에서 행해진 뒤 부아-레몽의
강연을 상기시키는 것으로, 그리고 그들에게 자기가 지식의 한계 물음에
매우 다르고 훨씬 더 넓은 관점에서 접근할 것임을 알리는 것으로 강연을

• •
30. Carl von Nägeli, "Ueber die Schranken der naturwissenschaftlichen Erkenntniss,"
    in *Amtlicher Bericht ueber die Versammlung deutscher Natuforscher und Ärtze* Bd.
    50 (1877), 25-41. 괄호 안의 모든 참조는 이 판을 가리킨다. 논문은 *Der Ignorabimus-
    Streit*, pp. 109-52에 다시 수록되어 있다.
31. 네겔리의 최초의 의향은 철학을 연구하는 것이었다. 그는 로렌츠 오켄$^{Lorenz\ Oken}$
    밑에서 자연 철학과 헤겔 밑에서 논리학을 연구했다. 하지만 그의 나중의 생각은
    그들의 형이상학으로부터 떠나갔다.

시작했다. 더 넓은 관점은 우리가 어떻게 자연을 아는가라는 일반적인 물음에 대답하고자 하는 네겔리의 시도에서 곧바로 명백히 드러난다. 네겔리의 대답의 한 부분은 직설적인 경험주의다. 우리가 처음으로 자연에 대한 지식을 획득하는 것은 감관 지각을 통해서라는 것이다. 비록 감관들이 도구들과 관찰과 실험이라는 엄밀한 방법에 의해 개선되고 강화되어야 함에도 불구하고, 그것들은 여전히 자연에 대한 모든 지식이 의거하는 기본적인 증거를 제공한다(28). 하지만 우리는 우리의 인간적 감관들이 우리에게 단지 자연에 대한 매우 제한된 지식만을 제공한다는 것을 인정해야만 한다. 우리가 가지고 있는 감관들은 오로지 우리의 유기체가 필요로 하는 것들뿐이다. 다른 생물들은 그들의 상이한 욕구들을 위한 더 날카로운 감관들을 지니고 있다(28-29). 우리는 아마도 자연의 많은 부분들을 지각하는 데 필요한 감관들을 결여하고 있을 것이다. 그리고 우리가 가지고 있는 감관들은 우리에게 오직 시간의 작은 부분(현재)에 대해서만, 그리고 오직 공간의 작은 부분(우리의 직접적인 환경)에 대해서만 알려준다. 우리는 주의 깊은 추리와 추론에 의해 우리의 직접적인 현재와 장소를 넘어서서 우리의 지식을 확대할 수 있다. 그러나 우리는 오로지 우리의 지성에 의해서만 자연의 모든 것을 정복하기를 기대할 수 없다(29). 자연적 원인의 효과가 시간과 공간에서의 거리와 더불어 감소하는 것과 마찬가지로, 우리의 지식도 시간과 공간이 증가되면서 감소한다.

이러한 경험주의적인 지침을 따라가는 가운데 네겔리는 뒤 부아-레몽의 라플라스적인 지식 이상에 물음을 제기하게 되었다. 그러한 이상에 따르면, 역학의 일반 법칙들을 알고 또한 어느 한 순간에 우주의 모든 입자들의 속도와 방향 그리고 위치를 아는 과학적 천재는 다른 모든 순간에서의 모든 입자들의 속도와 방향 그리고 위치를 규정할 수 있을 것이다.

그러나 네겔리는 이러한 이상 배후에 잘못된 전제, 요컨대 세계가 공간과 시간에서 유한하다는 전제가 존재한다는 데 주목한다(30). 하지만 공간은 무한히 분할될 수 있으며, 시간은 무한히 확대될 수 있고 시작이나 끝을 갖고 있지 않다(30-31). 뒤 부아-레몽 자신은 이와 같은 것을 인정한다. 그러나 만약 공간과 시간이 무한하다면, 라플라스적인 천재는 어느 특정한 시간과 장소로부터 전체로서의 우주에 관한 신뢰할 만한 추론들을 행할 수 없을 것이다. 그는 충분한 자료를 결여할 것인데, 왜냐하면 그 시간과 장소에 현재하는 것에 대한 분석은 [118]결코 끝나지 않을 것이기 때문이다. 공간과 시간에서의 어느 주어진 장소에 있어 우리는 모든 입자들의 빠르기와 속도 그리고 방향에 대한 완전한 분석을 결코 지니지 못할 것이다(31).

네겔리의 주장에 따르면, 그 어느 것도 사물들을 측정하고자 하는 우리의 요구보다 더 잘 과학적 지식의 한계와 인간의 지식 일반의 유한성을 보여주지 않는다. 우리는 하나의 사물을 오로지 또 다른 사물과의 관계에서 그 사물의 크기와 모양 그리고 무게를 다른 사물들과 비교함으로써만 안다. "우리는 하나의 현상을 측정하고 수를 세며 무게를 잴 때, 다른 사물들과 관련하여 그 현상을 알며 그 가치를 파악한다."(33) 측정의 중요성을 고려하면, 자연에 대한 우리의 지식이 근본적으로 수학적이라는 것이 따라 나온다고 네겔리는 추론한다. 그는 칸트의 유명한 언명을 받아들인다. 요컨대 오로지 하나의 분과 내에 수학이 존재하는 만큼만 그 안에 학문이 존재한다는 것이다(35). 그러나 수학적 지식에 대한 요구는 자연에 대한 우리의 이해가 양에 제한되어 있다는 것을 의미한다(35). 질은 우리의 지식을 넘어서는데, 왜냐하면 우리는 그 질을 측정할 어떠한 수단도 갖고 있지 못하기 때문이다.

자연 지식의 수학적 패러다임을 강조함에 있어 네겔리는 근본적으로 뒤 부아-레몽과 일치했다. 하지만 눈에 띄는 것은 그가 이 패러다임의 이상적 적용이나 제한에 관해 뒤 부아-레몽에게 동의하지 않는다는 점이다. 네겔리의 논의에 따르면, 뒤 부아-레몽은 이 패러다임의 이상적 정식화, 그것의 표준적 적용이 수학적 원자론이어야 한다고 요구할 때, 그것에게 너무 많은 부담을 지우고 있다(35). 자연에 대한 지식은 우리가 모든 현상의 궁극적인 원자적 수준으로까지 관통할 것을 요구하지 않는다. 만약 원자론적 환원주의를 과학적 설명의 필요조건으로 삼는다면, 우리는 많은 분과들을 — 심지어는 여전히 수학적 패러다임을 사용할 수 있는 분과들마저도 비과학적인 것으로 만든다. 뒤 부아-레몽의 수학적-원자론적 패러다임을 모든 과학적 지식의 필요조건으로 선언하는 것은 자연 과학을 오로지 자연의 한 측면이나 부분으로만 제한하는 것일 것이다. 사실 하나의 과학이 반드시 원자적 입자들을 가지고서 시작할 필요는 없다. 우리는 조직화의 어떠한 수준이나 정도에서든 우리의 설명을 시작할 수 있다(35). 네겔리는 우리에게 하나의 형식의 과학적 담론을 또 다른 담론 형식의 표준들에 의해 측정하지 말라고 경고한다. 그는 그것을 자신의 일반적 원리로 삼는다. "각각의 자연 과학 분과는 본질적으로 그 자신 내에서 자기의 정당화를 발견한다."(35)

의식에 대한 설명 문제와 관련하여 네겔리는 뒤 부아-레몽이 자연 지식에 대해 정립하는 한계에 대해 회의적이다(36). 자연 과학자는 [119] "비물질적 원리들"에 대해 아무것도 말할 수 없는데, 왜냐하면 그의 모든 추론은 자연 영역에 제한되어 있고, 그래서 그는 그것을 넘어서서 아무것도 규정할 수 없다. 하지만 그가 말할 수 있는 것은 그러한 원리들이 불필요하며 사실상 있을 것 같지 않다고 하는 것인데, 왜냐하면 그것들은 자연의 일반적 과정이나 구조에 모순되기 때문이다(36). 자연은 우리에게 인간적 자기의식의 최고 형식들로부터 배아에서의 의식의 가장 원초적인 형식들에 이르기까지 연속성을 보여준다. 모든 유기체적 존재는 그들의 화학적 구성요소들의 복합물들에 의해 형성된다. 생명과 감정은 우리가 이제 특정한 조건 하에서 단백질 분자들에서 발생하는 성질들이라고 알고 있는 성질들이다(36). 따라서 정신적 힘과 활동들은 그것들의 화학적 요소들의 상호 작용의 현현들이라고 가정하는 것이 안전하다. 그러므로 비물질적 원리들의 가정은 의심스러운데, 왜냐하면 그것은 "자연의 일반적 유사성^{analogy}"에 반대되기 때문이다(36-37).

네겔리는 뒤 부아-레몽이 정신적 삶과 의식의 과학의 가능성을 금지하지 않는다는 데 주목한다. 그의 오랜 물리주의 프로그램에 충실하게 뒤 부아-레몽은 정신적 삶의 물질적 조건들을 규정하는 것이 원리적으로 가능하며, 따라서 우리는 정신적 활동들을 정확한 화학적 복합물들 및 그들의 상호 작용의 법칙들과 상호 관계시킬 수 있다고 생각한다(37). 하지만 뒤 부아-레몽이 우리가 결코 알지 못할 거라고 주장하는 것은 이 복합물들과 그것들의 상호 작용들이 어떻게 의식을 산출하는가 하는 것이다. 다시 말하면, 우리는 원인과 결과의 연관을 이해할 수 없다는 것이다(37). 네겔리는 우리가 그러한 연관을 이해할 수 없다는 것을 승인한다. 그러나 그는 이 점에 있어 정신-물리 상호 작용과 관련하여 특별한 것은 아무것도 없다고 주장한다. 뒤 부아-레몽은 우리가 자연의 어디에서도 원인과 결과 사이의 연관을 이해할 수 없다는 것을 보지 못한다(38). 우리는 물리적 자연에서 원인이 어떻게 결과를 산출하는지에 관해 아무것도 이해하고 있지 못하며, 그래서 우리는 정신과 육체 사이의 연관과 관련하여 그것을 이해할 수 있기를 기대할 수 없다. 흄을 따라서 네겔리는 인과적 관계들이 다름 아닌 항상적 결합에 토대할 뿐이며, 우리는 원인이 결과를 산출하는 필연성을 파악할 수 없다고 주장한다(38).

네겔리는 자연 과학과 형이상학 사이의 관계에 관한 약간의 일반적 반성들과 더불어 강연을 끝맺는다. 하르트만과는 정반대로 그는 이 분과들 사이의 엄격한 분리를 주장한다. 오켄의 오랜 학생은 이제 자연 과학자가 자신의 탐구들을 형이상학과 뒤섞는 것을 삼가야 한다는 것을 깨닫는다. [120]자연 과학자는 초월적인 것, 즉 유한하고 측정 가능한 것 너머 저편에 있는 것에 대해서는 그것이 무엇이든 언급을 피해야만 한다(40). 과학자의 방법은 유물론적이어야만 한다──그러나 그것은 그가 **철학적** 유물론을 받아들여야만 한다는 것을 의미하지 않는다. 오히려 그의 유물론은 엄격하게 경험적이고 방법론적이어야 한다(40). 이것은 자연 과학자가 전혀 철학적으로 사고해서는 안 된다는 것을 말하는 것이 아니다. 그것이 의미하는 것은 그가 철학적으로 사고하는 한에서 자연 과학자이기를 그친다는 것을 깨달아야만 한다는 것이다. 과학자는 겸손해야 한다. 그가 언젠가 알게 될 모든 것은 무한히 광대한 자연의 모래알들이며, 시간의 영원성 내의 찰나들이다. 사물들의 영원한 '어떻게'와 '왜'에 그는 영구히 다가갈 수 없을 것이다. 그럼에도 불구하고 우리는 절망해서는 안 된다고 네겔리는 주장한다. 우리는 올바른 방법들을 가지고서 우리가 여전히 확실하고도 꾸준하게 진보할 수 있으며, 끊임없이 지식의 경계를 앞으로 밀어붙일 수 있다는 것을 깨달아야 한다. 그래서 네겔리는 뒤부아-레몽의 그것보다 더 낙관주의적인 어조로 자신의 강연을 매듭짓는다. 그의 이그노라비무스에 맞서 네겔리는 선언한다. "우리는 알고 있으며, 우리는 알 것이다!"(41)

6. 자연주의의 덕과 악덕에 대한 딜타이의 견해

에두아르트 폰 하르트만에 못지않게 빌헬름 딜타이도 뒤 부아-레몽의 강연을 자신의 가장 커다란 포부에 대한 위협으로서 바라보았다. 1860년대 이래로 계속해서 딜타이는 사회 과학과 역사 과학의 특유한 논리를 정식화하기 위해 고투해 왔다.[32] 그는 이미 자연적 세계의 학문이 존재하는 것과 꼭 마찬가지로 사회적·역사적 세계의 학문이 있을 수 있고 있어야 한다고 믿었다. 그 세기가 시작된 이래로 역사와 법, 인간학 연구에서 그토록 많은 진보가 있었던 것을 고려하면, 이제 사회 과학과 역사 과학의 논리와 방법론을 발전시키려고 시도할 시간이 무르익었다. 그러나 뒤 부아-레몽의 강연은 그러한 희망에 찬물을 끼얹었다. 만약 그의 강연의 논증이 올바르다면, [121]사회와 역사의 과학과 같은 것이 존재하기는 불가능할 것이다. 그 논증에 따르면, 설명의 패러다임은 기계론적이거니와, 그 패러다임은 역사와 사회의 좀 더 복잡한 현상들은 고사하고 의식과 감각의 일차적 수준도 설명할 수 없다.

따라서 역사 과학과 사회 과학의 논리를 정의하고자 하는 그의 최초의 주요한 시도인 1883년의 『정신과학 입문*Einleitung in die Geisteswissenschaften*』에서 딜타이가 뒤 부아-레몽에게 이의를 제기한 것은 전혀 놀라운 일로서

--

32. 딜타이는 자신의 프로그램을 1867년에 행해진 그의 바젤 대학 취임 강연 「1770-1800년 독일에서의 문학과 철학 운동Die dichterische und philosophische Bewegung in Deutschland 1770-1800」에서 천명한다. Dilthey, *Gesammelte Schriften*, ed. Karlfried Gründer and Frithjof Rodi (Göttingen: Vandenhoeck & Ruprecht, 1961-), V, 12-27을 참조. 이하에서 괄호 안의 모든 참조는 이 전집 판을 가리키며, 그것은 GS로 표시될 것이다.

다가오지 않는다. 그 책의 제2부에서 딜타이는 자연 과학의 한계에 대한 뒤 부아-레몽의 개념에서 모호함을 발견함으로써 그의 논증을 반박했다 (9-13). 과학의 한계라는 개념은 애매모호하다고 딜타이는 생각했다. 한편으로 그것은 두 종류의 개념들, 즉 우리가 의식을 기술하는 개념들과 물리적 세계를 설명하는 개념들 사이의 통약 불가능성을 가리킨다. 이 개념들이 통약 불가능한 까닭은 전자의 개념들이 후자로 환원될 수 없기 때문이다. 다른 한편으로 과학의 한계는 자연 법칙들 아래 포섭될 수 없거나 기계론적 패러다임에 따라 설명될 수 없는 해명 불가능한 것을 가리킨다. 딜타이의 주장에 따르면, 뒤 부아-레몽의 논증이 지니는 문제는 그것이 이 쟁점들을 혼동한다는 점이다. 정신적 삶과 의식에 관한 우리의 개념들이 우리가 물리적 세계를 기술하기 위해 사용하는 개념들로 환원될 수 없기 때문에, 뒤 부아-레몽은 정신적 삶과 의식이 자연 법칙들에 따라 설명될 수 없다고 결론을 짓는다. 그러나 이것은 불합리한 추론[non sequitur]이다. 비록 정신적 삶에 관한 우리의 담론이 물리 과학들의 그것과 통약 불가능하다 할지라도, 그에 대한 자연주의적 설명을 제공하는 것은 여전히 가능하다(12).

뒤 부아-레몽에 반대하는 딜타이의 요점은 그가 관점이나 설명에서의 차이를 실재 그 자체에서의 차이와 혼동한다는 것이다. 정신적 삶에 관한 담론이 우리가 자연 세계를 설명하는 법칙들과 다르기 때문에, 그는 정신적 삶의 현상이 그 법칙들에 따라서 설명될 수 없다고 가정한다. 논리적 차이가 물화되어 존재론적 장벽이 된다. 딜타이는 나중에 절대적 관념론의 오랜 언어를 사용하여 상이한 입장들에 관한 자신의 요점을 설명한다 (15). 우리는 내적 경험에서 시작하여 세계 전체를 자기의식의 조건으로서 구성할 수 있는데, 이것은 초월론 철학의 입장이었다. 또는 우리는 외적 경험으로부터 시작하여 [122]자기의식을 자연의 법칙들로부터 도출할 수 있는데, 이는 자연 철학의 입장이었다. 딜타이는 그 두 입장이 다 정당하다는 뜻을 내비친다.

뒤 부아-레몽에 대한 이러한 비판은 반자연주의자로서의 딜타이라는 우리의 대중적 이미지에 들어맞지 않는다. 그러나 그것은 우리가 버리는 것이 온당하다 할 이미지다. 중요한 것은 딜타이가 정신적 삶의 자연 과학의 가능성을 옹호하기를 원한다는 것과 그가 자연적 설명을 오로지 물리적 세계에만 제한하는 것이 원리적으로 잘못이라고 생각한다는 것을 파악하는 것이다. 『정신과학 입문』에서 그는 되풀이해서 인간의 삶과 의식에 대한 인과적 설명이 역사 과학과 사회 과학의 기초의 본질적 부분이라고 강조한다(27-28). 인간은 특수한 정신적 영역에 존재하는 그저 육체를 떠난 정신일 뿐인 것이 아니다. 오히려 그들의 의도와 생각은 그야말로 자연 세계의 부분인 그들의 행동과 말에 체현되어 있다. 우리는 이러한 의도와 생각을 일반 법칙 하에 포섭하여 그것들을 전체로서의 자연의 부분으로서 바라볼 때, 비록 단지 부분에서만이라 할지라도 그것들을 이해한다(14-15, 42-44).

하지만 딜타이의 뒤 부아-레몽과의 의견 차이는 단순히 자연 법칙들이 정신적 삶의 현상들을 설명할 수 있는지 여부에 관계되는 것이 아니었다. 그에게 있어 그 쟁점은 실제로는 부차적 문제였다. 좀 더 깊은 물음은 기계론적 설명 패러다임의 배타적 권위에 관계되었다. 하르트만과 마찬가지로 딜타이도 그 패러다임이 과연 유일한 것인지를 물었다. 비록 정신적 삶에 대한 그 패러다임의 적용을 허락했을지라도, 그는 그것이 유일한 패러다임이라는 가정을 비판했다. 딜타이에게 있어 기계론적 패러다임은 정신적 삶에 대한 설명의 필요하지만 충분하지는 않은 모델이다. 정신적 삶에 관한 우리의 일상적 담론과 자연 과학의 개념들 사이의 통약 불가능성은 그에 대해 똑같이 정당하지만 이질적인 관점들을 지시하고 있다. 우리가 일상 언어로 감정과 감각 그리고 생각에 관해 이야기할 때, 우리는 기계론적 패러다임의 그것과는 매우 다른 관점을 취한다. 우리가 이러한 감정과 감각 그리고 생각을 뇌 및 신경 상태와 상호 관계시킨 다음 이 뇌 상태를 화학적 상호 작용으로 환원할 수 있다고 가정한다면, 그것만으로는 여전히 감정 등등에 대한 단지 하나의 관점일 것이다. 이 점에 관한 한 딜타이와 뒤 부아-레몽의 의견 차이는 결코 명시적으로 표현되지 않았다. 그러나 그가 [123] 뒤 부아-레몽의 기계론적 패러다임의 배타적 정당성을 결코 받아들이지 않았으리라는 것은 그와 실증주의자들의 의견 차이에서 명확하다. 그는 『정신과학 입문』에 붙인 서문에서 사회 과학과 역사 과학을 자연 과학의 개념과 방법들에 따르도록 강요하고자 하는 실증주의자들의 시도가 그 의미와 목적의 왜곡으로 끝난다고 쓰고 있다 (xvii).

사회 과학과 역사 과학의 논리는 정확히 무엇인가? 그리고 그것은 자연 과학의 그것과 정확히 어떻게 다른가? 이들은 딜타이를 그의 경력 내내 사로잡은 물음들이었다. 이 물음들에 대답하고자 하는 그의 시도는 1860년대에 시작되어 1890년대까지 계속되었다. 우리는 다음 장에서 사회 과학과 역사 과학에 대한 딜타이 이론의 몇 가지 측면을 검토하게 될 것이다. 지금 여기서는 딜타이에게 있어 사회-역사 과학과 자연 과학 사이의 방법에서의 차이는 근본적으로 설명^{Erklärung}과 이해^{Verstehen} 간의 차이라는 점을 말하는 것으로 충분하다. 설명에서 우리는 자연 사건들을 보편적 법칙들 하에 포섭한다. 그러나 이해에서 우리는 행위를 의도와 맥락에 따라서, 사상을 맥락과 언어의 규칙들에 따라서 파악한다. 딜타이의 주장에 따르면, 설명과 이해는 매우 다른 목적과 매우 다른 논리를 지닌다. 이러한 것이 실제로 사실인가 하는 것은 우리가 여기서 탐구할 수 없는 큰 물음이다. 이렇듯 중요한 물음을 논의하는 것은 고사하고 그것을 제기하는 데 실패한 것은 뒤 부아-레몽의 논증의 한계를 보여주는 척도였다. 만약 세계에 대해 자연 과학과는 완전히 다른 관점을 지니는 사회 과학과 역사 과학이 존재한다면, 자연적 지식의 한계에 대한 뒤 부아-레몽의 설명은 전혀 지식 일반에 대한 설명일 수 없다.

7. 가면과 순교자

1872년에 있은 뒤 부아-레몽의 강연 이후 4반세기 이상이 지난 후에도 그것은 논쟁을 유발하고 반성을 불러일으켰다. 1898년에 대중 잡지인 『디 추쿤프트*Die Zukunft*』[미래]에 그 강연의 중심 주제들을 새로운 문화적 분위기에서 다시 생각해 볼 것을 제안하는 익명의 논설이 실렸다.[33] [124]저자는 본래의 강연 이후로 많은 것이 변했으며, 그래서 사람들이 이제 그에 관해 무엇을 생각해야 하는지 물을 필요가 있다고 느꼈다. "실재론과 자연 과학에 자부심을 지닌 세대는 이제 시들었다"고 그는 썼다. "이제

• •
33. W. Hartenau, "Ignorabimus," *Die Zukunft* 25 (19.03.1898), 524-36. 이는 *Der Ignorabimus-Streit*, pp. 233-51에 다시 수록되었다. 여기서의 모든 참조는 본래의 판을 가리킨다.

발견의 시대는 지나갔으며, 물리학은 오직 기자와 상류 사회의 오락을 위해서만 일하고 있다."(536) 그가 보기에 1890년대 후반은 "학문과 예술이 새로운 이념들을 갈망하는" 새로운 시대의 여명이었다. 이 익명의 저자는 — 그가 누구이든지 간에 — 이 새로운 시대에 과학의 한계에 관한 가장 흥미로운 물음들을 제기했다. 그의 논설은 이그노라비무스 논쟁의 가장 대담하고 독창적인 것들 가운데 하나였다. 그것은 새로운 인간주의 입장을 도입하고 있으며, 자연 과학에 대해 이전의 모든 의견 제시들보다 더 비판적인 태도를 보여준다.

"W. 하르테나우Hartenau" — 저자는 자신을 그렇게 불렀다 — 는 자연 과학의 한계에 대한 뒤 부아-레몽의 설명에 동의한다. 그가 정신-육체 상호 작용 문제가 물리적-수학적 패러다임에 따라서 해결 불가능하다고 주장한 것은 완전히 옳았다(525). 이제 유물론자들의 태도가 누그러지게 된 것은 뒤 부아-레몽의 논증의 좀 더 유익한 결과들 중의 하나였다. 그러나 이제 실증주의자들이 용기를 얻게 된 것은 그것의 덜 유익한 결과들 가운데 하나였다. 뒤 부아-레몽을 따라 그들은 자연 과학이 유일한 종류의 지식이라고 믿었으며, 그래서 그들은 형이상학이나 세계에 대한 어떤 다른 종류의 사고를 추방했다(525). 이 마지막 요점은 하르테나우가 행하는 비판의 핵심을 반영한다. 딜타이나 하르트만과 마찬가지로 그도, 비록 완전히 다른 관점에서긴 하지만, 자연 과학의 방법들이 지식의 바로 그 모델을 제공한다는 뒤 부아-레몽의 가정에 의문을 제기한다(526).

하르테나우의 주장에 따르면, 우리는 자연 과학이 지식에 대한 우리의 가장 심오한 열망을 만족시키지 않는다는 것을 깨달아야 한다. 우리는 삶에 관한 가장 중요한 물음들을 해결하기 위해 자연 과학을 필요로 하지 않는다. 살아가는 법을 알기 위해 우리는 그 밖의 다른 어떤 것도 아닌 개별적인 자연 사건들에 대한 지식을 필요로 한다(526). 자연 과학은 우리에게 우리의 행동을 위한 지침을 결코 주지 않으며, 우리에게 윤리를 결코 제공하지 않고, 우리에게 우리가 가장 많이 알 필요가 있는 것, 즉 우리 삶의 최종 목표를 결코 가르쳐 주지 않는다. 자연 과학은 도식화하고 분석하고 해부하는 것 이외에 다른 어떤 것도 하지 않는다. 설명의 궁극적 목표는—뒤 부아-레몽이 말했듯이—대상을 그 궁극적 입자들로 분석하는 것이다. 그러나 이 이상이 마침내 실현되어 우리가 『자연 현상들의 기계론적 이론』이라 부르는 책을 결과로 낳는다고 가정해 보자. [125] 이 책은 "시든 잎들과 나무처럼 딱딱한 열매"를 지닌 "인쇄된 지식 나무"일 것이다. 어느 누구도 그것을 읽고자 하지 않을 것이다. 왜? 왜냐하면 이 책은 가장 커다란 문학적 범죄를 저지를 것인바, 요컨대 그것은 지루할 것이기 때문이다(527). 어느 누구도 그것을 읽는 데 관심을 기울이지 않을 것인데, 왜냐하면 그것은 지금이나 미래에 세계를 움직이는 것에 관한 아무것도, 즉 정신과 육체 사이의 연관은 고사하고 인간성, 도덕, 경제, 사회 그리고 민족에 관한 아무것도 담고 있지 않을 것이기 때문이다. 세계 내의 그 어느 것도 이 책의 출판에 의해 변화되지 않을 것이다. 그것은 우리의 지식을 확대할 수도 있을 것이다. 그러나 그것은 세계의 본질에 대한 우리의 통찰을 심화시키지는 못할 것이다(527).

마치 19세기 후반의 루소인 것처럼, 하르테나우는 자연 과학이 우리를 위해 행한 것이 무엇인지 묻는다. 그는 묻는다. 왜 우리는 그것을 필요로 하는가? 빵이 원자로 이루어져 있는가 아닌가 하는 것은 아무런 차이도 없다. 오로지 우리가 그것을 먹을 수 있다는 것만으로 충분하다(528). 사물들의 연관은 우리가 그것을 어떻게 분석하든지 간에, 그리고 그것이 비실재이든지 아니면 궁극적 등급의 실재이든지 상관없이 계속해서 동일하다. 확실히 자연 과학자들은 우리에게 우리의 욕망을 어떻게 만족시킬 수 있을지를 보여줌으로써 우리의 삶을 좀 더 편안하게 만들었다. 그러나 그들은 우리에게 우리의 궁극적 가치가 무엇이어야 하는지를 말해주는 데서는 맹목적이다. 과학들은 우리에게 끝없는 편의물과 발명품을 공급하는 기술이라는 판도라 상자를 가져다주었다. 그러나 우리는 기술 밑에서 질식하고 있다. 오늘날에는 욕구를 만족시키는 것보다 그 욕구를 발견하는 것이 더 어렵다(536). 과학과 예술은 새로운 이념들과 이상들을 부르짖는다. 그것들은 충분한 수의 사실들과 형식들을 지녀왔다.

하르테나우는 자연 과학 배후의 교조적 실재론을 허물어뜨리기 위해 최선을 다한다. 자연 과학의 권위는 그것이 우리에게 사물들의 본성, 즉 사물들이 그 자체에서 존재하는 방식에 관한 지식을 제공한다는 주장에 토대하는 것으로 보인다. 그러나 이러한 실재론은 소박하다고 하르테나우는 주장한다. 우리는 신이 인간과 자연을 창조했다고 말해서는 안 되는데, 왜냐하면 자연과 신을 창조하는 것은 실제로는 인간이기 때문이다(528). 우리의 세계에 거주하는 대상들은 주어지는 것이 아니라 구성물들이다. 그것들은 우리가 우리의 지성을 우리의 감각들에 적용함으로써 산출하는 것들이다. 우리가 사물들을 그것들로 분석해 내는 모든 원자들과 운동 형식들은 다만 우리에 대해 궁극적인 것의 이미지 또는 상징일 뿐이다 (529). 우리는 감각들 배후에 어떤 대상이나 사물 자체가 존재한다고 가정할 어떠한 권리도 지니지 않는데, 왜냐하면 인과성이란 오직 현상들 상호 간의 연속성을 위한 정식일 뿐이기 때문이다. 자연 과학에 대한 주요 물음은 [126]한 다발의 화학 물질이 어떻게 태고 시대에 결합하여 사고를 창조하게 되었는가 하는 것이었다. 그러나 그 물음은 잘못 제기되어 있다고 하르테나우는 주장한다. 물어야 할 올바른 물음은 우리가 어떻게 물질과 그 궁극적 원소들의 관념에 도달하는가 하는 것과 이러한 관념이 무엇을 전제하는가 하는 것이다(529). 하르테나우의 논의에 따르면, 물음을 이러한 방식으로 제기할 때 우리는 자연 과학이 우리 위가 아니라 우리 밑에 놓여 있다는 것을 알게 된다. 자연 과학은 자기의 인식적 지위에 관한, 즉 자기가 어떻게 지식에 도달하는지에 관한 근본 물음들에 대답할 수 없다. 하르테나우는 우리에게 일단 우리가 이러한 인식론적 물음들을 제기하게 되면, 우리는 형이상학의 좀 더 높은 지평에 서게 될 것이고 사상의 가장 심오한 심연이 우리 앞에 열릴 것임을 약속한다.

하르테나우는 이러한 인식론적 쟁점들을 취하여 객관적 진리에 대한 자연 과학의 주장을 약화시키기 위한 원시-쿤주의적인 발걸음을 내딛는다. 그의 논의에 따르면, 과학들에서 채택된 방법들과 과학들이 제기하는 모든 물음들을 정확히 검토할 때 우리는 더 이상 표상과 대상 사이에 완전한 일치가 존재한다고 말할 수 없다. 우리는 하나의 명제에 토대한 행위들이 우리가 기대하는 현상들로 이어질 때 그 명제를 참된 것으로서 간주한다. 그러나 우리는 우리가 가질 수 있는 어떤 모순적인 자료들이나 어떤 의심들에 관해 더 이상 고민하지 않는다(530). 심지어 가장 단순한 단칭 명제의 경우에도 그 진리를 아는 것은 무한히 계속될 수 있는 물음들을 제기한다. 이 주화의 무게가 적정량의 금이라고 하는 것은 우리 도구의 정확성, 무게의 정확함, 금에 대한 척도, 주화 안의 금의 정확한 종류 등등에 의존한다. 문제의 그러한 복잡성은 좀 더 일반적인 과학 법칙을 확인하는 데 있어서는 훨씬 더 커다랗다(531). 하나의 이론이 그것만으로 궁극적 진리라고 생각하는 과학자는 극단적으로 순진하다. 과학자들은 형이상학자들이 그렇게 하는 것과 마찬가지로 자신의 교설을 바꾼다. 언젠가 정설인 것이 내일 거부된다(531-32). 하르테나우는 과학적 진리와 같은 것은 실제로는 존재하지 않으며, 다만 우리가 다소간에 가까이 다가가는 진리의 일정한 열망 대상들^{desiderata}만이 존재한다고 주장한다(532). 우리는 현상들을 가장 훌륭하게 단순화하고 가장 적게 모순에 부딪치는 이론을 참된 것으로서 간주한다.

  자연 과학이 삶의 가장 중요한 결정들에서 우리를 도울 수 없다는 것은 우리의 가치들이 궁극적으로 형이상학적이거나 초월적인 토대를 지녀야만 한다는 사실로부터 명확하다. 나는 그 결과가 나 자신의 삶을 넘어서서 지속되는——나무를 심어 숲 조성하기, 책 쓰기, 내 아이들을 돌보기와 같은——단 하나의 행위도 [127]이를테면 형이상학적인 영역에로 발을 들여놓지 않고서는 수행할 수 없다(533). 내가 그 가치가 순수하게 유용하지는 않은 많은 행위를 하는 까닭은 내가 자연 세계를 초월하는 그 가치에 대한 어느 정도의 믿음을 지니기 때문이다. 삶에서의 나의 경험은 물리학에서의 실험과 꼭 마찬가지로 그 행위들의 가치에 대한 시험이다. 윤리학에서의 실험과 과학에서의 실험 사이에는 커다란 차이가 존재한다. 과학에서 우리는 무엇이 모든 이에 대해 똑같이 참이거나 좋은지를 결정한다. 그러나 윤리학에서 나는 무엇이 나 자신에 대해 좋은지를 결정한다. 나 자신의 개성, 나 자신의 개인적 결정들이 중요하다. 거기에는 과학들에서 사용되는 것과 같은 상호 주관적인 기준이 존재하지 않는다(535).

  하르테나우는 자연 과학의 그것들과는 무언가 다른 종류의 지식을 허락하라는 간청으로 자신의 논설을 끝맺는다. 그는 그의 궁극적 목표가 형이상학의 정당성을 입증하는 것, 즉 궁극적 가치들과 각각의 개인이 삶으로부터 원하는 것에 관해 생각할 수 있는 권리를 정당화하는 것임을 드러낸다(535). 모든 이에 대해 그 모든 대답을 제공하는 단일한 형이상학 체계를 믿을 필요는 존재하지 않는다. 그러나 모든 이는 여전히 형이상학적으로 생각할 필요가 있는데, 왜냐하면 그들의 개인적 삶에서 아주 많은 것이 그것에 달려 있기 때문이다. "오로지 자연 과학"에 대한 믿음은 이러한 근본적인 물음들이 대답되지 않은 채 남아 있을 정도로 우리의 지평을 제한해 왔다. 자연 과학보다 더 자유롭고 더 풍부한 종류의 사고, 즉 그것이 좀 더 개인적이라는 사실에도 불구하고가 아니라 바로 그러한 까닭에 커다란 가치를 지니는 사고가 존재한다. 그래서 뒤 부아-레몽의 이그노라비무스에 항의하여 하르테나우는 선언한다. "크레아비무스!$^{Creabimus!}$[우리는 창조할 것이다!]"

하나의 물음이 남아 있다. 이 하르테나우는 누구인가? 대답은 놀랄 만하다. 다름 아닌 발터 라테나우$^{Walter\ Rathenau}$(1867-1922)다. 그는 20세기 초 독일에서 가장 저명한 공적 인물들 가운데 한 사람이었다. 라테나우는 단지 기술자에 지나지 않았을 때에 그 논설을 썼다. 그러나 그는 나중에 주요한 기업 경영자, 즉 거대 전기 기기 회사인 아에게^{AEG}의 회장이 될 것이다. 1914-18년의 전쟁 동안 그는 군수품 보급을 위한 전시물자국을 이끌었다. 전쟁 후에 그는 바이마르 공화국의 외무장관이 되었는데, 거기서 그의 과업은 연합국과 배상금 지불 조건들을 협상하는 것이었다.[34] 보수파는 유대인 라테나우가 [128]이 조건들을 준수하는 데 찬성한 것에 격노했다. 1922년에 그는 국가주의자들의 한 패거리에 의해 암살당했다. 그리하여 라테나우는 바이마르 공화국을 위한 초기 순교자가 되었다.

●●
34. 바이마르 공화국에서의 라테나우의 역할에 대해서는 Erich Eyck, *A History of the Weimar Republic* (New York: Atheneum, 1970), I, 184-86, 192-93, 200-204, 206-21 을 참조.

8. 헤켈의 최종 입장

독일에서 다윈을 옹호하는 주장으로 명성을 쌓은 몹시 지치고 경계심 많은 에른스트 헤켈은 1899년에 그의 최종적인 견해와 신조 표명인 『세계 수수께끼』를 출판했다.[35] 헤켈은 그 자신을 자기 세기의 자식이라고 불렀으며, 이제 그 세기가 끝나가고 있기 때문에 바로 그때를 자기의 필생의 작업을 끝내기에 적합한 시점으로 바라보았다. 『세계 수수께끼』는 그의 철학의 최종 진술, 자연 과학자로서의 그의 모든 노고와 반성의 정점이 되어야 했다. 헤켈 저작의 바로 그 제목은 이그노라비무스 논쟁의 지속적인 영향을 드러낸다. 그것은 뒤 부아-레몽의 또 다른 저술인 「일곱 개의 세계 수수께끼」, 즉 그의 1872년 강연의 속편을 지시하고 있었다.

베를린에서의 초기 시절 이래로 헤켈은 뒤 부아-레몽을 알고 있었다.[36] 두 사람 다 위대한 생리학자 요한네스 뮐러의 제자였다. 물론 둘 다 변절자로, 뮐러 그 자신이 결코 승인하지 않았을 생명 설명을 위한 "물리주의 프로그램"에 헌신했지만 말이다. 공통된 조상과 변절에도 불구하고 두 사람은 서로를 그다지 좋아하지 않았다. 뒤 부아-레몽은 헤켈을 지나친 형이상학자로서, 즉 너무도 열심히 사변에 관여하고 관찰과 실험을 충분히 성실하게 행하지 않는 자로서 간주했다. 헤켈은 과학 아카데미 원장의 권한을 지닌 뒤 부아-레몽이 자기가 보조금을 받지 못하게 된 이유라고

..

35. Ernst Haeckel, *Die Welträthsel* (Bonn: Emil Strauß, 1899). 괄호 속의 모든 참조는 이 판을 가리킨다.
36. 두 사람 사이의 개인적 관계에 대해서는 Laura Otis, *Müller's Lab* (Oxford: Oxford University Press, 2007), pp. 218-19를 참조.

의심했다. 『세계 수수께끼』에서 이전의 동료에게로 향한 그의 적의는 거의 숨겨지지 않았다. 헤켈은 "베를린 과학 아카데미의 너무도 강력한 서기이자 독재자의 교조적 지시"에 대해 불평했다(209).

이러한 개인적 차이들에 더하여 그들의 세계관에는 좀 더 깊은 차이들이 놓여 있었다. 『세계 수수께끼』는 [129]헤켈 세계관의 최종적인 일반적 진술이었는데, 그는 그것을 "일원론"이라 불렀다.[37] 헤켈에게 있어 일원론이란 우주 만물이 철두철미 동일한 근본 법칙들에 의해 지배되는 하나의 통일이자 불가분적인 전체라는 교설이다. 그러한 일원론은 헤켈의 자연주의와 밀접하게 연관되어 있는데, 그 자연주의에 따르면 우주 내의 모든 것이 최소한 원리적으로는 기계론적 법칙들에 따라 해명될 수 있다. 자신의 일원론의 안티테제를 그는 "이원론", 즉 우주 내에 자연을 넘어서서 그러한 기계론적 법칙들에 따라 해명될 수 없는 초자연적 영역이 존재한다는 교설이라고 부른다.

『세계 수수께끼』의 제1장에서 헤켈이 자신의 일원론을 그가 이원론의 주요 대표자로서 간주하는 뒤 부아-레몽의 세계관과 날카롭게 대조시키는 것은 효과적이다(18). 물질과 정신이 궁극적으로 해명 불가능하다고 주장함에 있어 뒤 부아-레몽은 자신의 우주 내에 근본적인 이원론을 창조했다고 헤켈은 비난한다. 뒤 부아-레몽에게 있어서는 기계론적 법칙들에 따라 해명될 수 있는 자연 세계가 존재하고, 그러한 법칙들에 따라

----

37. 헤켈은 자신의 입장을 "유물론"으로 기술하기를 거부한다(23). 그는 자신의 일원론이 스피노자의 이중 속성 학설에 더 가깝다고 생각한다. 비록 그가 그 두 속성을 물질과 에너지로 삼고 있고(23, 249), 에너지로부터 정신적 영역이 설명되고 있는 것이 눈에 띄지만 말이다. 스피노자에 대한 언급은 오히려 헤켈 철학 배후의 유물론적 의도를 숨기기 위한 연막이다.

해명될 수 없는 초자연적 세계가 존재한다. 헤켈은 너무도 명확하게 선언한다. "이그노라비무스 강연은 형이상학적 이원론의 결정적인 강령을 포함한다."(209)

과학의 한계와 세계의 인식 가능성에 관한 헤켈과 뒤 부아-레몽의 충돌은 더 이상 극단적일 수 없었다. 뒤 부아-레몽은 이그노라비무스 강연에 대한 나중의 변호인 「일곱 개의 세계 수수께끼」에서 자그마치 일곱 개의 세계 수수께끼가 있다고 주장한다. (1) 물질 또는 힘의 본질, (2) 운동의 기원, (3) 생명의 발생, (4) 자연의 설계, (5) 감각의 기원, (6) 언어의 기원, 그리고 (7) 자유의지.[38] 뒤 부아-레몽은 오직 (1), (2), (5), 그리고 (7)만이 "초월적"이라고, 다시 말하면 원리적으로 해결될 수 없다고 주장했다. 다른 것들은 비록 우리가 과학적 지식의 현재 상태에서 그것들을 전혀 해결하고 있지 못하다 할지라도 원리적으로 해결될 수 있다. 헤켈은 이러한 신비들을 뒤 부아-레몽의 이원론의 원천이자 뒷받침으로 바라보았기 때문에 [130]그것들 모두를 너무도 단호하게 거부했다. 그것들 가운데 그 어느 것도 실제로는 신비가 아니라고 그는 주장했다. 그의 주장에 따르면, 처음 여섯 개는 원리적으로 해결될 수 있고 일곱 번째 것은 전혀 신비가 아닌데, 왜냐하면 뒤 부아-레몽에 의해 가정된 의미에서의 자유의지와 같은 것, 즉 동일한 상황에서 동일한 사람이 행동하거나 행동하지 않을 수 있는 힘과 같은 것은 실제로는 존재하지 않기 때문이다. 따라서 헤켈의 우주에 신비란 존재하지 않는다. 그에게 있어서는 단일한 실재, 통일된 전체 세계가 존재한다고 말하는 것은 모든 것이 본질적으로 이해될 수 있다는 것, 원리적으로 자연 법칙들에 따라 해명될

38. Du Bois-Reymond, *Die sieben Welträthsel*, pp. 1064-70.

수 있다는 것을 의미한다.

  세계의 이해 가능성과 자연 과학의 잠재적 전지^{全知}에 대한 헤켈의 선언은 많은 이에게 분별없이 오만하고 어리석게 낙관주의적인 것이라는 인상을 줄 것이다. 그러나 우리는 그의 선언을 맥락 안에 놓아야 한다. 그것은 실제로는 저항의 진술, 즉 물리주의 프로그램 내의 그의 오랜 친구들과 동료들의 배신과 소심함에 대한 반작용이었다. 늙어버린 까닭에 그들은 과학에 대한 믿음을 상실했고, 그들이 한때 대답될 수 있는 물음들을 보았던 곳에서 이제는 해결될 수 없는 신비들을 보고 있었다. 헤켈의 책은 한때는 스스로 자부심 있는 자연주의자들이었지만 이제는 자신들의 기계론적 방법의 오류들을 포기한 자들에 대항한 자기 정당화에서 저술되었다.[39] 루돌프 피르호(1821-1902), 칼 에른스트 바에르(1792-1876), 빌헬름 분트^{Wilhelm Wundt}(1832-1920) 그리고 마지막이지만 마찬가지로 중요한 자인 뒤 부아-레몽 그 자신은 한때 헤켈과 더불어 목적론과 생명력으로부터 자유로운 세계를 창조하고자 도모했다. 그러나 좀 더 여유로운 노년에 그들은 자신들의 오랜 물리주의 프로그램을 젊은이에게 특유한 꿈으로서 간주했다. 그것은 헤켈을 홀로 서 있도록 만들었다. 그는 자신의 오랜 친구들과 동료들 모두를 오로지 자신만이 그 정당성을 입증하도록 남겨진 과학의 대의에 대한 반역자로서 바라보았다. 그들은 오랜 물리주의자들에 의한 기계론에 대항한 전회를 가장 달콤한 정당화로서 찬양한 자신들의 적 ― 유신론자와 관념론자 그리고 유심론자들 ― 에게 도움과 위안을

---

39. 그의 오랜 동맹자들에 대항한 싸움은 훨씬 일찍 시작된다. 『세계 수수께끼』에 대한 전주곡은 그의 『자유로운 학문과 자유로운 교설*Freie Wissenschaft und freie Lehre*』인데, 그것은 바에르와 피르호 그리고 뒤 부아-레몽의 변절에 대한 비판이다.

주었다. 헤켈은 그들의 배신을 소심함과 심지어 노망의 증거로서 비난했다(118). 그래서 비록 『세계 수수께끼』가 미래를 위한 철학이고자 의도했을지라도, 그 저자는 그것이 실제로는 퇴각 부대 엄호 작전,[131] 즉 이제 그 자신이 세계 내에 혼자 있다고 느낀 낡은 양식의 자연주의자의 최종 입장임을 너무도 잘 알고 있었다.

어째서 헤켈은 자신의 일원론을 그토록 자신했던 것일까? 어째서 그는 뒤 부아-레몽의 논증들의 취약성을 그토록 확신했던 것일까? 뒤 부아-레몽의 강연을 명시적으로 논의하는 『세계 수수께끼』의 구절들에서(108-10, 206-13) 헤켈은 의식에 대한 설명이란 그 해결책이 궁극적으로 물리학과 화학의 영역 내에 놓여 있는 생리학적이거나 신경학적인 문제라는 자신의 이론을 간단히 재확인한다. 의식은 뇌에 의존하는 영혼의 좀 더 고차적인 활동들의 단지 한 부분일 뿐이다(212). 경험은 우리에게 비물질적 실체란 존재하지 않으며, 우리의 모든 의식적 활동이 궁극적으로 그 원천을 뇌에서 지닌다는 것을 보여준다고 헤켈은 주장한다(255). 그렇지만 이것들은 뒤 부아-레몽이 결코 의심하지 않은 명제들이었으며, 그것들은 그 스스로 의식이 단지 뇌 활동일 뿐이라는 것을 거의 입증하지 못했다.

하지만 헤켈과 뒤 부아-레몽 사이에는 좀 더 깊은 불일치, 즉 이원론에 대한 뒤 부아-레몽의 확신뿐만 아니라 일원론에 대한 헤켈의 확신도 설명해 주는 의견 차이가 존재했다. 이 좀 더 깊은 불일치는 물질 그 자체의 본성에 관계된다. 뷔히너와 마찬가지로 헤켈도 우리가 물질을 고전적인 데카르트주의 양식에서 관성적 연장으로서가 아니라 활동적 에너지로서, 그리고 사실상 노력*nisus* 또는 추구로서 파악해야만 한다고 논의한다(259). 만약 이것이 사실이라면, 정신과 물질 사이에는 종류에서의 어떠한 실재적 차이도 존재하지 않는다. 정신이란 다만 이미 물질에 내재하는 에너지들의 좀 더 복잡하고 발전된 형식일 뿐이다. 헤켈은 그 이전의 뷔허너와 거의 마찬가지로 뒤 부아-레몽이 여전히 그의 물질 개념에서 뒤처져 있으며, 그것을 낡은 데카르트주의 노선을 따라 이해하는 데서 고집하고 있다고 시사한다. 만약 우리가 뒤 부아-레몽이 그렇게 하듯이 물질을 관성 질량으로 이해한다면, 물론 우리는 그것이 의식을 설명할 수 있을 것이라 기대할 수 없다. 그러나 그것은 헤켈에게 있어 더욱더 물질에 대한 그러한 낡은 견해를 포기해야 할 이유다.

뒤 부아-레몽은 자신이 단적으로 거부한 이러한 물질 이론을 헤켈이 주장한다는 것을 알았다.[40] 「일곱 개의 수수께끼」에서 그는 헤켈의 살아 있는 분자나 원자적 영혼 가설이 [132]자연 철학의 가장 나쁜 유산들 가운데 하나라고 불평했다.[41] 헤켈은 모든 철학함의 첫 번째 규칙들 가운데 하나를 위반했다. "필요 없이 존재자들이 창조되어서는 안 된다*entia non sunt creanda sine necessitate*." 헤켈은 의식의 통일이 어떻게 원자적 영혼의 다수성으로부터 발생하는지 설명할 수 없었다. 헤켈은 의식을 설명하기보다는 단순히 그것을 분자들 그 자신 안으로 읽어 들이며, 그래서 그의 설명은 순환적이다. 뒤 부아-레몽에게 있어 헤켈의 이론은 다만 우리가 설명해야 할 우리 자신의 경험의 바로 그 면모들을 우리가 어떻게 물질에 투사하는지를 보여주는 또 다른 예일 뿐이었다. 그에게 있어서는 헤켈이 의인적인 세계 파악을 꾸짖는 데에 그토록 많은 시간과 에너지를 들인 것은 역설적이었는데, 왜냐하면 그 자신의 물질 이론이 그러한 의인관의

. .
40. 헤켈은 초기 저작인 *Die Perigenesis der Plastidule oder die Wellenzeugung der Lebenstheilchen. Ein Versuch zur mechanischen Erklärung der elementaren Lebensvorgänge* (Berlin: Reimer, 1876)에서 그것을 설명한 바 있었다.

41. Du Bois-Reymond, *Die sieben Welträthsel*, pp. 1051-52.

보기 드문 예였기 때문이다.

　헤켈은『세계 수수께끼』에서 이러한 비판에 응답하여 자신이 도대체 의식 그 자체를 원자적 영혼들에 돌렸다고 생각하는 것은 자신의 입장의 왜곡이라고 주장했다. 원자적 영혼들의 본성은 오직 잠재의식적인 수준에서만 나타나는 의지와 감정의 원초적 형식들에 그 특징이 있었다(206). 그러나 그는 어딘가 다른 곳에서 자기가 대답했다고 느낀 좀 더 심오한 물음, 즉 살아 있는 또는 역동적인 물질 개념을 위한 증거와 정당화에 관한 물음을 제쳐놓았다.

　결국 헤켈과 뒤 부아-레몽 사이의 논쟁은 그들의 충돌하는 물질관 그 자체에 이르렀다. 어떤 견해가 올바른가 하는 것은 궁극적으로 오직 과학 그 자체의 진보에 의해서만 결정될 수 있었다. 역설적인 것은 과학 그 자체가 자기의 한계를 규정해야 한다는 점인바, 철학자가 그 한계를 예언하거나 부과하는 것은 어리석지 않을 수 없다.

제4장　클리오의 시련과 고난

1. 학문으로서의 역사

[133]18세기가 종종 "이성의 시대"라고 불리는 것과 꼭 마찬가지로 19세기는 종종 "역사의 시대"라는 별명으로 불린다. 이 명칭들은 물론 상투적 문구지만, 그러나 또한 나름의 진리 핵심을 지닌다. 19세기를 "역사의 시대"라고 부르는 데는 여러 이유가 존재한다. 일차적으로 그 까닭은 그 세기의 처음에 사람들이 역사를 사회와 국가를 형성하는 힘으로서 훨씬 더 의식하게 되었기 때문이다. 프랑스 혁명의 하나의 주요한 가르침은 사람들이 오로지 순수 이성의 권능에 따라서만 사회와 국가를 창조할 수 없다는 것과, 사회적·정치적 제도들은 만약 사회와 국가가 정상적으로 기능할 수 있다면 갑자기 중단되거나 변화될 수 없는 장구하고도 점진적인 발전의 산물이라고 하는 것이었다. 그러나 19세기를 역사의 시대라고 부르기 위한 또 다른 이유가 존재한다. 사람들은 역사가 인간 정체성의 결정자라고 하는 것을 좀 더 자각하게 되었다. 18세기에 아주 일반적으로 표현된 오랜 믿음, 즉 인간 본성이 시대들을 관통하여 불변적이고 한결같다는 믿음은 문제가 있는 것으로 입증되었다. 증가된 인류학적·역사적 지식 때문에, 인간 본성이 사회 및 역사와 함께 변화하며, 그래서 우리가 누구인가 하는 것은 우리가 언제 어디서 태어났고 어떻게 존재하게 되었는가 하는 것에 깊이 의존한다는 것이 깨달아졌다.

19세기가 역사의 시대라고 불리는 하나의 마지막 이유가 존재한다.

그것은 지적인 분과로서의 역사가 독자적인 권리를 지니는 학문이 되었기 때문이다. 프리드리히 마이네케가 거의 한 세기 전에 언급했듯이,[1] 이것은 지적인 혁명과 다름없는 것이었다. [134]18세기가 끝나갈 때에도 철학자들은 여전히 지식의 수학적 패러다임을 신봉했는데, 그에 따르면 우리는 오직 우리가 증명하는 것만을 알며, 지식은 보편성과 필연성을 요구한다. 이 패러다임은 볼프주의 전통과 칸트주의 전통 둘 다에게 공통적이었다. 그것은 잘 알려져 있는 것처럼 칸트가 오직 한 분과 안에 수학이 존재하는 만큼만 그 안에 학문이 존재한다고 선언했을 때 그에 의해 완전히 명시적이게 되었다.[2] 하지만 그러한 엄밀한 기준에 의해 역사는 학문일 수 없다. 역사의 명제들 가운데 어느 것도 논증될 수 없다. 그리고 그것들은 보편성과 필연성을 결여하는데, 왜냐하면 그것들은 특수하고 우연한 사건들에 관한 것들이기 때문이다. 하지만 19세기 말 무렵에 수학적 패러다임은 자기의 장악력을 상실했다. 역사는 독자적인 권리를 지닌 학문이 되었다. 미스터리하긴 하지만 설명될 수 있는 이유들로 인해 논증 가능성과 보편성 그리고 필연성은 더 이상 지식의 필요조건으로서 여겨지지 않았다. 어쨌든 특수하고 우연적인 사실 문제들에 관한 역사적 명제들마저도 학문적일 수 있었다.

우리는 이러한 혁명을 어떻게 설명할 것인가? 역사를 학문적 지위를 향해 밀어붙이는 사회적·역사적 힘들을 이해하기는 쉽다. 만약 역사가 사회와 국가 그리고 인간 정체성의 그러한 강력한 규정자라고 한다면,

1. Friedrich Meinecke, *Die Entstehung des Historismus* (Munich: Oldenbourg, 1965), p. 1.
2. Kant, "Vorrede," *Metaphysische Anfangsgründe der Naturwissenschaft*, IV, 470.

그에 대한 학문이 있는 것이 더 좋을 것이다. 그렇지 않으면 어떻게 인간이 그 자신의 운명을 통제할 수 있을 것인가? 만약 인간이 역사를 알 수 없다면, 그들은 또한 역사를 지도할 수도 없을 것이다. 그리하여 종교와 국가에 대한 비판을 부채질한 인간의 자율성에 대한 요구는 또한 학문으로서의 역사의 정당화에 동기를 부여하고 있기도 했다.

그러나 이러한 사회적·역사적 힘들만으로는 역사에 지적이거나 철학적인 정당화를 부여하기에 충분하지 않았다. 그것들은 그러한 정당화를 위한 강력한 동기를 부여한다. 그러나 그것들은 혼자서는 그 정당화를 제공하지 못한다. 그 이야기의 그러한 철학적 측면은 훨씬 더 복잡하여 서로 얽혀 있는 많은 이야기를 포함한다. 여기서 우리는 그것들 가운데 오직 하나, 즉 가장 단순하고 가장 기초적인 것에 대해서만 말하게 될 것이다.

이 이야기는 18세기 중반에 시작된다. 1752년에 볼프주의 철학자 요한 마르틴 클라데니우스(1710-59)는 독창적이지만 대체로 잊힌 텍스트인 『일반 역사학』,[3] [135]즉 어떻게 역사가 학문일 수 있는지를 보여주고자 한 책을 출판했다. 훌륭한 볼프주의자로서 클라데니우스는 감히 학문으로서의 역사의 정당함을 입증하려고 해서는 결코 안 되는 것으로 보일 것이다. 왜냐하면, 그의 스승은 지식이란 논증 가능성을 필요로 하며, 그것은 보편성과 필연성을 요구한다는 것을 증명하지 않았던가?[4] 그리고 그는

··
3. Johann Martin Chladenius, *Allgemeine Geschichtswissenschaft* (Leipzig: Friedrich Lanckischens Erben, 1752). 그의 죽음 이후 클라데니우스는 망각의 늪에 빠져들었다. 그는 20세기 초에 에른스트 베른하임Ernst Bernheim에 의해 구조되었다. 그의 *Lehrbuch der historischen Methode* (Leipzig: Duncker & Humblot, 1914), pp. 183, 223을 참조.
4. Christian Wolff, *Vernünftige Gedanken von den Kräften des menschlichen Verstandes*

역사가 지식의 가장 저급한 형식이라고 선언하지 않았던가?[5] 하지만 클라데니우스는 대담한 사람이었다. 그는 역사가 어떻게 그의 스승의 좀 더 엄밀한 기준들 가운데 몇 가지마저도 만족시킬 수 있는지를 보여주는 논증을 고안했다. 자신의 책에서 그는 어떻게 역사가, 비록 특수하고 우연적인 사건들에 관한 것임에도 불구하고, 여전히 바로 그 규칙 내지 규범에 의해 지배되는 활동인지를 보여주었다. 역사에는 증거를 평가하기 위한 많은 규범들 내지 규칙들이 존재한다고 클라데니우스는 설명했으며, 계속해서 그는 이러한 규칙들이 무엇이고 그것들이 서로 어떻게 관계되는지를 아주 상세하게 명시했다. 클라데니우스의 논의에 따르면, 역사에서 지식을 주장하기 전에 우리는 먼저 이 규칙들을 준수해야 하는바, 이 규칙들은 엄밀하고 요구하는 바가 많으며, 사실상 특수한 경우들에서의 그것들의 적용을 규정하기가 어렵다 할지라도 보편적이고 필연적이다. 볼프주의자에게 이것은 설득력 있는 논증이었다. 왜냐하면 볼프 그 자신이 규칙 준수를 이성적 활동의 다름 아닌 기준으로 삼았기 때문이다.[6] 그래서 만약 역사가 규칙들을 따르고, 규칙들을 따르는 것이 이성적이라면, 역사 역시 이성적이어야 하는바, 다시 말하면 그 자신의 독자적인 권리를 지니는 학문이어야 한다. 그리하여 클라데니우스는 그의 스승이자 모든 이들 가운데 가장 이성주의적인 철학자인 크리스티안 볼프의 엄밀한 기준들에 의해서도 역사를 정당화했다.

그렇지만 또 다른 수준에서 클라데니우스는 역사적 명제들이 볼프의

• •
und ihrem richtigen Gedanken in Erkenntnis der Wahrheit, §2, in *Gesammelte Werke*, ed. Hans Werner Arndt (Hildesheim: Olms, 1965), I/1, 115를 참조.

5. Christian Wolff, *Philosophia rationalis sive Logicae*, §22, in *Werke* II/1, 10을 참조.
6. 같은 책, §§3-4, *Werke* II/1, 108을 참조.

가장 엄밀한 기준, 즉 논증 가능성을 결코 만족시키지 못할 것임을 깨달았다. 비록 그것들이 증거의 규준들에 의해 확립된다 할지라도, 역사적 명제들은 여전히 논리적으로 필연적이지는 않다. 그것들은 여전히 근본적으로 우연적이며, 그래서 그것들이 거짓이라는 것이 논리적으로 가능하다. 그러나 여기서 클라데니우스는 볼프의 기준들을 구부려 적용하려 하지 않았다. 오히려 그는 그 기준들의 타당성에 의문을 제기했다. 그는 역사적 명제들의 수학적 확실성을 요구하는 것은 불합리한바, [136]그것들은 그럴 수 없다고 논증했다. 아리스토텔레스가 가르쳤듯이, 우리는 주제가 허락하는 만큼의 정확함만을 기대해야 한다.[7] 비록 역사적 명제가 우연적이라 할지라도, 그것은 여전히 그것에 적합한 종류의 증거에 의해, 예를 들면 목격자의 수와 신뢰성, 증언과 다른 믿음들의 일관성 등등에 의해 논증될 수 있다. 만약 역사적 명제가 이러한 기준들을 충족하지 못한다면 그것을 의심하는 것이 의미가 있겠지만, 논리적 필연성이나 수학적 확실성에 대한 요구를 충족하지 못한다고 해서 그것을 의심하는 것은 무의미하다. 각각의 학문은 그 자신의 독자적인 기준들을 지니며, 우리는 하나의 학문을 또 다른 학문의 기준들에 의해 측정해서는 안 된다.

클라데니우스가 역사라는 학문의 가능성을 확립한 것은 계몽의 이성성의 이상들을 충족하면서도 논박하는 이러한 복잡한 종류의 논증들에 의해서였다. 그러나 그의 학문은 실제로는 다만 하나의 약속, 하나의 이상이었을 뿐으로, 역사가라기보다는 철학자인 클라데니우스 그 자신은 그것을 실현하기 위해 아무것도 하지 않았다. 하지만 그 약속은 사실상 클라데니우스가 쓰고 있을 때 급속히 현실이 되고 있었다. 자신도 모르는 사이에

· ·
7. Aristotle, *Nicomachean Ethics*, Book I, chapter 3, 1094b.

그는 바로 그의 코앞에서 일어나고 있는 역사적 발전을 표현하고 있었다. 왜냐하면 18세기 중반의 독일에서는 역사 연구에서의 거대한 확장이 존재했고, 그 연구는 점점 더 엄밀하고 엄격해지고 있었기 때문이다.[8] 대학의 신학부와 법학부에 역사학 자리가 만들어졌다. 역사는 성장하고 있었는데, 왜냐하면 그것은 교회와 국가를 정당화할 수 있는 가치 있는 수단을 증명하고 있었기 때문이다. 왕좌와 제단에 대한 주장과 귀족 칭호와 소유권에 대한 자격을 정당화할 수 있는 것은 역사였다. 독일은 로마법과 독일의 관습법의 특유한 결합에 의해 지배되었다. 그러나 독일의 관습법에 대한 이해가 중세에 대한 지식을 요구하는 것과 마찬가지로 로마법에 대한 이해도 로마의 문화와 역사에 대한 지식을 필요로 했다. [137]그리하여 그 세기 중엽에 괴팅겐 대학은 역사학자들의 저명한 학파를 확립했는데, 그 학파의 주요한 대변인들── 요한 크리스티안 가터러Johann Christian Gatterer(1727-99), 요한 슈테판 퓌터Johann Stephan Pütter(1725-1807) 그리고 아우구스트 루트비히 슐뢰처August Ludwig Schlözer(1735-1809)── 은 바로 클라데니우스에 의해 옹호된 종류의 엄밀한 지침들에 따르는 법제사와 교회사에 관한 저작들을 저술했다.

학문으로서의 역사에 대한 인정을 향한 또 다른 주요한 발걸음은 19세

<hr />

8. 18세기 독일에서의 역사 연구에 대해서는 Andreas Kraus, *Vernunft und Geschichte* (Freiberg: Herder, 1963), pp. 163-205; James Thompson, *A History of Historical Writing* (New York: Macmillan, 1942), II, 96-131; Konrad Jarausch, "The Institutionalization of History in 18th Century Germany," in *Aufklärung und Geschichte*, ed. Hans Bodeker (Göttingen: Vandenhoeck & Ruprecht, 1986), pp. 25-48; 그리고 Peter Hanns Reill, "Die Geschichtswissenschaft um die Mitte des 18. Jahrhunderts," in *Wissenschaften im Zeitalter der Aufklärung*, ed. Rudolf Vierhaus (Göttingen: Vandenhoeck & Ruprecht, 1985), pp. 163-93을 참조.

기 초에 베를린 대학의 창설과 함께 내딛어졌다. 역사학이 처음으로 신학과 법학으로부터 분리된 독립적인 학부가 된 것은 베를린에서였다. 거기서 최초의 역사학 교수는 바르톨트 게오르크 니부어[Barthold Georg Niebuhr](1776-1831)였는데, 그는 1810년 겨울에 최초의 강의를 행했다. 모든 사람들의 이야기에 따르면, 로마사에 대한 니부어의 강의는 대성공이었다. 1825년에 니부어는 레오폴트 폰 랑케[Leopold von Ranke](1795-1886)와 연결되었는데, 초기 근대에 대한 랑케 자신의 연구는 로마사에 대한 니부어의 작업을 모델로 하고 있었다. 니부어와 랑케는 함께 이른바 "비판적 역사학파"를 형성했는데, 그 학파의 이상은 역사 연구에 엄격한 비판적 기준들을 적용하는 것이었다. 그들의 노고의 산물은 1811-12년에 출판된 니부어의 『로마사』[9]와 1824년에 처음 출간된 랑케의 『라틴 및 게르만 민족들의 역사』다.[10] 니부어 저작의 제1판과 제2판에 붙인 그의 서문들과 랑케의 책에 그가 덧붙인 부록은 새로운 비판적 방법 배후에 놓인 사고와 이상들을 펼쳐보였다. 그들은 가능할 때마다 원래의 자료를 참조하고자 할 것이다. 그리고 모든 자료는 그 진위와 정확성이 평가되어야 할 것이다. 어떠한 자료도 단순히 그것이 전통에 의해 전수되어 왔다는 이유만으로 받아들여지지 않을 것이다. 이러한 니부어와 랑케의 작업들에서 클라데니우스의 이상들이 또다시 현실이 되었다.

그리하여 클리오[Clio][그리스 신화에서 역사의 뮤즈]가 태어났다. 하지만 그녀의 투쟁은 이제 막 시작되었을 뿐이다. 왜냐하면 이 새로운 학문은

9. Barthold Georg Niebuhr, *Römische Geschichte* (Berlin: Realschulbuchhandlung, 1811-12).

10. Leopold Ranke, *Geschichte der romanischen und germanischen Völker von 1494 bis 1535* (Leipzig: Reimer, 1824).

인정을 위한 긴 투쟁, 즉 자기의 정당성과 다름 아닌 존재의 권리를 증명하는 힘든 싸움에 직면했기 때문이다. 니부어와 랑케는 클리오가 성장하여 자율적이게 되는 것에, 다시 말하면 그녀가 다른 분과들로부터 독립하여 예전의 나빴던 날들에서처럼 법학이나 신학의 하녀가 아니게 되는 것에 관심을 기울였다. [138]역사적 지식은 교회나 국가의 의제와 상관없이 그 자체를 위해 획득되어야 한다고 니부어와 랑케는 믿었다. 베를린에서 독립적인 역사학부의 창설은 그러한 자율성을 향한 중요한 발걸음이었다. 그러나 그것은 또한 그저 첫걸음일 뿐이기도 했는데, 왜냐하면 이 신출내기 분과의 자율성에 대한 새로운 위험들이 있었기 때문이다. 이 위험들은 지난날에서처럼 교회와 국가가 아니라 예기치 못한 새로운 분야인 사변철학으로부터 다가왔다. 피히테와 셸링 그리고 헤겔은 모두 다 세계사의 철학을 가지고 있었는데, 그들은 그것을 선험적 방법들에 따라 정식화했다. 그들은 경험적 역사를 자신들의 좀 더 흥미진진한 사변적 역사를 위한 자료들을 제공하는 데 목적이 있는 한갓된 하급 노동자로서 바라보았다. 철학자들의 사변과 비교하여 역사학자의 작업은 사실 지루하고 힘들어 보였다. 철학자가 순전한 선험적 숙고를 통해 세계사의 목적과 법칙을 드러낼 때 어째서 세부사항들을 두고서 땀을 흘려야 한단 말인가? 여기서 다시 학문적 분업 내에서의 생존을 위한 오랜 투쟁이 다시 작동하기 시작했다. 역사학자들이 자신들의 새로운 학부의 정당성을 입증할 수 있으려면, 그들은 역사의 방법이 독자적이고 신뢰할 만하다는 것을 보여주어야 했다.

1820년대에 베를린은 경쟁하는 지적 당파들, 즉 슐라이어마허에 의해 지도되는 "역사학자들"과 헤겔에 의해 지도되는 "철학자들"로 쪼개졌다.[1] 역사학자들이 역사의 자율적 가치를 강조한 데 반해, 철학자들은

"개념" 아래로의 역사의 종속, 즉 역사의 의미를 철학의 체계에 따라 설명할 필요를 설교했다. 니부어와 랑케는 역사주의 당파에 속했는데, 이는 헤겔에 대해 영향이 없지 않은 사실이었던바, 헤겔은 그들의 비판적 역사를 비록 비판적으로 가려내졌다 할지라도 다수의 분리된 사실들로 역사를 환원함으로써 역사로부터 의미를 비워내고자 하는 음모라고 비난했다.[12] 역사학자들과 철학자들 사이의 갈등에서 가장 중요한 일화들 가운데 하나는 보편사에 대한 랑케의 1831년 강의였다.[13] 이 강의는 역사의 자율성을 정당화하고 [139]철학과 비교하여 역사의 특유한 목적과 방법을 간결하게 설명하고자 하는 시도였다. 랑케는 철학과 역사가 매우 다른 목적을 지닌다고 설명한다. 철학자가 개별자를 오직 보편자의 예로서만 바라보는 데 반해, 역사학자는 개별자를 그 자체를 위해 검토한다. 역사학자의 과제는 특수한 것을 지배하는 일반 법칙이나 그것이 다른 것들과 공통적으로 지니는 것을 아는 것이 아니라 그것에 고유한 것, 그것을 다른 것이 아니라 바로 이것으로 만드는 것을 아는 것이다. 셸링의 언어를 사용하여 랑케는 그 차이를 다음과 같은 식으로 정립한다. 즉, 철학자는 유한자를 무한자 안에서, 특수자를 보편자 안에서 보는 데 반해, 역사학자는 무한자를 유한자 안에서, 보편자를 특수자 안에서 본다는 것이다. 랑케는 계속해서 이러한 서로 다른 목적에 상응하여 역사학자와 철학자가 서로 다른 방법을

----

11. 이 논쟁에 대한 가장 좋은 설명은 여전히 Ernst Simon, *Ranke und Hegel, Beiheft der Historische Zeitschrift* 15 (1928), pp. 16-119의 그것이다.

12. 헤겔과 랑케의 갈등에 대해서는 *A Companion to Hegel*, ed. Stephen Houlgate and Michael Baur (Malden, MA: Wiley-Blackwell, 2011), pp. 332-50에 실린 나의 「헤겔과 랑케Hegel and Ranke」를 참조.

13. Leopold Ranke, "Idee der Universalhistorie," in *Aus Werk und Nachlass*, ed. Walther Peter Fuchs (Munich: Oldenbourg, 1965), IV, 72-89를 참조.

지닌다고 논의한다. 역사학자는 분석적 방법을 따라 특수자로부터 시작하여 보편자로 상승하는 데 반해, 철학자는 종합적 방법을 사용해서 보편자로부터 시작하여 특수자로 하강한다. 하지만 랑케는 이 방법들이 동등한 인식적 가치를 지닌다고 믿지 않는다. 그는 역사학자의 방법이 철학자의 그것보다 좀 더 신뢰할 만하다는 뜻을 내비치는데, 왜냐하면 그것은 확고한 사실들에 토대하고, 경험에서 비로소 확립되기까지는 일반 원리들에 도달하지 않기 때문이다. 하지만 철학자는 일반 원리들에서 시작하는데, 그 원리들은 거짓일 수도 있으며 그 정확성을 철학자는 선험적 수단을 통해서 밖에는 확립할 수 없다. 방법을 이렇게 대조시키는 데서 랑케는 명확히 역사를 철학자의 방법과는 대립되는 경험 과학의 방법을 가지고서 정리하고 있었다. 그는 역사의 방법이 근본적으로 경험 과학의 방법과 유사하기 때문에 역사도 그에 못지않게 신뢰할 만한 결과들을 제공할 수 있다고 말하고 있었다.

1831년 강의에서 랑케의 헤겔과의 싸움은 치명적인 것으로 입증되었다. 그 강의는 역사 철학에서 헤겔의 선험적 방법의 신뢰를 떨어뜨리는 데 큰 역할을 했다. 맑스나 키르케고르가 아니라 랑케가 헤겔의 역사 철학에 대한 가장 영향력 있는 비판자였다. 랑케의 강의는 또한 역사에 대한 나중의 옹호자들이 그 세기가 지나는 과정에서 설명하고 정당화하고자 노력하게 될 주제, 즉 "개별성의 원리"를 분명히 표현했다. 역사의 결정적 목표는 그 자체를 위한 것이자 목적 그 자체로서의 개별자에 대한 지식이다. 이 원리는 나중에 역사주의 전통에서 많은 사상가들에 의해 받아들여졌는데, 그들은 랑케를 뒤따라 그것을 역사의 변별적인 원리로서 간주했다. 우리는 곧바로 그들이 어떻게 [140]그것을 역사의 자율성을 옹호하기 위해 사용했는지 보게 될 것이다. 지금 우리의 과제는 19세기 후반부에 자율성을 위한 클리오의 투쟁을 기술하는 것일 터이다.

2. 역사적 객관성?

새로운 역사가 과거의 사실들을 규정할 수 있으며, 최소한 엄격한 비판적 방법에 의해 "객관적 지식"과 같은 어떤 것에 접근할 수 있다는 것은 그 새로운 역사가 제시하는 약속의 본질적 부분이었다. 이럴 때에만 역사는 경험 과학과 동일한 지위를 주장하기를 바랄 수 있었다. 랑케는 『라틴 및 게르만 민족들의 역사』 서문에서 "사실들의 엄밀한 제시"가 자기의 "최고의 법칙"이며, "본래 어떠했는지"(*wie es eigentlich gewesen*)를 보여주는 것이야말로 자기 책의 목적이라고 썼을 때 그러한 중요한 바람을 표현했다.[14] 그 이후로 계속해서 랑케의 진술은 역사적 객관성에 관한 논의들을 위한 출발점으로서 받아들여졌다.

이 논의들은 1850년대에 본격적으로 시작되었다. 랑케의 객관적 역사의 이상에 대한 중요한 비판자가 그의 동시대인이자 베를린에서의 동료였던 요한 구스타프 드로이젠(1838-1908)이었다. 그가 1857년에 처음으로 행한 역사적 방법에 대한 강의에서[15] 드로이젠은 랑케의 이상을 "내시

• •
14. Ranke, *Geschichte*, pp. vi, vii.
15. Johann Gustav Droysen, *Historik. Die Vorlesungen von 1857*, ed. Peter Leyh (Stuttgart-Bad Cannstatt: Fromman-Holzboog, 1977). 또한 드로이젠이 자기의 논의를 계속하고 있는 나중의 1882/83년 강의 버전인 *Historik, Vorlesungen über*

같은 객관성"이라 조롱했다. 그는 사실들을 자연 과학에서처럼 기술하는 것이 역사에서는 가능하지 않다고 논증했다. 역사가로부터 독립하여 존재하는 견고하고 확고한 역사적 사실들은 존재하지 않는데, 왜냐하면 과거는 사라졌고 이제는 오직 역사가의 정신 안에서만 존재하기 때문이다. 역사가들에 의해 구성된 사실들은 문화와 시대에 따라 변하는 그들의 관심과 가치에 단적으로 의존한다. 모든 역사적 이해는 역사가의 문화와 언어에 의해 제한되는데, 왜냐하면 이것들이야말로 역사가가 과거의 말들과 행위들을 번역해 내는 용어들을 제공하기 때문이다. 한 문장의 단 하나의 완전한 번역이 존재할 수 없는 것과 마찬가지로 과거에 대한 단 하나의 완전한 이해도 존재할 수 없다고 드로이젠은 선언했다. [141]한 문장에 대한 이해가 그것이 번역되는 언어에 상대적인 것과 마찬가지로, 과거에 대한 이해도 역사가의 관점에 상대적이다. 그리고 한 문장이 번역되는 언어들이 존재하는 만큼의 많은 정당한 번역들이 존재하는 것과 마찬가지로, 과거에 대해 역사적 관점들이 존재하는 만큼의 많은 정당한 이해들이 존재한다. 그리고 이 관점들이 언제나 변화하고 있기 때문에, 역사에 대한 우리의 이해도 변화할 것이다. 그러므로 각각의 문화와 시대가 역사를 다시 쓰고, 그 과거를 다시 발견하며, 그것을 그 자신의 용어들로 번역하는 것은 필연적이다. 역사가는 그 자신도 역사의 산물이라는 사실을 고려해야 하며, 그것은 자신의 결론들이 다만 상대적일 뿐이라는 것, 즉 그 자신의 문화와 시대를 위한 역사의 의미의 진술일 뿐이라는 것을 깨닫는 것을 의미한다고 드로이젠은 말하고 있었다.

• •

Enzyklopädie und Methodologie der Geschichte, ed. Rudolf Hübner (Munich: Oldenbourg, 1937)도 참조.

비록 드로이젠이 역사적 객관성의 한계를 지적하는 데서 옳았다 할지라도, 또한 이 한계를 너무 멀리 밀어붙여 마치 그것이 무엇이든지 간에 어떠한 역사적 객관성도 있을 수 없는 것처럼 보이게 하지 않는 것도 중요했다. 그 의미에서는 최소한 어느 정도 역사적 객관성을 획득하는 것이 가능한 직설적인 의미가 존재한다. 이것은 풍문과 윤색, 가정과 해석, 그리고 왜곡과는 구별하여 오직 사실들만을 알 수 있다고 하는 그런 의미다. 목격자가 오로지 사실들만을 기술할 것을 요구할 때 재판정은 이러한 의미에서의 객관성을 요청한다. 저널리즘 역시 기자에게 사실들, 즉 무엇이 언제 어디서 그리고 어떻게 일어났는지 밝히라고 말할 때 그러한 객관성을 요구한다. 만약 역사적 회의주의자가 재판정이나 저널리즘에서 어떠한 기준도 충족될 수 없다는 듯이 이러한 기본적 의미에서의 객관성이 존재할 수 없다고 결론을 내린다면, 그는 자신의 비판을 너무 멀리 밀어붙이는 셈이다. 랑케가 그의 『라틴 및 게르만 민족들의 역사』에 붙인 서문에서 염두에 두었던 것은 이러한 단순한 의미에서의 객관성이었다. 그 책에 덧붙인 부록에서[16] 랑케는 이전의 초기 근세 역사들에 대한 비판, 특히 여러 세대 동안 이탈리아 역사에 관한 가장 신뢰받는 자료들 가운데 하나였던 귀치아르디니Francesco Guicciardini[1483-1540]의 『이탈리아사Storia d'Italia』에 대한 비판에 관여했다. 귀치아르디니의 역사를 다른 기록들 및 자료들과 비교할 때 랑케는 그것이 부정확한 것들과 순전히 위조된 것들로 채워져 있음을 발견했다. 그것은 그렇게 추정되고 있듯이 목격담이 아니라 다른 자료들의 편집이었다. 만약 [142]역사학자가 그러한 왜곡과 위조를 밝혀낼

• •
16. Leopold Ranke, *Zur Kritik neuerer Geschichtsschreiber. Eine Beylage zu desselben romanischen und germanischen Geschichten* (Leipzig: Reimer, 1824).

수 있다면, 최소한 랑케가 의도한 기본적인 의미에서의 역사적 객관성은 단적으로 가능하다.

드로이젠의 랑케 비판은 또한 그 자신의 어려운 물음들을 제기한다. 하나의 물음은 역사적 상대주의와 관계된다. 드로이젠은 역사에는 어떠한 객관적 사실도 전혀 존재하지 않으며 모든 것은 역사가의 관점에 의존한 다고 하는 완전한 역사적 상대주의를 신봉할 셈이었던가? 그의 1857년 강의에는 역사적 진리란 단지 "상대적 진리"일 뿐이라고 선언하여 바로 그러한 상대주의를 수용하는 것으로 보이는 구절들이 존재하지만, 다른 한편으로는 그러한 상대주의로부터 뒤로 물러서서 하나의 자료가 현실에 대한 정확한 설명인지를 규정하는 데서의 "올바름"의 필요를 인정하는 다른 구절들도 존재한다. 객관적 사실에 관한 그의 회의주의에도 불구하 고, 드로이젠은 결코 상이한 관점들에서 파악된 하나의 사실이 존재한다 는 가정을 포기하지 않았다. 그는 관점들이 존재하는 만큼의 여러 사실들 이 존재한다는 관념을 결코 받아들이지 않았다. 드로이젠의 비판에 의해 제기된 또 다른 물음은 자민족 중심주의와 관계된다. 새로운 역사학의 근본 준칙들 가운데 하나는 과거를 그 자체를 위해, 즉 그것의 이상과 믿음에 따라서 다루어야 한다는 것과, 역사학자는 마치 과거의 문화가 단순히 그 자신의 문화의 원초적이거나 초기 버전이거나 하다는 듯이 과거를 현대의 이상과 기준들에 따라 판단하기를 자제해야 한다는 것이었 다. 비록 드로이젠이 이러한 위험을 매우 잘 알고 있었음에도 불구하고, 그는 그로부터 벗어날 수 있다고 생각하지 않는다. 그래서 그는 위기를 기회로 만들고자 한다. 역사가는 그 자신의 역사적 관점으로부터, 현재의 가치와 필요로부터 쓸 수밖에 없을 뿐만 아니라 또한 그렇게 해야 한다고 그는 주장했는데, 왜냐하면 오직 그러한 방식으로만 역사가는 역사를 자신의 시대에 관련 있는 것이자 현대의 정치 투쟁의 살아 있는 부분으로 만들 것이기 때문이다. 드로이젠이 그 자신의 자유주의적 국가주의 관점에서 『프로이센 정치사』를 쓴 것은 바로 이러한 이유 때문이었다.[17] 그렇지만 마치 독일 전체를 통일하는 것이 언제나 프로이센의 사명이기나 했다는 듯이 현대의 국가주의 이상을 프로이센의 과거에 집어넣어 읽고 있다는 것이 그 저작에 대한 공통된 비판이었다. 놀랄 것도 없이 랑케는 그러한 비판을 공유했다. 그것은 그가 드로이젠의 저작에 학술상을 수여하기를 거부하기 위해 제시한 이유였다.

[143]역사적 객관성 문제는 1880년대 초에 빌헬름 딜타이의 『정신과학 입문』의 출간과 함께 또다시 제기되었다.[18] 딜타이는 그 저작의 근본 목적이 "정신과학들을 위한 인식론적 기초"를 제공하는 것이라고 설명했는데, 거기서 이 학문들 가운데 무엇보다 먼저인 것이 역사였다. 딜타이는 자신의 기획을 "역사 이성 비판"이라 불렀는데, 왜냐하면 그것은 역사적 지식의 조건과 한계를 탐구할 것이기 때문이었다. 그는 자신의 기획을 칸트가 완전히 무시한 지식 영역인 역사로 칸트의 비판을 연장하는 것으로서 바라보았다. 그의 스승인 랑케와 마찬가지로 딜타이도 역사가 학문일 수 있으며, 비록 역사의 관심과 주제가 경험 과학들과 매우 다르다 할지라도 그것이 경험 과학들 모두와 마찬가지로 객관적 지식을 제공할 수 있다고

17. Johann Gustav Droysen, *Geschichte der Preußischen Politik* (Leipzig: Veit, 1855-86), 14 vols.

18. Wilhelm Dilthey, *Einleitung in die Geisteswissenschaften* (Leipzig: Duncker & Humblot, 1883). 딜타이 저작에 대한 모든 참조는 *Gesammelte Schriften*, ed. Karlfried Gründer and Frithjof Rodi (Göttingen: Vandenhoeck & Ruprecht, 1961-)에 대한 것이다. 이 판본은 GS로 생략하여 표기될 것이다.

확신했다. 딜타이는 또다시 랑케와 마찬가지로 역사의 자율성을 옹호하기로, 즉 역사가 철학이나 자연 과학들로부터 독립하여 그 자신의 목적과 방법을 지닌다는 것을 보여주기로 결심했다. 그리하여 역사 이성 비판은 역사의 목적과 방법 그리고 주제가 철학이나 자연 과학들의 그것들과 어떻게 다른지를 보여주게 될 것이다.

여기까지는 아주 좋아서 그 모든 것은 매우 칭찬할 만한 기획으로 보였다. 그러나 딜타이의 역사 이성 비판에는 그 자신과 그것이 설명하고 옹호해야 할 바로 그 역사에게 의구심을 던지는 애매모호함이 존재했다. 역사 이성 비판critique of historical reason의 소유격 "of"가 애매모호했다. 역사는 비판의 대상일 뿐만 아니라 또한 그 도구이기도 했던 것이다. 역사 이성 비판은 역사를 이성을 통해 검토하는 것만이 아니다. 그것은 또한 이성을 역사를 통해 검토하기도 할 것이다. 왜냐하면 딜타이의 기획의 주요한 목적들 가운데 하나는 인간의 특징적인 활동들——예술, 문학, 종교, 과학, 철학——이 어떻게 그것들의 역사적 맥락으로부터 발생하며 또 그에 의존하는지를 보여주는 것이었기 때문이다. 그리하여 역사 이성 비판은 이성의 비역사적 주장들을 폭로하는 것을 목표로 한다. 이러한 주장들은 그 원리들이 실제로는 단지 특정한 시간과 장소의 산물일 뿐임에도 불구하고 전체로서의 인류와 모든 시대를 위해 이야기한다고 주장하는 비판 그 자체의 입장에서 나타났다. [144]딜타이는 그러한 주장들을 지녔던 사람들에 초월론적 입장의 규범과 형식들이 실제로는 역사의 산물임에도 불구하고 마치 그것들이 자기-충족적인 예지적 주체로부터 생겨난 선험적이고 영원한 것들이라는 듯이 자신의 초월론적 입장으로부터 역사를 제거한 칸트 그 자신이 속한다고 경고했다.

하지만 또한 딜타이의 프로그램이 역사 그 자체에 적용된다는 것도 명백했다. 역사가의 입장도 그 자신의 시간과 장소의 산물일 수밖에 없으며, 따라서 그 배후의 관심과 가치들도 다른 모든 지적 활동이나 탐구와 마찬가지로 역사에서의 자신의 위치에 의존하지 않을 수 없다. 그러나 사정이 이렇다면, 객관적인 역사적 지식에는 어떤 일이 일어날 것인가? 유일하게 가능한 결론은 그것도 역시 비역사적인 주장이라는 것이다. 딜타이 기획의 이러한 자기-파괴적인 함축들은 1883년에 출판된 한 강연인 「비판적 방법 또는 발생적 방법?Kritische oder genetische Methode?」에서 빌헬름 빈델반트에 의해 딜타이에게 명확히 제시되었다.[19] 빈델반트는 다음과 같이 경고했다. "역사 이성 비판은 매우 칭찬할 만한 기도다. 오직 그것만이 비판이어야만 하며, 그러한 것으로서 그것은 기준을 필요로 한다."[20] 빈델반트의 논의에 따르면, 이 기준은 그 타당성이 역사의 영역을 넘어서 있는 보편적이고 필연적인 규범이어야만 하는데, 왜냐하면 만약 그렇지 않다면 우리는 상대주의의 덫에 사로잡히기 때문이다. 그리고 나서 빈델반트는 계속해서 그 주된 과제가 지식에 대한 주장들의 타당성을 평가하는 것인 **비판적** 방법과 그 주요 과업이 지식의 원인이나 기원을 규정하는 것인 **발생적** 방법을 명확히 구별할 필요가 있다고 설명했다. 딜타이의 기획은 이 방법들을 혼동했다고 빈델반트는 비판했는데, 왜냐하면 그것은 역사적 지식의 한계들을 규정하는 것이 그 원인과 기원을 확인하는 것이라고 가정했기 때문이다.

딜타이는 이러한 비판들을 가볍게 받아들이지 않았다. 1880년대의 여

19. Wilhelm Windelband, *Präludien, Aufsätze und Reden zur Philosophie und ihrer Geschichte*, Neunte Auflage (Tübingen: Mohr, 1924) II, 99-115.
20. 같은 책, II, 120-21.

러 저술들에 나타나는, 그 비판들에 대한 그의 응답은 만약 타당성 문제와 역사의 문제 사이의 신칸트주의적인 구별이 일반화되어 너무 엄격하게 적용되면 그것은 인위적이고 오도의 여지가 있다고 하는 것이다.[21] 규범과 사실, 가치와 역사 사이의 장벽을 무너뜨리는 것이야말로 정확히 역사적 비판의 목적이었는데, 왜냐하면 그것은 [145]철학자가 역사 위에 서 있다는 환상, 즉 그가 비역사적인 초월론적 주체로부터 발생한 생득적 진리들이나 선험적 개념들을 소유하고 있다는 환상으로 이어졌기 때문이다. 신칸트주의자들은 역사학파의 근본 가르침, 요컨대 지금 우리에게 주어져 있고 영원한 것으로 나타나는 것이 역사의 결과라는 가르침에 주의를 기울이는 데 실패했다. 딜타이는 하나의 믿음의 타당성에 대한 평가가 규범들을 포함하며, 그 점은 믿음의 원인들을 밝히는 것과는 구별된다는 빈델반트의 기본 요점에 대해 의문을 제기하고 있지 않았다. 그러나 그는 신칸트주의자들이 계속해서 규범들의 비역사적인 예지적 영역을 구성할 때 그 요점을 너무 지나치게 받아들였다고 믿었다. 그렇게 함에 있어 그들은 자신들의 원리들의 기원에 대한 물음을 무시하고 있거나 아니면 자기들 나름의 신비적인 발생적 설명을 전제하고 있다. 어느 경우이든 그들은 물음들에 대답하기를 거부함으로써 또는 그들 자신의 가정들을 검토하는 데 실패함으로써 교조주의의 죄를 범하고 있다. 이는 완전히 타당한 요점들이다. 물론 그것들은 여전히 딜타이에게 빈델반트의 물음, 즉 만약 역사가도 역사의 부분이라면 어떻게 객관적인 역사적 지식이 존재할 수 있는

· ·
21. Wilhelm Dilthey, *Westermans Monatshefte* 57 (1884), 290-91, GS XVII, 469-70; *Ideen über eine beschreibende und zergliedernde Psychologie*, GS V, 149-50; 그리고 *Beiträge zum Studium der Individualität*, GS V, 267-80.

가의 물음을 남기고 있긴 하지만 말이다.

  랑케에 대한 드로이젠의 비판, 그리고 빈델반트에 대한 딜타이의 응답은 19세기 후반부에 역사적 객관성을 둘러싼 더 넓고 긴 논쟁에서의 여러 장들 가운데 — 결정적인 장들이라 할지라도 — 단지 둘일 뿐이었다. 이 논쟁들은 결국 나중에 "역사주의의 위기"로서 알려지게 된 것으로 이어졌다. 비록 이 위기가 여러 가지 의미를 지닌다 할지라도, 그것의 좀 더 중요한 의미들 가운데 하나는 역사가 자기 자신을 학문으로서 정당화할 수 없었다는 것인데, 왜냐하면 역사는 그 자신의 역사화 방법들에 희생물이 되었기 때문이다. 그 논증은 계속해서 만약 그 방법들이 한계 없이 적용되면, 그것들은 객관적 지식의 하나의 형식을 제공함으로써 학문일 수 있다는 역사의 주장을 약화시킬 것이라는 데로 나아갔다. 그리하여 — 모든 것이 역사의 산물이라는 것을 보여주는 — 역사의 승리는 역사의 몰락이 되었다. 이러한 주목할 만한 역설은 나중에 하이데거와 가다머를 위한 출발점이 되었는데, 그들은 그것을 인간 상황의 불가피한 역사성에 대한 자기들의 옹호론을 펼치기 위해 이용하게 된다.

3. 실증주의에 대한 투쟁

  사변 철학에 대항한 싸움과 역사적 객관성을 둘러싼 논쟁은 독립성과 정통성을 위한 클리오의 투쟁에서 다만 두 개의 일화일 뿐이었다. 또 다른 일화는 [146]1850년대에 시작되어 그 세기말까지 계속되었다. 이번에 클리오는 매우 다른 적수, 즉 사변 철학에 못지않게 교활하고 인상적인 적수에 대항해 자기 자신을 입증해야 했다. 이 새로운 적은 영국과 프랑스에서 들여온 것이자 독일에서는 1850년대에 전진하기 시작한 역사적 실증주의였다. 이 실증주의의 주요 옹호자는 오귀스트 콩트(1798-1857)였는데, 그의 『실증 철학 강의』는 독일에서는 1840년대에 처음으로 출간되었다.[22] 그러나 또 다른 주창자는 존 스튜어트 밀(1806-73)이었는데, 그의 『논리학의 체계』는 1843년에, 그리고 독일어 번역으로는 1862년에 출간되었다.[23] 콩트와 밀은 역사가 학문일 수 있다는 것을 결코 논박하지 않았다. 그리고 사실 그들은 역사를 학문으로 만들기를 열망했는데, 왜냐하면 그들은 역사가 마침내 인류에게 자기 자신의 운명에 대한 통제권을 건네줄 일반 사회 과학을 위한 토대라고 믿었기 때문이다. 예견을 위한 앎, 할 수 있음을 위한 예견*Savoir pour prévoir, prévoir pour pouvoir*이라고 콩트는 즐겨 말했다. 하지만 콩트와 밀은 역사가 그 자신의 독자적인 목표와 방법을 지닌다는 것을 의심했다. 그리고 그들은 역사가 자연 과학의 본을 따라 그 자신을 형성할 것을 주장했다. 그들은 자연 과학에서의 모든 설명이 그 형식에서 법칙 정립적*nomothetic*이며, 따라서 하나의 사건을 설명하는 것은 그것을 일반 법칙 아래 포섭하는 것을 의미한다고 생각했다. 그들의 설명 패러다임에 따르자면, 모든 설명은 삼단논법에 따라서 표현될 수 있다. 거기서 대전제는 일반 법칙을 진술하고(예를 들면, "모든

22. Auguste Comte, *Cours de philosophie positive* (Paris: Bachelier, 1830-42).
23. John Stuart Mill, *A System of Logic* (London: J. W. Parker and Son, 1843). 이것은 쉬일J. Schiel에 의해 번역되었으며, 『귀납 논리학과 연역 논리학의 체계*System der induktiven und deduktiven Logik*』 (Braunschweig: Vieweg, 1862-63)라는 제목으로 출판되었다.

물은 섭씨 0도에서 언다"), 소전제는 특수한 사실을 진술하며(예를 들면, "시라쿠사에서는 지난밤에 섭씨 0도였다"), 결론은 그 법칙을 그 사실에 적용한다(예를 들면, "시라쿠사에서 밖에 있는 모든 물은 지난밤에 얼었다"). 동일한 설명 모델이 역사에도 적용되어야 한다고 콩트와 밀은 희망하고 믿었다. 역사의 법칙을 더 많이 알면 알수록, 우리는 역사를 더 많이 통제할 수 있다. 비록 콩트와 밀 스스로는 거의 역사를 쓰지 않았지만, 영국의 역사가 헨리 버클은 『영국 문명사』에서 그들의 이념들을 진지하게 적용하기 시작했다.[24]

실증주의는 랑케가 1830년대에 너무나 행복하게도 그에 대해 알지 못했던 위협이었다. 1831년 강의에서의 역사에 대한 옹호에서 그는 [147]사변 철학에 대항해 싸우기 위해 역사를 경험 과학과 동맹시키길 열망했다. 랑케는 역사가 사실들을 그것들 자체를 위해 검토하고 사변을 자제하며 분석적 또는 귀납적 방법을 채택함으로써 경험 과학의 모델을 따라야 한다고 논의했다. 그러나 랑케는 자신의 유비를 어느 정도까지만 받아들이고자 하고 있었다. 그는 역사가 경험 과학과 완전히 같은 것이기를 결코 원하지 않았을 것인데, 왜냐하면 그것은 그가 소중히 생각하고 옹호한 바로 그 자율성을 박탈할 것이기 때문이다. 비록 역사에서의 인과적 설명의 역할을 의문시하지 않았다 할지라도, 랑케는 그러한 설명이 역사의 유일하거나 중심적인 목적이라고는 결코 믿지 않았다. 개별성이라는 그의 근본 원리는 역사의 주된 목적이 일반 법칙들을 구성하는 것이 아니라 개별자를 그것의 온갖 고유함과 차이 속에서 파악하는 것이라는 것을

---

24. Henry Buckle, *History of Civilization in England* (London: J. W. Parker and Son, 1857-61).

의미한다. 랑케가 그의 원리를 처음 선언했을 때, 그것은 헤겔과 사변 철학을 겨냥하고 있었다. 그것을 실증주의의 위협에 대항해 견지하는 것은 이제 그의 계승자들의 과제였다.

역사적 실증주의에 대항해 싸운 첫 사람은 드로이젠이었다. 그는 이미 1850년대에 역사학에 대한 강의들에서 그것을 비판하기 시작했다. 그러나 1860년대에 그는 두 개의 중요한 논문들에서 총력을 기울인 철저한 비판을 썼다. 「학문의 반열로의 역사의 고양」은 1863년에 『역사 잡지』에 실려 출간되었는데, 그것은 버클의 『영국 문명사』에 대한 긴 비평이었다. 그리고 「자연과 역사」는 1868년에 그의 『역사학 강요』의 제1판에 실려 출판되었다.[25] 이 논문들에서 드로이젠은 실증주의자들의 방법론적 교조주의에 대해 개탄한다. 비록 우리가 역사에서 법칙론적 설명이 가능하다는 것을 받아들인다 할지라도, 그것이 설명의 다른 어떠한 형식도 가능하지 않다는 것을 의미하지는 않는다고 그는 논증한다. 그는 묻는다. "지식의 단 하나의 길, 단 하나의 방법만이 존재하는가?" 드로이젠은 법칙론적 설명이 역사의 유일하거나 주요한 목표라는 것을 의심했다. 실증주의에 놓여 있는 주된 문제는 역사의 주제가 자연 과학의 그것과 매우 다르다는 점이라고 드로이젠은 논의한다. 자연 과학의 주제는 우리의 감관들에 주어지는 어떤 것이다. 우리는 그것을 관찰할 수 있고, 그것을 실험에서 다시 만들어낼 수 있다. 하지만 역사의 주제는 주어져 있지 않은데, [148]그 이유는 다만 그것이 더 이상 존재하지 않고 다시 만들어질 수 없는 과거이

· ·
25. J. G. Droysen, "Die Erhebung der Geschichte zur Rang einer Wissenschaft," *Historische Zeitschrift* 9 (1863), 1-22; 그리고 "Natur und Geschichte," in *Grundriß der Historik* (Leipzig: Veit, 1868), pp. 63-74.

기 때문이다. 드로이젠은 역사가가 인간 행동에 대한 설명에서 자연 법칙들을 전제해야 한다는 것을 부인하지 않는다. 그러나 그는 이것이 자신의 본질적인 관심사나 목적이라는 것을 부인했다. 역사가의 목표는 일반 법칙들, 다시 말하면 사건들을 서로 비슷하게 만드는 것을 아는 것이 아니라, 고유하고 특이한 사건들, 다시 말하면 그것들을 서로 다르게 만드는 것을 아는 것이다. 역사는 사물들의 개별성, 즉 그것들을 고유하고 상이하게 만드는 것에 관심을 갖는다. 하지만 자연 과학자가 보편적 법칙들에 대한 탐구에서 추상하게 되는 것은 바로 이 개별성이다. 여기서 드로이젠은, 비록 그것을 인정하기를 꺼려 해 왔다 할지라도, 랑케의 개별성 원리를 함축적으로 재차 확인하고 있었다.

실증주의에 대한 드로이젠의 논박 배경에는 역사적 설명의 대안적 모델을 정식화하고자 하는 그 자신의 시도가 놓여 있었다. 역사학에 대한 1857년 강의에서[26] 드로이젠은 나중에 "이해의 방법" 또는 "이해^{Verstehen}"로서 알려지게 된 것의 조야한 버전의 윤곽을 그리기 시작했다. 딜타이가 종종 이 방법의 아버지로서 간주되긴 하지만, 드로이젠은 그것을 그보다 몇십 년 전에 파악했다. 드로이젠의 역사학 배후의 지도 원리는 그가 빌헬름 폰 훔볼트$^{Wilhelm\ von\ Humboldt}$로부터 물려받은 이념, 즉 언어가 사회적·역사적 세계를 이해하는 열쇠라는 이념이다. 훔볼트는 인간 행위가 언어에 체현되어 표현되는 사상들에 의해 지배되고 동기지어져 있다고 추론했다. 만약 이 행위들을 그것들의 온갖 개별성과 고유함에서 이해할 수 있으려면, 우리는 그것들이 표현되는 언어를 정확히 이해해야 한다. 따라서 드로이젠에게 있어 문헌학은 역사적 세계를 풀어헤치는 열쇠가

··
26. 각주 15를 참조.

되었다. 그러므로 역사와 해석학, 즉 텍스트 해석 분과 사이에는 중요한 연관이 존재했다. 그 분과는 드로이젠 이전에 클라데니우스와 슐라이어마허 그리고 뵈크에 의해 발전되어 왔었다. 드로이젠은 다만 그 지도 원리들을 역사로 연장했을 뿐이다. 그는 우리가 역사적 텍스트들을 해석하기 위해 사용하는 모든 기술이 역사적 행위들에 적용될 수 있으며, 그 행위들의 의미는 오직 그것들을 표현하고 체현하는 말들의 해석을 통해서만 드러나게 될 것임을 깨달았다. 따라서 인간 행위는 텍스트의 유추에서 이해될 수 있을 것이다. 우리가 고대 텍스트의 [149]언어를 우리 자신의 언어로 번역할 때 그것을 이해하는 것과 마찬가지로, 우리는 행위자의 생각을 체현하고 표현하는 언어를 번역할 때 과거의 행위를 이해한다. 따라서 과거를 이해하는 것은 그 대부분이 번역, 즉 과거 행위자의 사상을 우리 자신의 언어로 표현하는 것이다. 역사적 이해의 그러한 개념을 고려하면, 드로이젠이 실증주의에 저항하는 이유들을 파악하기가 쉽다. 텍스트 해석의 기술들과 규칙들이 법칙 정립적 설명의 그것들과 매우 다르기 때문에, 역사적 이해의 기술들과 규칙들도 마찬가지일 것이다.

실증주의에 대한 드로이젠의 항의는 단지 시작일 뿐이었다. 1883년에, 즉 이제 막 출판된 『정신과학 입문』에 붙인 서문에서[27] 빌헬름 딜타이는 역사와 사회 과학을 자연 과학의 목표와 방법들에 종속시키게 될 새로운 실증주의적인 정신적 태도에 대해 이의를 제기했다. 역사학자들은 사변 철학의 전제로부터 해방되었지만 자연 과학에 의한 위험에 직면했을 뿐이라고 그는 불평했다. 역사와 사회 과학의 자율성, 즉 자연 과학으로부터 독립하여 그것들 자신의 주제와 그것들 자신의 탐구 목표와 기준들을

••
27. GS I, xviii.

가질 그것들의 권리를 옹호하는 것이 딜타이의 목적이었다. 그러한 목적을 위해 그는 분과들 사이의 경계를 확립하는 것의 중요성을 강조했다. 그리하여 그는 두 종류의 주제 또는 서로 다른 두 종류의 경험을 구별했다. 사회-역사 과학들은 내적 경험을 다루며, 자연 과학들은 외적 경험을 취급한다. 내적 경험은 자기-인식을 통해, 즉 우리 자신의 활동들에 대한 자기의식을 통해 인지하는 것이다. 외적 경험은 외부적 세계에 대한 우리의 감관 지각, 즉 공간과 시간 내의 대상들에 대한 인식에 존재한다. 딜타이의 논증에 따르면, 경험의 이러한 형식들이 서로 아주 다르기 때문에, 그것들은 상이한 학문들을 분리하기에 충분하고도 남는다. 그는 학문들 사이의 자신의 구별이 엄밀하게 **현상학적인바**, 경험의 두 가지 형식에 상응하지, **형이상학적이지는** 않는바, 경험의 이들 형식 배후의 존재자들에 관한 요구를 행하지 않는다고 주장했다. 따라서 내적 경험과 외적 경험 사이의 구별은 정신과 육체 사이의 이원론에 상응할 것을 의도하지 않았다. 딜타이는 또한 [150]사회-역사 과학들과 자연 과학들 사이의 구별이 방법론적인 구별, 다시 말하면 설명의 상이한 형식들 간의 구별이어서는 안 된다는 것을 강조했다. 그는 사회-역사 과학들이 자연 과학에 못지않게 추상과 일반화의 방법을 사용한다는 것을 인정했다. 인간들은 서로 아주 다르고 그들의 상호 작용과 상황들은 아주 복잡하기 때문에, 딜타이는 사회-역사 과학들에서의 법칙들이 자연 과학에서의 그것들과 똑같은 정밀함을 가질 것이라는 점에 대해 의심했다. 그럼에도 불구하고 그는 사회-역사 과학에서 일반적인 인과 법칙들의 중요성을 강조했다. 자연 과학들에 못지않게 역사적이고 사회적인 과학들도 사건들 사이의 상호 연관을 규정할 필요가 있다. 그리고 이러한 상호 작용은 원인과 결과의 법칙들에 의해 정식화될 수 있다.

실증주의에 대한 반작용에서 이정표적인 사건은 빌헬름 빈델반트가 1894년에 슈트라스부르크에서 행한 총장 연설인 「역사와 자연 과학」과 함께 다가왔다.[28] 신칸트주의자인 빈델반트는 칸트주의 전통에서의 학문 기준을 확대하여 그것이 수학과 자연 과학에 한정되지 않도록 하는 데 특히 관심을 기울였다. 그는 랑케와 니부어의 성취가 헬름홀츠와 리비히의 그것에 못지않으며, 학문들의 논리가 이러한 사실을 정당하게 취급할 수 있는 것이 중요하다고 선언했다. 비판 철학은 자연 과학들의 논리와 마찬가지로 역사의 논리도 해명해야 한다. 그리하여 그 연설에서 빈델반트는 경험 과학의 두 가지 형식, 요컨대 **법칙 정립적인**^{nomothetic}, 즉 보편적인 법칙들을 발견하는 데 관심을 기울이는 자연 과학들과 **개성 기술적인** ^{idiographic}, 즉 특수한 사실들을 밝히는 데 관심을 기울이는 역사 과학들을 구별했다. 자연 과학들이 보편화하여 가능한 한 많은 사실들을 단일한 법칙 하에서 설명하고자 하는 데 반해, 역사 과학들은 개별화하여 사물들 사이의 차이들을 해명할 것을 목표로 한다. 빈델반트는 자신의 구별이 실질적이거나 주제에서의 구별이 아니라 일차적으로 형식적이거나 방법론적이기를 의도했는데, 왜냐하면 비판적 인식론은 우리가 세계 그 자체 내에서 무엇을 아는지가 아니라 어떻게 아는지를 좀 더 강조해야 하기 때문이다. 그러나 그는 순수하게 형식적인 구별을 행하기가 어렵다는 것을 깨달았는데, 왜냐하면 한편으로는 자연 과학들도 때때로 개별적 사건들에 관심을 지니기 때문이고, 다른 한편으로는 [151]역사 과학들도 때때로 일반 법칙들을 형성하거나 최소한 적용하는 데 관심을 기울이기 때문이

footnote
• •
28. Wilhelm Windelband, *Geschichte und Naturwissenschaft* (Straßburg: Heitz, 1894). 이는 *Präludien*, II, 136-60에 다시 수록되어 있다.

다. 그가 개성 기술적인 것과 법칙 정립적인 것을 구별하는 것의 요점은 궁극적으로 방법론적이기보다는 오히려 실용적인바, 다시 말해 그것은 탐구의 방법이 아니라 상이한 목표들 사이의 구별이다. 비록 각각의 학문이 개별화하는 방법과 보편화하는 방법을 사용할 수 있다 할지라도, 그것은 다음과 같은 결정적인 물음에 영향을 미치지 못했다. 즉, 각각의 학문은 그 방법을 적용하는 데서 어떤 **용도** 또는 관심을 지녔던가? 그것의 주요 **목표**는 보편적 법칙을 아는 것이었는가 아니면 특수한 사건을 아는 것이었는가? 빈델반트는 역사와 자연 과학이 학문의 평등하고 독립적인 종류들이라고 믿었는데, 그 이유는 궁극적으로 각각이 평등하지만 독립적인 인식 상의 목적을 지니는바, 다시 말하면 특수자를 인식하거나 아니면 보편자를 인식하는 것, 역사의 고유한 사건들과 개성들을 인식하거나 아니면 우주의 일반 법칙들을 인식하는 것을 목적으로 지니기 때문이다.

빈델반트의 총장 연설은 빈델반트와 딜타이 사이의 흥미로운 논쟁의 기회였다. 빈델반트의 강연에는 실증주의에 대한 그의 동료 반대자인 딜타이에 대한 비판이 함축되어 있었다. 빈델반트는 역사 과학과 자연 과학 사이의 딜타이의 현상학적 구별에 대해 두 가지 이유에서 이의를 제기했다. 첫째, 그것은 방법이 아니라 주제에서 구별을 행했다. 그러한 구별은 정신이 대상 안에 창조하는 만큼의 형식과 구조만이 대상 안에 존재한다는 칸트의 비판적 원리와 일치하지 않았는데, 빈델반트는 그 원리가 의미하는 것이란 그 구별이 일차적으로 주제가 아니라 방법과 관련하여 이루어져야 한다는 것이라고 주장했다. 둘째, 내적 경험에 대한 딜타이의 강조는 심리학이 점차적으로 법칙 정립적인 분과가 되고 있음에도 불구하고 그것에 커다란 중요성을 부여했다. 따라서 만약 딜타이가 법칙 정립적 설명이 접근할 수 없는 내적 경험의 영역을 원한다면, 그는 잘 알려져 있다시피 신뢰할 수 없는 내성의 방법들을 지지해야 할 것이다.

　이러한 비판에 대해 딜타이는 학문들 사이의 구별은 형식적이거나 방법론적일 수 없다고 응수했는데, 왜냐하면 사회-역사적 과학들은 자연과학들에 못지않게 법칙 정립적 방법들을 사용하기 때문이다.[29] 예를 들어 경제학은 법칙 정립적 법칙들의 정식화에 특히 관심을 기울였다. 그러나 만약 이 학문들을 그것들의 방법에 의해 구별할 수 없다면, 우리는 그것들을 어떻게 구별할 수 있을까? 딜타이는 이 물음에 대해 [152]경험의 형식들을 구별하는 것의 개정판을 가지고서 대답했다. 이제 그는 이 구별이 **사건들**이나 **행동들**의 구별되는 종류들 사이의 것이 아니라 정신적이거나 지적인 내용 또는 의미의 구별되는 종류들 사이의 것이라는 점을 명확히 했다. 사회-역사 과학들의 목적은 의식을 통과하는 그대로의 정신적 사건들 또는 **활동들**에 대한 기술을 제공하는 것이 아니라 ── 따라서 내성에 대한 빈델반트의 반대는 과녁을 벗어난다 ── 우리의 내적 경험의 내용 또는 의미를 확인하고 분석하는 것이다. 이것은 대상들 사이의 구별이 아닌데, 왜냐하면 하나의 동일한 대상이 탐구의 관점에 따라 상이한 의미나 내용을 지닐 수 있기 때문이다. 예를 들면 동일한 물리적 대상이 화학과 물리학 그리고 생리학의 내용일 수 있다. 내용을 규정하는 것은 우리가 대상을 그것으로 분석해 내는 관계들의 체계다. 그리고 우리가 어떤 체계를 정식화하는가 하는 것은 우리가 행하는 특정한 탐구들과 관점에 달려 있다.

　빈델반트와의 논쟁 이후 딜타이는 계속해서 사회-역사 과학과 자연과학 사이의 차이에 대해 반성했는데, 이것은 결국 그를 사회-역사 과학

* *

29. Dilthey, *Beiträge zum Studium der Individualität*, GS V, 241-58을 참조.

의 독자적인 지위에 관한 그의 가장 흥미롭고 영향력 있는 견해들 가운데 몇 가지로 이끌었다. 딜타이가 내적 경험을 사회-역사 과학들의 특유한 주제로서 바라보고 심리학을 그러한 내적 경험에 관한 분과로서 바라보았기 때문에, 그는 심리학에 모든 사회-역사 과학들 가운데서 결정적인 역할을 부여했다. 이 모든 학문들은 그들의 주인 분과인 심리학의 형식들이었다. 그러나 딜타이는 심리학이 다른 자연 과학들과 마찬가지로 점차적으로 법칙 정립적인 학문이 되고 있다는 빈델반트의 요점을 충분히 이해했다. 그리하여 그는 심리학의 두 가지 상이한 종류를 구별했는데, 그것은 1894년의 『기술적・분석적 심리학에 관한 이념들』에 나타난다.[30] 이것은 기계적 또는 해설적 심리학과 기술적 또는 분석적 심리학 사이의 구별이다. 기계적 심리학이 정신적 요소들에서 시작하여 그것들 사이의 법칙과 유사한 관계들을 규정하는 데 반해, 기술적 또는 분석적 심리학은 우리의 내적 경험의 전체에서 시작하여 그것을 그것의 분리된 부분들로 분석해 나간다. 다시 말하면, 기계적 심리학은 [153]부분들에서 전체로 나아가는 분석적analytic 방법을 적용하는 데 반해, 기술적 또는 분석적analytical 심리학은 (그 명칭에도 불구하고) 전체로부터 부분들로 움직여간다. 기계적 또는 해설적 심리학의 주된 관심은 **설명**, 즉 특수한 정신적 사건들이나 활동들을 일반 법칙들 하에 포섭하는 것이다. 그에 반해 기술적 또는 분석적 심리학의 주요 목적은 **해석** 또는 **이해**, 즉 이러한 사건들이나 활동들 배후의 내용 또는 의미를 이해하는 것이다. 역설적으로 이것은 방법 사이의 구별, 즉 한때 빈델반트에 의해 주창되고 딜타이에 의해

••
30. Wilhelm Dilthey, *Ideen über eine beschreibende und zergliedernde Psychologie*, GS V, 139-240.

부인된 바로 그 종류의 구별이었다. 그러나 설명과 해석, 법칙들과 내용 또는 의미 사이의 구별을 행함으로써 딜타이는 방법론적 구별에 빈델반트가 상상했던 것보다 훨씬 더 심오한 새로운 의미를 부여했다. 딜타이는 개성 기술적인 것이 단지 개별자들에 관한 것이 아니라 내용과 의미에 관한 것이라고 말하고 있었다.

딜타이의 후기 저작인 『정신과학에서의 역사적 세계의 구성』[31]에서 나타나는 역사의 주제에 대한 그의 최종적인 정식화는 역사가 그가 "체험"(*Erlebnis*, 살아 있는 경험)이라 부르는 것에 관계한다는 것이다. 이 개념은 그가 본래 "내적 경험"으로 의미했던 것의 해설이자 정교화였다. 체험은 본질적으로 누군가가 그의 삶의 과정에서 겪어 나가는 것이다. 그것은 한 사람의 삶의 모든 측면, 즉 지각과 인식뿐만 아니라 의지와 감정도 포함한다. 따라서 체험은 우리가 지각하고 느끼며 욕망하는 것의 전체를 포함한다. 그것이 인식과 감정, 의지의 통일이기 때문에, 그것은 가치와 사실 사이의 어떠한 날카로운 구별도 포함하지 않는다. 우리가 겪어 나가는 것은 우리의 삶을 구성하는 우리의 가치들에 의해 규정된다고 딜타이는 주장했다. 딜타이는 체험의 또 다른 근본 요소가 시간성이라고 설명한다. 체험은 단순히 어떤 한 순간에서 우리가 지각하고 느끼며 욕망하는 것의 전체가 아니라 우리 삶의 과정 전체를 통해 우리가 지각하고 느끼며 욕망하는 것의 전체다. 체험의 성격 전체는 시간의 경과에 대한 의식에 의해, 즉 과거와 현재 그리고 미래에 대한 인식과 우리 자신의 죽을 수밖에 없음에 대한 감각에 의해 규정된다. 딜타이의 체험 개념은

••
31. 특히 초고인 「정신과학들의 경계 설정Abgrenzung der Geisteswissenschaften」, GS VII, 70-75를 참조. 또한 초기의 초고들, GS VII, 304-10, 310-17도 참조.

역사와 사회 과학들의 주제에 대한 그의 해명을 크게 풍요롭게 하고 확장했다. [154]경험을 단순히 인식 주체의 의식으로서 바라보는 것이 아니라 딜타이는 감정과 의지 그리고 시간성의 차원들을 덧붙였다. 체험을 정당하게 취급하는 유일한 수단은 이야기, 즉 법칙 정립적 설명과는 완전히 다른 지적 구조를 통해서라고 딜타이는 시사했다. 오로지 이야기만이 랑케와 드로이젠, 빈델반트와 딜타이 그 모두가 역사의 특징적인 관심사로 보았던 개별성의 중요성을 해명할 수 있었다.

4. 역사주의에 대한 실증주의적 오해들

비록 랑케와 드로이젠, 딜타이와 빈델반트가 종종 역사적 해석의 논리를 둘러싸고 저희끼리 다투었을지라도, 여전히 그들 사이에는 주목할 만한 공통적 특징들이 존재했다. 그들 모두는 역사의 목적이 특수자에 대한 앎이라고 생각했다. 그들 모두는 역사가 경험 과학이어야 한다고 주장했다. 그들 모두는 관념론 전통의 사변적 역사 철학에 저항했다. 그리고 그들 모두는 실증주의적인 법칙 정립적 설명 패러다임에 반대했다. 이러한 이유들 때문에 그들은 종종 단일한 전통 내에 자리매김 되어 왔는데, 그 전통은 때때로 "독일 역사학", "역사주의" 또는 "해석학" 전통이라 불린다. 이 전통은 종종 2차 세계 대전 이후 영어권 철학에서 지배적이 된 실증주의에 대한 철학적 대안으로서 간주되어 왔다. 우리는 여기서 수많은 복잡한 철학적 쟁점들을 제기하는, 실증주의와 역사주의 사이의 논쟁을 충분하게 다룰 수 없다. 그러나 지금 이것과 같은 역사에서 우리는 역사주의 전통에 대한 실증주의의 논박에 의해 발생한 이 전통에 관한 몇 가지 오해를 다뤄야 할 것이다.

그들의 공통된 반실증주의적인 자세 때문에 랑케와 드로이젠, 딜타이와 빈델반트는 모두가 단일한 철학적 입장을 대표하는 것처럼 뭉뚱그려져 취급되어 왔다. 하지만 그들 사이에는 그들 사이의 논쟁들에 대한 우리의 설명이 보여주듯이 중요한 차이들이 존재했다. 이 차이들 가운데 가장 중요한 것은 역사적 이해 그 자체에 관계된다. 비록 그들 모두가 역사란 개별자에 관한 것이라는 데 동의한다 할지라도, 그들은 개별자를 이해한다는 것이 무엇을 의미하는지에 대한 매우 상이한 개념을 지닌다. 랑케는 그러한 이해를 개별자의 직관, [155]즉 개별자의 고유한 성질들에 대한 응시로서 바라보았는데, 그것은 예술 작품의 경험과 매우 유사했다. 드로이젠은 이해를 역사적 행위자의 언어를 현대의 언어로 번역하는 것으로서 간주했다. 딜타이는 이해를 체험의 재구성에, 즉 한 사람의 삶의 이야기를 재창조하는 것에 비유했다. 그리고 빈델반트는 이해를 규범적인 것으로서, 즉 하나의 행위를 법칙들이 아니라 사회적·정치적·윤리적 규범들 아래 포섭하는 것으로서 파악했다. 역사주의 전통은 종종 해석학 전통과 동일시되어 왔다.[32] 그러나 이 전통들은 구별된 역사를 지니며, 오직 드로이젠과 딜타이에서만 수렴했다. 랑케와 빈델반트는 그들과 드로이젠 및 딜타이와의 수많은 친연성에도 불구하고 해석학에 대한 이해를 거의 지니지 못했다.

••
32. 이러한 오해는 그 원천을 Hans-Georg Gadamer, *Wahrheit und Methode*, in *Gesammelte Werke* (Tübingen: Mohr, 1990), I, 203에서 지닌다.

역사주의자들에 대한 논박에서 실증주의자들은 종종 그들의 반대자들에 대한 희화화를 창조한다. 그들은 역사주의를 일종의 "유미주의", "직관주의" 또는 심지어 "비합리주의"로서 묘사했는데, 왜냐하면 역사주의자들은 과거에 대한 이해를 역사가가 발생한 것을 그 자신의 상상력에 따라 재생하거나 재현하는 직관과 감정이입 또는 공감의 하나의 형식으로서 묘사했기 때문이라는 것이다.[33] 그러한 이론에 대해 제기될 수 있는 반대들은 명백하다. 요컨대 그것은 너무 주관적이어서 역사가로 하여금 그 자신의 태도와 감정을 자기의 주제 안으로 집어넣어 읽을 수 있도록 허락하며, 그야말로 복잡하고 혼란스럽게 과거를 상상하거나 재창조하는 것은 그것을 이해하는 것과 같은 것이 아니고, 완전히 다른 문화의 산물인 우리가 과거의 사람들의 정신 안으로 들어가는 것이 불가능하다, 등등이라는 것이다. 비록 이러한 반대들이 그럴듯하다 할지라도, 그것들은 또한 문제가 있는데, 왜냐하면 그것들은 하나의 유령, 즉 어느 누구도 실제로는 주장하지 않은 입장을 향해 있었기 때문이다. 비록 랑케와 [156]드로이젠 그리고 딜타이가 때때로 이해를 직관과 재현의 관점에서 묘사한다 할지라도, 그들은 언제나 그러한 직관들이 역사의 모든 개념적 도구들을 사용하

• •

33. Carl Hempel, "The Function of General Laws in History," *Journal of Philosophy* 39 (1942), 35-48; Otto Neurath, "Sociology and Physicalism," in *Logical Positivism*, ed. A. J. Ayer (New York: Free Press, 1959), 282-317, 특히 295, 298; Theodore Abel, "The Operation Called *Verstehen*," *American Journal of Sociology* 54 (1948), 211-18; 그리고 Edgar Zilsel, "Physics and the Problem of Historico-Sociological Laws," in *Readings in the Philosophy of Science*, ed. H. Feigl and M. Brodbeck (New York: Appleton-Century-Crofts, 1953), 714-22, 특히 721을 참조. 비록 실증주의자들과 거리를 두긴 했지만, 포퍼는 역사주의의 이해 방법에 대한 유사한 설명을 공유했다. K. Popper, *The Poverty of Historicism* (London: Routledge, Kegan & Paul, 1957), p. 138을 참조.

는 역사적 연구의 결과여야 한다고 주장했다. 그러한 직관들은 담론적 도구들, 즉 개념과 판단 그리고 추론의 대체물이 아니라 그것들의 산물이고자 했다.

또한 역사주의 전통을 마치 그것이 원리적으로 법칙 정립적 설명의 사용에 대립하는 것처럼 제시하는 것은 그 전통에 대한 잘못된 해석이다. 랑케와 드로이젠, 딜타이와 빈델반트는 모두 다 법칙 정립적 설명이 역사적 이해에서 수행할 중요한 역할을 지닌다는 것을 인정했다. 비록 그들이 역사의 목적이란 개별자를 이해하는 것이라고 생각했을지라도, 그들은 또한 우리가 개별자를 맥락 및 다른 것들과의 연관 안에 놓지 않는다면, 즉 불가피하게 개별자를 일반 법칙들 아래 포섭하는 것을 포함하는 일을 하지 않는다면 그렇게 할 수 없다고 강조했다. 법칙 정립적 설명에 대한 역사가들의 싸움은 다만 그것이 역사적 탐구의 유일한 목표나 목적일 수 없다는 것일 뿐이다. 역사가의 목적이 개별자 그 자체를 이해하는 것이기 때문에, 그의 작업은 보편적 법칙들의 체계를 창조하는 것이 그 주요 목적인 자연 과학자의 작업과 매우 다르다는 것이 따라 나온다. 역사주의자와 실증주의자 사이의 논쟁은, 만약 그것이 단순히 탐구의 목적에 관한 실용적 차이로서 해석된다면, 그 요점과 의미의 많은 것을 상실한다. 그것은 역사에서의 설명 또는 이해의 논리에 관한 논쟁이기를 그치며, 그 대신에 다만 탐구의 목적에서의 차이가 될 뿐이다. 하지만 탐구의 상이한 목적을 가지는 것의 적절성이나 정당성에 관해서는 많은 논란이 있을 수 없다. 비록 탐구의 방법이 매우 비슷하다 할지라도 그것들의 목적이 매우 다를 수 있다는 주장에 이의를 달기는 어렵다.

그럼에도 불구하고 그 논쟁은 실증주의자가 법칙 정립적 설명이 역사에서 이해의 유일한 형식이라고 주장하는 한에서 자기 안에 어느 정도의 생명을 지니는 것으로 보일 수 있을 것이다. 확실히 누군가는 여기에 여전히 논란이 존재한다고 말할 수 있는데, 왜냐하면 이것은 역사주의자가 부정하고 실증주의자는 긍정하는 요점이기 때문이다. 그러나 이 점과 관련해서도 역사주의자와 실증주의자 사이의 논쟁은 일단 우리가 그들이 서로 과거를 이야기하고 있다는 것을 인정하게 되면 서서히 사라져 버린다. 포괄적인 법칙들이 역사에서 설명의 유일한 패러다임이어야 한다는 실증주의 테제는 오직 우리가 이미 역사적 사실들을 알고 있다고 전제할 때만 그럴듯하다. 실증주의자는 과거가 우리에게 단적으로 주어져 있으며, 그것은 [157]다만 그것을 지배하는 일반 법칙들을 설명하는 문제일 뿐이라고 가정한다. 그러나 역사주의자가 그토록 문제가 있다고 여기는 것은 바로 이 가정이다. 랑케와 드로이젠, 딜타이와 빈델반트는 언제나 과거가 사라졌다고, 과거는 더 이상 존재하지 않는다고, 그리고 과거는 우리에 대해 다시 구성되어야 한다고 강조했다. 역사가 자연 과학들과 다른 것은 바로 이 측면에서인데, 자연 과학들에서는 경험의 사실들이 여전히 우리에 대해 현재적인 것이다. 역사주의자의 해석과 비판의 모든 도구는 이러한 사실들을 재구성하기 위해 설계되어 있다. 그러한 이 활동들은 법칙 정립적 설명과는 매우 다르다. 그 활동들은 증거를 발굴하고, 자료의 참됨을 규정하며, 기록들을 해석하고 번역하며, 결론을 위한 충분한 증거가 존재하는지를 평가하는 등등을 포함한다. 역사주의자들이 모든 것이 "포괄적 법칙들"이나 법칙 정립적 설명으로 환원될 수 있다는 실증주의 테제에 저항한 것은 바로 이러한 이유들 때문이었다.

일단 이 점을 깨닫게 되면, 우리는 역사주의자와 실증주의자가 실제로는 서로 다른 것에 대해 이야기하고 있다는 것을 파악할 수 있다. 실증주의자는 객관적 측면에서의 역사, 즉 과거의 인간 행동의 총체성으로서의 역사에 대해 이야기하고 있었다. 그에 반해 역사주의자는 주관적 측면에서의 역사, 즉 인간들이 과거에 관해 말하거나 쓴 것의 총체성으로서의 역사에 대해 이야기하고 있었다. 비록 실증주의 테제가 객관적 역사에 대해 참이고, 그래서 모든 역사적 사건이 법칙 정립적으로 설명되어야 한다 할지라도, 그로부터 그것이 주관적 역사에 대해 참이라는 것은 따라 나오지 않는다. 법칙 정립적 설명은 기껏해야 역사가가 자기의 탐구 끝에서 도달하는 목표일 것이다. 거기에 다다르기 전에 그는 먼저 역사에 관해 말해지거나 쓰인 것을 평가할 수 있는 방법과 기술을 적용해야 한다. 그리고 이러한 활동들에 관여함에 있어 그는 거의 포괄적인 법칙들을 정식화하고 적용하고 있지 않다.

제5장 페시미즘 논쟁

1. 망각된 논쟁

[158]1960년대에 이제 막 싹을 틔우고 있던 젊은 철학자들은 철학이 삶의 의미나 가치에 대한 물음과 아무런 관계도 없다는 말을 들었다. 그 물음은 우리가 우리 머리로부터 즉각적으로 내던져 버려야 하는 철학에 관한 대중적 오해였는데 ── 우리는 그렇게 들었다 ──, 왜냐하면 철학은 본질적으로 학문, 즉 언어의 논리에 관심을 지닌 기술적 분과이기 때문이다. 1960년대에 이러한 실증주의 노선을 견인한 철학자들은 거의 한 세기 전에 수많은 신칸트주의자들과 실증주의자들이 자신들의 분과에 대한 유사한 개념을 견지했다는 것을 알고서 기뻐했을 것이다. 하지만 그들은 자기들의 신칸트주의와 실증주의 선조들이 곧바로 자신들의 오류를 인정했다는 것을 알고서는 덜 기뻐했을 것이다. 그 조상들은 만약 자신들이 청중을 가질 수 있어야 할 뿐만 아니라 또한 자신들의 기본적인 도덕적·정치적 확신들을 정당화할 수 있으려면, 이 물음을 다뤄야 한다는 것을 빠르게 깨달았다. 우리가 보았듯이[1] 1870년대 말과 1880년대 초에 신칸트주의자들과 실증주의자들은 배타적으로 과학의 논리에 관심을 지닌 자신들의 좁은 의제로부터 떠나 삶의 의미와 가치라는 응대한 물음을 논의하지 않을 수 없었다.

1. 제1장 5절을 참조

1870년대와 1880년대에 철학자들이 자신들의 엄격한 스콜라적인 의제로부터 벗어나지 않을 수 없었던 것은 단 한 사람, 즉 아르투르 쇼펜하우어의 작업 때문이었다. 1860년대 초에 그는 독일에서 가장 유명한 철학자가 되었다. 그의 저작들은 교양을 지닌 일반 대중에게 호소력을 지녔을 뿐만 아니라 또한 그 의제가 과학들의 논리에 제한되어 있었던 철학 교수들에 대해서도 [159]강력한 경쟁력을 입증했다. 쇼펜하우어는 교수들의 선망인 주목할 만한 위업을 이뤘다. 요컨대 그는 철학을 다시 삶에 유의미한 것으로 만들었으며, 따라서 그것은 난해한 논리학 문제들에 관심이 있던 교수들뿐만 아니라 모두에게 마찬가지로 관심거리인 기본적인 물음들을 묻고 있었던 것이다. 쇼펜하우어의 웅대한 물음은 단순하고 긴급하며 회피할 수 없었다. 삶은 살 만한 가치가 있는가? 그것은 모든 반성적인 인간이 자신의 삶에서 언젠가 부딪치지 않을 수 없는 물음이었다. 그것과 비교하면 과학들의 논리는 거의 중요하거나 의미가 있어 보이지 않았다.

쇼펜하우어의 자기 시대에 대한 도전은 그가 제기한 물음에서뿐만 아니라 또한 그가 그에 대해 제시한 대답으로부터도 생겨났다. 그 대답은 그의 페시미즘이었다. 쇼펜하우어 페시미즘의 중심 테제는 충격적인 만큼이나 단순하다. 즉, 삶은 살 만한 가치가 없다는 것이다. 무는 존재보다 더 좋으며, 죽음은 삶보다 더 선호할 만하다. 설사 그런 일이 있었다 하더라도 철학의 역사에서 삶이 그러한 파멸적인 평결을 받은 적은 거의 없었다. 마치 쇼펜하우어가 사람들에게 다음과 같이 말하고 있는 듯했다. 너희는 죽는 게 더 좋으며, 너희의 분투에는 아무런 의미도 없다. 너희의 좀 더 깊은 모든 열망—더 좋은 세계를 창조하고자 하는 너희의 노력—은 아무 효력도 없다.

쇼펜하우어 페시미즘의 충격으로부터 19세기 말의 가장 격렬한 철학적 논쟁들 가운데 하나, 즉 페시미즘 논쟁^{Pessimismusstreit}이 발생했다. 동시대의 몇몇 설명에 따르면, 페시미즘은 빠르게 그 시대의 가장 긴급하고 중요한 쟁점으로서의 유물론을 무색케 만들었다.[2] 페시미즘은 신속하게 장안의 화제, 문학 살롱의 주제, 그리고 심지어는 풍자의 대상이 되었다.[3]

페시미즘 논쟁에는 두 개의 주된 단계가 있었다. 첫 번째 단계는 쇼펜하우어가 명성을 얻게 된 1860년대에 성립했는데, 그때는 그의 페시미즘을 공격하는 수많은 논문과 소책자 그리고 책들이 출판되었다. 쇼펜하우어는 많은 비방자를 가졌지만, 또한 몇몇의 [160]유능한 옹호자를 갖기도 했다.[4] 두 번째 단계는 1870년에 쇼펜하우어의 페시미즘을 재확인했지만 제한하기도 한 에두아르트 폰 하르트만의 『무의식의 철학』에 대한 반작용에서 시작되었다. 1870년대를 통해서만 하르트만의 페시미즘에 대한 수백 편의 비평과 수많은 논문들 그리고 수십 권의 책들이 출판되었다.[5] 그 격렬한

• •

2. Theodor Tautz, *Der Pessimismus* (Karlsruhe: G. Braun'schen Hofbuchhandlung, 1876), pp. 6-7; Edmund Pfleiderer, *Der moderne Pessimismus* (Berlin: Carl Habel, 1875), pp. 7-8.

3. M. Reymond, *Das Buch vom gesunden und kranken Herrn Meyer* (Bern: Georg Frobeen & Cie., 1877)의 일부분이었던 그의 *Das Buch vom bewußten und unbewußten Herrn Meyer*를 참조. 레이몬트의 불행한 반-영웅인 마이어 씨는 하르트만의 페시미즘이 논의되는 문학 살롱을 갖고 있다.

4. 주요 옹호자들은 Julius Frauenstädt, *Briefe über die Schopenhauer'sche Philosophie* (Leipzig: Brockhaus, 1854); Julius Bahnsen, *Der Widerspruch im Wissen und Wesen der Welt* (Berlin: Theobold Grieben, 1880)와 *Zur Philosophie der Geschichte* (Berlin: Duncker, 1872); Phillip Mainländer, *Philosophie der Erlösung* (Berlin: Theobold Grieben, 1880); 그리고 Paul Deussen, *Die Elemente der Metaphysik* (Bonn: Marcus, 1876)이었다.

5. O. Plümacher, "Chronologische Verzeichniss der Hartmann-Literatur von 1868-1880," in *Der Kampf um's Unbewusste* (Berlin: Duncker, 1881), pp. 115-50. 하르트만의

흐름은 1880년대를 통해서도 전혀 누그러지지 않고 계속되었다. 그것은 1890년대에 들어서서야 겨우 약화되기 시작했다. 비록 하르트만의 페시미즘이 논쟁의 두 번째 단계의 초점이긴 했지만, 어느 누구도 쇼펜하우어가 그의 정신적 아버지였다는 점에 대해 전혀 착각하지 않았다.

커다란 철학적·문화적 중요성에도 불구하고, 페시미즘 논쟁은 대체로 망각되어 왔다. 그것은 19세기 말에 한 사람의 위대한 역사가, 즉 올가 플뤼마허를 가졌다. 1883년에 처음 출판된 그녀의『과거와 현재의 페시미즘』[6]은 여전히 그 논쟁의 다양한 관점들과 일화들을 설명하고 기술하는 단 하나의 시도로 남아 있다. 오늘날 만약 그 논쟁이 단연코 기억되고 있다면, 그것은 오로지 그것의 가장 유명한 참여자인 프리드리히 니체에 의해서일 뿐이다. 하지만 그 시대에 니체는 논쟁에 대한 수많은 기여자들 가운데 오직 한 사람으로서만 알려졌다.[7] 그러나 이들 다른 기여자들도 수많은 흥미로운 것들을 말했고, [161]역사적 이유에서뿐만 아니라 철학적 이유에서도 우리는 그들을 기억하는 것이 온당하다.

• •
철학 수용의 처음 십 년간에 대해서는 그 자신의 논문 "Die Schicksale meiner Philosophie in ihrem ersten Jahrzehnt (1869-1879)," in *Philosophische Fragen der Gegenwart* (Leipzig: Wilhelm Friedrich, 1885), 1-25를 참조.

6. O. Plümacher, *Der Pessimismus in Vergangenheit und Gegenwart* (Heidelberg: Georg Weiss Verlag, 1883). 제2판은 1888년에 출간되었다. 또한 그녀의 "Die Philosophie des Unbewussten und ihre Gegner," *Unsere Zeit* 15 (1879), 321-45도 참조. 플뤼마허는 또한 쇼펜하우어학파의 두 사상가에 대한 책인 *Zwei Individualisten der Schopenhauer'schen Schule* (Berlin: Duncker, 1882)의 저자이기도 했다. 그녀는 또한 제임스 설리[James Sully]의 *Pessimism: A History and a Criticism* (London: Henry King, 1877)에 대한 비판 논문인 "Pessimism" for *Mind* 4 (1879), 68-89를 쓰기도 했다.

7. Plümacher, "Die Philosophie des Unbewussten und ihre Gegner," pp. 329-30; 그리고 Otto Siebert, *Geschichte der neueren deutschen Philosophie seit Hegel* (Göttingen: Vandenhock & Ruprecht, 1898), pp. 243-45를 참조.

그 한창때인 1870-90년에 페시미즘 논쟁은 대단히 다양한 화제와 쟁점을 아울렀다. 사실상 삶의 가치에 관련되는 삶의 모든 측면이 논의되었다. 주요 화제들 가운데는 즐거움, 일, 예술, 사랑, 자살, 자유 그리고 죽음이 있었다. 다양한 화제에 대한 완전한 논의는 책 한 권 전체의 주제가 될 것이다. 단지 입문적일 뿐인 이 장에서 우리의 과제는 몇몇 사상가들과 주제들에 대해 이야기하는 것이다. 우리는 주로 그동안 망각되어 온 사상가들에 초점을 맞출 것이다. 그리고 우리는 니체를 제쳐놓을 것인데, 그 이유는 그가 중요하지 않기 때문이 아니라 그의 작업이 다른 이들에 의해 아주 철저하게 연구되어 왔기 때문이다.

그러나 페시미즘 논쟁 그 자체를 검토하기 전에 우리는 그 논쟁이 개시되게 된 원인이자 변함없는 배경이었던 쇼펜하우어 페시미즘의 의미와 정당성을 어느 정도 이해할 필요가 있다.

2. 쇼펜하우어의 페시미즘

누군가가 "페시미즘의 철학자"라는 칭호를 받을 만하다면, 그것은 바로 아르투어 쇼펜하우어다. 삶에 대해 그보다 더 음울한 전망을 지니기는 불가능하다. 가장 어두운 전망은 세계를 지옥에 비유하는 것이다. 그러나 쇼펜하우어는 그렇게 비교하기를 주저하지 않았다. 그는 『의지와 표상으로서의 세계』*Die Welt als Wille und Vorstellung* 제2권에서 다음과 같이 쓰고 있다. "우리는 땅 밑에서 지옥을 찾을 필요가 없다. 우리는 지금 여기서 이미 지옥을 살고 있기 때문이다."[8] 『소품과 단편집*Parerga und paralipomena*』의 한 구절은 훨씬 더 직접적이다. "세계는 지옥이며, 우리 인간은 지옥의 고통 받는 영혼들이자 그 악마들이다."(V, 354)

쇼펜하우어의 페시미즘은 햄릿의 유명한 물음, 즉 "살 것인가 죽을 것인가?"에 대한 그의 대답으로서 가장 잘 이해된다. 쇼펜하우어의 대답은 명확하고 주저함이 없다. 죽는 것이 더 좋다는 것이다. 그는 다음과 같이 썼다. "『햄릿』의 유명한 독백에서 세계의 본질적 의미는 [162]다음과 같다. 즉, 우리의 삶은 완전한 비-현존재가 그것보다 더 좋을 정도로 비참하다는 것이다."(I, 445; P 324) 쇼펜하우어의 페시미즘을 위한 또 다른 진술은 실레노스 신화에 의해 제공되는데, 그것을 그는 『의지와 표상으로서의 세계』의 제2권에서 바꾸어 이야기한다(II, 752; P 587). 이야기에 따르면, 미다스 왕은 사튀로스이자 디오뉘소스의 동반자인 실레노스를 숲을 가로질러 쫓아간다. 마침내 실레노스를 잡았을 때 미다스 왕은 그에게 인간에게 있어 가장 좋은 삶이 무엇인지 묻는다. 실레노스는 날카로운 웃음을 터트리며 대답한다. "태어나지 않는 것, 존재하지 않는 것, 아무것도 아닌 것." 다음과 같은 어두운 메시지를 선언하는 것이야말로 지상에서 쇼펜하우어의 사명이었다. "사실 우리 존재의 목적은 다름 아닌 우리가 결코 존재하지 않은 것이 더 좋다는 지식을 선언하는 것일 뿐이다."(II, 775; P 605)

• •

8. 쇼펜하우어의 저작들에 대한 괄호 안에서의 모든 참조는 *Sämtliche Werke*, ed. Wolfgang Freiherr von Lohneeysen (Stuttgart: Insel, 1968)을 가리킨다. "I"과 "II"는 『의지와 표상으로서의 세계』의 제1권과 제2권을 지시한다. "P"는 E. F. J. Payne에 의한 이 저작의 영어 번역 *The World as Will and Representation* (New York: Dover, 1969)을 가리킨다.

쇼펜하우어에게 있어 페시미즘은 악의 문제에 대한 유일하게 정직하고 적절한 대답이다. 그는 세계의 그 모든 고통과 불의에 대한 어떠한 정당화도 존재할 수 없다는 것을 깨닫자마자 우리는 페시미스트가 되어야만 한다고 주장한다. 인간 고통의 단적인 규모와 끊임없음 및 그 강렬함, 그리고 덕 있는 자가 고통 받는 데 반해 사악한 자가 번영한다는 사실은 세계가 결코 존재하지 않은 것이 더 좋았을 거라는 것에 대한 인정을 필연적인 것으로 만든다(II, 738.39; P 739). 쇼펜하우어의 논증에 따르면, 악의 단적인 존재는 유신론이 틀렸음을 입증하기에 충분한데, 왜냐하면 어떠한 전지전능하고 자비로운 신도 그것을 결코 허락하지 않을 것이기 때문이다. 삶의 고통과 악으로부터 논증될 수 있는 유일한 종류의 신은 자기의 피조물의 고통으로부터 기쁨을 끌어내는 악한 고문 기술자일 거라고 쇼펜하우어는 주장한다.

보통 쇼펜하우어는 마치 삶의 목적이란 우리를 행복하게 만드는 것이라는 듯이 삶의 가치를 엄격한 행복주의적인 용어들로 평가한다. 그리고 그는 우리에게 삶의 괴로움에 비교하여 삶의 즐거움을 측정할 것을 요청한다. 그는 이러한 기준에 따르면 삶이란 살 만한 가치가 없는데, 왜냐하면 삶의 괴로움이 그 즐거움보다 엄청나게 중대하며, 그 고통은 그 기쁨을 크게 무색케 하기 때문이라고 논증한다(IV, 343). 만약 우리가 엄격하게 우리의 이익에 따라 결정하는 순수하게 이성적인 존재라면, 우리는 단적으로 삶이 즐거움보다 더 많은 괴로움을 창조한다는 이유에서 존재보다 무를 선호할 것이다(II, 742; P 579.80). 그리하여 쇼펜하우어는 삶을 손해가 이익보다 훨씬 크고 우리가 결코 우리의 초기 투자를 회복하지 못하는 나쁜 투기적 사업에 비교한다(II, 734, 742; P 574, 579.80). 그는 우리가 삶을 선물에 비교할 것이 아니라 빚에 견주어야 한다고 생각한다(II, 743;

P 580). 이자 지불이 우리의 삶 전체를 차지한다. 그리고 우리는 오직 죽음과 더불어서만 원금을 갚는다.

[163] 쇼펜하우어의 페시미즘은 어느 정도 세계 내의 악과 고통의 만연에 관한 경험적 증거에 의거한다. 하지만 중요한 것은 쇼펜하우어가 비록 경험적 증거가 압도적으로 자기편을 들고 있다고 생각하고 있음에도 불구하고, 자기의 주장의 근거를 오로지 그 경험적 증거에만 두기를 거부한다는 점을 파악하는 것이다. 『의지와 표상으로서의 세계』의 §§57-59에서 그는 자신의 페시미즘을 위한 "선험적" 논증들을 진술한다. 이 논증들의 내용은 하나의 중심 테제, 즉 "모든 삶은 고통이다"(alles Leben Leiden ist)라는 테제를 증명하는 것이다(I, 426; P 310). 만약 이것이 실제로 사실이라면, 페시미즘은 삶에 대한 잘 정초된 유일한 이성적 태도일 것이다.

자신의 테제를 위한 쇼펜하우어의 논증들은 고전 철학의 각본으로부터, 즉 에피쿠로스 전통과 스토아 전통으로부터 곧바로 나온다. 에피쿠로스학파와 스토아학파는 인간 욕망의 삶이 본질적으로 좌절감을 안겨주며, 그것이 참된 행복을 가져다줄 수는 없는바, 참된 행복은 평정심 또는 부동심에 존재한다고 논증했다. 그러한 행복은 오직 덕, 즉 자기 수양과 세계로부터의 물러남에 의해서만 획득될 수 있다고 그들은 가르쳤다. 주목할 만한 정도로 쇼펜하우어는 그들의 논증들과 그들의 행복 개념 그리고 그것을 획득하기 위한 그들의 전략을 따른다. 그가 그의 고전적 선조들로부터 벗어나는 곳은 그의 더 커다란 페시미즘에서다. 그는 우리가 이 삶에서 지속적인 행복을 획득할 수 있다는 것을 부정한다.

§§57-59에서 쇼펜하우어의 논증은 인간의 욕망에 대한 분석에 존재한다. 그는 인간의 본질이 의지 또는 추구에 있다고 주장한다. 이러한 의지 또는 추구는 무언가 결핍이나 결여가 느껴진 것인 욕망이나 욕구에서

나타난다. 쇼펜하우어의 논증에 따르면, 이러한 결핍이나 결여를 감지할 때, 우리는 괴로움(*Schmerz*)을 느끼는데, 이것으로 그가 의미하는 것은 육체적 아픔(통증, 따가움, 쓰라림)이 아니라 불안과 불만 또는 불쾌함이다. 우리는 불안과 불만 또는 불편함이 그치도록 이러한 (요컨대 음식이나 섹스에 대한) 욕구들을 충족하기를 추구한다. 우리는 때때로 이러한 욕구들을 충족하긴 하지만, 그것들을 충족하는 데서 가지는 즐거움은 결코 그리 오랫동안 지속되지 않고 순간적인 완화 형식을 취한다. 문제는 욕구들이 재생되며, 따라서 불안과 불만 또는 불쾌함이 다시 일어난다는 것이다. 욕구들이 항상적이자 고통의 원천이기 때문에, 그리고 그것들을 충족하는 즐거움이 매우 짧기 때문에, 삶은 즐거움보다는 괴로움에, 행복보다는 고통에 존재한다.

하지만 이 논증은 다만 쇼펜하우어의 고발의 개시일 뿐이다. 그는 자기의 주장을 강화하기 위해 또 다른 논증을 덧붙인다. [164]삶의 고통은 단순히 결핍에서만, 즉 오로지 욕구의 감정으로부터만 발생하지 않는다고 쇼펜하우어는 주장한다. 그것은 또한 또 다른 강력한 원천, 즉 권태로부터도 온다. 욕구가 활동의 과도함, 즉 추구의 수고와 곤란함을 낳는다면, 권태는 활동하지 않음의 과도함, 즉 전혀 아무것도 하지 않는 것의 불안과 불만으로부터 온다. 권태는 욕구만큼이나 고통의 원천이라고 쇼펜하우어는 주장한다. 권태로울 때 우리는 절망한다. 우리는 어떻게 지내야 할지 알지 못한다. 우리의 바로 그 현존재가 짐이다.

욕망의 분석은 우리의 삶이 욕구와 권태 사이에서 동요한다는 것을 보여주었다. 우리가 어느 쪽을 느끼는가 하는 것은 우리가 욕구를 얼마나 느리게 또는 얼마나 빠르게 충족하는가에 달려 있다. 만약 욕구를 너무 느리게 충족한다면, 우리는 결핍의 느낌을 연장한다. 그러나 그것을 너무 빠르게 충족한다면, 우리는 권태를 겪는다. 어느 경우든 우리는 너무 많은 활동의, 아니면 너무 적은 활동의 고통을 겪는다. 이러한 끔찍한 상태들은 서로를 잡아먹는다. 권태로울 때 우리는 간절히 우리 욕망의 대상들을 추적하고 싶어 한다. 그러나 빠르게 우리를 소진시키는 그러한 추적의 한가운데서 우리는 다름 아닌 안식을 갈망하는데, 그러한 안식은 즉각적으로 또다시 권태를 낳는다.

이러한 논증을 가지고서 쇼펜하우어는 모든 삶이 고통이라는 것을 증명하고자 하는 자기의 목표에 다가섰다. 우리가 우리의 욕구를 충족하든지 하지 않든지 간에 우리의 운명은 고통 속에 존재하는 것으로 보인다. 욕구를 충족하면 우리는 권태를 겪는다. 그리고 그것을 충족하지 못하면 우리는 결핍을 겪는다. 그러나 우리가 우리의 욕구를 충족하는 바로 그 순간은 어떠한가 하는 물음이 제기될 수 있다. 짧긴 하지만 확실히 삶의 가치를 늘리는 기쁨의 순간들이 존재한다. 하지만 쇼펜하우어는 이 요점에 대한 대답, 즉 이러한 순간들에게서마저 어떠한 적극적 가치도 박탈하는 대답을 갖고 있다. 『의지와 표상으로서의 세계』의 §59에서 그는 에피쿠로스를 따라 즐거움이란 다만 소극적 성질일 뿐이라고, 다시 말하면 즐거움은 오직 욕구의 결핍의 제거로부터만 생겨난다고 논의한다. 즐거움은 그것이 다만 괴로움의 부재라는 단순한 이유로 인해 그 자체에서 적극적인 성질이 아닌바, 즉 괴로움과는 다른 성질이다. 쇼펜하우어의 논증에 따르면, 우리는 다만 욕구를 느낀 후 우리의 정상적 조건으로 되돌아올 때만 즐거움을 느낀다. 하지만 일단 그러한 정상적 조건에 있게 되면, 우리는 즐거움의 어떠한 특수한 감정도 지니지 못한다. 우리는 오직 우리가 지니는 것을 상실할 때만 그것을 높이 평가한다.

그래서 삶의 비용과 이익의 계산에서는 오로지 끊임없이 더해지는 괴로움만이 셈해지는데, 왜냐하면 오로지 괴로움만이 적극적 가치를 지니기 때문이다. 하지만 즐거움은 영과 같다.

[165]이 모든 것으로 충분하지 않다면, 쇼펜하우어는 다만 삶의 전망을 조금 더 암울하게 하기 위해 또 다른 논증을 덧붙인다. 『의지와 표상으로서의 세계』 제2권의 40장(735; P 575)과 『소품과 단편집』의 §153에서 간단히 나타나는 이 논증은 욕망의 삶에 반대하는 스토아학파와 에피쿠로스학파의 논증들에서 한때 중심적 역할을 수행했다. 이 논증의 주된 주장은 우리가 불가피하게 그 강도에서 점점 더 커지는 새로운 욕구를 획득하며, 따라서 욕구를 충족시키는 것이 점점 더 어려워진다고 하는 것이다(V, 347). 이것은 욕망의 삶에 완전히 새로운 차원을 덧붙이는데, 왜냐하면 그것은 동일한 욕구가 다시 생겨난다는 것뿐만 아니라 우리가 어떠한 자연적 한계도 지니지 않고 충족시키면 충족시킬수록 더 커지는 새로운 욕구를 획득한다고 하는 것이기 때문이다. 이러한 종류의 욕구에 대한 쇼펜하우어의 예는 야망이다. 우리는 아주 적은 인정에는 만족하지 않는다. 우리는 명성을 획득하기까지 더욱더 많은 인정을 요구한다. 그리고 일단 조금 유명해지게 되면, 우리는 더 유명해지기를 원한다. 쇼펜하우어는 스토아 전통과 에피쿠로스 전통이 좋아하는 표적이었던 돈이나 권력과 같은 다른 예를 선택할 수도 있었을 것이다. 이것들에 대해서도 우리는 그것들을 더 많이 가지면 가질수록 더 많은 것을 원하며, 우리가 얼마나 많이 원하는가 하는 것에는 한계가 없다고 말할 수 있다. 그러나 우리가 원하는 것이 커지면 커질수록 그것을 충족시키는 것은 더 어려워지며, 따라서 불만의 느낌이 더욱 커질 뿐이다.

페시미즘을 위한 쇼펜하우어의 논증들을 제대로 평가하기 위해서는 그가 『의지와 표상으로서의 세계』 제2권에서의 유명한 에세이 「성적 사랑의 형이상학Metaphysik der Geschlechtsliebe」에서 그 개요를 서술하는 성에 관한 그의 견해를 고찰하는 것이 결정적이다.[9] 여기서 쇼펜하우어는 성이 인간 본성에서 가장 강력한 충동, 즉 사람들이 종종 사랑과 아이들을 위해 스스로를 희생하는 것을 고려하면 자기 보존보다 훨씬 더 강력한 충동이라는 것을 명확히 한다. 성 충동은 가장 강력한 것일 뿐만 아니라 또한 가장 편재하는 것이며, 사실상 우리의 모든 행위의 동기를 부여하는 데서 결정적이지만 잠재의식적인 역할을 수행한다. 그러나 충동들 가운데 가장 강력하고 편재하는 이 성 충동은 맹목적이고 비이성적이며, 우리가 전혀 저항할 수 없는 끝없는 고통의 원천이다. 우리는 비록 그것이 우리에 대해 파괴적일지라도, 그리고 비록 그것의 충족이 덧없고 순간적일지라도 그것에 굴복한다. 우리는 사랑이 우리에게 즐거움들 가운데 가장 커다란 것을 가져다 줄 것이라고 생각한다. 그러나 [166]우리가 그 욕구를 충족하자마자 환멸이 시작된다. 따라서 우리가 그 다음날 아침 침실보다 그로부터 더 서둘러 달아나는 것은 아무것도 없다. 우리는 그로부터 어떤 가르침을 배우기보다는 우리의 어리석음을 고집하는데, 왜냐하면 우리의 욕망이 다시 생겨나고 우리는 그것들에 저항할 수 없기 때문이다. 비록 우리 스스로가 사랑에 대한 추구 배후의 행위자들이라고 생각한다 할지라도, 우리는 실제로는 다만 우리를 통제하고 우리를 자기의 목적을 위해 사용하는 더 고차적인 힘의 도구일 뿐이다. 이러한 더 고차적인 힘은 삶에의 의지다. 그리고 그 목적은 다름 아닌 현존재 그 자체, 삶의 단순한 계속이다. 성에는 생식 이외에 다른 목적은 존재하지 않는다. 그리고 생식에는 종의 생존 이외에 다른 목적은 존재하지 않는다. 삶에의 의지는 그에

· ·
9. Arthur Schopenhauer, "Metaphysik der Geschlechtsliebe," WWV II, 678-727.

봉사하는 개인들의 행복에 대해서는 조금도 개의치 않는다. 각 개인은 종을 위해 살아간다. 그리고 일단 개인이 생식의 과제를 수행하면, 그는 버려져 죽음에 맡겨진다.

우리가 이 모든 논증을 고려할 때, 삶이 사실상 고통이라는 쇼펜하우어의 결론에 저항하기는 어렵다. 비록 즐거움의 순간들——성적 클라이맥스, 달래진 갈증, 충분히 채워진 배——이 존재한다 할지라도, 그것들은 덧없고 아주 드물다. 그리고 그것들은 우리의 보통의 운명, 즉 욕구의 결핍, 권태의 절망, 그리고 성의 무가치함보다 결코 더 크지 않다. 우리의 하루 대부분 동안 우리는 욕구를 충족하고, 권태를 피하며, 또는 성적 욕구를 진정시키기 위해 몸부림치지만, 다만 우리가 내일도 우리의 노력을 반복할 수밖에 없다는 것을 발견할 뿐이다. 우리는 우리가 고뇌의 순환에 사로잡혀 있음을 안다. 그러나 우리는 비록 불가능하지는 않다 할지라도 그로부터 벗어나기가 어렵다는 것을 발견하는데, 왜냐하면 우리는 우리를 궁지에 빠트리는 바로 그것을 갈망하기 때문이다. 쇼펜하우어가 표현하듯이 그것은 흡사 우리가 "익시온의 회전하는 수레바퀴 위에 놓여 있고······ 다나이데스의 체로 물을 긷고 있는" 것과도 같다(I, 280; P 196).

3. 신칸트주의 십자군

19세기 후반부에 쇼펜하우어에 대한 가장 공격적이고 지칠 줄 모르는 비판자들은 신칸트주의자들이었다. 그들은 또한 단연코 그 수가 가장 많왔다. 거의 모든 주요한 신칸트주의자가 쇼펜하우어의 페시미즘에 대항해 던질 몇 개의 돌을 갖고 있었다. 1860년대 중반부터 1900년대 초까지 쿠노 피셔(1824-1906), 오토 리프만(1840-1912), 위르겐 보나 마이어(1829-97), 프리드리히 파울젠(1846-1908), 루돌프 하임(1821-1901), 알로이스 릴(1844-1924), 요한네스 폴켈트(1848-1930), 헤르만 코헨(1842-1918), [167]그리고 빌헬름 빈델반트(1848-1915)가 그에 관한 논문과 에세이 또는 책의 장들을 썼다. 1870년대 후반에 페시미즘은 칸트주의자들의 혐오 대상*bête noire*으로서의 유물론을 대체했다.

그렇지만 어째서 신칸트주의자들은 쇼펜하우어의 페시미즘에 의해 그토록 분격하게 되었던 것인가? 언뜻 생각하기에는 독실한 칸트주의자는 그것에 그렇게 애를 먹어서는 안 되는 것으로 보인다. 앞에서 보았듯이, 쇼펜하우어는 삶의 가치를 주로 행복의 기준들에 의해 측정했으며, 삶이 행복보다는 고통을 가져오기 때문에 그것을 가치가 없는 것으로 보았다. 그러나 그러한 결론이 칸트주의자의 심기를 불편하게 해서는 안 되었을 것이다. 왜냐하면 칸트 그 자신은 잘 알려져 있듯이 『윤리 형이상학 정초』에서 인간 삶의 자연적 목표가 행복이 아니며, 우리가 이성을 부여받지 못하고 본능에 의해 인도된다면 우리 모두는 훨씬 더 행복할 것이라고 논증했기 때문이다.[10] 칸트는 삶의 가치를 측정하는 적절한 기준은 행복주의적인 것이 아니라 도덕적인 것이라고 생각했다. 우리의 삶은 오직 우리가 최고선의 도덕적 이상에 기여할 수 있는 한에서, 다시 말하면 개인적 행복과 도덕적 공적이 완전한 조화를 이루는 사회적 · 정치적 질서를 창

· ·
10. Immanuel Kant, *Grundlegung zur Metaphysik der Sitten*, Schriften, ed. Preussische Akademe der Wissenschaften (Berlin: de Gruyter, 1902-), IV, 395.

조할 수 있는 한에서만 살 만한 가치가 있다. 한 사람이 그러한 이상을 향해 노력하는 가운데 아무리 많은 고통을 겪는다 할지라도, 그 사람의 삶은 여전히 살 만한 가치가 있었을 것이다.

하지만 더 깊은 수준에서 독실한 칸트주의자는 쇼펜하우어의 페시미즘에 의해 매우 불안하게 될 강력한 이유들을 지녔다. 왜냐하면 그 배후에는 인간의 모든 노력을, 그것이 엄밀하게 도덕적인 용어들로 판단될 때조차, 무의미하게 만드는 정적주의적인 메시지가 존재했기 때문이다. 『의지와 표상으로서의 세계』의 제4편에서 쇼펜하우어는 정적주의를 명시적으로 찬성하는 논의를 펼쳤는데, 그에 따르면 근절할 수 없는 고통인 인간 조건을 변화시키고자 시도하는 것은 희망이 없다. 인간 본성은 언제나 동일한 것으로 머물며, 그 욕망들을 충족하기 위한 동일한 헛된 투쟁에 끼워 넣어져 있다. 국가는 인간들을 교육하거나 교화할 수 없으며, 인간들을 행복하게 만들 수도 없다. 그것이 할 수 있는 유일한 것은 한 사람이 다른 사람에게 해를 끼치지 못하게 하는 것뿐이다. 세계를 변화시킬 수 없기 때문에, 우리는 그것을 그대로 받아들이고 그것을 개선하고자 시도하는 바로 그 의지를 포기하는 것이 더 낫다. 일정한 척도의 평정심을 향한 유일한 길은 세계로부터 물러나는 것, 세계로부터 미적이고 종교적인 명상으로 도피하는 것이다. 따라서 최고선을 향한 분투는 쇼펜하우어가 보기에 단지 [168]전적으로 헛된 수고일 뿐이었다. 우리는 시쉬포스처럼 바위를 산꼭대기까지 밀어 올리지만, 그것은 산 밑으로 다시 굴러 떨어질 뿐이다.

신칸트주의자들로 하여금 쇼펜하우어의 페시미즘에 대항해 무기를 들도록 동기를 부여한 것은 주로 이러한 정적주의였다. 쇼펜하우어는 그들의 주요 정치적 이상, 즉 자유와 평등 그리고 자주의 원리들 위에 세워진 공화국 헌법의 창설을 추구할 동기를 약화시켰다. 대부분의 신칸트주의자들은 1848년의 실망에도 불구하고 여전히 입헌 정체와 국가적 통일의 가치를 믿었던 견실한 자유주의자들이었다. 하지만 그들은 칸트와 헤겔처럼 공화주의와 자유주의의 이상들이 역사의 단적인 메커니즘에 의해 성취될 거라고 믿지 않았다. 그들은 한 가지 중요한 측면에서 칸트보다는 오히려 피히테의 제자들이었다. 그들은 인간이 그 자신의 역사를 만들었으며, 자기의 정치적 이상들을 오직 직접적인 정치적 참여를 통해 획득할 수 있다고 생각했다.[11] 그러나 쇼펜하우어의 정적주의에 의해 약화되는 것으로 보였던 것은 바로 이러한 피히테의 행동주의였던바, 쇼펜하우어의 정적주의는 세계를 변화시키는 데에 헌신했던 모든 이들의 귀에 대고 낙담시키는 메시지를 속삭였던 것이다. 의지를 부정하고 삶을 포기하며 세계의 방식들로부터 물러나는 쇼펜하우어의 윤리학보다 더 행동주의자의 의제에 대립하는 것은 있을 수 없었다. 신칸트주의자들에게 있어 이것은 어둠의 세력에게 굴복하는 것과 같았다. 그토록 많은 것이 위태롭게 되었기 때문에, 쇼펜하우어의 페시미즘은 그야말로 철저하게 분쇄되고 파괴되어야 했다.

쇼펜하우어의 페시미즘에 대항한 신칸트주의 운동에서 하나의 중심 전략은 철학적이거나 과학적인 지위에 대한 그것의 주장을 약화시키는 것이었다. 이런저런 형식으로 빈델반트, 파울젠, 리프만, 마이어 그리고 릴은 모두 이러한 전략을 따랐다.[12] [169]그들은 경험적인 것이든 선험적인

<hr>

11. 신칸트주의 운동의 피히테적인 차원에 대해서는 Klaus Köhnke, *Entstehung und Aufstieg des Neukantianismus* (Frankfurt: Suhrkamp, 1986), pp. 186-94; 그리고 Hermann Lübbe, *Politische Philosophie in Deutschland* (Munich: Deutscher Taschenbuch Verlag, 1974), pp. 194-205를 참조.

것이든 쇼펜하우어의 교설을 위한 어떠한 증거도 있을 수 없으며, 그것은 궁극적으로 세계에 관한 참된 형이상학적 사실이라기보다는 오히려 그의 개인적 태도에 관한 진술이라고 주장했다. 이러한 논증 노선에 따르면, 과연 삶이 살 만한 가치가 있는가 하는 것은 가치의 문제이며, 따라서 각각의 개인이 그 자신의 경험에 토대하여 결정할 문제다. 모든 이에게 그들의 삶이 의미가 없거나 가치가 없다고 말하는 아르투르 쇼펜하우어는 누구였던가? 그것은 각각의 개인이 스스로 결정할 문제였다. 자신의 페시미즘을 마치 그것이 모종의 심오한 형이상학적이거나 심리학적 진리인 것처럼 주창함에 있어 쇼펜하우어는 사실과 가치를 근본적으로 혼동했다. 이러한 노선의 논증을 가장 완전하고도 엄밀하게 발전시킨 빈델반트는 현존재의 가치에 관한 객관적 테제를 만들 수 있는 단 하나의 방법만이 있을 수 있다고 주장했다. 요컨대 만약 세계가 그것을 위해 창조된 목적을 안다면, 우리는 세계가 좋은지 나쁜지를 말할 수 있으리라는 것이다. 그 경우 그것은 단적으로 세계가 그 목적에 적합한지 아닌지를 아는 문제일 것이다. 그러나 삶의 목적 그 자체가 무엇인지를 알 수 있는 방법은 없으며, 그것이야말로 바로 칸트가 올바르게 가르쳤듯이 형이상학이 불가능한 까닭이다.

파울젠과 마이어에 의해 추구된 이 전략의 하나의 변형은[13] 쇼펜하우어

• •
12. Windelband, "Pessimimus und Wissenschaft" (1876), *Präludien*, 9th ed. (Tübingen: Mohr, 1924), II, 218-43; Friedrich Paulsen, "Gründen und Ursachen des Pessimismus," *Deutsche Rundschau* 48 (1886), 360-81; Otto Liebmann, "Trilogie des Pessimismus," in *Gedanken und Thatsachen* (Straßburg: Karl Trübner, 1902), II, 265-66; Jürgen Bona Meyer, *Schopenhauer als Mensch und Denker* (Berlin: Carl Habel, 1872), pp. 44-45; 그리고 Alois Riehl, *Zur Einführung in die Philosophie der Gegenwart*, Fünfte Auflage (Leipzig: Teubner, 1919), p. 187을 참조.

의 페시미즘이 과학적이거나 철학적일 수 있는 것은 오직 일종의 쾌락 계산법, 즉 이 삶의 즐거움과 괴로움을 비교하고 어느 것이 다른 것보다 더 큰지를 규정하는 방법이 존재할 때뿐이라는 것이다. 비록 쇼펜하우어가 그러한 계산법을 소유하고 있다고 결코 주장하지 않았다는 것을 알았음에도 불구하고, 그들은 여전히 그것이 그의 논증의 전제라고 주장했는데, 왜냐하면 쇼펜하우어가 삶이 살 만한 가치가 없다는 자기의 테제를 정당화할 수 있는 것은 오직 행복에 대한 고통의 우위 내지 즐거움에 대한 괴로움의 우위를 보여주는 것에 의해서일 뿐이기 때문이다. 그러나 그러한 전제는 그러한 비교를 행하는 것이 불가능하다는 단순한 이유 때문에 불합리하다고 파울젠과 마이어는 논증했다. 즐거움과 괴로움은 매우 이질적이며, 그래서 그것들의 가치를 규정하기 위해 우리는 그것들의 양뿐만 아니라 또한 그것들의 질도 평가해야 한다. 파울젠은 한 사람의 삶에서 일상적인 단 하루에 대해서만 하더라도 [170]즐거움이 우세한지 아니면 괴로움이 우세한지를 규정하기가 불가능하다고 지적했다. 그렇게 하기 위해서는 우리는 가장 이질적인 즐거움과 괴로움에 수치를 배정해야 할 것이다. 그러나 파울젠은 어떻게 우리가 좋은 아침식사의 즐거움을 저녁식사를 위한 수프를 태워버린 불쾌함과 비교해 측정할 수 있는지 물었다. 그리고 우리가 어떻게 좋은 책을 읽는 즐거움을 뒤에서 나는 방해하는 시끄러운 소리를 듣는 불쾌함과 비교해 규정할 수 있을 것인가? 만약 우리가 단 하루의 즐거움과 괴로움의 총량도 계산할 수 없다면,

..
13. Paulsen, "Gründen und Ursachen des Pessimismus," pp. 361-62, 367; 그리고 Jürgen Bona Meyer, "Weltlust und Weltleid," in *Probleme der Weltweisheit*, Zweite Auflage (Berlin: Allgemeine Verein für Deutsche Literatur, 1887), pp. 263-64.

어떻게 우리가 한 인간의 삶 전체에 대해 그렇게 할 수 있을 것인가? 그리고 사정이 그렇다면 도대체 어떻게 인간의 삶 일반에 대해 그렇게 할 수 있을 것인가?

쇼펜하우어에 대한 신칸트주의적인 논박에서 또 다른 일반적 주제는 즐거움과 욕망에 대한 그의 이론의 부적절함이었다. 파울젠과 마이어 그리고 폴켈트는 이 주제의 주된 주창자들이었다.[14] 그들은 쇼펜하우어가 마치 즐거움이 활동의 끝에 획득되는 보상이라는 듯이 즐거움이 행위에 외재적이라고 가정한다고 주장했다. 그러나 그는 그것이 종종 행위에 내재적이라는 것, 즉 즐거움이 바로 그 행위를 하는 것으로부터 도출되고 그것과 동시적이라는 것을 보지 못한다. 행위의 끝에서 오는 만족의 즐거움과 행위 그 자체로부터 오는 행함의 즐거움 사이에는 매우 큰 차이가 존재한다. 든든히 먹은 후의 포만감과 분투 후의 휴식의 느낌은 만족의 즐거움들이다. 피아노를 연주하거나 좋은 책을 읽는 기쁨은 행함의 즐거움이다. 쇼펜하우어의 즐거움 개념은 너무 협소한바, 마치 만족의 즐거움이 유일한 종류의 즐거움이라는 듯이 전적으로 그로부터 도출되어 있다. 하지만 이 잘못은 그의 페시미즘에 대해 결정적인 전제인데, 왜냐하면 그것은 즐거움의 적극적 추구가 전적으로 즐거울 수 있을 때에도 그것이 괴롭지 않을 수 없으며 고통의 원천일 수밖에 없다고 가정하기 때문이다.

즐거움에 대한 쇼펜하우어 이론의 또 다른 잘못은 즐거움이 마치 욕망의 괴로움으로부터의 자유 이외에 다른 아무것도 아니라는 듯이 그것이

---

14. Paulsen, "Gründen und Ursachen des Pessimismus," p. 365; Meyer, "Weltlust und Weltleid," p. 269; Johannes Volkelt, *Arthur Schopenhauer, Seine Persönlichkeit, seine Lehre, sein Glaube* (Stuttgart: Frommann, 1900), p. 214.

오로지 소극적 의의만을 지닌다는 그 이론의 가정이라고 여러 신칸트주의 자들은 논증했다.[15] 그들은 비록 우리가 이전에 괴로움이나 심지어 욕망마 저도 느낀 적이 없을지라도 즐거움을 느낄 수 있다고 지적했다. 삶에 [171]즐거운 뜻밖의 놀라운 일이 없단 말인가? 어쨌든 자신의 테제를 위한 쇼펜하우어의 논증은 불합리한 추론이다. 욕망이 어떤 욕구를 충족하고자 한다는 단순한 사실은 그 충족이 오직 그 욕구의 제거에만 존재한다는 것을 의미하지 않는다. 충족에는 여전히 느낌의 적극적 요소들이 존재할 수 있을 것이다.

쇼펜하우어의 페시미즘에 대한 가장 중대한 신칸트주의적인 반대는 그 배후의 주요 개념, 즉 의지에 관계되었다. 리프만과 마이어 그리고 릴은 이 개념에 도대체 어떤 명확한 의미가 주어질 수 있다고 하는 것에 대해 의심했다. 쇼펜하우어의 의지는 무근거하고, 어떤 명확한 동기나 목적을 지니지 않는 한갓된 추구와 욕구 또는 충동이라고 생각되었다. 그러나 리프만은 목적이나 동기를 지니지 않는 의지가 어떤 종류의 의지 인지 물었다.[16] 만약 내가 의지한다면, 나는 어떤 것을 의지해야 한다. 나의 의지는 특정한 대상을 필요로 한다. 마이어는 인간의 내적 본성이 의지에 존재한다는 쇼펜하우어의 주장을 이해할 수 없었다.[17] 우리는 모종 의 직접적인 직관에 의해 이것을 안다고 생각된다. 그러나 비록 자기의식 이 언제나 **행위**의 일정한 형식이라는 것이 참이라 할지라도, 그로부터

● ●
15. Windelband, "Pessimismus und Wissenschaft," p. 237; Riehl, *Einführung*, pp. 182, 189; Paulsen, "Gründen und Ursachen des Pessimismus," p. 363; Meyer, "Weltlust und Weltleid," pp. 258, 270; 그리고 Volkelt, *Schopenhauer*, p. 216을 참조.
16. Otto Liebmann, *Kant und die Epigonen* (Stuttgart: Schober, 1865), pp. 191-92.
17. Meyer, *Schopenhauer als Mensch und Denker*, p. 32.

그것이 결국 의지의 일정한 형식이고, 행위의 일정한 형식들이 바로 사고라는 것이 따라 나오는 것은 아니다. 릴은 여러 해 후에 이러한 종류의 비판들을 끝까지 밀어붙였다.[18] 그는 의지의 개념이 다만 우리가 의지의 특수한 행위들로부터 끌어내는 추상일 뿐이라고 주장했다. 의지에게서 동기와 목적들을 박탈하는 데서 쇼펜하우어는 그것을 의식적인 목적을 필요로 하지 않는 단순한 본능이나 욕망과 혼동하고 있었다. 하지만 의지는 자유 의지라는 분명히 인간적인 형식으로서 그러한 목적을 지니지 않을 수 없다.

　신칸트주의자들에게 있어서는 쇼펜하우어가 그의 의지 이론에 근거하게 한 형이상학도 그에 못지않게 문제가 있었다. 『의지와 표상으로서의 세계』의 제2편에서 쇼펜하우어는 의지가 인간뿐만 아니라 살아 있는 것이든 살아 있지 않은 것이든 모든 사물의 내적 본성이라는 과감한 테제를 개진했다.[19] 쇼펜하우어는 의지가 자기의 내적 본성이라는 것을 아는 자라면 누구나 이 사실을 그 밖의 모든 이와 모든 것에 대해 그들의 내적 본성 역시 의지에 존재하도록 일반화하기를 원할 것이라고 말했다. 하지만 리프만과 [172]마이어 그리고 하임과 릴에게 있어 이것은 깜짝 놀랄 만한 비율의 사변적 도약이었다. "사변의 기본적 한계가 결코 좀 더 차분하게 다루어지지 않았다"고 리프만은 썼다.[20] 마이어로서는 쇼펜하우어의 추론이 가장 사변적인 자연 철학자에 의해 착수된 어떤 것보다도 더 대담하다고 보았다.[21] 그리고 릴은 쇼펜하우어의 의지 개념이 아주 신비해

* *
18. Riehl, *Einführung*, p. 177.
19. WWV I, 165 (P 106); 그리고 I, 169-70 (P 109-10).
20. Liebmann, *Kant und die Epigonen*, p. 194.
21. Meyer, *Schopenhauer als Mensch und Denker*, p. 38.

서 자신은 그것이 어떻게 전체 세계를 설명할 수 있는지 이해할 수 없다고 생각했다. 여기서 참된 설명이란 모호한 것을 더욱 모호한 것으로 설명하기$^{obscurum\ per\ obscurius}$였을 뿐이다.[22]

피셔와 마이어, 하임과 릴 그리고 폴켈트는 쇼펜하우어의 구원론에서의 주된 난점을 재빨리 지적했다.[23] 쇼펜하우어는 의지가 지성 배후의 지도적인 힘인바, 지성은 본질적으로 의지의 목적을 위한 수단을 규정하기 위한 도구일 뿐이라고 주장했다. 그러나 그는 또한 인간들이 의지를 부정할 수 있으며, 순수한 지성적 통찰의 행위에 의해 의지의 모든 무의미한 추구 위로 올라설 수 있다고 주장했다. 그러나 지성이 또한 단지 의지의 하인일 뿐이기도 하다면, 지성이 어떻게 우리를 의지로부터 해방시킬 수 있단 말인가? 또는, 우리가 어떻게든 우리 자신을 의지로부터 자유롭게 하기를 의지한다는 말인가? 사실 의지가 항상적으로 자기 자신을 무한한 추구의 힘으로서 긍정하고 있다면, 어떻게 의지가 그 자신을 부정한단 말인가?

개략적으로 이러한 것이 쇼펜하우어의 페시미즘에 대한 신칸트주의의 논박이었다. 그것은 처음에는 철학의 유일한 목적이 과학들의 논리를 검토하는 것이라고 확신했던 운동에게 있어 비상한 열정과 길이, 깊이와 넓이를 지닌 논박이었다. 그러나 대중의 관심을 끌어야 할 신칸트주의자들의 필요는 말할 것도 없고 그들의 정치적 의제를 염두에 둔다면, 그

• •

22. Riehl, *Einführung*, pp. 178-79.
23. Kuno Fischer, *Schopenhauers Leben, Werke und Lehre*, 2nd ed., Band IX of *Geschichte der neueren Philosophie* (Heidelberg: Carl Winter, 1898), p. 514; Meyer, *Schopenhauer als Mensch und Denker*, p. 45; Haym, *Schopenhauer*, pp. 31-32; Riehl, *Einführung*, pp. 183-84; Volkelt, *Schopenhauer*, pp. 262-64.

논박은 너무나도 이해할 만한 것이 된다.

4. 삶의 가치에 대한 뒤링의 견해

19세기 말의 독일에서 페시미즘 논쟁에서의 주요한 목소리는 오이겐 뒤링(1833-1921)이었다. 그는 그 논제에 관해 널리 읽힌 책인『삶의 가치. 철학적 고찰』을 썼는데, 그것은 1865년에 처음 [173]출판되었으며,[24] 여덟 판을 거듭했다.[25] 그 책의 주의 깊은 한 독자가 니체였는데, 그는 1875년 여름에 그에 대한 방대한 주석을 행했다.[26]

그의 시대의 아주 많은 사람들과 마찬가지로 젊은 뒤링도 "프랑크푸르트 페시미스트"로부터 깊은 인상과 영향을 받았다. 그는 쇼펜하우어의 명확성과 엄밀함과 문체를, 그리고 특히 대학 철학에 대한 그의 태도를 존경했다. 뒤링은 철학을 그것의 스콜라적인 고치로부터 끌어내 그들 모

..

24. E. Dühring, *Der Werth des Lebens. Eine philosophische Betrachtung* (Breslau: Eduard Trewendt, 1865).

25. 제2판은 1877년에 라이프치히의 푸에스Fues 출판사에서 출간되었다. 나중의 판들은 1881, 1891, 1894, 1902, 1916 그리고 1922년에 푸에스 출판사를 인수한 O. R. 라이스란트Reisland에서 출간되었다.

26. Friedrich Nietzsche, *Sämtliche Werke*, VIII, 131-85. 이 주석들은 주로 뒤링의 텍스트를 주의 깊게 바꿔 표현한 것들인데, 경우에 따라서는 비판적 언급을 덧붙이고 있다. 그것들은 니체가 여전히 쇼펜하우어의 영향 하에 있을 때 쓰였다. 우리는 뒤링의 책에서 니체의 나중의 철학에 대한 수많은 선취를 발견할 수 있다.

두의 가장 커다란 물음, 즉 살 것인가 죽을 것인가의 물음에 맞서게 한 것이야말로 쇼펜하우어의 커다란 공적이라고 선언했다. 그 물음은 뒤링에게 있어 다름 아닌 "철학의 주요 주제"였다.[27] 하지만 쇼펜하우어에 대한 경탄에도 불구하고 뒤링은 그의 페시미즘을 도전으로 받아들이지 않을 수 없었는데, 그는 그것을 극단적으로 위험한 것으로서, 사실상 "모든 것 중에 가장 커다란 악"으로서 간주했다.[28] 페시미즘은 사람들에게서 살고자 하는 바로 그 의지, 즉 삶의 문제들과 세계의 악들에 정면으로 맞서 싸우기 위해 필요로 되는 용기와 활력을 약화시켰다. 뒤링의 『삶의 가치』의 일차적 목적은 이러한 악과 맞서 싸우는 것이었다.

오늘날 뒤링은 거의 대부분 망각되었다. 그는 엥겔스의 유명한 논박 『반뒤링론』[『오이겐 뒤링 씨의 과학의 변혁』의 통칭]의 불운한 과녁으로서 가장 잘 알려져 있다.[29] 그러나 엥겔스가 뒤링을 공격하기로 선택한 것은 아무런 이유가 없는 것이 아니었는데, 그는 19세기 말에 독일의 지적인 삶의 가장 논쟁적인 인물들 가운데 하나였던 것이다. 1860년대 중엽부터 그는 헬름홀츠의 에너지 보존 법칙의 발견의 독창성, 대학 철학, 그리고 여성의 권리와 같은 일련의 논제들에 대한 그의 기탄없는 견해들을 두고서 베를린 대학의 동료들과의 오래 계속된 격렬한 여러 논쟁들에 휘말리게 되었다.[30] [174]1877년에 강사직에서 쫓겨났을 때, 그는 자신의

· ·
27. Dühring, *Der Werth des Lebens* (1865), p. 1.
28. Dühring, *Der Werth des Lebens* (Leipzig: Fues, 1877), pp. 219-20.
29. Friedrich Engels, *Herrn Eugen Dührings Umwälzung der Wissenschaft* (Leipzig: Genossenschaftsbuchdruckerei, 1878).
30. 뒤링은 그의 자서전인 『사태, 삶과 적*Sache, Leben und Feinde*』 (Leipzig: H. Reuther, 1882)에서 논쟁들에 대해 아주 길게 논의한다. 확대된 제2판은 1902년에 토마스 출판사(Leipzig)에서 출간되었다.

적들이 자신의 학문적 자유를 침해했다고 비난했다. 그리고 나서 그 논쟁이 그를 찬성하고 반대하는 신문들에서의 논설들과 그의 해고에 저항하는 학생들에 의한 광대한 저항들과 더불어 공개되었다. 격렬한 항의에도 불구하고 뒤링은 결코 자기의 직위를 다시 얻지 못했으며, 독립적인 저술가로서 겨우 먹고 살아갈 정도의 생활을 이럭저럭 꾸려나가야 했다. 충분히 어울리는 일이지만, 그는 자기 자신을 쇼펜하우어의 오랜 역할로 던져 넣었다. 고독하고 독립적이며 박해받는 사상가인 그는 대학 철학자들을 고발할 용기를 지녔다. 그의 긴 생애의 나머지 동안 그는 그들이 대학 철학자들이든 반동적 정치인들이든 또는 가장 나쁜 것으로 유대인들이든 간에 수많은 적들에 대한 원한을 품고 또 그것을 터뜨렸다. 하인리히 폰 트라이취케Heinrich von Treitschke와 함께 뒤링은 19세기 말의 반유대주의 운동의 창설자라고 하는 의심스러운 공적을 지닌다.[31]

아무리 불명예스럽다 할지라도 뒤링에 대한 그러한 평판은 19세기 철학의 역사에서 그의 중요한 위치를 깎아내리지 않는다. 그의 증오와 속 좁음에도 불구하고 뒤링은 뛰어난 성취에 의해 그것을 만회했다. 그는 독일 실증주의의 창시자, 슐리크Schlick와 카르납, 노이라트Neurath와 라이헨바흐Reichenbach의 조상이었다. 독일 실증주의를 창설한 텍스트는 그의 초기 저작들 가운데 하나, 즉 그의 『자연적 변증법』이다.[32] 논리 실증주의

· ·
31. 뒤링은 세 개의 반유대주의 소책자를 썼다. *Die Ueberschätzung Lessings und dessen Anwaltschaft für die Juden* (Karlsruhe: Reuther,1883); *Die Judenfrage als Frage der Racenschädlichkeit fur Existenz, Sitte und Cultur der Völker* (Karlsruhne: Reuther, 1881); 그리고 *Der Ersatz der Religion durch Vollkommeneres und die Ausscheidung alles Judaerthums durch den Modernen Völkergeist* (Karlsruhe: Reuther, 1881). 『사태, 삶과 적』에서 유대인은 뒤링이 그들에게 자신의 모든 불행의 책임을 돌리는 병적인 강박 관념이다.

의 시그널 주제들 가운데 다수가 이 저작에서 처음으로 나타난다. 과학의 통일성에 대한 믿음, 형이상학의 거부, 과학들, 특히 물리학과 수학에로의 철학의 정향, 경험주의의 옹호와 선험적 종합 판단의 거부, 추론의 양적이고 수학적인 패러다임, [175]사이비-문제 개념 등등이 그것들이다. 뒤링이 프랑스 실증주의의 창시자인 오귀스트 콩트August Comte의 대단한 찬미자였던 것은 우연이 아니었는데, 그는 그의 저작들을 젊은 시절에 읽었다.[33] 그가 생각하기에 근대성을 위한 길을 닦은 두 명의 위대한 철학자가 존재했다. 그들은 포이어바흐와 콩트였다.[34]

비록 콩트에 대해 종종 비판적이었을지라도,[35] 뒤링은 결코 그의 사상의 주된 방향 및 정신과 단절하지 않았다. 비록 그가 어느 정도는 그 자신의 철학을 실증주의와 구별하기 위해 그것을 "현실 철학"(*Wirklichkeitsphilo-sophie*)이라 기술했다 할지라도, 그것은 실제로는 다만 실증주의의 좀 더 철저한 형식일 뿐이었다. 콩트에 대한 뒤링의 주요 비판은 그가 자신의 과학적 이성주의를 충분히 받아들이지 않았다고 하는 것, 그리고 그가 지식의 한계를 고집하여 종교와 페시미즘을 위한 마지막 피난처로서 인식 불가능한 영역을 남겨 놓았다고 하는 것이다. 그 자신의 현실 철학이 그렇게 불리는 까닭은, 그것이 (바로 실증주의와 마찬가지로) 세계에 대한

• •
32. Eugen Dühring, *Natürliche Dialektik* (Berlin: Mittler, 1865).
33. *Sache, Leben und Feinde* (1902), pp. 77, 109를 참조. 콩트에 대한 뒤링의 주요 논의는 그의 *Kritische Geschichte der Philosophie*, Vierte, verbesserte und vermehrte Auflage (Leipzig: O. R. Reisland, 1894), pp. 505-25에 놓여 있다.
34. E. Dühring, *Cursus der Philosophie als streng wissenschaftlicher Weltanschauung und Lebensgestaltung* (Leipzig: Erich Koschny, 1875), p. 486.
35. 예를 들면 *Cursus der Philosophie*, pp. 42, 59, 75, 135, 298, 410에서의 콩트에 대한 그의 많은 비판을 참조.

현실적 태도를 강조하기 때문이며, 또한 그것이 (실증주의보다 더 실증주의적으로) 과학에 의해 해명될 수 있는 것을 넘어서는 어떤 세계의 존재를 인정하길 거부하기 때문이다. 그러므로 현실 철학은 그 궁극적 한계들로까지 나아간 실증주의(즉 과학적 이성주의)다. 과학의 방법이 설명할 수 없는 것은 단적으로 존재하지 않는다. 비록 뒤링이 이그노라비무스 논쟁이 진행되는 동안 뒤 부아-레몽과의 명시적인 쟁점을 결코 다루고 있지 않다 할지라도, 우리는 그의 입장이 어떤 것이었을지 안전하게 추정할 수 있다.

우리는 물을 수 있을 것이다. 뒤링의 실증주의는 삶의 가치에 대한 그의 견해와 무슨 관계가 있는가? 처음 보기에는 아무런 상관도 없다. 그러나 다시 보면 전적으로 관계된다. 뒤링에게 있어 실증주의는 무엇보다도 우선 존재, 즉 "사실성" 또는 "실증성"에 대해 긍정적 태도를 지닌다는 것을 의미한다. 실증주의자는 이 삶의 사실들을 궁극적 현실로서, 존재의 유일한 형식으로서 바라보며, 그래서 우리는 그것들을 넘어선 저편의 어떤 다른 종류의 현실에 관해 골치를 썩여서는 안 된다. 우리는 오로지 이 삶에서만 구원을 추구해야 하며, 우리는 [176]우리의 유일무이한 삶인 지상에서의 삶을 최대한 활용해야 한다. 최고선은 지금 여기서 추구되어야 한다.

뒤링은 자신의 철학을 무엇보다도 우선 삶에 대한 안내로서, 즉 삶을 살 만한 가치가 있는 것으로 만들기 위한 전략으로서 간주했다.[36] 그러한 모든 안내들 가운데 실증주의가 가장 효과적인 것이라고 그는 믿었는데, 왜냐하면 오직 그것만이 삶의 문제와 악에 대해 현실주의적이고 실천적인

36. Dühring, *Cursus der Philosophie*, p. 546.

태도를 채택하기 때문이다. 낙관주의자가 삶의 어두운 측면에 눈을 감는데 반해, 그리고 페시미스트가 삶의 단념을 충고하는 데 반해, 오로지 실증주의자만은 그것을 정면으로 마주하고 그것을 정복하기 위해 스스로할 수 있는 모든 것을 행하며, 그래서 우리는 더 나은 세계에서 살 수 있다. 따라서 그것의 대중적 이미지와는 반대로 실증주의는 뒤링에게 있어 사실들의 궁극적 현실을 받아들이는 것이 아니라 그것들을 기꺼이 변화시키고자 한다는 것을 의미하며, 그리하여 현실은 우리의 이상에 더 가까이 다가서는 것이다.[37]

존재의 가치에 관해 쓰면 쓸수록, 뒤링은 점점 더 그것이 궁극적으로 정치 문제라고 확신하게 되었다.[38] 삶이 정치적 억압 하에 이루어진다면, 그리고 한 사람이 한갓된 생존 수단을 얻기 위해 투쟁해야 한다면, 삶은 거의 가치를 지닐 수 없다. 만약 삶이 대부분의 사람에게 있어 비참한 일이라면, 그것은 쇼펜하우어가 생각했듯이 욕망 그 자체 때문이 아니라 소유와 생산의 역사적 체계 때문이다. 따라서 존재 문제에 대한 해결책은 정치적 행동에 놓여 있다. 뒤링은 공산주의자들에 반대하여 그러한 행동의 적절한 형식이 혁명이 아니라 개혁에 놓여 있다고 주장했다. 나중에 엥겔스에 의해 전유되어 거꾸로 뒤집힌 구별을 행하는 가운데, 뒤링은 실증주의자가 어떤 이상을 위해 현존하는 제도들을 파괴하길 원하는 유토피아적 사회주의자가 아니라 현존하는 제도들을 개혁하려고 노력하는 가운데 그것들의 현실을 받아들이는 과학적 사회주의자라고 진술했다.

삶의 가치에 대한 뒤링의 견해를 위한 토대는 그의 주저에서, 즉『삶의

..
37. 같은 책, p. 14.
38. 같은 책, pp. 369-70, 539.

가치』보다 겨우 몇 달 전인 1865년 1월에 출판된『자연적 변증법』에서 논리학과 인식론에 놓여 있었다.[39] 뒤링 자신은 이들 저작 사이의 밀접한 연관을 강조했다. [177]그는 나중에 그것들이 "머리와 심장처럼" 서로 관계한다고 썼다.[40] 삶의 가치에 관한 어떠한 이론도 논리적이고 인식론적인 기초를 필요로 한다고 뒤링은 믿었다.『자연적 변증법』의 과제는 바로 그러한 기초를 제공하는 것이었다.

뒤링의 책의 중심 과제는 "무한자를 어떻게 파악할 것인가" 하는 것이었다(7). 형이상학의 모든 수수께끼와 혼동들은 궁극적으로 바로 이 골치 아픈 문제 주위를 돌고 있다고 한다(7, 109). 만약 무한자의 관념이 제한 없이 양을 반복하는 단순한 관념으로서 받아들여진다면, 그것에 원리적으로 잘못된 것은 아무것도 없다고 뒤링은 우리를 확신시킨다(112). 우리가 주어진 어떤 수보다 더 큰 수의 관념으로 구성하는 무한한 계열의 관념은 자기 모순적이지 않다. 하지만 무한자 개념에 놓여 있는 모든 문제들은 우리가 무한한 사물들의 계열 전체가 **현존한다**거나 무한한 어떤 일정한 사물이 존재한다고 가정할 때 발생한다(114-15). 두 가정은 문제가 있는데, 왜냐하면 그것들은 실체화, 즉 지성의 규칙의 물화이기 때문이다. 뒤링은 무한자가 특수한 종류의 사물이 아닌 것은 말할 것도 없고 사물들의 현존하는 계열이 아니라 단지 사물들을 세는 방법일 뿐이라고 주장한다(115,

• •
39. Dühring, *Natürliche Dialektik*. 이 책의 서문에 1865년 1월로 날짜가 기입되어 있는 데 반해,『삶의 가치』제1판의 서문에는 1865년 4월로 날짜가 적혀 있다. 그러한 짧은 시간에 이루어진 두 개의 주요한 저작들의 출판은 주목할 만하다. 그러나 뒤링은 그의 자서전에서 그 둘이 십 년의 사유의 산물이라고 설명했다. *Sache, Leben und Feinde* (1902), p. 111을 참조.
40. Dühring, *Sache, Leben und Feinde* (1902), p. 115.

117). 좀 더 정확히 하자면, 그것은 우리로 하여금 어떤 주어진 양에 더함으로써 새로운 양을 구성하도록 하는 그러한 절차다. 또는 수학적 용어로 하자면, 무한자란 하나의 수가 아니라 우리로 하여금 어떤 주어진 수에 또 다른 수를 더함으로써 새로운 수를 창조하도록 해주는 규칙이다(123). 일정한 무한한 수라는 개념은 사실상 모순적인데, 왜냐하면 만약 그것이 일정한 수라면 우리는 그것보다 더 커다란 수를 생각할 수 있고, 따라서 그것은 더 이상 전혀 무한하지 않을 것이기 때문이다(121).

뒤링이 형이상학에 반대하는 중대한 결론들을 끌어내는 것은 이러한 단순한 논리적 요점에서다. 그가 보기에 고전 시대 이래로 형이상학에 중심적인 것은 무제약적인 어떤 것의 존재를 요청함으로써 제약된 사물들의 계열을 완성시키고자 하는 그것의 무제약자 개념이었다. 그러나 뒤링은 이 개념이 아무리 존경할 만하다 하더라도 그것은 우리가 순수 수학에서의 무한자에서 발견하는 것과 동일한 종류의 오류를 범한다고 논증한다(125-26). 그것은 하나의 무한한 수가 존재한다고 가정하는 것과 마찬가지다. 그 개념은 무한한 어떤 사물의 현존을 요청한다. [178]무한자가 하나의 사물이 아니라 단순히 사물들의 계열을 구성하는 절차인데도 말이다. 뒤링의 가르침에 따르면, 우리는 경험을 넘어서는 어떤 것의 현존을 요청함으로써 경험 전체를 설명하고자 하는 욕구가 하나의 가상, 즉 설명의 규칙들의 실체화에서 발생한다는 것을 깨달아야 한다. 우리는 경험에서의 일정한 사물들을 그들의 원인인 다른 일정한 사물들에 의해 설명하며, 거기서 경험에서의 어떤 것을 위한 이러한 절차에는 아무런 한계도 존재하지 않는다. 그러나 그러고 나서 우리는 경험에서 언제나 다른 특정한 사물들을 설명하는 특정한 사물이 존재하는 것과 마찬가지로 마치 경험의 모든 것을 설명하는 어떤 일반적인 것이 존재하는 것처럼 이 규칙을 취해 경험 일반에 적용한다. 그러나 우리는 전체로서의 경험의 원인을 파악하기 위해 우리의 경험을 넘어설 수 없다. "우리에게는 그 축으로부터 세계를 들어 올릴 수 있는 아르키메데스의 점이 결여되어 있다."(144) 세계를 통일하는 어떤 일반적인 것이 존재한다는 가정은 설명의 순수하게 형식적인 규칙, 즉 우리의 세계 파악에서 체계적 통일성을 요구하는 규칙의 실체화다(83-84, 137-38). 하지만 우리가 세계에 대한 통일된 설명을 제공해야만 한다고 해서 모든 것을 통일하는 어떤 것이 존재한다는 것이 수반되는 것은 아니다.

형이상학에 내재하는 가상을 드러낸 뒤링은 자기 자신이 형이상학의 재생을 위한 쇼펜하우어 프로그램의 정체를 폭로할 수 있는 위치에 있다고 보았다(141). 그는 "존재의 난문"이나 "세계의 수수께끼"에 관한 쇼펜하우어의 모든 이야기가 순수한 신비화와 불명료화라고 논증한다. 실제로는 전혀 난문이나 수수께끼가 존재하지 않는데, 왜냐하면 그 물음은 잘못된 가정에 토대하기 때문이다. 그것은 우리가 세계 바깥에 세계 전체를 설명할 수 있는 어떤 것 — 의지나 사물 자체 — 이 존재한다고 가정할 아무런 이유도 갖고 있지 않음에도 불구하고 그러한 것이 존재한다고 가정한다. 혼동 또는 신비화는 다름 아닌 실체화, 즉 설명에서 통일성을 요구하는 지성 규칙의 물화에서 유래한다.

뒤링의 실증주의 프로그램은 그의 형이상학 비판으로부터 직접적으로 자라나왔다. 이 프로그램은 본질적으로 칸트의 형이상학 비판을 그 궁극적 한계로까지 가져가는 것, 즉 실체화로서의 예지계 내지 저 세계를 제거하는 것이다. 뒤링이 『자연적 변증법』에서 처음으로 공표하는 실증철학의 중심 원리는 "사실성(*Tatsächlichkeit*)이 모든 정립의 궁극적 토대다. 그것은 모든 지식이 최종 심급에서 거기로 되돌려져야 할 단순한 형식이다"라고 진술한다(57-58). 이것은 경험의 사실들이 단순하고 원초적인 것으로서 취해져야 한다는 것, 그것들이 [179]그것들을 넘어서거나 배후의 어떤 초월적 원리에 의해 설명되어서는 안 된다는 것을 의미한다. 뒤링에게 있어 이러한 원리는 단순히 인식론적이지 않은바, 요컨대 그것은 지식을 경험에 제한하는 검증주의적인 테제가 아니라 좀 더 근본적으로 윤리적이거나 실존적이다. 왜냐하면 그것은 모든 의미 내지 가치가 인간의 삶 그 자체로부터 나온다고 하는 내재의 원리이기 때문이다. 그것은 우리가 의미 내지 가치를 이 삶을 넘어서 있는 또 다른 세계에 의존하게 해서는 안 된다고 하는 함축적인 명령을 포함한다. 뒤링이 실증주의를 삶의 가치 내지 의미에 관한 철학으로 만드는 것은 이러한 이유 때문이다. 그가 나중에『삶의 가치』제2판에서 정립하는 그것의 중심 교설은 "인간의 존재는 그 자체에서 완전하고도 충분한 현실이다"라는 것이다(61).

『자연적 변증법』에서 자신의 근본 원리들을 정립한 뒤링은『삶의 가치』에서 그것들을 기꺼이 삶의 가치 물음에 적용했다.[41] 형이상학 비판과 내재의 원리는 그의 삶의 가치 이론을 위한 기본적인 한계를 정립했다. 실체화 비판은 고전적인 무제약자의 관념들, 예를 들면 존재의 의미에 관한 전통적인 그리스도교 견해의 기둥들이었던 신과 영혼의 관념을 제거했다. 개인이 자기의 위치를 그 속에서 발견할 수 있는 섭리적인 질서는 더 이상 존재하지 않았다. 그리고 또 다른 세계에서 구원을 발견하는 영원한 영혼도 더 이상 존재하지 않았다. 그렇다면 뒤링은 어떻게든 이 삶이 그 모든 고통과 슬픔에도 불구하고 여전히 살 만한 가치가 있다는

••
41. 이 절에서 괄호 안의 모든 참조는 다른 주해가 주어지지 않는다면 제1판을 가리킬 것이다.

것을 보여주어야 했다. 이 삶을 넘어서서 아무런 삶도 존재하지 않기 때문에, 우리는 지금 여기에 가치와 의미가 존재한다는 것을 증명해야 한다.

『삶의 가치』에서 삶의 가치에 대한 뒤링의 견해는 그의 형이상학 비판 뿐만 아니라 그가 제1판의 1장에서 3장에 걸쳐 개진하는 그의 윤리학 내지 일반적 가치 이론에 의존한다.[42] 윤리학의 토대와 관련하여 뒤링은 [180]직설적인 경험주의자다. 그에게 있어 가치의 원천은 이성의 원리들이나 이상들이 아니라 경험의 느낌들과 감각들에 놓여 있다. 어떤 것이 가치가 있는지의 여부를 알기 위해 우리는 그것을 감각하거나 느낄 수 있어야만 한다(13). 우리는 우리에게 긍정적 느낌을 주는 것을 승인하며, 우리에게 부정적 느낌을 주는 것을 부인한다. 뒤링의 논의에 따르면, 오로지 이성만으로는 도덕적 원리들이나 이상들에 규범적 힘을 줄 수 없는데, 왜냐하면 그것들은 그 내용을 감각과 감정에서 받아들여야만 하기 때문이다(20). 도덕적 원리에 대한 이유나 정당화뿐만 아니라 또한 그에 따라 행동할 보상이나 동기도 감정 또는 감각에서 온다(16). 만약 한 사람이 아무것도 느끼지 못한다면, 그는 행동할 아무런 동기도 지니지 않을 것이고, 따라서 그는 아무것도 하지 않을 것이다.

뒤링은 자기의 윤리적 경험주의를 위한 아무런 논증도 제공하지 않는

. .
42. *Der Werth des Lebens* (1865): Capitel I, "Das Leben als Inbegriff von Empfindungen und Gemüthsbewegungen" Capitel II, "Der Unterschied als der eigentliche Gegenstand des Gefühls" 그리고 Capitel III, "Die Grundgestalt in der Abfolge der Lebenserregungen," pp. 13-51. 제2판에서 이 장들은 내용에서는 아니지만 해설에서 대단히 많이 개정되어 한 장으로 응축된다. Dühring, *Der Werth des Lebens* (1877), pp. 61-85를 참조.

다.[43] 우리에게는 단도직입적인 진술들과 대담한 단언들이 제공된다. 그의 입장을 위한 이유의 한 부분은 그가 이미 『자연적 변증법』에서 옹호한 그의 일반적 경험주의에 기초한다. 그 저작에 따르면, 도덕적 원리들뿐만 아니라 모든 원리들이 자기의 내용을 경험에서 받아들인다. 도덕적인 것이든 형이상학적인 것이든 선험적인 종합적 원리들은 존재하지 않는다. 『삶의 가치』에서 뒤링은 또한 감정들과 감각들이 잘못을 범할 수 없다는 고전적 경험주의 교의를 단언한다. 충실한 에피쿠로스주의자와 마찬가지로 그도 감정들이나 감각들이 판단하지 않는다는 단순한 이유로 그것들이 잘못을 범할 수 없다고 주장한다. 감각들과 감정들은 그들 자신을 넘어서서 아무것도 가리키지 않기 때문에 어떠한 인식적 구성요소도 지니지 않으며, 따라서 옳거나 잘못될 수 없다(110). 만약 그것들이 때때로 우리를 잘못된 방향으로 이끄는 것처럼 보인다면, 그것은 다만 그것들에 동반되는 관념들이나 믿음들 때문일 뿐이지 감정들 그 자체 때문이 아니다. 어떠한 감각도 그 자체로서는 가상적이지 않다. "그것은 전적으로 그리고 완전히 바로 그것인 바의 것이다."(38)

감정 또는 감각(*Empfindung*)이 가치의 유일한 원천이기 때문에, 뒤링은 그것을 삶의 가치를 판단하는 기준으로 삼는다. "현존재는 그 매력과 가치를 현존재가 그 속에서 전개되는 정념들의 총체성을 통해 지닌다."(13) 그러한 경험주의로부터 뒤링은 고전적인 방식으로 최고선이 즐거움에 존재하는 행복에 달려 있다고 주장하는 행복주의자임에 틀림없는 것으로

---

43. 최소한 『삶의 가치』의 제1판이나 제2판에서는 그렇게 하지 않는다. 그의 『비판적 철학사*Kritische Geschichte der Philosophie*』, pp. 399-437에서 칸트에 관한 장은 칸트의 정언 명령의 공허함을 비판한다(412-13).

보일지도 모른다. 하지만 눈에 띠는 것은 뒤링이 [181]최소한 『삶의 가치』 제1판에서는 이러한 입장을 취하지 않는다는 점이다.[44] 그는 삶의 가치가 단지 우리의 즐거운 느낌들만이 아니라 즐거움뿐만 아니라 괴로움도 포함하는 감정의 삶 전체에 달려 있다고 주장한다. 가치 있는 현존재에 기여하는 것은 즐거운 감각들뿐만 아니라 괴로운 감각들도 포괄하는 정념의 총체적 유희다(16). 감각이나 감정의 높이뿐만 아니라 깊이도 모든 행복이 그에 의존하는 살아감의 생동성과 강렬함 그리고 충만함에 본질적이다. 감정의 삶을 파도의 높아짐과 낮아짐에 비교하면서 뒤링은 운동 전체, 전체 파동이 완전한 삶에 중요하다고 강조한다(30). "우리의 사랑과 우리의 미움을 제거하면, 당신은 현존재 그 자체를 불모의 사막으로 만들 것이다."(17)

삶의 가치가 어떻게 그리고 왜 감정의 유희 전체에 달려 있는지를 정확히 설명하기 위해 뒤링은 『삶의 가치』 제1판의 2장과 3장에서 감정의 일반 이론을 개진한다. 이 이론의 근본 원리는 뒤링이 "차이의 원리"라고 부르는 것이다. 이 원리는 감정들이 자극에서의 변화나 차이로부터 발생하며, 그에 비례한다는 것을 의미한다. 만약 삶에서의 자극들이 변함이 없다면, 또는 그것들이 엄격하게 규칙적인 방식으로 변화한다면, 그것들은 새로운 감정을 불러일으키지 못한다. 따라서 가치 있는 삶, 즉 감정에서 풍부하고 강렬한 삶을 지니기 위해 우리는 그 자극들에서 변화와 다양성

· ·
44. 제2판(1877)에는 뒤링이 고전적인 행복주의 입장을 단언하는 것으로 보이는 구절이 존재한다. 그는 p. 192에서 모든 불쾌(*Ungemach*)의 원천이 괴로움(*Schmerz*)에 놓여 있다고 진술한다. 하지만 『철학 교정*Cursus der Philosophie*』에서 뒤링은 자신의 감정 이론을 다시 확인하고 그로부터 비행복주의적인 결론들을 끌어낸다. pp. 361-66을 참조.

을 지녀야만 한다. "감정의 높아짐과 낮아짐의 다양성은 가치 있는 존재를 위한 필수 불가결한 필요조건이다."(30)

이 이론으로부터 뒤링은 존재의 가치에 관한 중요한 결론들을 끌어냈다. 첫째, 우리는 활동의 목적이나 보상으로서 파악된 즐거움 그 자체뿐만 아니라 또한 그것을 성취하고자 하는 활동도 가치 있는 것으로 여겨야 한다. 우리는 곧바로 재미없고 기운을 떨어뜨리는 것으로 입증될 변함없고 중단되지 않는 즐거움을 결코 가치 있는 것으로 여길 수 없을 것이다. 우리는 또한 추구와 투쟁에 포함된 자극과 흥분도 필요로 한다. 그렇다면 역설적으로 삶의 즐거움에 대한 장애물들과 그것들을 극복하고자 하는 시도야말로 삶 그 자체의 결정적인 가치다. [182]뒤링은 나중에 이 요점을 다음과 같이 정식화했다. "삶의 가치 평가는 삶의 즐거움에 대한 자연적 저항이 악이 아니라 그것이 없으면 즐거운 삶이 불가능한 필수적인 것이라는 원리로부터 진행되어야 한다."[45] 둘째, 우리는 특정한 경험들과 상황들을 단 한 번만 즐겨야 하며, 그것들을 반복하려고 노력해서는 안 된다.[46] 우리는 비록 그 당시에는 그 점에 대해 자기의식적이지는 않다 하더라도 경험들과 상황들을 가치 있는 것으로 여기는데, 왜냐하면 그것들은 유일무이하고 반복될 수 없기 때문이다. 뒤링은 반복에 놓여 있는 문제가 경험들 그 자체의 내용과는 아무 관계도 없으며, 단지 반복 그 자체의 사실과만 관계된다고 주장한다. 그렇다면 개별적 경험들에 대해 사실인 것은 삶 그 자체에 대해 일반화될 수 있으며, 따라서 우리는 삶을 그것의 유일무이함과 짧음 때문에 가치 있는 것으로 여겨야 한다. 이러한 관점에

• •
45. Dühring, *Cursus der Philosophie*, p. 361.
46. 뒤링은 이러한 결론을 *Cursus der Philosophie*, p. 366에서 가장 명시적으로 끌어냈다.

서 죽음 그 자체는 필수적인 것이 된다. 우리는 오로지 존재의 모든 순간들이 얼마나 유일무이하며 반복 불가능하고 대체될 수 없는지 인정할 때만 존재에서 참된 자기만족을 발견한다.

뒤링의 이론이 지닌 참신성을 알아보기 위해서는 그것을 폭넓은 역사적 관점 안에 놓는 것이 중요하다. 생동성의 중요성과 정념의 유희 전체를 강조함에 있어 뒤링은 행복주의뿐만 아니라 또한 고전적 전통 전체와도 단절하고 있다. 에피쿠로스학파와 스토아학파는 정념들의 규제에 달려 있는 부동심 또는 마음의 평화에 가장 커다란 가치를 두었다. 하지만 뒤링은 정념들을 통제하는 우리의 힘뿐만 아니라 또한 부동심 그 자체의 가치에 대해서도 의문을 제기한다. 우리가 결코 괴로워하지 않거나 불만스러워하지 않는 완전히 평화로운 삶은 완전한 고통일 것이라고 그는 단언한다(16).

감정과 감각을 자신의 가치 기준으로 채택한 뒤링은 또다시 페시미즘을 개진함에 있어 마찬가지로 그러한 기준을 채택한 쇼펜하우어의 도전에 직면해야 했다. 이러한 위협을 충분히 인지하고 있던 뒤링은 예상대로 『삶의 가치』 제1판의 여러 장에서 쇼펜하우어의 감정과 욕망 이론을 검토한다.[47] 뒤링은 주관적 욕구와 객관적 세계 사이의 간격 내지 긴장이 [183] 우리의 현존재에 근본적이며(50), 인간의 모든 추구에 포함된 욕구와 불만족의 요소가 존재한다는 점에 대해 쇼펜하우어에게 동의한다(93). 그럼에도 불구하고 그는 쇼펜하우어가 추구의 내재적 가치와 가치 있는 현존재를 위해 **필요 불가결한**sine qua non 것인 그러한 간격이나 긴장에 대한 필요

· ·

47. Kapitel II, "Der Unterschied als der eigentliche Gegenstand des Gefühls," pp. 28-39; Kapitel V, "Die Liebe," pp. 87-124; 그리고 Kapitel VI, "Der Tod," pp. 125-47.

를 인정하는 데 실패한다고 생각한다. 더 나아가 그는 쇼펜하우어가 욕구 안에 포함된 괴로움의 양과 지속 기간을 과장한다고 주장한다. 쇼펜하우어는 괴로움이 보통 오로지 처음에만 현재하는 데도 그것이 욕구를 만족시키고자 하는 노력을 관통하여 끊임없이 현재한다고 가정한다. 욕구는 오직 서서히 그리고 점차적으로만 발생하며, 따라서 그것이 처음 일어날 때는 그저 가볍게만 고통스럽다(94). 쇼펜하우어가 인간적 분투의 괴로움을 과대평가한다면, 또한 그는 그것의 즐거움을 과소평가한다. 즐거움은 괴로움으로부터의 자유로서 엄격하게 소극적인 의의를 지니는 것이 아니라 그 자신의 적극적인 성질이다.

뒤링은 삶에 가치를 부여하는 가장 중요한 감정들이 육체적인 것이 아니라 사회적인 것이라고 주장한다. 이 점은 온전히 육체적 즐거움 및 괴로움과 한 사람의 사적인 삶에 초점을 맞추는 쇼펜하우어에 의해 간과된 요점이었다. 그러나 육체적 즐거움과 괴로움은 타인들에 대한 우리의 관계로부터 나오는 기쁨과 고통에 비교하면 우리에게 사실상 아무것도 아니다(69). 뒤링은 우리가 일정한 상처에서 겪는 육체적 괴로움으로부터 모욕이나 불명예에 의해 우리에게 일어나는 정신적 괴로움에 이르기까지 엄청난 도약이 존재한다고 주장한다(24).

사회적 감정들 중에서 두 가지, 즉 명예와 사랑이 삶에 가치를 주는 데서 특히 중요하다고 뒤링은 생각한다. 그는 두 감정이 현재의 평판과는 다른 재평가를 필요로 한다고 생각한다. 명예는 타인들의 인정에 의존하는 우리의 자존감이다(81). 명예는 부당함의 원천, 타인들을 능가하고자 하는 경쟁의 형식 또는 자기애가 아니라 다만 정의에 대한 자아의 주장, 자기가 마땅히 받아야 할 인정을 받아야 한다는 요구일 뿐이다. 누군가가 위대한 성취로 고무되는 것은 오직 자기의 힘과 자존감을 느끼고 싶어

하는 욕구에 의해서일 뿐이다. 명예가 "충분히 높이 평가될 수 없는 도덕적 행위의 동기"(83)라고 주장하는 데서 뒤링은 명예에 대한 충동을 불만의 주요한 원천으로 보았던 쇼펜하우어와 에피쿠로스주의자들과 단절하고 있다.

사랑은 삶에 가치를 주는 데서 명예에 못지않게 중요하며, 그것도 역시 재평가를 필요로 한다고 뒤링은 주장한다. 쇼펜하우어는 마치 성적인 욕망이 고통의 원인이라는 듯이 사랑의 괴로움을 과장했다. 그러나 사랑은 주로 괴로움이나 심지어는 즐거움과 괴로움의 혼합물에 존재하는 것이 아니라 본질적으로 즐거움에 존재한다고 뒤링은 논증한다. 사랑의 유일한 괴로움은 "가벼운 불안의 부드러운 틈새바람"이다. [184]자연은 사랑의 갈망을 우리가 그 안에 포함된 괴로움의 요소를 거의 감지하지 못하는 그러한 강렬한 즐거움으로 만들었다(92). 쇼펜하우어는 사랑에 생식을 위한 수단이라는 주로 도구적인 가치를 부여했다. 그러나 이것은 다만 쇼펜하우어가 사랑의 내재적 가치를 이해하지 못한다는 것을 보여줄 뿐이라고 뒤링은 주장한다(94). 쇼펜하우어는 그 자체에서 즐거움인 성적 사랑의 개념을 갖고 있지 않다. 사랑은 그 자체를 위해 가치가 있는바, 그것은 단지 출산의 목적을 위한 수단일 뿐인 것이 아니다(124). 물론 가끔은 사랑의 끔찍한 실망이 존재한다. 그러나 이것은 감정 그 자체에 반대하는 논증이 아니라 그것을 둘러싼 낭만적 개념과 높은 기대일 뿐이다(120-21).

삶의 가치를 위한 정념들의 유희 전체의 중요성을 강조함에 있어, 그리고 미움과 명예와 같은 정념들의 재평가를 요청함에 있어 뒤링은 분명히 이후 1880년대에 이루어진 모든 가치에 대한 니체의 가치 재평가를 선취하고 있다. 니체의 전조는 뒤링이 복수 감정으로까지 소급해 추적하는 정의에 대한 그의 분석에서 훨씬 더 명확히 드러난다. 그는 정의가 감정의 삶으로부터, 좀 더 특수하게는 누군가의 명예가 손상될 때 발생한다고 설명한다. 그러한 손상은 응징과 배상에 대한 요구를 낳으며, 오로지 응징과 배상만이 빼앗긴 것을 회복한다(72).『삶의 가치』에 대한 1875년 주석에서 니체는 뒤링의 이론에 주의 깊게 주목하고서는 그것이 쇼펜하우어 자신의 정의 이론에 의문을 제기한 이유였다고 언급했다.[48]『도덕의 계보』에서 니체는 정의의 기원론을 자신이 "베를린의 복수의 사도"라고 부른 뒤링의 그것과 매우 유사하게 설명하게 된다.[49] 비록 니체가 나중에 유사한 정의 개념으로부터 매우 다른 결론을 끌어냈다 할지라도, 우리는 이 점이 뒤링의 영향을 모호하게 하도록 해서는 안 될 것이다.

5. 하르트만의 페시미즘

신칸트주의적인 여러 논박들과 뒤링의『삶의 가치』제1판은 1860년대에 출간되었으며, 그것은 페시미즘 논쟁의 첫 번째 단계를 표시한다. 하지만 1870년대와 더불어 새로운 단계가 에두아르트 폰 [185]하르트만의『무의식의 철학』의 출판과 함께 시작되는데, 그것은 1869년에 처음 출판되었다. 그 책의 여러 장에서 하르트만은 쇼펜하우어 페시미즘의 좀 더 온건한 버전을 옹호했다.[50] 하르트만의 버전이 페시미즘의 최신의 개선된 버전으

• •
48. Nietzsche, *Sämtliche Werke* VIII, 152-53, 176-78을 참조.
49. Nietzsche, *Zur Genealogie der Moral, Sämtliche Werke* V, 370, §14를 참조.

로 보였기 때문에, 비판자들은 쇼펜하우어의 초기 버전보다 그것에 초점을 맞추는 경향이 있었다. 그러한 경향을 인도하는 가정은 하르트만의 페시미즘을 진압하는 것이 또한 쇼펜하우어의 페시미즘을 때려 부수는 것이기도 하다는 것이었다. 일석이조라는 것이다.

비록 하르트만이 후년에 쇼펜하우어로부터 거리를 두는 경향이 있었다 할지라도, 그가 프랑크푸르트의 스크루지에게 크게 빚지고 있었다는 점에 대해서는 어떠한 의심도 있을 수 없다. 페시미즘을 위한 그의 논증의 대부분은 뒤링과 신칸트주의자들에 대항하여 쇼펜하우어를 옹호하는 것으로서 파악되어야 한다. 사실 『무의식의 철학』에서 페시미즘에 대한 하르트만의 진술이 끊임없이 쇼펜하우어를 찬성하며 인용한다는 것과, 하르트만이 쇼펜하우어의 페시미즘에 대한 모든 논의가 여전히 그를 반박하는 데 실패했다고 선언했다는 것은 분명하다.[51]

그럼에도 불구하고 하르트만은 결코 쇼펜하우어의 추종자나 제자가 아니었다. 그가 사람들이 자기의 철학을 자주 쇼펜하우어적인 것이라 특징짓는 것에 대해 저항한 것은 완전히 옳았다.[52] 그는 나중에 자신이 쇼펜

· ·
50. Eduard von Hartmann, *Die Philosophie des Unbewussten*, Zweite vermehrte Auflage (Berlin: Carl Duncker, 1870)를 참조. 페시미즘에 대한 논의는 C. XI-XIII, 564-681에서 나타난다. 하르트만은 또한 페시미즘에 대한 많은 논문과 온전한 책 하나를 저술했다. 그 책은 그의 *Zur Geschichte und Begründung des Pessimismus* (Berlin: Carl Duncker, 1880)이다. 또한 그의 "Zur Pessimismus-Frage," in *Philosophische Fragen der Gegenwart* (Leipzig: Wilhelm Friedrich, 1885), pp. 78-120도 참조. 또한 이하의 각주들에서 인용되는 논문들도 참조.
51. 그의 논문 「페시미즘적인 일원론은 절망적인가?Ist der pessimistische Monismus trostlos?」, in *Gesammelte Philosophische Abhandlungen zur Philosophie des Unbewussten* (Berlin: Carl Duncker, 1872), 71-85, 특히 71, 74를 참조.
52. 쇼펜하우어의 페시미즘에 대한 그의 논의인 "Ueber die nothwendige Umbildung

하우어보다는 셸링과 헤겔에게서 더 많은 영향을 받았다고 주장했다.[53] 언젠가 그는 자기 자신의 입장을 페시미즘과 낙관주의^{optimism}의 종합으로서, [186]즉 쇼펜하우어 페시미즘의 일면성을 라이프니츠와 헤겔의 낙관주의를 가지고서 바로잡고 보완하고자 하는 시도로서 기술했다.[54] 하지만 바로 하르트만이 이러한 관점들을 어떻게 종합했는가──그리고 과연 그가 성공적으로 그렇게 했는가──하는 것은 약간의 논의를 필요로 한다. 그의 삶의 가치 이론은 비록 의심스러운 일관성을 지닌 것이긴 하지만 치밀하고 정교하다.

하르트만은 자신의 혼합주의적인 이론을 단일한 역설적 명제로 요약했다. "이 세계는 가능한 모든 세계들 가운데 최선의 세계다. 그러나 그것은 전혀 아무 세계도 없는 것보다는 나쁘다."[55] 그러한 하나의 명제에서 그는 낙관주의와 페시미즘 양자의 더 좋은 점들을 결합했다──그렇게 믿어졌다──. 하르트만은 그 역설을 다음과 같이 해명했다. 즉, 이 세계가 가능한 모든 세계들 가운데 최선의 세계라고 말하는 것은 현존재가 비현존재보다 더 좋다는 것을 의미하지 않는다. 가능한 모든 세계가 나쁘다고 하는 것은 여전히 가능하다. 그것은 다만 어떤 세계가 다른 세계보다 더 나쁘며,

• •

der Schopenhauerschen Philosophie," in *Gesammelte Philosophische Abhandlungen*, pp. 25-56; 그리고 "Mein Verhältnis zu Schopenhauer," in *Philosophische Fragen der Gegenwart*, pp. 25-38을 참조.

53. 특히 그의 *Philosophie des Unbewussten* (Leipzig: Haacke, 1902)의 "Vorwort zur zehnten Auflage", p. xiii에서 그렇게 주장한다. 셸링의 영향은 하르트만 초기의 *Schelling's positive Philosophie als Einheit von Hegel und Schopenhauer* (Berlin: Otto Loewenstein, 1869)에서 명백히 드러난다.

54. 그의 "Ist der pessimistische Monismus trostlos?" p. 78을 참조.

55. 같은 곳.

우리의 세계가 가장 덜 나쁜 세계일 수 있다는 것일 뿐이다. 따라서 우리의 세계가 가능한 가장 좋은 세계라고 주장하는 것은 실제로는 다만 그것이 가장 덜 나쁜 세계라는 것, 즉 그 모두가 나쁜 다른 모든 세계에 대하여 가능한 가장 좋은 세계라는 것을 의미할 뿐이다. 그러니까 하르트만은 이 세계가 가능한 가장 나쁜 세계라는 쇼펜하우어의 논증을 받아들이지 않은 것인데, 그 논증을 그는 궤변으로서 일축했다(573).[56]

이 세계를 가능한 가장 좋은 세계로 만드는 것은 무의식적인 우주적 의지가 자기의 목적을 가장 커다란 가능한 지혜와 능력을 가지고서 성취하는 것이라고 하르트만은 생각한다. 하르트만은 이 의지에 전통적인 신의 속성들 가운데 몇 가지, 즉 전지와 전능 그리고 편재성을 돌린다(554-56). 세계가 존재하는 것을 고려하면, 세계가 좀 더 지혜롭고 좀 더 효율적인 방식으로 조직되는 것은 가능하지 않다. 하르트만은 자연의 합목적성과 이성성을 보지 못하는 것은 쇼펜하우어 쪽의 커다란 잘못이라고 생각한다(20). 우주적 의지가 우리 안에 행복을 위한 쓸데없는 추구를 심어놓는다는 쇼펜하우어의 교설은 자연의 합목적성에 관한 물음들을 제기한다. 만약 우주적 의지가 우리의 가장 깊은 충동이 좌절되지 않을 수 없는 운명을 우리에게 부여한다면, 이 세계는 가장 좋게 조직된 세계일 수 없다.

하르트만의 페시미즘의 핵심은 현존재가 비현존재보다 더 나쁘다, 즉 무가 존재보다 더 좋다는 그의 진술에 놓여 있다. [187]하르트만은 쇼펜하우어와 마찬가지로 어떤 제정신의 사람도 자신의 삶을 처음부터 다시

---

56. 괄호 안의 모든 참조는 다른 주해가 주어지지 않는다면 『무의식의 철학』 제2판(1870)의 쪽수를 가리킨다.

살기를 선택하지 않을 거라는 데 내기를 걸었다. 그 사람은 그 대신에 소멸, 즉 최소한 영원한 평화를 가져올 완전한 무를 선호할 거라는 것이다. 세계의 존재는 완전한 불합리, 총체적 신비, 우주적 의지의 비이성적 행위의 결과다(669). 세계의 "무엇"과 "어떻게"에 대해서는 이유들을 제시하는 것이 가능하다. 그러나 세계의 "사실", 즉 그것의 단적인 존재에 대해서는 어떠한 이유도 제시하기가 전혀 불가능하다(669-70). 세계가 존재하는 것을 고려하면, 의지는 지혜롭고 효과적인 방식으로 세계에 명령한다. 그러나 전혀 아무것도 존재하지 않았더라면, 그것이 더 좋았을 것이다.

무가 존재보다 더 좋은 이유는 삶이 행복보다 더 많은 고통을 가져오기 때문이라고 하르트만은 논증한다. 하르트만에게 있어 페시미즘은 본질적으로 삶에서 행복이 획득될 수 없다는 교설이다. 행복은 즐거움에 존재하거나 괴로움에 비한 즐거움의 우세함에 존재한다. 그리고 불행은 괴로움에 존재하거나 즐거움에 비한 괴로움의 우세함에 존재한다. 그러나 인간 욕망과 생리의 바로 그 본성과 인간 삶의 본질적 사실들은 불가피하게 즐거움보다 더 많은 괴로움으로 귀결된다. 이러한 주장을 위해 하르트만은 다수의 논증을 개진하는데, 우리는 여기서 그 논증들을 다만 단도직입적으로 대충 진술할 수 있을 뿐이다.[57] (1) 인간은 즐거움보다는 괴로움에 좀 더 민감하다. (2) 즐거움은 점점 더 감소하며 다시 생겨나지만 괴로움은 그렇지 않은바, 괴로움은 다만 그 강도가 증가될 뿐이다. (3) 인간 삶의 중요한 좋은 것들——젊음, 안전, 건강 그리고 자유——의 소유는 즐거움에

· ·
57. 하르트만 자신이 *Philosophie des Unbewussten*, pp. 630-31에서 그 자신의 요약을 제공하지만, 그것은 pp. 564-629에서의 그의 논증들에 대한 가장 정확한 요약이 아니다.

존재하는 것이 아니라 괴로움의 부재에 존재한다. 우리는 이 좋은 것들을 당연한 것으로 여긴다. 그리고 우리는 오직 그것들을 다시 획득한 후에만 그것들을 가지는 데서 즐거움을 느낀다. (4) 우리의 욕망을 충족하는 데서 지니는 즐거움은 그것의 좌절에서 오는 불행보다 그 지속과 강도에서 훨씬 더 짧다. (5) 주요 욕망들——굶주림과 성——은 행복보다는 오히려 고통의 원천이다. 굶주림은 우리를 즐거움의 눈금에서 0 밑으로 데려간다. 그리고 그것이 충족될 때, 그것은 다만 우리를 다시 0으로 되돌릴 뿐이다. 성과 결혼은 그것들의 불가피한 실망스러움 때문에 즐거움보다는 오히려 슬픔을 낳는다. (6) 권력과 명예 그리고 돈에 대한 욕망은 지칠 줄 모른다. 우리가 그것들을 더 많이 가지면 가질수록 우리는 그것들을 더 많이 원한다. 그러나 우리의 원망이 더 크면 클수록 그만큼 더 [188]그것들은 충족될 수 있을 것 같지 않다. 비록 하르트만이 즐거움이 오직 소극적 가치만을 지닌다는 쇼펜하우어의 이론에 동의하지 않는다 할지라도——그는 어떠한 괴로움도 선행하지 않는 즐거움이 존재한다는 점을 지적한다——, 그는 여전히 가장 많은 즐거움은 간접적으로 고통의 감소로부터 발생한다고 생각한다(575). 더 나아가 그는 실천적으로 말해서 쇼펜하우어가 옳다고 주장한다(578-79). 우리가 이 삶에서 성취할 수 있는 모든 것은 소극적인 어떤 것, 즉 괴로움의 감소다. 그러나 우리는 적극적인 어떤 것, 즉 괴로움에 비한 즐거움의 우세함을 성취할 수 없다. 이러한 논증들을 요약하여 하르트만은 삶이 살 만한 가치가 없다는 파멸적인 결론을 끌어낸다. (1) 만약 가장 좋은 삶이 오직 괴로움의 부재에 존재할 뿐이라면, (2) 만약 괴로움의 부재가 행복의 눈금에서 0과 같다면, 그리고 (3) 만약 괴로움의 완전한 부재가 삶에서는 어느 누구를 위해서도 획득될 수 없다면, 그렇다면 (4) 삶의 가치는 0 밑으로 떨어진다. 그렇다면 삶은 무보다 더 나쁜바,

무는 모든 감각의 부재에 존재하며, 따라서 오직 0에 서 있을 뿐이다(586).

하르트만은 삶의 가치에 대한 자신의 논의를 세 가지 주된 환상으로 나눈다. 첫 번째 환상은 "행복이 세계 발전의 현 단계에서 획득될 수 있다" 고 하는 것이다(573). 하르트만의 논증에 따르면 이것이 환상인 까닭은, 우리가 방금 보았듯이, 적극적인 의미에서의 행복이란 획득될 수 없기 때문이며, 또한 괴로움과 고통은 이 삶에서 즐거움과 만족보다 훨씬 무겁기 때문이다. 인간들에게서 이 환상의 만연과 지속은 희망에 기인하는데, 이 희망은 거의 언제나 좌절되지만——그는 열 번 중에 아홉 번으로 평가한다——영구히 다시 주장된다고 하르트만은 주장한다. 경험에도 불구하고 그것이 지속되기 위한 이유는 그것이 자기보존에 대한 우리의 본능에 근거지어져 있다고 하는 것이다. 만약 더 좋은 미래에 대한 아무런 희망도 갖고 있지 않다면, 우리는 이 삶을 견딜 수 없을 것이고 자살할 것이다. 두 번째 환상은 "행복이 죽음 이후의 초월적 삶에서 개인을 위해 획득될 수 있다"고 하는 것이다(635). 하르트만은 이것이 환상인 까닭 역시 만약 우리의 세계가 존재하지 않는다면 어떠한 의지도 없을 것이고, 만약 의지가 존재하지 않는다면 무가 존재할 것이기 때문이라고 설명한다(642). 다시 말하면 우리의 세계 저편의 세계는 존재하지 않는바, 우리 자신의 세계보다 더 좋은 또 다른 세계는 존재하지 않는 것이다. 유일한 세계는 우리의 끔찍한 세계, 의지의 단 하나의 비이성적 행위에 의해 창조된 세계다. 이러한 환상의 만연은 무덤 저편에서 우리의 개인적 존재를 주장하기를 원하는 자기중심주의로부터 발생한다. 이 세계에서 개인적 행복을 부정당한 사람들은 또 다른 세계에서 보상을 추구한다(642). 비록 이러한 환상을 조장한다고 해서 그리스도교에 대해 비판적이라 할지라도, [189]하르트만은 여전히 그것이 이교 신앙을 넘어서는 중요한 발걸음을 나타낸다고 생각하는데, 왜냐하면 그것은 최소한 이 삶이 눈물의 골짜기며, 이 삶에서 최고선이 획득될 수 없다는 것을 알기 때문이다(635, 643). 세 번째 환상은 "행복이 세계-과정을 통해 미래에 놓여 있다'고 하는 것이다 (645). 여기서 하르트만은 인간의 진보를 믿고 삶에서의 의미와 목적을 세계사의 목적에 기여하는 데서 발견하는 철학자들(레싱과 헤겔)을 비판 한다. 그는 인류가 아무리 많이 진보한다 하더라도 그것이 인간 불행의 가장 커다란 원천들, 즉 병, 노화, 타인의 의지에 대한 의존, 성적 좌절 그리고 굶주림을 결코 제거하지 못할 것이라고 주장한다(650). 국가는 오직 소극적 이상—생명과 자유에 대한 우리의 권리를 보호하는 것— 만을 지닐 뿐이며, 우리가 최선의 삶을 성취하도록 돕거나 우리를 행복하 게 만들 수는 없다(658). 우리가 정치적 활동에 의해 이룩할 수 있는 최선 의 것은 안전과 건강 그리고 자유다. 그러나 그것은 우리를 기껏해야 즐거움의 눈금에서 단지 0으로 데려다 줄 뿐이다(659). 하르트만은 기술과 과학에 의해 이루어져 온 엄청난 기술적 진보를 반박하지 않는다. 그러나 그는 그것이 기껏해야 단지 삶을 더 쉽게 만들 뿐, 결코 행복을 가져다주지 않는다고 주장한다(659). 우리가 의학과 농업 그리고 화학에서 아무리 멀리까지 진보한다 하더라도, 이것은 여전히 우리에게 어려운 물음을 남 겨놓을 것이다. "우리는 우리의 삶에 어떤 내용을 부여해야 할 것인 가?"(660)

페시미즘을 위한 이 모든 논증에도 불구하고 하르트만은 결코 그것을 최종적인 것으로 결정하길 원하지 않았다. 비록 희망이 열 개의 경우 중에 아홉에서 환상적이라고 생각하긴 했지만, 그는 여전히 그 단 하나의 경우를 위한 희망을 질식시키기를 거부했다(670). 그는 페시미즘이 절망 의 교설이 아닌데, 왜냐하면 세계의 모든 비참함을 드러냄으로써 그것은 우리에게 세계를 개선하고자 하는 강력한 동기를 부여하기 때문이라고 주장했다. 비록 이 삶에서 행복을 성취할 수 없다 할지라도, 우리는 여전히, 최소한 어느 정도는, 고통의 양을 감소시킬 수 있으며, 오로지 그것만이 우리에게 우리가 사물들을 변화시킬 필요가 있다는 그 모든 동기를 부여한다(629). 하르트만이 쇼펜하우어에게 이의를 제기하는 가장 중요한 요점들 가운데 하나는 그의 정적주의, 즉 인간 조건을 개선하고자 하는 모든 시도가 쓸데없다고 하는 그의 테제와 관계된다. 그는 자기 자신의 페시미즘이 쇼펜하우어의 그것과는 달리 인간 조건의 개선을 위한 사회적·정치적 프로그램을 포함한다고 주장했다(650).

하르트만은 그 자신의 혼합주의적 입장을 "행복주의적 페시미즘"과 "진화적 낙관주의"의 종합으로서 기술했다.[58] [190]행복주의적 페시미스트는 이 삶에서 행복을 성취하기가 불가능하며 삶은 본질적으로 고통에 존재한다고 주장했다. 그러나 진화적 낙관주의자는 인간의 고통을 줄이고 더 커다란 도덕성과 완전함을 성취하는 데서 진보를 이루는 것이 여전히 가능하다고 생각했다. 그러한 종합을 하르트만은 쇼펜하우어의 페시미즘을 헤겔의 낙관주의를 가지고서 보완하고 바로잡고자 하는 시도로서 바라보았다. 하르트만은 세계사에서의 진보, 즉 더 커다란 자기의식의 점진적인 발전과 이성의 성장을 믿을 만큼 헤겔주의자였다. 그는 역사를 비이성적 의지와 이성, 무의식과 의식 사이의 투쟁으로서 보았는데, 거기서 이성과 의식은 점차적으로 잠재의식적인 감정과 충동을 통제하게 된다(670, 327-28). 의식과 이성의 영역이 성장하면 할수록, 우리는 점점 더 우리의 욕망을 제한하고 우리의 삶을 통제하는 것을 배우게 되며, 점점 더 즐거움

58. Hartmann, *Zur Geschichte und Begründung des Pessimismus*, pp. ix-x, 36.

의 헛된 추구에 의해 좌절하지 않게 된다. 하르트만의 지속적인 낙관주의는 이성과 의식이 궁극적으로 무의식적 의지에 대해 승리하게 될 것이라는 그의 믿음에서 표면에 떠오른다(330, 675). 그리고 나서『무의식의 철학』의 마지막에서 두 번째 장은 거의 니체적인 "삶에의 의지의 긍정"으로 마감된다(675; 그의 강조).

6. 하르트만의 자기 옹호

『무의식의 철학』은 다루기 힘들 정도인 그 크기와 거추장스러운 산문에도 불구하고 1870년대의, 아니 사실상 19세기 전체의 가장 성공적인 철학 저작들 가운데 하나임이 입증되었다. 70년대 말에 그것은 이미 8판을 거듭했으며, 하르트만의 생애 중에 11판을 거쳐 가게 된다.[59] 하르트만의 책은 홍수 같은 논쟁적인 문헌들을 낳았는데, 그 대부분은 적대적이었고 그 가운데 일부는 명예를 훼손하는 것이었다. 하르트만 자신이 그 비판자들에 대답하기 위해 애썼지만, 그는 자신에 대한 논박들 그 모두에 일일이 대응할 수 없었다. 동맹자가 절실히 필요한 가운데 그는 그 싸움에서 아내인 아그네스 타우베르트^{Agnes Taubert}의 도움을 받았는데, 그녀의『페

---

59. 그 여러 판들과 그것들의 판매에 대해서는 하르트만의 출판자인 칼 하이몬스^{Carl Heymons}의 회상록인 *Eduard von Hartmann, Erinnerungen aus den Jahren 1868-1881* (Berlin: Duncker, 1882)을 참조.

시미즘과 그 적대자들』은 [191]논쟁의 중심 텍스트들 가운데 하나가 되었다.[60] 타우베르트는 가공할 만한 논쟁적이고 철학적인 재능을 지녔는데, 그녀는 그것을 하르트만의 페시미즘을 옹호하는 데서 효과적으로 휘둘렀다.

하르트만의 페시미즘에 대한 가장 일반적인 반대들 가운데 하나는 그 것이 도덕을 약화시킨다는, 즉 세계를 개선하고자 하는 동기뿐만 아니라 또한 불행에 부닥쳤을 때 계속해서 살고자 하는 동기를 약화시킨다고 하는 것이다. 만약 우리가 행복을 성취할 수 없다면 — 그렇게 반대는 이어졌다 —, 계속해서 살아가거나 세계를 더 좋은 곳으로 만들려고 노력 하는 것이 무슨 소용이 있겠는가? 이 물음은 1870년대 초에 등장했다. 그러나 1880년대 초에 네덜란드의 종교학회인 하를렘신학자회[Godgelaerde Genootenschap te Haarlem]는 페시미즘과 도덕이라는 논제에 관한 현상 논문을 발표했는데, 그것은 여러 책과 논문들을 생겨나게 했다.

이 반대에 대한 하르트만의 첫 번째 대답은 도덕적인 노선을 취하는 것이었다. 요컨대 비록 페시미즘이 사실상 자기중심주의, 즉 개인적 행복 을 위한 이기적 노력을 약화시킨다 할지라도, 그것은 우리가 오로지 원리 를 위해서만 행위하라고 요구하는 도덕성을 뒷받침한다는 것이다.[61] 페시

60. A. Taubert, *Der Pessimismus und seine Gegner* (Berlin: Duncker, 1873). 그녀가 처녀 시절 이름으로 출판했기 때문에, 타우베르트가 하르트만의 아내라는 것은 알려지지 않았다. 또한 그녀가 그녀 이름을 머리글자로 하여 출판했기 때문에, 그녀가 여성이라는 것마저도 알려지지 않았다. 대부분의 저작자들은 그녀가 하르트 만의 남성 제자거나 친구라고 가정했다.

61. 하르트만의 논문 "Ist der pessimistische Monismus trostlos?" pp. 71-89, 특히 77-78; 그리고 "Ist der Pessimismus schädlich?" in *Zur Geschichte und Begründung des Pessimismus*, pp. 86-100을 참조.

미스트가 우리는 개인적 행복을 성취할 수 없다고 논증할 때, 그는 이기적 관심을 위해 도덕적 원리에 반하여 행위할 동기를 약화시킨다. 그에 반해 만약 우리가 이 삶에서 행복을 성취할 수 있다고 하는 행복주의적인 낙관주의자가 옳다면, 자기 자신의 즐거움에 대한 자기 관심이야말로 모든 인간 행위를 위한 저항할 수 없는 동기일 것인바, 그것은 도덕성의 가능성을 약화시킬 것이다. 그러므로 페시미즘은 모든 도덕성의 주된 적수인 자기중심주의나 이기성에 대항한 주요 무기다. 따라서 행복주의적 페시미즘은 전혀 도덕성을 약화시키는 것이 아니라 오히려 그것의 필연적인 전제다. 이 반대에 대한 하르트만의 두 번째 대답은 자기의 페시미즘이 도덕적이 아니라 행복주의적이라는 것을 강조하는 것이었다. 다시 말하면 그것은 이 삶에서 행복을 성취하는 것이 가능하다는 것을 부정하는 반면, 더 커다란 인간적 완전함과 도덕성을 획득하는 것이 가능하다는 것을 긍정하는 것이다. [192]칸트를 따라서 하르트만은 이 명제들이 사실상 상호 의존적이라는 것을 강조했다. 즉, 완전함과 도덕성을 향한 더 커다란 진보를 위해 우리가 지불하는 대가는 인간 역사의 원초적 단계들에서 좀 더 널리 퍼져 있던 행복의 상실이라는 것이다. 따라서 도덕적 낙관주의자는 행복주의적 페시미스트여야 한다. 그렇다면 또다시 행복주의적 페시미즘은 도덕성의 필연적인 전제임이 입증된다.

하르트만의 페시미즘에 대한 또 다른 공통의 반대는 그것이 사이비 과학적인바, 통약 불가능한 가치들의 불가능한 비교에 토대하고 있다는 것이었다. 우리가 삶에서의 모든 상이한 가치들을 고려한다면, 그것들을 비교하여 요약하는 것은 불가능해지며, 그래서 우리는 불행이 행복을 능가한다고 결코 말할 수 없다. 이 반대에 대한 하르트만의 대답은 주로 자기 입장을 고수하여 즐거움과 괴로움의 순수하게 양적인 측면을 강조하는 것이었다.[62] 페시미즘은 순수하게 과학적인 전망인데, 왜냐하면 그것은 고통스러운 감각들의 총계가 즐거운 감각들의 총계보다 더 크다는 순수한 경험적 사실에 토대하기 때문이다. 하르트만은 감각들이 그것들을 서로 통약 불가능하게 만드는 질적인 차원을 가진다는 것을 기꺼이 인정한다. 그러나 그는 여전히 그것들의 즐거움이나 괴로움을 단독으로 규정함에 있어 우리는 그것들의 질적인 측면을 사상하여 양적인 측면, 즉 그것들의 지속과 강도를 따로 고려할 수 있다고 주장했다. 우리는 주어진 탁자 윗면에서 과연 배의 무게가 사과의 무게보다 더 큰지 여부를 규정할 수 있는 것과 마찬가지로 과연 상이한 감각들이 괴로움보다 더 많은 즐거움을 가져다주는지 여부를 규정할 수 있다. 만약 세계에서 즐거움의 총계가 마이너스라면, 우리는 페시미즘을 받아들여야 하는바, 그것은 전적으로 경험으로부터의 귀납적 진리다. 하르트만은 나중에 이러한 진리에 도달하는 데 포함된 세 개의 근본적인 전제가 존재한다고 설명했다.[63] (1) 우리는 각각의 감각에 기억이나 도덕적 가치와는 관계없이 의식에서의 그것의 활동성에 엄격하게 상응하는 가치를 부여한다. (2) 즐거움과 괴로움은 그것들의 질적인 측면과는 상관없이 플러스 양과 마이너스 양으로서 서로 관계한다. (3) 즐거움과 괴로움의 양은 그것들의 강도와 지속의 곱에 의해 규정된다. 경험의 질적인 [193]차원과 관련하여 하르트만은 얼마간 애매한 입장을 취한다. 즉, 우리는 그것을 전적으로 사상할 수 있는데, 왜냐하면 그것은 즐거움과 괴로움의 평가에 관련이 없기 때문이라거나, 아니면 우

· ·
62. "Ist der Pessimismus wissenschaftlich zu begründen?" in *Zur Geschichte und Begründung des Pessimisus*, pp. 65-85를 참조.
63. "Zur Pessimismus-Frage"의 2절, pp. 91-102를 참조.

리는 그것을 그것의 양적인 차원으로 환원할 수 있는데, 왜냐하면 더 높은 즐거움은 더 낮은 즐거움보다 단적으로 그 강도와 지속에서 더 크기 때문이라는 것이다. 그러나 어느 입장도 견지될 수 없는 것으로 보였다. 요컨대 우리는 삶의 가치를 평가하는 데서 감정의 질을 고려하며, 또한 질은 오로지 그것의 양적인 차원으로 환원될 수 없는 것이다. 우리는 오직 "좀 더 고차적인 감정들"— 미적 영감이나 종교적 황홀경 — 때문에만 삶이 살 만한 가치가 있다고 믿으며 그것들을 갖기 위해 커다란 강도와 지속을 지니는 괴로움을 기꺼이 겪고자 하는 예술가나 성자의 경우를 고려할 수 있을 것이다.

1880년에 하르트만은 자신에 대한 수많은 신칸트주의적인 비판자들을 좌절시키기 위한 주목할 만한 전략을 생각해냈다. 그는 페시미즘의 아버지가 모든 이가 생각하듯이 아르투르 쇼펜하우어가 아니라 임마누엘 칸트라는 것을 입증하고자 한다. 만약 그가 이것을 보여줄 수 있다면, 그의 신칸트주의적인 비판자들은 페시미즘에 대한 자신들의 적대적인 태도를 재평가해야 할 것이다. 그래서 하르트만은 긴 논문 「페시미즘의 아버지로서의 칸트Kant als Vater des Pessimismus」를 썼는데, 그것은 그의 『페시미즘의 역사와 근거짓기에 대하여』의 제1장으로서 출간되었다.[64] 하르트만의 테제는 그의 전략이 필사적인 만큼이나 믿기 어려워 보인다. 그러나 칸트 전집을 철저하게 샅샅이 뒤져 그로부터 인용함으로써 그는 칸트가 사실상 "행복주의적 페시미스트", 즉 이 삶에서 행복을 성취하는 것이 가능하지 않다고 주장한 사람이라는 자신의 테제의 정당함을 확고히 증명하고자 했다. 하르트만은 칸트가 행복이 삶의 목적이라는 것을 부정하고 이 세계

..
64. Hartmann, *Zur Geschichte und Begründung des Pessimismus*, pp. 1-64.

에서 행복을 성취할 가능성을 의심했다고 하는 데서 완전히 옳았다. 물론 칸트가 도덕적 페시미스트였다고 주장하는 것은 그럴듯하지 않은데, 왜냐하면 그는 인간의 완전함과 도덕성을 향해 역사에서 진보를 성취하는 것이 가능하다고 주장했기 때문이다. 그러나 하르트만은 칸트가 도덕적 낙관주의자라는 것을 반박하지 않았고, 그도 역시 도덕적 낙관주의자라고 주장했다. 삶의 가치에 대한 칸트의 이론은 그야말로 그 자신의 이론을 위한 선구자였다고 하르트만은 주장했는데, 왜냐하면 그것도 역시 행복주의적 페시미즘과 진화적 낙관주의를 결합하기 때문이다. 칸트는 역사의 목표 — 문화의 성장과 인간 능력의 완성 — 가 획득될 수 있지만 오직 행복을 대가로 치르고서만 그럴 수 있다고 가르쳤다. [194]하르트만은 더 나아가 페시미즘이 도덕을 약화시킨다는 공통된 신칸트주의적인 이의제 기에 단호하게 반대하여 그것이 행복주의 윤리학을 씻어내기 위한 칸트의 기획에 본질적이라고 논증했다.[65] 왜냐하면 페시미즘은 행복이 이 삶에서 획득될 수 없다는 것을 보여주며, 따라서 도덕 법칙 대신에 행복에 따라 행동할 동기를 약화시키기 때문이다. 예상할 수 있듯이 하르트만의 논문 은 그의 신칸트주의적인 비판자들을 침묵시키기보다는 자극했으며, 그는 곧바로 훨씬 더 많은 논박들에 관여할 수밖에 없었다.[66]

· ·
65. 같은 책, p. 18.
66. 그의 "Zur Pessimismus-Frage," pp. 112-20을 참조. p. 113에서 하르트만은 자기의 논문에 반대하여 쓰인 많은 논문들을 언급한다.

7. 노동의 가치

　비판자들에 대응하여 하르트만은 페시미즘에 대한 옹호가 귀납에, 즉 특수한 경우들에 대한 고찰에 토대해야 한다고 생각했다. 그의 페시미즘은 형이상학적 원리들에 토대한 것이 아니라 과학적 페시미즘이어야 했다. 그러나 대응의 그러한 노선은 페시미즘에 대한 옹호를 경험적 영역에로 깊숙이 밀어붙인다. 그것은 페시미스트가 존재의 가치에 관한 자신의 황량한 결론을 인간 삶의 특수한 측면들에 대한 검토 이후에야 비로소 끝어낼 수 있다는 것을 의미한다. 그는 모든 일반적 원리들을 보류한 채 이 측면들을 그것들 자체를 위해 고찰해야 한다. 그리하여 페시미즘 논쟁은 삶의 가치와 관련된 광범위한 영역의 특수한 주제들에 대해 논의하기 시작했다.

　페시미스트들과 그들의 비판자들 사이에서 격렬한 논쟁거리가 된 그러한 하나의 논제가 노동(*Arbeit*)이었다. 분명히 노동은 삶에 대한 페시미스트의 묘사에서 결정적인 주제다. 우리의 나날은 우리 가운데 많은 이들에게 있어 아침 9시부터 오후 5시까지 노동으로 채워져 있으며, 따라서 만약 노동이 삶에 대한 일반적 계산에서 마이너스 가치를 지니는 것으로 입증된다면, 저울추는 심하게 페시미스트 쪽으로 기울 것이다. 주로 이러한 이유 때문에 『무의식의 철학』에서 노동에 대한 하르트만의 분석은 매우 음울하며, 심지어 냉소적이기까지 하다.[67] 노동이 그에 참여해야만 하는 모든 이에게 있어 악이라는 점에 대해서는 의심이 있을 수 없다고

----

67. Hartmann, *Philosophie des Unbewussten* (1870), C. XII, pp. 584-55.

하르트만은 선언한다. 어느 누구도 만약 그가 그렇게 할 필요가 없다면 노동하지 않으며, 우리는 다만 그것이 가난이든 권태든 더 커다란 악을 피하기 위해서만 노동을 한다. 따라서 노동은 그 자체에서 목적이 아니며, 다른 목적들을 위한 수단일 뿐이다. 보통 노동은 누군가가 [195]안전한 존재를 지니기 위해 지불해야만 하는 대가다. 그러나 안전한 존재란 적극적 선이 아니라 소극적 선인바, 다시 말하면 더 커다란 악을 피하기 위한 선이며, 더 나아가 그것은 우리가 (건강 및 젊음과는 달리) 많은 괴로움을 통해 구입해야만 하는 선이다. 우리는 또한 노동이 종종 우리에게 부과하는 불행을 과소평가해서는 안 된다고 하르트만은 덧붙인다. 그러고 나서 그는 다섯 살짜리 아이들의 공장 노동에 관한 쇼펜하우어의 구절을 인용하는데, 그 아이들은 하루에 열두 시간부터 열네 시간까지 자리에 앉아 반복적인 일을 하며, 그리하여 "숨을 돌리는 한갓된 즐거움을 매우 비싼 대가를 치르고 산다." 노동을 가지고서 우리가 할 수 있는 최선의 것은 노동에 익숙해지는 것, 그것을 습관적인 것으로 만드는 것이며, 따라서 우리는 바로 짐을 견디기를 배우는 짐마차 말처럼 된다.

하르트만의 비판자들에게 있어 이것은 지나치게 음울하고 심하게 부정확한 노동 개념이었다. 신칸트주의적인 비판자인 루돌프 하임은 하르트만의 개념이 오직 갤리선 노예에게만 적합하며, 그가 우리의 힘을 행사하고 우리의 의지를 실현하는 데서 노동이 우리에게 부여하는 만족을 완전히 무시했다고 생각했다.[68] 또 다른 신칸트주의적인 비판자인 위르겐 보나 마이어는 노동이 단순히 다른 목적들을 위한 수단이 아니라 그 자체에서

68. Rudolf Haym, "Die Hartmann'sche Philosophie des Unbewussten," *Preußische Jahrbücher* 31 (1873), pp. 41-80, 109-39, 257-311, 여기서는 p. 267.

의 즐거움인데, 왜냐하면 노동은 우리의 힘을 활동적이게 하고 우리의 에너지를 지도하며 "좋은 것, 아름다운 것, 참된 것"에 대한 우리의 욕구를 충족하기 때문이라고 대응했다.[69] 물론 노동과 연관된 수고와 곤란함이 존재한다. 그러나 이러한 부정적인 요인들은 긍정적인 것들보다 더 크지 않으며, 결국 그것들은 즐거움의 부분이 된다. 노동의 부정적 측면들을 과장함으로써 하르트만은 인간 행복의 주요 원천들 가운데 하나, 즉 행함에서 기쁨(*Freude am Thun*)을 왜곡한다.

이러한 반대들 가운데 어느 것도 하르트만의 아내이자 가장 독실한 옹호자인 아그네스 타우베르트에게 깊은 인상을 주지 못했다.[70] 그녀는 노동에서의 즐거움이 엄밀하게 노동 그 자체로부터 오는 것인지에 대해 회의적이었다. 그러한 즐거움의 아주 많은 다른 원천들이 존재하며, 그것이 단적으로 오직 노동에서만 오는 것 같지는 않다고 그녀는 논증했다. 우리는 노동이 회피하는 더 커다란 악들, 즉 권태와 게으름의 부재, 그리고 노동이 다른 많은 것들을 획득하기 위해 제공하는 수단들, 즉 [196]우리 가족의 행복과 노동의 산물들에 대한 기대를 고려해야만 한다(33-34). 우리가 이 모든 요인을 고려할 때 노동 그 자체에서의 즐거움은 사라지는 것으로 보이며, 따라서 우리는 "노동의 즉자대자적인 활동성이 짐스럽고 불쾌하다"는 것을 인정해야 한다고 타우베르트는 주장했다(35). 하임과 마이어에 대응하여 타우베르트는 계속해서 근대적 삶에서 노동의 가치를 감소시키는 또 다른 중요한 요인, 즉 분업을 언급하는 데로 나아갔다.

· ·

69. Jürgen Bona Meyer, *Weltelend und Weltschmerz, Eine Rede gegen Schopenhauer's und Hartmann's Pessimismus* (Bonn: Marcus, 1872) p. 17.

70. Taubert, *Der Pessimismus und seine Gegner*, III, "Die private Güter und die Arbeit," pp. 33-36.

과거에 장인은 자신이 그것을 위해 모든 부분들과 노동을 쏟아 부은 어떤 것을 창조하는 것에서 커다란 즐거움을 이끌어낼 수 있었다. 그것을 생산하는 데서 그의 재능과 솜씨가 실행되었던 것이다. 그러나 그러한 노동은 각각의 노동자들을 단일한 단조로운 일에 매달리게 하는 근대의 대량 생산 형식들에 의해 대체되었다. 근대적 공장의 노동자가 하나의 작은 일을 계속 반복해서 수행할 때, 그리고 그 일의 설계와 생산 방식에서 아무런 역할도 하지 못할 때, 그는 자신의 노동에서 즐거움을 얻기가 불가능하다. 타우베르트는 만약 하임이 근대적 생산 형식들에서의 노동의 귀결들을 고찰하기만 했다면, 그는 갤리선 노예에 관한 자신의 무미건조한 언급을 행하지 않았을 것이라고 신랄하게 쏘아붙였다.

노동의 의미에 관한 이러한 논쟁들에서 하나의 중요한 목소리가 젊은 신칸트주의자이자 사회 민주당원인 요한네스 폴켈트였는데, 그의 『무의식과 페시미즘』은 타우베르트의 『페시미즘과 그의 적대자들』 직후에 출간되었다.[71] 폴켈트는 하임 및 마이어와 마찬가지로 하르트만이 노동과 삶에서의 그 가치에 대한 너무나도 부정적인 묘사를 제공했다고 느꼈다. 노동은 그에 의해 우리가 우리 자신의 힘을 행사하고 또 그에 대해 자기의식하게 되는 수단이었다. 그리고 우리 자신의 힘을 행사하고 그에 대해 자기의식하게 되는 데서 우리는 내적 즐거움의 커다란 원천인 우리에 대한 자존감을 획득한다. 물론 노동은 도전과 장애물 그리고 어려움들을 포함한다. 그러나 우리가 우리의 힘을 발전시키고 자기 확신과 자기의식에서 성장하는 것은 바로 그것들을 극복하는 데서다. 하지만 폴켈트는

• •

71. Johannes Volkelt, *Das Unbewusste und der Pessimismus* (Berlin: Henschel, 1873), pp. 287-92.

근대적 생산 방법들에서 노동에 대해 제기된 문제들을 과소평가하지 않았다. 타우베르트에 의해 제기된 모든 문제를 그는 전적으로 인정했다. 노동은 근대적 분업에서 따분하고 판에 박히고 무심하며 심지어는 타락시키는 것이 되었다. 그러나 폴켈트는 이 문제들이 노동 그 자체에 내재적인 것이 아니라 [197]노동의 현재적 형식일 뿐이라고 설명했다. 이 문제들 가운데 여럿은 미래의 사회주의 국가에서 사라질 것이다. 비록 대량 생산 형식과 분업이 존재하게 될지라도, 노동 시간은 더 짧아질 것이며 노동 조건은 훨씬 좋아질 것이다. 좀 더 중요한 것은 모든 이가 작업 현장에서 필요로 되는 능력들뿐만 아니라 자신의 모든 능력을 발전시킬 수 있는 고등 보통 교육을 받을 것이라는 점이다. 하이네가 표현했듯이 거기에는 모든 이를 위한 빵뿐만 아니라 "장미와 백일홍, 아름다움과 즐거움"도 존재할 것이다.

하지만 타우베르트에게 있어 사회주의 국가는 근대적 노동과 생산의 문제들에 대한 해결책이 아니었다.[72] 그녀는 모든 이들에게 행복을 약속하는 사회주의 국가가 환상이라는 하르트만의 확신을 공유했다. 언제나 사회적이고 경제적인 불평등이 존재할 것인데, 왜냐하면 자원들은 언제나 모자라고 사람들은 그것들을 획득할 수 있는 매우 불평등한 능력을 가지고 태어나기 때문이다. 경제의 모든 측면을 통제하고 사회적·경제적 기회를 부과할 사회주의 국가는 소유권과 자유 그리고 재능에 대한 위협일 것이다. 주목할 만한 것은 타우베르트와 폴켈트가 사회 문제에 대해 매우 유사한 진단을 지녔다는 점이다. 근대 경제는 모든 이들, 특히 노동

---

72. Taubert, *Der Pessimismus und seine Gegner*, "X: Die Glückseligkeit als historische Zukunftsperspektive," pp. 101-22, 특히 114-16을 참조.

계급을 위한 삶의 기준을 증대시켰다. 그러나 그것은 또한 그들을 만족시킬 수 있는 정부와 경제의 수단들을 넘어서서 그들의 욕구와 기대도 증대시켰다.[73] 이것은 위기를 만들어 냈는데, 왜냐하면 사람들은 이제 이전에 가질 수 있었던 것보다 더 많은 것을 요구하기 때문이다. 그럼에도 불구하고, 즉 그들의 공통된 진단에도 불구하고 폴켈트와 타우베르트는 그 문제에 대해 매우 다른 해결책을 지녔다. 폴켈트에게 있어 해결책은 사회주의다. 그러나 타우베르트에게 있어 그것은 페시미즘인데, 왜냐하면 오직 그것만이 사회주의의 환상, 즉 삶에서의 행복을 위한 무의미한 노력을 폭로할 수 있을 것이기 때문이다.

사회 문제에 대한 타우베르트의 해결책에 관한 흥미로운 견해가 게오르크 페터 바이골트의 『최근의 철학적 페시미즘 비판』에서 주어졌다.[74] 바이골트는 타우베르트의 보수적 견해를 공유했으며, [198]그 역시 사회주의 비판자였다. 그는 더 높은 임금과 더 좋은 노동 조건에 대한 요구가 과도해졌으며, 노동자들 사이에서 사회주의 선동자들의 결과라고 믿었다. 노동 계급의 증대된 기대와 욕망 때문에, 그리고 그것을 충족시키는 제한된 수단 때문에 불만이 늘어나고 있고 혁명이 일어날 것 같았다. 그러나 바이골트에게 있어 페시미즘은 막 닥쳐올 듯한 그 위험의 해결책이 아니라 그 원인의 한 부분이었는데, 그 까닭은 주로 페시미스트들이 노동을

....

73. Johannes Volkelt, "Die Entwicklung des modernen Pessimismus," Im *neuen Reich* II (1872), 952-68을 참조. 타우베르트는 사회 문제에 대한 폴켈트의 매우 유사한 견해의 개요를 보여주는 이 논문의 p. 967을 인용하지만, 그로부터 폴켈트가 끌어내는 결론들에 이의를 제기한다.

74. G. P. Weygoldt, *Kritik des philosophischen Pessimismus der neuesten Zeit* (Leiden: Brill, 1875), pp. 101-4.

그렇듯 음울하게 묘사했기 때문이다. 노동은 내재적 가치를 지니며, 사람들은 그것이 즐거움이기 때문에 노동해야 한다. 그러나 페시미스트들이 노동을 회피해야 할 악으로서 그렸기 때문에, 그들은 노동자들이 자신들의 희생에 대한 더 높은 보상을 요구하도록 고무했다. 바이골트는 페시미즘의 위험이 그 노동 개념에서보다 더 명백히 드러나는 곳은 아무 데도 없다고 주장했다. 노동을 그러한 부정적 용어들로 기술함으로써 페시미스트들은 다만 그들이 그토록 깊이 두려워한 바로 그 악, 즉 혁명을 고무시켰을 뿐이다.

1884년에, 그러니까 1877년의 타우베르트의 죽음 이후 7년이 지난 후이자 초기의 소동이 충분히 잦아든 후에 올가 플뤼마허는 페시미스트의 관점에서 노동 개념에 대한 새로운 분석을 제공했다.[75] 그녀는 그 주제에 대한 폭넓고 성숙한 견해, 즉 비판자들이 쓴 모든 것을 고려하려고 시도하지만 또한 페시미스트 주장의 강점을 드러낼 수 있는 견해를 취했다. 플뤼마허는 노동에 대한 일반적 정의에서 시작했다. 초기의 자연적 형식에서 노동은 운동의 한 종류, 즉 목표가 운동 그 자체 내부가 아니라 그 너머에 놓여 있는 운동이다(210-11). 운동이 생리적 욕구를 표현하는 한에서, 그리고 그것이 한 사람의 욕구들에 대비하는 한에서, 그것은 즐거움의 중요한 원천일 수 있다. 그 정도까지 플뤼마허는 하르트만이 노동에 포함될 수 있을 즐거움의 정도를 "아마도" 과소평가하는 잘못을 범했다는 것을 인정했다(211). 하지만 낙관주의자들이 그랬듯이 노동의 단적인 활동이 내재적으로 즐겁다고 가정하는 것은 잘못이다. 노동은 종종 여러 가지 이유에서 즐겁지 않다. 그것은 한 사람의 욕구를 위해 필요한 것보다

75. Plümacher, *Der Pessimismus in Vergangenheit und Gegenwart*, pp. 210-16.

더 많은 운동을 포함한다. 그리고 노동은 한 가지 종류의 운동을 너무 많이 필요로 한다. 또는 그것은 운동의 다른 형식들을 억제한다(211). 너무나 종종 노동은 우리의 자연 본성의 단 하나의 측면만을 발전시키며, 다른 측면들을 좌절시키거나 위축시킨다. 비록 플뤼마허가 하르트만이 노동의 부정적 측면들을 과장했을 수도 있다는 것을 인정했음에도 불구하고, 그녀는 그가 결코 노동의 가치를 비하하려고 하지 않았음을 강조했다. [199]그는 좀 더 고차적인 사회적 목적을 실현하기 위한 수단으로서 노동의 중요성을 강조했다. 그리고 그러한 측면에서 그는 노동의 가치를 오로지 그것이 개인에게 주는 즐거움에 의해서만 측정하는 그의 비판자들보다 노동에 훨씬 더 커다란 가치를 부여했다(212). 그렇다면 바이골트와 같은 비판자들이 하르트만과 타우베르트를 노동의 가치를 비하했다고 비판했을 때 그들은 전적으로 불공정했다.

플뤼마허는 노동의 가치를 인정하는 것이 우리가 그것을 내재적으로 즐거운 활동으로 간주해야 한다는 것을 의미하지 않는다는 점을 열심히 설명하고자 했다(212, 214). 노동의 도덕적, 사회적, 문화적 가치와 개인을 위한 노동의 행복주의적인 가치는 전혀 다른 것이다. 확실히 사람들은 종종 자신들의 노동이 도덕적, 사회적, 문화적 가치를 지닌다는 것을 아는 데서 즐거움을 얻는다. 그러나 그것은 종종 그들의 괴로움과 수고에 대한 작은 보상이다. 그리고 많은 경우에 사회를 개선하고자 하는 데 들이는 모든 노고와 분투는 수포로 돌아가는데, 왜냐하면 상황이 한 사람의 계획을 실현하는 것을 불가능하게 만들기 때문이다(212). 폭넓은 역사적 관점을 취하는 철학자에게 있어 노동은 사회적 목적과 세계 진보를 진전시키는 데서 중요한 역할을 수행한다. 그러나 오직 구체적 상황들에서 특수한 목적들만을 보는 개인에게 있어 노동은 종종 너무 힘들고 즐겁지 않은 과업일 뿐이다(214).

플뢰마허는 노동이 때때로 매우 보람 있고 즐거울 수 있다는 것을 인정한다. 그러나 그렇기 위해서는 세 가지 조건이 충족되어야 한다고 그녀는 주장한다. (1) 한 사람의 직업 활동이 그 개인의 행동 욕망과 조화를 이룬다. (2) 활동이 또한 개인의 사적인 목적들을 촉진한다. 그리고 (3) 활동이 사회적으로 유용한 어떤 것으로서 좀 더 고차적인 의미를 지닌다(212). 그러나 이러한 조건들은 거의 충족되지 않는다. 노동자가 생존 수단들을 벌어야 하는 대부분의 경우에서 노동의 요구들은 운동에 대한 자연적 필요를 초과하며, 육체적·정신적 에너지의 커다란 소비를 필요로 한다. 사태의 슬픈 진리는 거의 대부분의 사람들에게 있어 노동이란 한 사람의 삶의 한 부분을 다른 부분을 얻기 위해 희생한다는 것을 의미한다는 것이다. 거의 대부분의 사람들의 노동에 대해서는 슬프게도 오랜 격언이 참이다. "당신 스스로 삶을 걸지 않으면, 당신은 결코 삶을 되찾지 못할 것이다."(213)[76] 거의 대부분의 사람들의 목표가 노동이 아니라 여가인 것, 즉 그들이 더 이상 노동할 필요가 없기 위해서만 노동하는 것은 바로 이러한 이유 때문이다(215).

[200]플뢰마허는 이러한 상황을 정치적이거나 경제적인 조직이 지니는 역사적 형식의 일시적 결과로서가 아니라 "문화적 삶의 비극적 모순"으로서 간주했다. 그녀는 노동자들의 조건에 동정을 지녔는데, 그들의 임금은 그들의 욕구를 거의 충족시킬 수 없었으며, 그들의 노동은 종종 그들의

---

76. 플뢰마허는 이것이 오랜 격언이라고 암시하는데, 원래의 독일어로는 다음과 같다. "*Und setzt ihr das Leben nicht selber ein, nicht wird euch das Leben gewonnen sein.*"

심신을 지치게 만들고 또 그들에게 무의미했다(213). 그러나 그녀는 그에 대한 어떠한 사회적이거나 정치적인 해결책도 볼 수 없었으며, 사회 민주주의를 구제책으로서 승인하지 않는 것으로 보였다(213). 주목할 만한 한 구절에서 그녀는 사회 문제가 사회적, 경제적, 정치적 조직의 결과라는 것을 인정하는 것으로 보인다. 그녀는 "우리의 문화적 상황에서" 가난한 자는 그들의 보상을 위해 너무 많이 노동한다고 쓰고 있다. 그러나 그 경우 이것은 기후와 지리의 결과인 것으로 판명된다. 테네시에서의 경험을 염두에 두면서 그녀는 미국 남부의 많은 지역들에서는 사람들이 그리 많은 수고나 노동을 들이지 않고서 토지로부터 생계를 꾸려나갈 수 있다고 쓰고 있다.

노동은 인간 상황에서 우연적이거나 자의적인 어떤 것이 아니라 필연적이고 자연적인 어떤 것이다. 그것은 호흡이 유기체의 계획에 놓여 있는 만큼이나 세계의 계획에 놓여 있다. 이 계획은 우리에게 부과된 어떤 것이 아니라 우리의 내적인 자연 본성들 내부에 깊숙이 놓여 있다(214). 이러한 측면에서 낙관주의자들이 "노동의 축복"에 대해 이야기하는 것은 옳다. 따라서 하르트만은 노동을 우리가 피하길 원하는 어떤 것으로서 오직 부정적인 용어들로만 바라본다는 점에서 일면적이라고 플뤼마허는 시사했다(214). 그럼에도 불구하고, 즉 노동이 하나의 측면에서는 우리의 내적인 자아와 우리의 자연적 욕구를 충족시킴에도 불구하고, 또 다른 측면에서 그것은 자기 부정과 심지어 자기 파괴마저도 요구한다(214). 노동이 축복이라는 사실은 페시미즘에 반대하는 것이 아니라 찬성하는 것이라고 플뤼마허는 주장했는데, 왜냐하면 그 축복은 다름 아닌 바로 "한 사람의 자아와 현존재의 망각", "에너지의 기계적 지출에 의한 자기 소외"를 요구하기 때문이라는 것이다(215).

8. 미적 구원

하르트만의 페시미즘에 대한 논박 과정에서 위르겐 보나 마이어와 루돌프 하임은 둘 다 으레 하르트만이 자신의 방정식에서 제거한 삶에서의 많은 즐거움들을 언급했다. 거의 지나치는 김에 그들은 둘 다 우리가 자연으로부터 끌어내는 즐거움(*Naturgenuss*)을 인용했고 인간의 복지를 위한 그것의 중요성을 강조했다.[77] [201]특히 낭만주의 시대 이래로 그것에 부여되어 온 중요성을 고려하면, 하르트만이 이 즐거움을 결코 고찰하지 않은 것은 심각한 누락으로 보였다. 실러와 괴테, 헤르더와 낭만주의자들에게 있어 자연과의 접촉은 인간을 재생시키고 영감을 불어넣는다. 자연에 의지함으로써 우리는 문화의 산물인 삶의 고된 일과 절망에서 벗어난다. 문화가 우리를 나누는 데 반해, 자연은 우리를 회복하며 우리를 다시 전체로 만든다. 그러나 사정이 그렇다면, 삶에 반대하는 페시미스트의 주장은 중요한 단서를 필요로 한다.

비록 지나치는 김에 이루어지긴 했지만, 이러한 이의제기는 눈에 띄지 않고 넘어가지지 않았다. 그것은 타우베르트에 의해 완전히 인식되었으며, 그녀는 『페시미즘과 그 적대자들』에서 그것에 한 장을 바쳤다.[78] 타우

· ·

77. Meyer, "Weltelend und Weltschmerz," p. 20; Haym, "Die Hartmann'sche Philosophie des Unbewussten," p. 275. 동일한 요점이 요한네스 폴켈트에 의해 그의 『무의식과 페시미즘*Das Unbewusste und der Pessimismus*』, pp. 294-98에서 훨씬 더 상세하게 다루어졌다. 타우베르트의 저작과 같은 해에 출판되었음에도 불구하고 타우베르트는 그것을 언급하지 않는다.

78. Taubert, *Der Pessimismus und seine Gegner*, VI, "Der Naturgenuss," pp. 55-62.

베르트는 하르트만이 삶의 즐거움들을 계산하는 데서 우리가 자연으로부터 끌어내는 것들을 고려하지 못했다는 것은 참이라고 인정했다. 그러나 그 경우 그는 또한 자연에 의해 야기된 고통, 즉 화산, 지진, 허리케인, 홍수 등등도 언급하지 않는다고 그녀는 덧붙였다. 그리고 사실 그러한 고통은 종종 매우 크다. 일본에서는 수백만의 사람들이 지진으로 생명을 잃었다. 벵골에서는 해마다 만 명의 사람들이 호랑이의 공격을 받아 죽는다. 그리고 대서양을 건너 항해하다가 수천 척의 배가 침몰되었다. 따라서 이러한 사실들이 증명하듯이 자연은 단지 우리를 치유하기만 하는 것이 아니다. 자연은 우리를 파괴하기도 한다. 그렇다면 만약 하르트만에 대한 어떤 이의제기가 이루어질 수 있다면, 그것은 그가 자신의 페시미즘을 위한 그토록 중대한 논증을 고려하지 못했다고 하는 것이다(56).

타우베르트는 계속해서 만약 우리가 자연을 아름다운 것으로 발견한다면, 그것은 다만 우리가 우리의 감정과 목적을 그 안에 넣어 읽기 때문일 뿐이라고 말했다(58, 61). 자연의 평화와 고요함 그리고 조화는 실제로는 다만 우리가 우리 자신을 진정시키고 사로잡기 위해 창조하는 환상일 뿐이다. "웃음 짓는 초원"은 "도시의 고뇌"만큼 많은 고통을 숨기고 있으며, "밤의 평화"는 포식자가 먹이에 접근할 수 있는 기회다. 멀리서 보이는 숲의 경관은 아름답고 행복감을 줄 수 있다. 그러나 거기에 사는 생물들이 도시의 사람들보다 더 행복하다고 생각하는 것은 환상이다. 숲에는 도시에서와 마찬가지로 공포와 욕구 그리고 투쟁이 존재한다.

[202]타우베르트는 자연에서의 즐거움을 허구로 간주했는데, 왜냐하면 그녀가 보기에 그것은 자연적 감정이라기보다는 문화적 구성물이기 때문이다(56-57). 자연에서의 즐거움은 매우 근대적인 현상, 즉 낭만주의 세대와 근대 문화에 대한 루소의 반란의 산물이라고 그녀는 지적했다. 우리가

자연으로부터 즐거움을 끌어내는 것은 오직 우리가 그것에로 되돌아가길 원할 때뿐이다. 그리고 우리가 자연에로 되돌아가길 원하는 것은 오직 우리가 우선 그것으로부터 소외된 다음일 뿐이다. 그러한 소외는 인간을 예술과 기술, 관습과 법의 껍데기 안에 가둔 근대의 도시적 삶의 산물이었다. 고대 그리스인들은 자연에 대한 동경을 느끼지 않았는데, 왜냐하면 그들은 이미 자연의 부분이었기 때문이다. 그리고 중세인들은 자연과 하나가 되기를 원하지 않았는데, 왜냐하면 그들은 자신들의 안식처를 하늘나라에서 보았기 때문이다. 사람들이 자연을 갈망하기 시작한 것은 오직 근대의 도시적 삶의 상처가 가해진 다음일 뿐이었다. 이것은 다만 자연에서의 즐거움이 실제로는 가치에서 소극적이라는 것을 보여줄 뿐이라고 타우베르트는 믿었다. 우리는 그것을 갖고 있지 않을 때만 그것의 가치를 평가하는 것이다(57). 따라서 자연은 그것에 가까이 살고 있는 사람들에게조차 즐거움의 끊임없는 원천으로서 간주될 수 없다.

그러나 비록 우리가 자연이 근대에 즐거움의 원천이라는 것을 인정한다 할지라도, 여전히 삶의 일반적 가치를 계산하는 데서 그것에 많은 중요성이 부여되어서는 안 된다고 타우베르트는 덧붙였다. 왜 그러한가? 문제는 이 즐거움이 근대에 점점 더 드물어지고 대부분의 사람들에게 접근 불가능한 것이 되고 있다는 점이다. 자연은 근대 산업과 기술에 의해 오염되고 인간의 거주에 의해 훼손되고 망쳐져 온 까닭에, 지구상에는 사람들에게 평안함과 아름다움을 제공하는 장소가 거의 남아 있지 않다(59). 만약 훼손되지 않은 자연을 발견하기를 원한다면, 우리는 그것을 보기 위해 멀리 여행해야 한다. 그리고 더 멀리 여행해야 할수록 우리는 그곳에 도착하기 전에 더 많은 스트레스를 견뎌야 한다. 우리는 자연을 즐기기 위해 이국적인 장소들로 여행하는 것이 과연 그 모든 괴로움을 견딜 만한 가치가 있는지 스스로 물어보아야 한다. 대부분의 경우에는 단적으로 집에 머무는 것이 좀 더 편안할 것이다(60). 만약 때때로 나타나는 경관을 즐기기 위해 우리가 형편없는 음식, 거친 길 그리고 더러운 호텔을 견뎌야 한다면, 알프스의 즐거움이란 무엇인가? 독자들이 볼 수 있듯이, 집에 머무는 휴가에 찬성하는 이 모든 논증들은 이미 19세기에 자리 잡고 있었다.

지금까지 하임과 마이어에 반대하는 타우베르트의 주장의 요지는 삶의 가치를 재는 저울에서 자연에서의 즐거움에 많은 무게가 주어져서는 안 된다는 것을 보여주는 것이다. 우리가 자연에서 즐거움을 얻는다는 것은 반박해서는 안 되는 사실이다. 그러나 그 즐거움은 자연적이거나 [203]보편적이지 않다. 그것은 적극적이거나 변함없는 것이 아니다. 그리고 그것은 접근하기 쉽거나 흔한 것이 아니다. 그러나 이러한 요점들 외에도 타우베르트는 자연에서의 즐거움이 페시미즘에 반대하는 증거로서 헤아려져서는 안 된다는 것을 보여주는 또 다른 종류의 비장의 논증을 가지고 있었다. 페시미스트는 낙관주의자보다 왜 우리가 우선 자연에서 즐거움을 얻는지를 설명할 수 있는 더 나은 입장에 있다고 그녀는 주장했다. 그 즐거움은 우주와 하나가 되고자 하는 우리의 갈망, 즉 우리의 개별성을 놓아버리고 "무의 피난처에서" 평화롭게 안식하고자 하는 우리의 추구에서 그 원천을 지닌다(57). 낙관주의자가 우리에게 확언하듯이 만약 삶이 참으로 아름답고 바람직하다면, 우리는 결코 이러한 갈망을 느끼지 않을 것이며, 우리의 개별성을 놓아버리고자 하지 않을 것이다. 그리고 그렇다면 우리는 또한 자연으로부터 분리되었다고 느끼지 않을 것이며, 자연에게로 되돌아가기를 원하지 않을 것이다(58). 자연에로 되돌아가고자 하는 갈망과 추구는 우리가 우리 자신의 개별성의 수고와 괴로움에 사로잡혀 있는 우리의 보통의 실존이 지닌 슬픔과 고통에 대한 증거로서 서 있다. 따라서 우리가 자연에서 얻는 즐거움은 적절히 검토하여 설명된다면 페시미즘을 위한 가장 강력한 증거들 가운데 하나임이 판명된다.

하지만 자연에서의 즐거움에 관한 논란은 다만 타우베르트와 그녀의 비판자들을 나누는 훨씬 더 큰 쟁점의 전조였을 뿐이다. 하르트만이 자연에서의 즐거움을 무시하는 것에 대한 하임의 불평은 훨씬 더 폭넓고 깊은 비판에 그 원천을 지녔다. 그는 하르트만이 "미적인 요소에 대해 완고하게 자신의 눈을 감았으며"(273), 전력을 기울여 "미적인 것을 최소한 것으로 축소시켰다"(275)고 주장했다. 하임에게 있어 이것은 하르트만의 페시미즘의 주요한 약점이었는데, 왜냐하면 삶의 미적 차원은 삶이 슬픔과 고통의 무대가 아니라는 증거이기 때문이다. 아름다움은 즐거움의 원천이자 징후이며, 따라서 아름다움의 편재는 삶의 행복의 증거다. 하임은 다음과 같이 썼다. "세계에서 아름다움의 존재와 그에 대한 감각은 존재하는 모든 즐거움의 보증이며, 즐거움의 부인할 수 없는 본래적 현상이다. …… 예술의 향유는 참으로 지구의 정맥을 관통해 세차게 흐르는 행복의 너무도 매력적인 증거다."(274)

도전을 결코 피하지 않는 자인 타우베르트는 『페시미즘과 그 적대자들』의 바로 다음 장에서 하임의 비판을 다뤘다.[79] [204]그녀는 하임이 단적으로 미적 즐거움과 행복을 혼동했다고 비난했다. 아름다움을 향유하는 것과 그러한 향유를 행복, 즉 삶에서의 만족과 등치시키는 것은 전혀 다른 것이다. 비록 우리가 모든 곳에서 아름다움을 본다 할지라도, 그로부

‥
79. Taubert, *Der Pessimismus und seine Gegner*, "VII: Die Glückseligkeit als ästhetische Weltanschauung," pp. 63-84.

터 세계가 행복한 장소라는 것이 따라 나오는 것은 아니다. 결국 아름다움은 사물들 자체보다는 오히려 지각하는 자의 정신 속에 놓여 있다. 아름다움을 세계의 행복과 뒤죽박죽 섞는 것은 예술의 최고 형식, 즉 인류의 행복이 아니라 고통을 묘사하는 비극에서 특히 명백해진다고 타우베르트는 주장했다(64). 예술의 목적은 우리를 그토록 많은 슬픔과 고통이 존재하는 평범한 삶의 영역을 넘어서서 우리가 형식들을 그 자체를 위해 향유할 수 있는 좀 더 고차적인 영역으로 데려가는 것이다(65). 예술 그것은 인간들에게 삶의 불행에 대한 무언가 위로를 주고 미적 환상의 마법을 통해 그들로 하여금 삶과 화해하도록 한다(66-67).

예술의 힘에 관한 그러한 견해는 두드러지게 니체적인 것으로 들린다. 니체의 『비극의 탄생』이 겨우 한 해 먼저 출간된 것이 아마도 단 하나의 일치였겠지만 말이다.[80] 니체와 달리 타우베르트는 예술이 구원의 길, 즉 삶의 모든 슬픔과 고통에 대한 구제를 제공할 수 있을 거라고 생각하지 않았다. 그녀는 "세계의 미적 구원, 즉 아름다움을 통한 고통의 극복"의 가능성을 의심했다(77). 그녀가 보기에 그러한 프로그램이 지니는 문제는 삶의 미적 차원이 보통 사람의 삶과 너무 동떨어져 소수의 엘리트, 즉 예술가와 고도로 교육받은 자들만이 접근할 수 있다는 점이다. 거의 대부분의 사람들은 너무 가난하고 무지해서 아름다움의 진가를 알아볼 수 없으며, 그래서 그들의 수고와 어려움에 대한 이 해독제는 손이 미치지 않는 곳에 놓여 있다. 하임으로서는 예술의 힘에 대해 그토록 회의적이지

••
80. Friedrich Nietzsche, *Die Geburt der Tragödie aus dem Geiste der Musik* (Leipzig: Ernst Wilhelm Fritzsch, 1872). 타우베르트는 그녀의 책에서 니체를 결코 언급하지 않는다.

않았다. 비록 아름다움이 오직 소수에 의해서만 완전히 이해될 수 있다는 것을 인정했음에도 불구하고, 그는 여전히 아름다움이 삶에 편재하며 모든 이가 최소한 어느 정도까지는 그것에서 즐거움을 얻을 수 있다고 주장했다(274). 그러나 타우베르트는 하임이 너무 순진하고 관념론적이며, 대중의 빈곤과 나약함을 거의 파악하지 못한다고 믿었다. 그는 대부분의 사람들이 얼마나 가난하고, 예술의 즐거움을 위한 시간과 열정과 돈을 얼마나 적게 가지고 있는지를 과소평가했다(77). [205]그는 사람들이 빵을 살 여유가 없을 때 케이크를 먹을 것을 권고한 앙투아네트 왕비와 같았다 (76).

타우베르트와 하임 사이의 논쟁은 다음과 같은 물음을 제기했다. 왜 미적 교육을 행하지 않는가? 왜 사람들이 예술의 진가를 알아보도록 그들을 교육하지 않는가? 그 경우에 삶의 가치에 관한 페시미스트의 계산은 그의 방정식에 훨씬 더 많은 즐거움을 집어넣어 다시 정식화되어야 할 것이다. 미적 교육은 사실 하임의 다음과 같은 테제 배후의 이념이었다. "행복은 참으로는 윤리적-미적 과제다."(276) 하임의 요점은 아름다움이 인간의 삶에 주어지는 어떤 것이 아니라 우리의 삶을 예술 작품으로 만듦으로써 우리가 창조하는 어떤 것이라는 것이다. 그러한 미적 교육을 통해 우리는 우리의 삶에 그렇게 하지 않은 경우에 그것이 가졌을 것보다 훨씬 더 커다란 가치를 부여한다. 하르트만은 아름다움과 행복이 마치 운명에 의해 우리에게 건네져야 하는 것이라는 듯이 그것들을 주어지는 것으로서 다루었으며, 모든 사람이 자기 자신의 행복의 대장장이라는 오랜 격언 배후의 단순한 요점을 이해하지 못했다.

그렇지만 미적 교육은 타우베르트가 그에 대해 많은 인내심을 보인 이상이 아니었다. 그녀는 의도적으로 그에 관한 하임의 발언을 곡해하여 그것을 행복주의적 윤리학을 위한 제안으로서 해석했다.[81] 하임은 그러한 의도를 지니지 않았으며, 덕에 보상을 부여하려고 하는 그의 시도에 관한 그녀의 모든 비판은 요점을 벗어나 있었다. 우리는 대중에 대한 타우베르트의 명백해 보이는 동정에 의해 마치 그녀가 대중의 빈곤과 교육의 결여를 개탄한 것처럼 오도되어서는 안 된다. 사태의 진리는 타우베르트가 사람들을 동정한 것이 아니라 두려워했다고 하는 것이다. 그녀는 사람들이 실제로는 예술과 이상적인 것의 영역에 관심이 없으며, 먹고 마시는 것과 물질적인 복지에 만족해한다고 진술했다(77). 가장 나쁜 것으로 그들의 야망은 엘리트와 특권 계급의 재산을 빼앗는 것이었다. 사회주의 선동자들에 의해 자극받은 그들의 목표는 완전한 사회적·정치적 평등, 즉 예술을 위한 자리가 전혀 존재하지 않을 세계였다(77).

타우베르트와 하임의 논쟁 이후 거의 10년이 지난 후 올가 플뤼마허는 『과거와 현재의 페시미즘』에서 미적 문제를 다시 논의했다.[82] 삶의 미적 차원을 무시했다고 하는 하르트만에 대한 비난은 [206]완화되지 않았으며, 낙관주의자들은 계속해서 그것을 고려하는 것이 행복주의적인 저울을 자기들 쪽으로 기울게 할 것이라고 주장했다. 예술과 자연에서의 즐거움은——그렇게 논증은 진행되었다——삶을 괴롭기보다는 좀 더 즐거운 것으로 만들었으며, 따라서 결국 살 만한 가치가 있게 만들었다. 하지만 플뤼마허는 이 논증에 여전히 회의적이었다. 그녀는 페시미즘이 미적 응시를 배제하지 않으며, 그로부터 비롯되는 즐거움을 고려할 수 있다고

· ·
81. Taubert, *Der Pessimismus und seine Gegner*, VIII, "Die Glückseligkeit als Tugend," pp. 79-84를 참조.
82. Plümacher, *Der Pessimismus in Vergangenheit und Gegenwart*, Zweite Ausgabe, VI Cap., pp. 233-37.

주장했다(227). 그러나 미적 즐거움이 실제로 세계에서 슬거움 대 괴로움의 일반적 양을 재는 데서 그토록 중요한가 하는 물음이 남는다. 플뤼마허는 미적 영역이 정말로 매우 넓으며 온갖 종류의 대상들과 경험들에 미친다는 것을 인정했다. 그러나 문제는 아름다움의 즐거움이 대부분의 사람들에게 있어 매우 약하고 허술하며 드물다고 하는 것이다(231). 아름다움의 허술함과 약함을 이해하기 위해 우리는 그저 치통을 앓으면서 콘서트에 가고, 위통을 지닌 채 미술관을 방문하거나 뱃멀미를 하면서 일몰을 바라보기만 해도 충분했다(231-32). 그래서 미적 영역이 넓다 하더라도 그것을 향유하기 위한 조건들은 좁다(231). 그러한 즐거움은 무관심한 응시를 필요로 하는데, 그것은 희귀한 마음의 상태, 삶에서 획득하고 유지하기가 어려운 마음의 상태다(232). 미적 태도는 마음의 고요함과 평화를 요구하는데, 그것은 삶의 평상시의 일들에 불가피하게 포함되어 있는 갈망과 두려움, 근심과 걱정과 같은 정념들에 의해 쉽사리 망쳐진다. 전적으로 미적인 실존을 가질 것을 고집하는 자는 그 누구라도 삶의 보통의 감정들을 포기하고 "영혼의 삶이 지닌 풍부함의 3분의 2를" 단념해야 할 것이다(232). 그래서 니체와는 달리, 그러나 타우베르트와는 마찬가지로 플뤼마허는 삶이 미적인 현상으로서 살 만한 가치가 있게 될 수 있을 것으로 생각하지 않았다.[83] 예술은 기껏해야 삶의 고통으로부터의 희미하고 덧없는 도피였을 뿐인바, 지속적인 구원에 대한 어떠한 희망도 그에

<hr />

[83] 플뤼마허는 『과거와 현재의 페시미즘』의 p. 176에서 니체를 간단히 언급하긴 하지만, 그에게 대응하지는 않는다. 그녀가 그를 읽은 것은 확실하다. 하르트만의 적들에 대한 연구인 초기 논문에서 그녀는 『반시대적 고찰*Unzeitgemässe Betrachtungen*』에서의 니체의 하르트만 비판을 고려했다. "Die Philosophie des Unbewussten und ihre Gegner", 321-45, 특히 329를 참조.

기초할 수 없을 것이다.

9. 사랑

[207]삶의 가치가 그 밖의 어떤 것보다도 사랑에 달려 있다는 것은 그리
스도교와 낭만주의에게 소중한 오랜 진리였다. 삶이 가치가 있는 것으로
여겨지는 것은 오직 우리가 타인을 사랑하고 그들에게 사랑받을 때뿐이었
다. 노발리스는 그리스도교와 낭만주의의 이러한 핵심 믿음을 요약하는
가운데 언젠가 다음과 같이 썼다. "마음은 세계와 삶의 열쇠다. 우리는
타인을 사랑하고 그에게 헌신하는 이러한 어찌할 수 없는 조건에서 살아
간다. …… 따라서 이러한 관점에서 파악된 그리스도는 확실히 세계의
열쇠다."[84] 삶을 살 만한 가치가 있게 만드는 것은 그리스도교인들과 낭만
주의자들에게 있어 마찬가지로 사랑이었다. 세계에 아무리 많은 악과 고
통이 존재한다 할지라도, 사랑은 그 모두를 정복하고 모든 것을 구원했다.

따라서 페시미스트가 삶의 가치에 반대하는 자기의 주장이 지니는 정
당함을 입증할 수 있으려면 사랑이라는 주제와 씨름하지 않을 수 없었다.
사랑이 실제로 그토록 가치 있고 구원의 힘을 지니는 것인지의 여부는

••

84. "Teplitzer Fragmente," no. 62, in *Novalis: Werke, Tagebücher und Briefe Friedrich
von Hardenbergs*, ed. Hans-Joachim Mahl and Richard Samuel (Munich: Hanser
Verlag, 1978), II, 396.

분명히 그에 대한 우리의 개념에 달려 있다. 사랑이란 결국 무엇인가?

쇼펜하우어는『의지와 표상으로서의 세계』제2권에서의 성적 사랑의 형이상학에 대한 유명한 에세이에서 이 물음에 대해 자신의 입장을 취했다.[85] 거기서 그는 사랑이 성적 욕망에 뿌리를 두고 있으며, 그것의 주요 목적은 생식, 즉 종의 증식이라고 논의했다. 그것이 본능에, 즉 우리가 통제하지 못하는 자연의 충동에 토대하기 때문에, 사랑은 아무런 도덕적 가치도 지니지 않는다. 사랑은 환상들로 채워져 있다고 쇼펜하우어는 주장했다. 사랑하는 자는 스스로의 자기 이익을 추구하고 있다고 믿고 있지만, 실제로는 그를 통해 작용하는 성적 본능에 사로잡혀 있다. 사랑하는 자는 사랑받는 자의 아름다움이 실제로는 그를 사로잡기 위한 미끼일 뿐인데도 불구하고 그 아름다움에 매혹된다. 우리는 사랑이 상호성의 문제, 즉 주고받는 문제라고 생각한다. 그러나 사랑하는 자는 실제로는 사랑받는 자의 관심을 돌보지 않고 오직 자기의 욕망을 충족하는 것에만 마음 쓴다. 사랑하는 자는 자기가 사랑받는 자의 팔에 안겨 영원히 행복할 거라고 생각하지만, 그의 열정은 성적 만족 후 빠르게 시들며 [208]곧바로 환멸이 퍼진다. 이 모든 환상은 우리가 자기의식적이지 않다는 사실, 즉 우리가 우리를 통해 작용하고 우리를 종의 보존을 위한 수단으로서 사용하는 자연의 의지를 알지 못한다는 사실에서 발생한다. 이러한 환상들을 폭로하기로 작정하고 있었기 때문에 쇼펜하우어는 사랑에 대한 자기 자신의 태도를 "조야한 실재론"이라고 불렀지만 그 조야함은 또한 정직함이기도 했던바, 그는 이 정직성이 사랑을 둘러싼 그 모든 관념론적이고 도덕적인 영감보다 훨씬 더 좋다고 믿었다. 사랑을 이러한 폭넓은 형이상학적

• •
85. Schopenhauer, "Metaphysik der Geschlechtsliebe," WWV II, 678-727.

관점에서 볼 때 우리는 사랑이 삶을 구원하는 것이 아니라 단순히 그것을 영속시켜 욕망과 고통의 순환을 계속해서 운동하게 할 뿐이라는 것을 파악할 수 있다고 쇼펜하우어는 결론지었다. 사랑은 성적 오르가즘에서 황홀경의 짧은 순간을 가져다준다. 그러나 그것은 사랑의 그 모든 절망과 환멸을 거의 보상하지 못한다. 사랑의 원인과 그것이 가져오는 그 모든 슬픔을 보는 지혜로운 사람은 성적 욕망의 자기 포기와 근절을 추구할 것이다.

『무의식의 철학』에서 하르트만은 명시적이고도 단호하게 쇼펜하우어의 성적 사랑의 형이상학을 지지했다.[86] 그 형이상학은 그것이 쇼펜하우어의 페시미즘에 중요했던 만큼이나 그의 페시미즘에도 중요했다. 하르트만은 다만 그의 해설의 꾸밈없음과 명확성 및 자신의 이론에 다윈주의적 요소를 도입하는 데서만 쇼펜하우어와 다르다. 하르트만은 사랑이 표면적으로는 완전히 불합리하게 보인다고 썼다. 사람들이 추구하는 그것은 무엇인가? 왜 그들은 이 모든 괴로움을 무릅쓰는가? 왜 그들은 자신들의 욕망에 그토록 사로잡히는가? 그에 관해 더 많이 생각하면 할수록 우리는 더욱더 술 취한 사람들의 파티에서 술 취하지 않은 사람처럼 느낀다. 하지만 사랑의 모든 신비는 우리가 그에 관한 엄연하고도 정직한 진리, 즉 사랑의 목표가 단지 어떠한 개인이든 그와의 성적 만족이 아니라 바로 이 특수한 개인과의 성적 만족이라는 것을 인정하자마자 사라진다(190). 성적 욕망이 수그러들 때마다 사랑 그 자체가 그렇게 된다(189). 사랑은

..
86. Hartmann, Kap. B. II: "Das Unbewusste in der geschlechtlichen Liebe," *Philosophie des Unbewussten* (1870), pp. 181-98; 그리고 "Hunger und Liebe," 3 in Kap. C. XII, "Die Unvernunft des Wollens und das Elend des Daseins," pp. 586-99.

종을 위해 최선의 가능한 자식을 낳기 위해 또 다른 특수한 개인과 짝이 되고자 하는 본능이다. 우리가 의식적인 선택을 하고 있다고 생각한다 할지라도, 또 다른 상대방의 선택은 실제로는 우리를 통해 작용하는 자연 선택, 즉 최선의 자손을 만들어내기에 가장 적합한 짝을 발견하고자 노력하는 자연 선택이다(192, 193). 사랑이 [209]우리에게 그토록 신비해 보이는 이유는 다만 우리가 그것의 목표를 의식하지 못하기 때문일 뿐이다. 우리는 우리가 다름 아닌 사랑받는 자와 함께 있는 것만을 욕망할 뿐이기 때문에 우리 자신의 자기 이익을 추구하고 있다고 생각한다. 그러나 우리는 또한 우리가 사랑받는 자를 위해 우리 자신의 그토록 많은 것을 희생해야 할 때, 그리고 우리 욕망의 충족 후에 그토록 자주 실망하고 환멸에 빠지게 될 때, 그것이 오직 우리의 자기 이익일 수 없다는 것을 안다. 하지만 우리가 우리에게 놓여 있는 자연의 목적을 알아차리게 될 때 사랑의 신비는 사라진다. 그렇지만 우리의 더 나은 앎에도 불구하고, 우리는 여전히 우리 자신이 비록 점점 감소하는 열광을 가지고서이긴 하지만 거듭해서 발생하는 욕망에 의해 또다시 추동되는 것을 발견하게 된다.

하르트만의 페시미즘을 위한 이러한 사랑 이론의 중요성은 명확하지 않을 수 없다. 만약 사랑이 오로지 성적 욕망일 뿐이라면, 그리고 만약 이 욕망의 충족이 순간적이어서 오르가즘의 강렬하지만 짧은 즐거움일 뿐이라면, 사랑은 삶의 쾌락 계산에서 그리 많은 무게가 나가지 않는다 (598). 사랑의 순간적인 즐거움에 맞서 우리는 그것의 많은 괴로움과 불리한 점들을 저울질해야 한다. 우리가 우리의 욕망을 충족하기 전에 견디는 그 모든 스트레스와 불만이 존재한다. 그리고 우리가 우리의 욕망을 충족한 후에 그 모든 환멸과 실망이 존재한다. 환멸의 비애는 우리 환상의 그 모든 행복보다 훨씬 더 오래 지속된다(592). 여성에게 있어 출산의 격렬한 괴로움은 섹스의 일시적인 즐거움을 훨씬 능가한다(590). 비록 연애가 때때로 결혼으로 이어진다 할지라도, 결혼은 거의 다 행복하지 않으며, 행복한 결혼은 사랑 때문이 아니라 파트너들 사이의 우정 때문에 그렇다(593).[87] 이 모든 근거들에서 이성은 우리에게 사랑을 전적으로 삼갈 것을 충고한다. 그러나 그 경우 억압된 욕망의 고통은 자제를 탐닉보다 훨씬 더 커다란 악으로 만든다(599). 그렇다면 궁극적으로 이성은 훨씬 더 철저한 해결책인 충동의 근절, 즉 거세를 충고해야만 한다. 그것이야말로 행복주의적인 입장에서 나오는 유일하게 가능한 결론이라고 하르트만은 인정한다(599). 만약 그에 반대하여 말해질 수 있는 어떤 것이 존재한다면, 그것은 개인의 자기 이익을 넘어선 무언가 도덕적 입장에서 나오는 것일 수밖에 없다.

[210]이러한 사랑 이론에 대한 반응이 신속하고 강력하며 혹독했다는 것은 전혀 놀랄 일이 아니다. 페시미즘의 어떤 다른 측면도 그 비판자들 사이에서 그러한 분노와 적의를 만들어내지 못했다. 유신론적 비판자들에게 있어 쇼펜하우어와 하르트만의 사랑 이론은 그들의 가장 심오한 확신 및 궁극적 가치와 충돌했다. 하르트만의 최초의 유신론적 비판자들 가운데 몇몇은 너무도 충격을 받고 그들의 도덕감에 너무도 상처를 받아 하르트만을 난교와 자유연애 그리고 매춘을 옹호하고 있다고 비난했다. 사랑을 성적 욕망으로 환원함으로써 하르트만은 성적 욕망을 도덕적 제한들에

- -
87. 하르트만이 사랑과 우정을 구별하는 것은 주목할 만하다. 그는 그것들이 "하늘과 땅만큼 다른 것들himmelweit verschiedene Dinge"이라고 말한다. *Philosophie des Unbewussten*, p. 187. 하지만 플뤼마허는 하르트만이 "사랑의 우정Liebesfreundschaft"을 결혼의 중요한 요소로 삼았다고 주장한다. 그러나 하르트만은 최소한 『무의식의 철학』 제2판에서 이 개념을 명사 모순으로 간주했을 것이다.

구애받지 않고 그 자체를 위해 추구하는 것을 옹호하는 것으로 보았다. 그리하여 초기의 유신론적 비판자인 구스타프 크나우어는 사랑에 관한 하르트만의 견해가 "매춘의 역병을 일으키는 분위기"에 둘러싸여 있으며, "늙은 독신남의 이기주의로 가득 차" 있다고 말했다.[88] 또 다른 초기 유신론적 비판자인 루트비히 바이스는 사랑에 대한 하르트만의 취급이 "미각을 간질이고 감관들을 각성시키는 양념을 쳤으며", 바로 이러한 이유 때문에 그의 철학은 극장을 위한 오펜바흐 작품들의 그 모든 성공을 거둘 수밖에 없을 거라고 썼다.[89] 크나우어와 바이스는 둘 다 하르트만의 저작이 그렇게 잘 팔린 것은 다만 그것이 특히 젊은 여성들 사이에서 포르노적인 관심을 불러일으켰기 때문일 뿐이라고 암시했다.

타우베르트는 신속하게 이러한 초기 비판자들을 비난했다.[90] 그들은 여학교의 교장 선생님처럼 훈계하고 있으며, 하르트만이 도덕적 거리낌의 눈가리개 없이 사랑에 관한 진리에 도달하고자 하고 있다는 사실을 거의 알아보지 못했다. 무엇보다도 우선 철학자들은 사람들이 도덕적 근거들에서 받아들이기가 어렵다 할지라도 진리를 말할 의무를 지닌다(37-38). 타우베르트는 외설적인 동기에서 하르트만의 저술들에 끌린 사람들이

• •

88. Gustav Knauer, *Das Facit aus E. v. Hartmann's Philosophie des Unbewussten* (Berlin: L. Heimann, 1873), pp. 48-49.

89. Ludwig Weis, *Anti-Materialismus oder Kritik aller Philosophie des Unbewußten* (Berlin: F. Henschel, 1873), p. 129. 이 저작은 그의 *Anti-Materialismus* (Berlin: F. Henschel, 1871-72)의 제3권이다. 오펜바흐와 관련하여 바이스는 아마도 유명한 캉캉 댄스를 포함하는 오펜바흐의 「지옥의 오르페우스*Orphée aux enfers*」의 II막 2장의 지옥의 갤럽*Galop infernal*에 의해 만들어진 스캔들을 언급하고 있었을 것이다.

90. Taubert, *Der Pessimismus und seine Gegner*, Kap. IV, "Die Liebe," pp. 37-50. 또한 바이스의 『반-유물론』에 대한 그녀의 긴 논평, 즉 그녀의 책에 대한 부록으로서 pp. 147-64에 실려 있는 논평도 참조.

있을 수 있다는 것을 반박하지 않았다. 그러나 그 점이 저술들 자체와 더더군다나 저자를 불신하게 만드는 것은 거의 아니다(39). 하르트만이 [211]자유연애와 매춘을 권장하기는커녕 묵과하고 있지 않다는 사실은 본능을 따르는 것이 결혼으로 이어지며 자유연애와 매춘은 본능의 타락이라고 설명한 『무의식의 철학』 제3판의 몇몇 구절들로부터 명확하다고 타우베르트는 지적했다.[91] 타우베르트의 논증에 따르면 하르트만의 사랑 이론에 대한 그 모든 도덕적 분노는 전적으로 요점을 벗어나 있는데, 왜냐하면 사랑의 윤리적 의미를 다루는 것은 결코 그의 의도가 아니었기 때문이다(42). 하르트만의 목적은 오직 행복에 이바지하는 사랑의 가치만을 규정하는 것인바, 다시 말하면 그는 과연 사랑의 불행이 그 기쁨보다 더 큰가 하는 것과 그렇다면 어떻게 그러한지를 보기 원하는 것이다. 이렇게 하르트만을 옹호한 타우베르트는 계속해서 사랑에 대한 그녀 자신의 견해를 제시하는데, 그것은 행복에 이바지하는 사랑의 가치에 관해 하르트만의 것보다 좀 더 긍정적이다. 사랑이 행복보다는 오히려 고통을 만들어낸다는 하르트만의 주된 발견을 반박하지는 않았지만, 그녀는 고독을 극복하는 데서 사랑의 중요성을 강조함으로써 행복주의적인 저울에서 사랑에 하르트만보다 좀 더 많은 무게를 부여했다(46). 과학과 예술 이외에는 오직 사랑만이 최소한 우리에게 "행복의 꿈"을 제공할 수 있는데, 그 꿈은 때때로 우리가 "인생의 밤"을 헤쳐 나가도록 하기에 충분하다(46).

비록 타우베르트의 옹호가 널리 읽혔긴 하지만, 그것은 하르트만에

---

91. 타우베르트는 상당히 증보된 『무의식의 철학』 제3판(Berlin: Duncker, 1871), pp. 192, 209를 인용한다. 이 구절들은 아마도 바이스와 크나우어와 같은 비판자들에 대응하여 하르트만에 의해 덧붙여졌을 것이다.

대한 비판의 흐름을 거의 멈추게 하지 못했다. 나중에 비판자들이 크나우어와 바이스의 수준에 굴복하지 않았긴 하지만, 그들은 여전히 하르트만이 사랑을 성으로 환원한 것에 대해 분개했다. 보수적인 유신론적 비판자인 바이골트는 하르트만이 이론이 오직 행복주의적인 근거들에서 잘못이 있다고 생각했는데, 왜냐하면 하르트만이 사랑에서 발견한 불행들은 사랑 그 자체가 아니라 오로지 현대의 사회적 관습들로부터만 발생하기 때문이다.[92] 하르트만은 금속을 그 찌꺼기로부터, 우라니아를 떠도는 베누스 ^{Venus} ^{vulgivaga}[매춘부]로부터 판단했다고 바이골트는 주장했다. 젊은 남성들이 오늘날 억압된 성적 충동에서 고통을 겪고 있는 것은 이른 결혼을 막는 현대의 관습과 많이 관련되어 있다. 젊은 여성들 역시 성적 불만을 느끼고 있는 것도 그들의 자연적 욕망보다는 오히려 느슨한 도덕과 더 관련이 있다. 그리고 그토록 많은 불행한 결혼이 존재하는 것은 사랑 그 자체와 관계가 있는 것이 아니라 바람피우는 것과 정략결혼 $^{mariages\ de\ raison}$을 허락하는 시대의 저급한 도덕과 관계가 있다. [212]또 다른 보수적인 유신론적 비판자인 파울 크리스트는 자신이 하르트만의 이론을 깊은 내적 분노 없이 읽을 수 없다고 말했다.[93] 바이골트와 마찬가지로 그도 사랑의 불행의 많은 것이 도덕성과 이성의 결여에서 나왔으며, 사랑 그 자체와는 아무런 관계도 없다고 생각했다. 물론 사랑에는 많은 환상이 존재한다. 그러나 그것들을 통제하여 현실적 한계 내에 유지하기를 배우는 것은 모든 사람의 책임이다. 모든 행복한 결혼은—— 하르트만이 인정하길 원했

• •
92. Weygoldt, *Kritik des philosophischen Pessimismus*, pp. 105-7.
93. Paul Christ, *Der Pessimismus und die Sittenlehre* (Haarlem: De Erven F. Bohn, 1882), pp. 164-66.

던 것보다 더 많은 행복한 결혼이 존재한다── 하르트만의 이론에 대한 반박으로서 서 있었다. 경험은 우리에게 행복한 결혼에는 환멸이 아니라 오직 성취만이 존재한다는 것을 보여준다. 크리스트는 하르트만의 이론이 도덕에 위험하다고 믿었는데, 왜냐하면 그것은 사람들로 하여금 그들의 개인적 관계들에서 오직 성적 만족만을 추구하도록 조장하기 때문이다. 그리고 인종 개량의 중요성을 강조한 하르트만 이론의 다원주의적인 가닥들은 심각한 도덕적 물음들을 제기했다. 그것은 낙태와 그리 완벽하게 태어나지 않은 사람들에 대한 학대로 이어질 수밖에 없지 않겠는가? 주목할 만한 것은 사회 민주주의적인 비판자인 요한네스 폴켈트가 현대의 사회적 조건들이 사랑의 불행의 많은 것에 대해 책임이 있다는 데 대해 그의 보수주의적인 동료들인 바이골트와 크리스트에게 동의했다는 점이다.[94] 그러나 이 문제에 대한 그의 해결책은 그들의 것과는 매우 달랐다. 오랜 관습과 믿음에로의 복귀가 아니라 새로운 사회주의 질서가 그의 해결책이었다. 폴켈트는 사회주의 공화국에 훨씬 더 적은 성적 불행이 존재할 거라고 확신했다. 거기에는 불행한 결혼이 더 적을 것인데, 왜냐하면 이혼이 쉬울 것이기 때문이다. 성적 불만도 훨씬 더 적을 것인데, 왜냐하면 남성과 여성은 젊어서 그들이 실제로 사랑하는 자가 누구든 그와 결혼할 수 있을 것이기 때문이다. 그리고 매춘도 거의 없을 것인데, 왜냐하면 남성뿐만 아니라 여성을 위해서도 공적인 직업이 존재하고 상비군이 존재하지 않을 것이기 때문이다(그 까닭은 군인이 매춘부의 주된 고객이기 때문이다).

이러한 나중의 비판들의 장점이 무엇이든 간에 중요한 것은 그것들이

• •
94. Volkelt, *Das Unbewusste und der Pessimismus*, p. 309.

기껏해야 사랑에 관한 하르트만의 사고의 절반 또는 한 측면에만 영향을 미칠 수 있었다는 점을 파악하는 것이다. 왜냐하면 성적 본능으로서의 사랑에 관한 이론 이외에도 하르트만은 사랑에 관한 또 다른 매우 상이한 이론을 품고 있었기 때문이다. 이러한 다른 이론은 그의 일원론에 잠재해 있는데, 그것은 [213]다만 그 함축들을 전개하는 문제였을 뿐이다. 하르트만의 생각에 따르면, 그 교설의 하나의 중요한 함축은 각각의 개인이 본질적으로 다른 모든 개인과 하나라는 것, 그리고 각각의 개인은 오직 그를 다른 개인들로부터 분리시키는 자기의 개별성의 측면들을 박탈당할 때만, 그리고 오직 각각의 개인이 다른 모든 이들과의 동일성을 인정할 때만 자기 자신을 완전히 실현한다고 하는 것이다. 우리 모두 안에는 우리의 내적 동일성을 형성하는 단일한 보편적 의지가 존재한다. 그리고 보통 잠재의식적인 이러한 동일성을 완전히 자기의식적이게 만듦으로써 우리가 우리 행위의 도덕적 결과들을 이해할 수 있도록 하는 것은 도덕적 행위자로서의 우리의 과제다. 이 의지를 자기의식하게 될 때, 나는 내가 타인들에게 무엇을 하든 또한 나 자신에게 행위하고 있으며, 타인들이 내게 무엇을 하든 그들 자신에게 행위하고 있다는 것을 안다. 쇼펜하우어는 『의지와 표상으로서의 세계』 제IV편에서 이 주제에 커다란 중요성을 부여했다.[95] 같은 주제가 하르트만에게도 그에 못지않게 중요했는데, 그는 그 함축들을 또 다른 사랑 이론으로 발전시켰다. 그 주제는 『무의식의 철학』의 처음 두 판에서는 명시적이지 않지만, 나중의 논문 「페시미즘은 절망적인가?」에서 나타난다.[96] 여기서 하르트만은 다른 모든 존재와의

95. WWV I, §§63, 66, 484, 508-9.
96. Eduard von Hartmann, "Ist der Pessimismus trostlos?" *Philosophische Monatshefte*

동일성에 대한 갈망에서 나오는 "사랑의 신비적 뿌리"에 대해 썼다. 우리는 다른 모든 개인과의 동일성에 대한 이러한 갈망이 실제로는 사랑의 형식임을 배운다. "모든 사랑은 그것의 가장 깊은 뿌리에서 갈망이다. 그리고 모든 갈망은 [타인과의] 통일에 대한 갈망이다."(86) 이러한 통일에서 사람들은 자신의 개별성을 유지하는 것이 아니라 내어놓는다고 하르트만은 강조한다. "사랑받는 사람에게서 자기 무화에 대한 갈망을 느끼지 못한 사람은 누구나 사랑이 무엇인지 알지 못한다."(87) 타우베르트는 『페시미즘과 그 적대자들』에서 이 주제를 발전시켜 사랑이 얼마나 "향수병", 즉 사랑하는 자가 자기의 개별성을 내어놓고 절대자와 하나가 되고자 하는 갈망인지를 강조한다(47).

분명히 이러한 신비적 사랑 이론은 본능 이론과는 매우 다르다. 신비적 이론이 사랑의 목표를 절대자로서 보는 데 반해, 본능 이론은 그것을 생식에서 발견한다. 신비적 이론이 개별성의 포기를 요구하는 데 반해, 본능 [214]이론은 그것을 긍정하는데, 왜냐하면 사랑의 목표는 육체적 섹스를 통해 성취되기 때문이다. 신비적 이론에서 개인은 마야의 베일veil of Maya[우주적 환상의 장막]을 관통하여 마침내 세계에 관한 진리를 발견한다. 그러나 본능 이론에서 개인은 온갖 종류의 환상에 종속되어 있는바, 그러한 환상의 폐지는 전체로서의 우주와의 동일시가 아니라 자기 포기로 이어진다. 그 장점이 무엇이든 신비적 이론의 매우 다른 논리는 본능 이론에 대한 비판들 가운데 몇 가지를 피한다. 어느 누구도 본능 이론에

---

5 (1870), 21-41. 이는 *Gesammelte philosophische Abhandlungen zur Philosophie des Unbewussten* (Berlin: Duncker, 1872), pp. 147-65에 다시 수록되어 있다. 본문에서의 모든 참조는 이 나중 판을 가리킨다.

대한 가장 일반적인 불평들인 이기주의나 비도덕성을 이유로 신비적 이론을 비난할 수 없을 것이다.

하지만 하르트만의 비판자들 가운데 몇몇은 신비적 이론에 대해 맹목적이지 않았는데, 그들은 그것을 본능 이론만큼이나 잘못된 것이라고 생각했다. 요한네스 폴켈트는 그러한 상이한 논리를 지니는 두 이론이 과연 화해될 수 있을 것인지 물었다.[97] 보나 마이어는 신비적 이론에서 이기주의의 부정이 아니라 초이기주의를 보았는데, 왜냐하면 개인이 그 자신을 전체로서의 우주로서 바라보기 때문이다.[98] 개인이 타인들과의 동일성을 추구하는 이유는 여전히 이기주의적인데, 왜냐하면 그는 자기-구원을 원하기 때문이다. 로체의 제자인 후고 좀머는 신비적 이론이 단순한 논리적 잘못에 토대한다고 생각했다.[99] 모든 존재와의 본질적 동일성이 존재한다고 가정한다면, 그것은 사랑과 거의나 전혀 관계가 없는데, 왜냐하면 사랑은 이러한 본질적 동일성 때문에가 아니라 그것에도 불구하고 발생하기 때문이다. 사랑은 오직 개인들 사이의 상호 작용에서만, 그리고 오직 각각의 타인의 개별성에 대한 인정과 존중에서만 발생한다. 사랑은 다른 이가 우리와 같은 존재이기 때문이 아니라 우리와 다르기 때문에 그의 행복에서 즐거움을 얻을 것을 요구한다.

• •

97. Volkelt, *Das Unbewusste und der Pessimismus*, pp. 305-8.
98. Meyer, "Weltlust und Weltleid," pp. 291-92를 참조. 마이어는 이러한 비판을 오직 그의 본래 논문 「세계 불행과 세계 고통Weltelend und Weltschmerz」의 이 개정판에서만 전개한다. 주목할 만한 것은 그가 하르트만과의 서신 교환 이후 이렇게 비판했다는 점이다.
99. Hugo Sommer, *Der Pessimismus und die Sittenlehre* (Haarlem: de Erven F. Bohn, 1882), pp. 125-26.

✳

　요약하자면 이러한 것은 페시미즘 논쟁의 근본 쟁점들 가운데 몇 가지였다. 즐거움의 본성, 자살의 권고 가능성 그리고 페시미즘의 도덕성과 같은 다른 쟁점들이 존재했는데, [215] 그것들을 충분히 다루기 위해서는 이 책보다 훨씬 더 큰 책이 필요할 것이다.

　뒤늦은 통찰의 유리함을 가지고서 우리가 페시미즘 논쟁을 뒤돌아볼 때, 어떤 상실감 없이 그것을 살펴보기가 불가능하다. 논의는 쇼펜하우어, 뒤링, 하르트만, 신칸트주의자들, 타우베르트, 플뤼마허, 그리고 하르트만의 많은 비판자들에 의해 높은 수준의 철학적 섬세함과 정교함에서 추구되었다. 그토록 커다란 실존적 중요성과 그토록 넓은 대중적 관심을 지닌 쟁점에 그토록 많은 지적 에너지의 초점이 맞춰진 적은 거의 없었다. 하지만 페시미즘 논쟁은 대부분은 망각되어 왔으며, 그것이 삶의 가치에 관해 제기한 쟁점들은 현대 철학에서 거의 논의되지 못했다. 이것은 유감스러운 일인데, 왜냐하면 페시미즘 논쟁은 우리에게 삶의 가치 물음이 철학적으로 매우 엄밀하게 취급될 수 있었다는 것을 보여주기 때문이다. 그 논제는 어떤 진지한 철학자도 무시할 수 없는 삶에서의 즐거움, 욕망, 노동, 사랑, 선과 악, 그리고 예술의 역할에 관한 고전적인 철학적 쟁점들을 제기했던 것이다.

　삶의 가치라는 커다란 물음은 재검토를 받을 만할 뿐만 아니라 그것을 요구하기도 한다. 그것은 수십 년간의 논의 후에도 오늘날 우리에게, 특히 쇼펜하우어의 페시미즘이 여전히 근대의 세속적 세계에 대한 도전으로서 서 있기 때문에 긴급한 물음으로 남아 있다. 만약 고통과 악을 구원할 신이나 섭리가 존재하지 않는다면 무엇이 존재를 가치 있는 것으로 만드는가? 1970년에 쇼펜하우어의 페시미즘이 여전히 반박되지 않았다고 하르트만이 선언한 것은 옳았다. 그러나 똑같은 요점이 오늘날에도 여전히 참이다. 쇼펜하우어의 페시미즘은 참아내기 어려우며 잘못임에 틀림없다. 그러나 그것이 왜 그러하며 무엇이 그토록 악과 고통으로 가득 찬 우리의 삶을 가치 있는 것으로 만드는가 하는 것은 여전히 열린 물음이다. 철학은 그러한 근본적 물음에로 되돌아가야 한다.

망각된 두 여성 철학자

[217]오늘날의 철학사는 공정하고도 적절하게 철학사가가 과거의 여성 철학자들을 고려할 것을 요구한다. 여기서 내가 그들에게 주의를 돌려 망각으로부터 구해내고자 하는 19세기 말의 망각된 두 여성 철학자가 존재한다. 두 사람 다 페시미즘 논쟁에 대한 주요한 참여자들이었다. 비록 그들의 저술들이 그 시대에 잘 알려져 있었다 하더라도, 두 저자 모두 남성으로 생각되었는데, 그 까닭은 둘 다 그들의 이름이 머리글자로만 표기되어 출판되었기 때문이다.

이 저자들 가운데 한 사람은 에두아르트 폰 하르트만의 아내인 아그네스 타우베르트(1844-77)였다. 비록 페시미즘 논쟁 동안 자기 남편의 견해를 옹호했다 할지라도, 타우베르트는 그녀에게 그야말로 특유한 가공할 만한 논쟁적 재능을 지녔던바, 그녀는 인쇄물에서 자기 자신의 견해를 진술하거나 자기 남편을 비판하는 데 주저함이 없었다. 그녀는 페시미즘 논쟁에 대한 두 개의 기고문, 『자연과학적 오만함에 반대하는 철학 *Philosophie gegen naturwissenschaftliche Ueberhebung*』(Berlin: Duncker, 1872)과 『페시미즘과 그 적대자들*Der Pessimismus und seine Gegner*』(Berlin: Duncker, 1873)을 썼다. 두 책은 모두 다 널리 논평되었다. 첫 번째 책은 자연 과학의 권위에 호소하는 비판자들에 대항하여 하르트만의 형이상학을 옹호하는 것이었다. 우리가 대강 "자연 과학적 주제넘음"이라 옮길 수 있는 그 주제는 그녀 자신이 만들어낸 것이었던 것으로 보인다. 자연 과학이 자기의 능력 이상으로 확대될 수 있다는 관념은 자연 과학의 시대에 참신한 것이었을 것이다. 두 번째 책은 1870년대 초에 많은 논쟁의 초점이 되었다. 하르트만의 출판자인 칼 하이몬스에 따르면, 타우베르트는 하르트만의 비판자들과의 논쟁의 조직과 전략에서 주요한 역할을 수행했다.[1] 비극적으로 타우베르트는 1877년 5월, 겨우 33살에 "관절 류머티즘의 격렬한 공격"으로 사망했다.[2]

[218]다른 여성 철학자는 올가 플뤼마허 네 휘너바델(1839-1895)이었다.[3] 플뤼마허는 페시미즘 논쟁에 대한 두 개의 주요한 기고문, 『무의식을

. .

1. Carl Heymons, *Eduard von Hartmann, Erinnerungen aus den Jahren 1868-1881* (Berlin: Duncker, 1882), p. 49.

2. Heymons, *Erinnerungen*, p. 47에 따르면 그녀는 "*heftigen Anfallen eines Gelenkrheumatismus*"으로 고통을 겪었다. 이것은 19세기 말 의술의 진단이다.

3. 플뤼마허에 대해서는 Rolf Kieser, *Olga Plümacher-Hünerwadel: Eine gelehrte Frau des neunzehnten Jahrhunderts* (Lenzburger: Lenzburger Ortsburgerkommission, 1990)를 참조 키저의 전기는 기본적인 전기적 사실들을 발굴하고 도움이 되는 참고문헌을 고안하는 데서 탁월하다. 불행하게도 철학자가 아닌 키저는 플뤼마허의 철학적 성취들을 논의하거나 평가하지 않는다.

둘러싼 투쟁*Der Kampf um's Unbewusste*』(Berlin: Duncker, 1881)과 『과거와 현재의 페시미즘*Der Pessimismus in Vergangenheit und Gegenwart*』(Heidelberg: Georg Weiss Verlag, 1883; 제2판, 1888)을 썼다. 첫 번째 책에 덧붙여진 참고문헌은 여전히 유일하게 완전한 것이자 타의 추종을 불허한다. 두 번째 책은 여전히 페시미즘 논쟁의 유일한 역사이며, 마찬가지로 타의 추종을 불허한다. 두 저작은 논쟁적 문헌에 대한 완전한 통달과 쟁점들을 논의하는 데서의 커다란 지적인 통찰력을 보여준다. 만약 하르트만의 비판자들이 그녀를 읽었다면 그들은 무엇보다도 우선 비판을 하려고 애쓰지 않았을 거라고 말해져 왔다.[4] 플뤼마허는 『마인드』지를 위해 하르트만의 페시미즘에 대한 한 논문을 썼는데,[5] 그것은 영어권 대중을 위한 그의 이념들에 대한 입문으로서 이바지했다. 플뤼마허의 성취는 그녀가 공식적 대학 교육을 받지 못했고, 어머니였으며, 테네시 오지의 스위스 식민지에서 삶의 많은 시간을 보냈다는 점을 고려하면 더욱더 주목할 만하다.[6] 슬픈 일은 그녀의 장서와 주고받은 편지 대부분, 그리고 그녀의 개인적 기록물들이 사라졌다는 것이다.[7] 그녀는 1898년에 테네시에서 사망했다.

· ·

4. 이것은 Arthur Drews, *Eduard von Hartmanns philosophisches System im Grundriss* (Heidelberg: Carl Winter, 1906), p. 59의 의견이었다.

5. O. Plümacher, "Pessimism," *Mind* 4 (1879), 68-89. 이 논문은 James Sully's *Pessimism: A History and a Criticism* (London: Henry King, 1877)에 대한 비판이다.

6. 플뤼마허의 남편인 오이겐 플뤼마허Eugen Plümacher는 테네시, 그런디 카운티에 스위스 식민지를 건설했다. 플뤼마허는 1869년부터 1881년까지 거기서 살았으며, 그 후 스위스로 되돌아왔다. 스위스 식민지에 대해서는 Francis Helen Jackson, *The Swiss Colony at Gruetli* (Gruetli-Laager: Grundy County Swiss Historical Society, 2010)를 참조. 플뤼마허는 1886년에 그녀 아들의 결핵을 치료하려는 희망으로 테네시로 되돌아왔다. 그러나 그 아들은 그해 12월에 거기서 사망했다.

7. Kieser, *Plümacher*, pp. 7, 62-63.

그녀의 묘비는 여전히 거기에 존재한다.

어째서 타우베르트와 플뤼마허가 망각되었는가 하는 것은 대단한 수수께끼가 아니다. 독일의 지적인 삶에 대한 그들의 주요 기고문들은 페시미즘 논쟁에 대한 것이었던바, 이 논쟁은 그 대부분이 [219]철학사가들에 의해 무시되어 왔던 것이다. 또한 타우베르트도 플뤼마허도 진보적 대의에 헌신하는 사람이라고 하는 여성 지식인들의 정형화된 틀에 들어맞지 않는다는 점도 주목할 만하다. 두 사람은 모두 보수주의자로 사회 민주주의에 대한 하르트만의 적개심을 공유했으며, 그들 자신을 대중에 맞선 문화의 보호자로서 바라보았다. 타우베르트에게 있어 페시미즘의 커다란 가치는 정치와 삶의 재화에 더 많이 참여하고자 열망하는 대중을 좌절시키는 것에 있었다. 많은 역사가들에게 있어 그러한 정치적 견해는 그들을 과거의 어둠 속에서 쉬도록 하기에 충분한 이유다. 그러나 그들의 성취들은 그들의 정치를 넘어서며, 그것들 자체로 인정을 받아야 마땅하다.

더 읽을거리

[221]더 읽을거리를 위한 다음의 제안은 영어로 된 2차 문헌들로 편향돼 있다. 내가 독일어 저작들을 언급한 것은 다만 모든 독자가 그것들을 알아야 하거나 그 논제에 관한 영어로 이루어진 학문적 연구가 없을 때뿐이다. 불행하게도 참고문헌에서 언급된 1차 문헌들의 대부분에 대해서 번역이 존재하지 않는다. 이용할 수 있는 것이 있을 때마다 언급해 두었다.

일반적 연구

특별히 1840-1900년의 시기를 다루는 연구가 없긴 하지만, 19세기 후반부와 관련이 있는 것이 여럿 존재한다. 게르하르트 레만Gerhard Lehmann,

『철학의 역사*Geschichte der Philosophie*』, 9권: 『19세기의 철학*Die Philosophie des nenzehnten Jahrhunderts*』(Berlin: de Gruyter, 1953)은 유용한 일반적 개설이다. 오토 지베르트*Otto Siebert*의 『헤겔 이후의 최근 독일 철학사*Geschichte der neueren deutschen Philosophie seit Hegel*』(Göttingen: Vandenhoeck & Ruprecht, 1898)는 여전히 가치가 있는데, 왜냐하면 그것은 무시되거나 망각되어 온 아주 많은 인물들을 다루기 때문이다. 베크 출판사의 『철학의 역사』의 두 권, 즉 10권인 슈테파노 포기*Stefano Poggi*와 볼프강 뢰트*Wolfgang Röd*, 『근대의 철학 4, 19세기의 실증주의, 사회주의, 정신주의*Die Philosophie der Neuzeit 4, Positivismus, Socialismus und Spiritualismus im 19. Jahrhundert*』(Munich: Beck, 1989)와 13권인 라이너 투른허*Rainer Thurnher*, 볼프강 뢰트, 하인리히 슈미딩거*Heinrich Schmidinger*, 『19세기 말과 20세기의 철학 3*Die Philosophie des ausgehenden 19. und des 20. Jahrhunderts 3*』(Munich: Beck, 1989)은 탁월하다. 또한 나의 의구심에도 불구하고 칼 뢰비트*Karl Löwith*의 『헤겔에서 니체로*Von Hegel zu Nietzsche*』(Zurich: Europa Verlag, 1941)도 여전히 읽을 가치가 매우 많은 책이다. 데이비드 E. 그린*David E. Green*에 의한 영역으로 *From Hegel to Nietzsche: The Revolution in Nineteenth-Century Thought* (New York: Holt, Rinehart and Winston, 1964)가 있다. 헤르베르트 슈네델바흐*Herbert Schnädelbach*의 『독일 철학, 1831-1933*Philosophy in Germany, 1831-1933*』(Cambridge: Cambridge University Press, 1984)은 더 넓은 범위를 지니지만 종종 19세기 후반부를 이해하는 데 도움이 된다. 앨런 우드*Allen Wood*와 송숙 수잔 한*Songsuk Susan Hahn* 편, 『캠브리지 19세기 철학사(1790-1870)*The Cambridge History of Philosophy in the Nineteenth Century (1790-1870)*』(Cambridge: Cambridge University Press, 2012)는 탁월한 선집이다.

제1장. 철학의 정체성 위기

[222]철학의 정체성 위기는 헤르베르트 슈네델바흐의 『독일 철학, 1831-1933』(Cambridge: Cambridge University Press, 1984)의 주제다. 하지만 이 주제가 시종일관되거나 체계적으로 추구되고 있지 못하다. 슈네델바흐는 철학의 다양한 개념들과 그것들이 어떻게 노후화 위기를 해결하고자 하는지 확인하려고 하지 않는다.

트렌델렌부르크에 대한 학문적 연구는 여전히 그 초기에 있다. 『논리연구*Logische Untersuchungen*』나 그의 다른 저작들의 번역은 존재하지 않는다. 트렌델렌부르트의 표준적인 지적 전기는 그의 제자 에른스트 브라투셰크 Ernst Bratuscheck에 의한 『아돌프 트렌델렌부르크*Adolf Trendelenburg*』(Berlin: Hensehel, 1873)다. 게랄트 하르퉁Gerald Hartung과 클라우스 크리스티안 쾬케Klaus Christian Köhnke가 편집한 탁월한 선집 『프리드리히 아돌프 트렌델렌부르크의 영향*Friedrich Adolf Trendelenburgs Wirkung*』(Eutin: Eutiner Landesbibliothek, 2006), pp. 271-94에는 완벽한 참고문헌 목록이 있다. 나는 나의 『후기 독일 관념론*Late German Idealism*』(Oxford: Oxford University Press, 2013), pp. 11-123에서 트렌델렌부르크 철학에 대한 입문을 제공하고자 시도한 바 있다.

청년 헤겔주의자들의 철학 개념에 대해서는 많은 뛰어난 연구가 있다. 그것들 가운데 다음의 것들이 특히 추천된다. 대니얼 브러드니Daniel Brudney, 『철학을 떠나려는 맑스의 시도*Marx's Attempt to Leave Philosophy*』(Cambridge, MA: Harvard University Press, 1998), 해럴드 마Harold Mah, 『철학의 종언과 '이데올로기'의 기원*The End of Philosophy and the Origin of "Ideology"*』(Berkeley: University of California Press, 1987), 그리고 워런 브

레크먼^{Warren Breckman}, 『맑스와 청년 헤겔주의자들 그리고 급진적 사회이론의 기원^{Marx, The Young Hegelians, and the Origins of Radical Social Theory}』 (Cambridge: Cambridge University Press, 1999). 윌리엄 브라질^{William Brazill}의 『청년 헤겔주의자들^{The Young Hegelians}』(New Haven: Yale University Press, 1970)은 청년 헤겔주의 운동에 대한 탁월한 입문이다. 신헤겔주의 운동의 기원과 과정에 대한 가장 좋은 설명은 존 에드워드 테이브즈^{John Edward Toews}, 『헤겔주의: 변증법적 인간주의를 향한 도정, 1805-1841^{Hegelianism: The Path toward Dialectical Humanism, 1805-1841}』(Cambridge: Cambridge University Press, 1980)이다.

최근에 영어권 세계에서 쇼펜하우어에 대한 관심의 고조가 있었다. 그의 철학에 대한 여러 새로운 입문들이 있다. 크리스토퍼 제너웨이^{Christopher Janaway}, 『쇼펜하우어: 매우 짧은 입문^{Schopenhauer: A Very Short Introduction}』(Oxford: Oxford University Press, 1994), 줄리언 영^{Julian Young}, 『쇼펜하우어^{Schopenhauer}』(London: Routledge, 2005), 데일 자케트^{Dale Jacquette}, 『쇼펜하우어의 철학^{The Philosophy of Schopenhauer}』(Kingston: McGill-Queens University Press, 2005), [223]그리고 로버트 웍스^{Robert Wicks}, 『쇼펜하우어^{Schopenhauer}』(Oxford: Blackwell, 2008). 브라이언 매기^{Bryan Magee}, 『쇼펜하우어의 철학^{The Philosophy of Schopenhauer}』, 개정증보판(Oxford: Clarendon Press, 2009)과 크리스토퍼 제너웨이^{Christopher Janaway}, 『쇼펜하우어 철학에서 자아와 세계^{Self and World in Schopenhauer's Philosophy}』(Oxford: Oxford University Press, 1989)는 그의 형이상학에 대한 최근의 뛰어난 두 개의 연구다.

신칸트주의에 대한 표준적인 설명은 클라우스 크리스티안 쾬케^{Klaus Christian Köhnke}, 『신칸트주의의 발생과 부상: 관념론과 실증주의 사이의 독일 대학 철학*Entstehung und Aufstieg des Neukantianismus: Die deutsche Universitätsphilosophie zwischen Idealismus und Positivismus*』(Frankfurt: Suhrkamp, 1986)이다. 이 책의 영어 번역이 *The Rise of Neo-Kantianism: German Academic Philosophy between Idealism and Positivism*(Cambridge: Cambridge University Press, 1991)이다. 불행하게도 이것은 추천될 수 없는데, 왜냐하면 원본의 모든 주해와 도표가 누락되어 있기 때문이다. 신칸트주의 운동에 대한 유용한 입문적인 개관이 한스-루트비히 올리히[Hans-Ludwig Ollig], 『신칸트주의*Der Neu-Kantianismus*』(Stuttgart: Metzlar, 1979)에 의해 제공된다.

딜타이 『철학의 본질*Das Wesen der Philosophie*』의 표준적인 영어 번역은 S. A. 에머리[Emery]와 T. M. 에머리에 의한 *The Essence of Philosophy*(Chapel Hill: University of North Carolina Press, 1954)이다. 딜타이의 철학에 대한 영어로 된 가장 좋은 설명은 마이클 어매스[Michael Ermath], 『빌헬름 딜타이: 역사 이성 비판*Wilhelm Dilthey: The Critique of Historical Reason*』(Chicago: University of Chicago Press, 1978)이다. 그의 사상에 대한 유용한 입문이 H. P. 릭맨[Rickman], 『빌헬름 딜타이: 인문학의 선구자*Wilhelm Dilthey: Pioneer of the Human Studies*』(Berkeley: University of California Press, 1979)에 의해 제공된다.

제2장. 유물론 논쟁

유물론 논쟁에 관한 최근의 논문 모음집이 있는데, 그것은 쿠르트 바예르츠[Kurt Bayertz], 미리암 게르하르트[Myriam Gerhard], 그리고 발터 예슈케[Walter

Jaeschke가 편집한 『19세기의 세계관, 철학, 자연과학*Weltanschauung, Philosophie und Naturwissenschaft im 19 Jahrhundert*』의 제1권인 『유물론 논쟁*Der Materialismus-Streit*』(Hamburg: Meiner, 2007)이다. 그것을 수반하는 것이 원전 텍스트들의 선집인 『유물론 논쟁*Der Materialismus Streit*』(ed. Kurt Bayertz, Myriam Gerhard, and Walter Jaeschke, Hamburg: Meiner, 2012)이다.

[224]독일에서의 유물론에 대한 표준적인 취급은 프레더릭 그레고리 Frederick Gregory, 『19세기 독일의 과학적 유물론*Scientific Materialism in Nineteenth Century Germany*』(Dordrecht: Reidel, 1977)의 그것인데, 이것은 헤아릴 수 없을 만큼 귀중하며 여전히 타의 추종을 불허한다. 또 다른 일반적 설명으로는 아네트 비트카우-호르크비*Annette Wittkau-Horgby*, 『유물론*Materialismus*』(Göttingen: Vandenhoeck & Ruprecht, 1998)이 있다.

로체의 『미크로코스모스*Mikrokosmus*』를 엘리자베스 해밀턴*Elizabeth Hamilton*과 콘스턴스 조운즈*E. E. Constance Jones*가 번역한 *Microcosmus: An Essay concerning Man and his Relation to the World* (New York: Scribner & Welford, 1886), 2 vols.이 있다. 2차 세계 대전 이래로 로체에 관한 영어로 된 2차 문헌은 거의 없었다. 유용한 로체 참고문헌이 폴 쿤츠*Paul Kuntz*에 의해 그가 편집한 조지 산타야나*George Santayana*의 『로체의 철학 체계*Lotze's System of Philosophy*』(Bloomington: Indiana University Press, 1971)의 부록(pp. 233-68)으로서 제공된다. 라인하르트 페스터*Reinhardt Pester*의 『헤르만 로체 *Hermann Lotze*』(Würzburg: Königshausen & Nemann, 1997)는 로체 철학에 대한 절대적으로 필요한 설명이다. 나는 『후기 독일 관념론*Late German Idealism*』(Oxford: Oxford University Press, 2013), pp. 127-315에서 로체 철학에 대한 입문을 제공한 바 있다.

랑게의 『유물론의 역사*Geschichte des Materialismus*』의 오래된 영어 번역,

The History of Materialism and Criticism of Its Present Importance, trans. E. C. Thomas (Boston: James Osgood, 1877), 3 vols.가 있다. 또한 뷔히너의 『힘과 질료*Kraft und Stoff*』 제8판의 오래된 영어 번역, *Force and Matter*, trans. Frederick Collingwood (London: Trubner & Co., 1864)도 있다. 영어 권 독자는 뷔히너『힘과 질료』의 21개의 판들이 존재하며, 이들이 종종 서로 철저히 다르다는 데 주의해야 한다.

제3장. 이그노라비무스 논쟁

이그노라비무스 논쟁에 대해 영어로 된 것은 아무것도 없으며, 최근에 야 비로소 그 중요성이 충분히 받아들여졌다. 논쟁의 몇몇 측면에 대한 논문 모음이 *Weltanschauung, Philosophie und Naturwissenschaft im 19. Jahrhundert, Band 3: Der Ignorabimus-Streit*, ed. Kurt Bayertz, Myriam Gerhard, and Walter Jaeschke (Hamburg: Felix Meiner, 2007)에 의해 제공 된다. 그것을 수반하는 것이 원전들의 유용한 선집인 *Der Ignorabimus-Streit*, ed. Kurt Bayertz, Myriam Gerhard, and Walter Jaeschke (Hamburg: Meiner, 2012)이다.

제4장. 클리오의 시련과 고난

[225]프리드리히 마이네케*Friedrich Meinecke*의 『역사주의의 발생*Die Entstehung des Historismus*』(Munich: Oldenbourg, 1965)은 역사주의의 기원에 대한 고전

적 설명이다. 이것의 영어 번역, *Historism: Rise of a New Historical Outlook*, trans. J. E. Anderson (London: Routledge & Kegan Paul, 1972)이 있다. 나는 『독일 역사주의 전통*German Historicist Tradition*』(Oxford: Oxford University Press, 2012)에서 역사주의 전통에 대한 새로운 설명을 제공하고자 시도한 바 있다. 에른스트 트뢸취*Ernst Troeltsch*의 『역사주의와 그 문제들*Der Historismus und seine Probleme*』(Tübingen: Mohr, 1922)은 종종 역사주의 전통에 대한 고전적 취급으로서 간주된다. 하지만 트뢸취의 방대한 저술은 하나의 수다*Geschwätz*, 즉 단지 가끔씩만 통찰을 주는 분리된 논문들의 혼성 작품이라고 말해야만 한다.

역사주의 전통에 대한 좀 더 오래된 연구로 지금은 시대에 뒤떨어진 개관이 조지 이거스*Georg Iggers*, 『독일의 역사 개념*The German Conception of History*』, 개정증보판(Middletown, CT: Wesleyan University Press, 1983)에 의해 주어진다. 좀 더 현대적인 개관으로는 프리드리히 예거*Friedrich Jaeger*와 요른 루젠*Jorn Rusen*, 『역사주의의 역사*Geschichte des Historismus*』(Munich: Beck, 1992)가 있다.

시어도어 지올코프스키*Theodore Ziolkowski*의 『클리오, 낭만적 뮤즈*Clio, the Romantic Muse*』(Ithaca: Cornell University Press, 2004)는 낭만주의 시대에서의 역사주의의 지적 배경에 대한 탁월한 설명이다. 역사주의 전통의 18세기 배경에 대한 훌륭한 설명이 피터 한스 라일*Peter Hanns Reill*, 『독일 계몽주의와 역사주의의 부상*The German Enlightenment and the Rise of Historicism*』(Berkeley: University of California Press, 1975)에 의해 주어진다.

랑케에 대한 새로운 모든 설명은 W. P. 푹스*Fuchs*가 편집한 『저작과 유고로부터*Aus Werk und Nachlass*』(Munich: Oldenbourg, 1965), 4 vols.와 함께 시작되어야 한다. 로저 와인스*Roger Wines*, 『세계사의 비밀: 예술과 역사

과학에 관한 선집*The Secret of World History: Selected Writings on the Art and Science of History*』(New York: Fordham, 1981)은 랑케의 저술들 가운데 몇 가지에 대한 유용한 선집이자 번역이다. 시어도어 폰 라우에*Theodore von Laue*의 『레오폴트 랑케: 형성기*Leopold Ranke: The Formative Years*』(Princeton: Princeton University Press, 1950)는 랑케의 지적 발전에 대한 뛰어난 설명이다. 칼 하인리히*Carl Hinrichs*의 『랑케와 괴테 시대의 역사 신학*Ranke und die Geschichtstheologie der Goethezeit*』(Göttingen: Musterschmidt, 1954)은 시대에 뒤처지긴 했지만 여전히 흥미롭다. 레너드 크리거*Leonard Krieger*의 『랑케: 역사의 의미*Ranke: The Meaning of History*』(Chicago: University of Chicago Press, 1977)는 자주 인용되긴 하지만 랑케의 철학적 배경에 대해서는 매우 취약하다.

[226]빌헬름 빈델반트에 관한 문헌이 부족한데, 이는 그의 중요성에 전혀 어울리지 않는 무시다. 나는 『독일 역사주의 전통』 제9장, pp. 365-92에서 이 문제를 다루고자 했다. 똑같은 것이 클라데니우스에 대해서도 적용되는데, 그의 중요성은 최근에야 비로소 충분히 인정되었다. 쿠어트 밀러-폴머*Kurt Mueller-Vollmer*, 『해석학 읽기*The Hermeneutics Reader*』(New York: Continuum, 1994), pp. 54-71에는 그의 저술들로부터의 발췌 번역이 있다. 클라데니우스에 관한 그리고 그에 의한 저술들의 좀 더 완전한 문헌 목록을 위해서는 『독일 역사주의 전통』, pp. 570-72를 참조.

역사주의에 관심이 있는 독자들은 칼 포퍼*Karl Popper*의 『역사주의의 빈곤*The Poverty of Historicism*』(London: Routledge & Kegan Paul, 1957)을 어떤 희생을 치르고서라도 반드시 피해야 하는데, 그것은 본질적으로 냉전 수사학이다. 포퍼가 "역사주의"라는 단어를 사용하는 용법은 그에게 특유한 것이자 현실적인 역사주의 전통과는 아무 관계도 없는바, 포퍼는 그 전통에 대한 적절한 연구를 크게 방해했다.

제5장. 페시미즘 논쟁

페시미즘 논쟁 연구에 바쳐진 저작은 거의 없었다. 가장 좋은 설명은 여전히 올가 플뤼마허^{Olga Plümacher}의 『과거와 현재의 페시미즘^{Der Pessimismus in Vergangenheit und Gegenwart}』(1884)이다. 제2판은 1888년에 출간되었다. 그 당시의 광범위한 논쟁적 문헌들 일부의 목록을 위해서는 제임스 설리^{James Sully}, 『페시미즘: 역사와 비판^{Pessimism: A History and a Criticism}』 (New York: Appleton, 1891), pp. xvii-xix를 참조. 올가 플뤼마허의 『무의식을 둘러싼 투쟁^{Der Kampf um's Unbewusste}』(Berlin: Duncker, 1881), pp. 114-50은 1870년대만을 다루고 있긴 하지만 탁월한 문헌 목록이다.

페시미즘에 대한 신칸트주의적인 논의에 대해서는 클라우스 크리스티안 쾬케^{Klaus Christian Köhnke}, 『신칸트주의의 발생과 부상^{Entstehung und Aufstieg des Neukantianismus}』(Frankfurt: Suhrkamp, 1986), pp. 319-44를 참조.

오이겐 뒤링에 대해서는 영어나 독일어로 된 것이 거의 없는데, 이는 아주 불쾌하지만 중요한 인물에 관한 아연할 수밖에 없는 빈틈이다.

에두아르트 폰 하르트만에 관한 영어 문헌은 거의 없다. 잠재의식의 주제에 초점을 맞추는 앵거스 니콜스^{Angus Nicholls}와 마틴 립셔^{Martin Liebscher}, 『무의식을 생각하기: 19세기 독일 사상^{Thinking the Unconscious: Nineteenth Century German Thought}』(Cambridge: Cambridge University Press, 2010)을 참조. N. 다노이^{Darnoi}의 연구인 『무의식과 에두아르트 폰 하르트만: 역사-비판적 연구^{The Unconscious and Eduard von Hartmann: A Historico-Critical Monograph}』(Hague: Nijhoff, 1968)는 [227]자기의 주제에 전혀 공감하지 않고 그것을 가톨릭 관점에서 다룬다. 하르트만에 대한 최근의 작업에 대해서는 장-클로드 볼프^{Jean-Claude Wolf}, 『에두아르트 폰 하르트만. 창설 시대

의 철학자*Eduard von Hartmann. Ein Philosoph der Gründerzeit* (Würzburg: Königshausen & Neumann, 2006)를 참조. 또한 그의 선집 『에두아르트 폰 하르트만. 니체의 동시대인이자 적대자*Eduard von Hartmann. Zeitgenosse und Gegenspieler Nietzsches*』(Würzburg: Königshausen & Neumann, 2006)도 참조. 테오도르 캅슈타인[Theodor Kappstein], 『에두아르트 폰 하르트만. 그의 사상 세계로의 입문*Eduard von Hartmann. Einführung in seine Gedankenwelt*』(Gotha: Perthes, 1907)과 아르투르 드루스[Arthur Drews], 『에두아르트 폰 하르트만의 철학 체계 개요*Eduard von Hartmanns philosophisches System im Grundriss*』, 제2판 (Heidelberg: Carl Winter, 1906)은 하르트만에 대한 좀 더 오래된 두 연구다. 하르트만의 『무의식의 철학*Philosophie des Unbewussten*』의 영역, *Philosophy of the Unconscious*, trans. William Chatterton Coupland (London: K. Paul, Trench and Trübner, 1893)이 있다.

찾아보기

(ㄹ)

(ㅌ)

(ㅍ)

옮긴이 후기

헤겔총서6으로 출간되는 이 『헤겔 이후: 독일 철학 1840-1900』은 Frederick Beiser, *After Hegel: German Philosophy 1840-1900* (Princeton University Press, Princeton & Oxford, 2014)을 옮긴 것이다.

이 책의 저자인 프레더릭 바이저는 현재 영어권 세계에서 독일 관념론과 그 전후의 독일 철학사에 관한 주도적이고 대표적인 학자들 가운데 한 사람이다. 그는 찰스 테일러와 이사야 벌린의 지도 아래 옥스퍼드 대학에서 박사 학위를 취득했고, 하버드와 예일, 펜실베이니아 등의 여러 대학들에서 가르쳤으며, 현재는 시러큐스 대학의 철학 교수다. 그는 이 『헤겔 이후』 이외에 『이성의 운명: 칸트에서 피히테까지의 독일 철학』(1987), 『계몽, 혁명, 낭만주의: 근대 독일 정치사상의 발생, 1790-1800』(1992), 『이성의 주권: 초기 영국 계몽주의에서의 이성성의 옹호』(1996),

『독일 관념론: 주관주의에 대한 투쟁, 1781-1801』(2002), 『낭만주의의 명령: 초기 독일 낭만주의 연구』(2004), 『철학자 실러: 재검토』(2005), 『헤겔』(2005), 『디오티마의 아이들: 라이프니츠에서 레싱에 이르는 독일의 미학적 이성주의』(2009), 『독일 역사주의 전통』(2011), 『후기 독일 관념론: 트렌델렌부르크와 로체』(2013), 『신칸트주의의 발생, 1796-1880』(2014) 등의 저자이자 『캠브리지 안내서: 헤겔』(1996), 『독일 낭만주의의 초기 정치 저술들』(1996), 『캠브리지 안내서: 헤겔과 19세기 철학』 등의 편집자이기도 하다.

바이저의 최초의 저작으로 칸트 이후 피히테에 이르는 사이 시기를 다루는 가운데 스피노자와 범신론 논쟁을 재조명함으로써 독일 관념론의 배경을 새롭게 이해하고자 한 『이성의 운명』은 독일 관념론 연구에 새로운 빛을 던져준 책으로 평가된다. 이후 그는 동일한 연구 노선에서 칸트, 피히테, 셸링, 헤겔뿐만 아니라 초기 낭만주의 등도 포함한 광범위한 영역을 섭렵함으로써 당대의 사상 전개에 대한 우리의 이해를 한층 더 심화시켜 주고 있다. 더 나아가 바이저의 연구는 『독일 역사주의 전통』, 『후기 독일 관념론』 등이 보여주듯이 19세기의 독일 철학 일반으로 확대됨으로써 19세기 독일 철학사에 대한 우리의 기존의 이해를 수정해 가고 있다.

19세기의 독일 철학의 전개를 다루는 철학사들은 주로 헤겔과 관념론 그리고 낭만주의가 지배한 그 전반부에 초점을 맞춘다. 그와 대조적으로 그 세기의 중반부와 후반부, 즉 헤겔의 죽음 이후는 상대적으로 경시되었는데, 그 까닭은 그 시기가 정체와 퇴조의 시기이자 철학적으로 흥미로운 것을 거의 산출해 내지 못한 시기로서 생각되었기 때문이다. 그러나 프레더릭 바이저는 그 세기의 후반부가 실제로는 근대 철학에서 가장 혁명적인 시기들 중의 하나였다고 논의한다. 왜냐하면 사변적 관념론의 붕괴 및 자연 과학의 부상과 더불어 주어진 철학의 정체성 위기와 확실성의 부재는 오히려 철학적 창조성을 부추겨 새로운 시대의 출발로 이어졌기 때문이다. 이 시기에는 철학에 대한 서로 갈등하는 수많은 개념들이 존재했고, 그래서 철학자들은 스스로 철학이란 무엇이며, 철학을 어떻게 영위해야 할 것인지 다시 묻지 않을 수 없었다는 것이다. 또한 그 시기는 역사주의의 부상으로 혁명적이었고, 2000년간의 그리스도교적 유산과 단절하는 근본적인 세속화의 시기였던바, 그러한 들끓는 상황에서 철학은 스스로를 다시 주조해야 했다는 것이다.

이 시기에 대한 표준적인 전통적 견해에 따르면, 19세기의 독일 철학은 헤겔주의가 맑스주의와 실존주의로 변형되어간 이야기다. 요컨대 19세기 독일 철학사는 본질적으로 청년 헤겔주의자들, 맑스, 키르케고르 그리고 니체에 의한 헤겔 철학의 혁명적 변형의 역사인바, 맑스주의와 실존주의가 19세기 독일 철학의 주된 지적 유산이라는 것이다. 그러나 바이저는 이러한 전통적 철학사 도식에서는 1. 1860년부터 1914년까지 독일의 지배적 철학 운동이었던 신칸트주의의 부상, 2. 19세기 후반부의 가장 중요한 지적인 논란들 가운데 하나인 유물론 논쟁, 3. 역사적 담론의 논리를 둘러싼 중요한 철학적 운동이자 하나의 지적 혁명인 역사주의의 성장, 4. 1880년대 초에 프레게의 저작들과 더불어 시작되는 근대 논리학의 뿌리들, 5. 1860년대의 페시미즘의 부상과 삶의 가치에 관한 격렬한 논쟁이 전혀 파악되지 못하고 있다는 점을 지적한다. 이러한 점들을 고려하여 바이저는 1840년부터 1900년에 이르는 독일 철학에 대한 이 혁신적인 역사 이야기를 간명하게 제시하기 위해 주제나 개별적 사상가가 아니라 오히려 그 시기의 다섯 개의 커다란 논쟁들, 즉 철학의 정체성 위기, 유물론 논쟁, 역사의 방법들과 한계들, 페시미즘 논쟁, 그리고 이그노라비무스 논쟁(불가지론 논쟁)에 초점을 맞추고 있다. 그리하여 우리는 이제 바이저의 이 19세기 독일 철학사『헤겔 이후』에서 쇼펜하우어와 니체, 포이어바흐와 맑스 그리고 빌헬름 딜타이뿐만 아니라 루트비히 뷔히너, 오이겐 뒤링, 에두아르트 폰 하르트만, 율리우스 프라우엔슈테트, 헤르만 로체, 아돌프 트렌델렌부르크, 그리고 철학사들에서 완전히 망각된 두 여성, 즉 아그네스 타우베르트와 올가 플뤼마허를 포함한 수많은 경시된 인물들의 이름과 그 사유가 펼쳐지는 모습을 보게 된다. 요컨대 우리는 바이저에게서 헤겔과 20세기 사이의 결정적 시기에 전개된 독일 철학에 대한 명확하고도 독창적이며, 매력적이고도 놀라운 새로운 설명을 듣고, 우리의 역사적·문화적 이해를 넓히게 되는 것이다. 더 나아가 바이저는 지금까지 과거의 어둠 속에 묻혀 있던 수많은 철학적 저작들을 발굴하여 그것들의 논쟁적인 상호 관련을 제시하고, 거기서 쟁점이 되었던 주제들을 그야말로 명확하고도 생생한 이야기로 결합하고 있는데, 이제 우리는 이『헤겔 이후』가 들려주는 철학사 이야기에 귀 기울임으로써 잊고 있었던 한 시기의 살아 있는 모습을 이해하는 즐거움을 얻을 수 있는 것이다.

옮긴이는 2012년에 바이저의『헤겔』을 헤겔총서1로 출간할 때에도 그의 설명의 명확함과 생생함에 감탄하지 않을 수 없었지만, 이『헤겔 이후』의 번역 작업에 있어서도 마찬가지로 한 학자가 보여주는 지적 성실함과 능란함에 매료되지 않을 수 없었다. 번역이 지니지 않을 수 없는 일면성과 또한 그 역의 다의성으로 인해, 그리고 옮긴이의 어쩔 수 없는 미숙함으로 인해 이『헤겔 이후』가 독자들에게 어떻게 받아들여질지 모르지만, 이제 옮긴이로서는 독자들도 이『헤겔 이후』에서 하나의 시대와 그 시대에 대한 이해를, 그것도 명확하고 생생한 모습으로 획득할 수 있기를 바랄 뿐이다.

옮긴이는 지난 2009년『헤겔사전』출간 이후 계속해서 도서출판 b와 함께 하고 있지만, b의 식구들인 조기조 대표와 편집부의 백은주, 김장미 선생, 기획위원회의 심철민, 이성민, 정지은, 조영일 선생은 언제나처럼 이번에도 우정으로 작업을 지켜봐 주었다. 이 자리를 빌려 다시 한 번 고마운 마음을 전하고, 우정의 연대로 되돌려드릴 것을 다짐한다. 우리 모두에게 행운이 함께 하기를 바랄 뿐이다.

2016년 1월
광주광역시 한 모퉁이에서
이신철

헤겔 총서 ⑥

헤겔 이후

초판 1쇄 발행 • 2016년 3월 10일

지은이 • 프레더릭 바이저
옮긴이 • 이신철
펴낸이 • 조기조

펴낸곳 • 도서출판 b
등록 • 2003년 2월 24일 제12-348호
주소 • 151-899 서울특별시 관악구 난곡로 288 남진빌딩 401호
전화 • 02-6293-7070(대)
팩시밀리 • 02-6293-8080
홈페이지 • b-book.co.kr
전자우편 • bbooks@naver.com

값 • 22,000원

ISBN 979-11-87036-04-3   93160